D1692013

JÜRG WILLE

Aus meinem Leben und meiner Arbeit,
aus der Geschichte unseres Hauses
und unserer Voreltern

JÜRG WILLE *Gelebtes und Gehörtes*

Als vor vier Jahren in Mariafeld ein runder Geburtstag gefeiert wurde, regte einer meiner Verwandten an, ich sollte, wenn ich an die Reihe käme, einiges von dem vielen, das ich jeweils erzählte, aufschreiben. Er meinte damit zwar in erster Linie Familiengeschichtliches; aber da ich nicht nur als Ahnen-Onkel in der Erinnerung meiner Mitmenschen weiterleben möchte, habe ich aus meinem eigenen Leben einiges zusammengeordnet, das vielleicht dem einen oder anderen lesenswert scheinen möchte. So entstand als erster Teil «Gelebtes», während der zweite Teil als «Gehörtes» wiedergibt, was an Geschichten unterhaltsam sein könnte.

S. e. e. o.

unterschrieb man in früheren Zeiten Rechenschaft und Bericht

demgemäss

Mariafeld, 17. 2. 1996   JÜRG WILLE

GELEBTES	9
MEIN AKTIVDIENST	13
ECUADOR – DIE AUFGABE	25
ECUADOR – LAND UND LEUTE	41
SOTHEBY'S – DIE LETZTE AUFGABE	95
GEHÖRTES	163
HERKOMMEN	237

Gelebtes

Ich war kein Held, ich war kein Erfinder, ich bin kein Genie, ich bin einer unter vielen. Ich bin der sechste von sechs Geschwistern, die eigentlich alle bedeutender, ernster, tiefschürfender sind als ich – ich bin vielleicht der Unbeschwerteste. Ich war ein Durchschnittsschüler, bestand mit achtzehn Jahren ein Durchschnittsabitur der alten Sprachen. Mein Interesse neigte zu Geschichte, Kunstgeschichte, Architektur oder Landwirtschaft. Mein Vater wünschte Jurisprudenz im Sinne eines Allgemeinwissens, der Logik, der Klarheit und der Form. Mit dreiundzwanzig hatte ich den Doktorhut «cum laude». Ich war Leutnant der Infanterie, hatte im Führen und Erziehen Leichtigkeit gehabt, Freude empfunden. Sollte ich Berufsoffizier werden? Mein Vater, selber Berufsoffizier, Sohn eines Berufsoffiziers, hatte Bedenken: Einmal war schon mein älterer Bruder diesen Weg gegangen, zwei des gleichen Namens? Oder, wollte er mich für anderes? Aber mein Entschluss freute ihn doch: auf den Weg gab er mir ein bedeutendes Wort des Prinzen Eugen von Savoyen: «Meine Herren, Sie haben nur eine Lebensberechtigung, wenn Sie beständig auch in der grössten Gefahr als *Beispiel* wirken, aber in so *leichter* und *heiterer* Weise, dass es Ihnen niemand zum *Vorwurf* machen kann.» – Es kamen die Jahre, da auch in der Schweiz die Armee ihre hohe Zeit hatte.

Nach *10 Jahren* kamen Schwierigkeiten, ich bat um meine Entlassung, einige freuten sich, viele bedauerten meinen Abgang. – Neuanfang: meine Vettern boten mir Zukunft in ihrer Textilindustrie: Lehrling in der Weberei, Student an der Ingenieurschule in Krefeld. Textile Bindungslehre wurde zur menschlichen, ich fand meine Frau fürs Leben, eine Malerin, süddeutsch – mitteldeutsch – baltisch, ein Freudenquell. Heirat, Amerika, Südamerika, eine grosse neue Aufgabe.

Nach *10 Jahren* war die Aufgabe erfüllt, es kam die Rückkehr nach Europa mit drei kleinen Kindern. Der Neuanfang war hart, enttäuschend und ernüchternd, «Mariafeld» sollte ohne mich sein? *Ein* Licht kam, ein kleiner Alexander als viertes Kind, ein helles Licht.

Nach *10 Jahren*, ein Hobby soll Beruf werden: Gründung und Aufbau der schweizerischen Niederlassung des alten englischen Auktions-Hauses Sotheby's; die Aufgabe, «Mariafeld» zu erhalten, wird uns zugesprochen, aber das vierte Lichtlein zieht weiter, Saschinka ertrinkt beim Spielen im Garten, doch aus der Ferne hält er uns alle zusammen…

Nach *20 Jahren*: Mit Siebzig aus der vollen Arbeit abgelöst, durfte ich noch zehn Jahre als Ehrenpräsident für Sotheby's Schweiz nützlich sein. «Mariafeld» steht erneuert und erweitert, von Kindern und Enkeln belebt und freudig-liebend mitgetragen.

War es alles? So verschiedene Wege, Orte und Aufgaben? Es galt immer, seinen Mann zu stellen, den Kopf hoch zu tragen. Jede Tiefe führte zu einer Höhe, jedes Dunkel lehrte Dankbarkeit für das Licht und *Dienen* war mehr als Verdienen!

Mein Aktivdienst

Während der Kriegsjahre 1939–1945

Als die Generalmobilmachung am 1. September 1939 dekretiert wurde, traf mich der Einrückungsbefehl in der Offiziersschule in Walenstadt. Ich hatte, dank meinem Bataillons-Kommandanten, im Juli jenes Jahres meinen Doktorhut erobert, als damals jüngster Kandidat. Major Berli, ein guter Instruktionsoffizier der «Schule Wille», war Kommandant des Füsilier-Bataillons 62 und hatte mich im Frühjahr 1939 vom jährlichen Wiederholungskurs nur freigegeben unter der Bedingung, dass ich für die Sommer-Offiziersschule mit dem Studium fertig sei und sein «zugeteilter Leutnant» sein könne.

Mit viel Schaffen (richtigem Pauken und Büffeln) hatte ich mein Schlussexamen, verbunden auch mit Glück und Frechheit, am 10. Juli geschafft. So war ich am 21. August 1939 zur Offiziersschule nach Walenstadt eingerückt, doch schon am 1. September wieder entlassen worden – einem Freitag.

Zu Hause hatte ich neu gepackt und am Samstag, dem «ersten Mobilmachungstag», dem 2. September in der Früh, musste ich im Hauptbahnhof den Zug nehmen nach Wiesendangen bei Winterthur, wo unsere Kompanie einrückte. Am Bahnhof Zürich war verständlicherweise ein schlimmes Gedränge, und ich kam nur in den Bahnwagen dadurch, dass ich unter dem Zug durch nach der anderen Wagenseite kroch und dort ins Fenster einstieg. Ich hatte 1938 schon einen Wiederholungskurs mit der Truppe gemacht und kannte meinen Kompanie-Kommandanten, den Meilemer Lehrer Hauptmann Otto Wegmann.

Die Mobilisation ging glatt und schnell; ich hatte den Infanterie-Kanonen-Zug (I.K. 4.7 cm) und war voller Tatendrang, mit meinen Kanonieren in den Krieg zu ziehen. Die erste Nacht verbrachte unsere Kompanie in der «Eichmühle». Am 3. September, dem Sonntag, wurden wir in der Nähe von Hettlingen vereidigt und marschierten dann nach Bülach.

Bald war der erste Kriegsrausch vergangen, denn die Deutschen kriegten weit ab in Polen; in unserer Gegend war es still; immerhin wurde viel an Panzerabwehr geübt, und nördlich von Bülach entstand ein grosser Panzergraben, den ich mit meinen zwei Kanönli hätte verteidigen müssen.

Daneben wurden viele fröhliche Abende gezecht im «Kreuz», viele Streiche verübt; gute Picknicks mit Weinflaschen im Minenwerferrohr, Kirschtorten im Kriegsgranatenköfferli und Gurkensalat in der Telemeterbüchse entsprachen etwa dem Galgenhumor, den man in Situationen hat, in denen man das «letzte Stündlein» nur in der Ferne ahnt. Die Kriegsnachrichten aus Polen gaben einem das Gefühl starker Überlegenheit der Deutschen; wenige Kilometer von uns entfernt bewachten die gleichen Deutschen den Rhein, so dass man sie mit dem Feldstecher sehen konnte. Etwa Anfang Oktober wurden wir nach Bachenbülach verlegt.

Der kriegsnah-denkende Divisionskommandant Constam war aber schon bald darauf bedacht, an die Guten der Division höhere Ansprüche zu stellen als nur ein verlängertes Wiederholungskurs-Pensum oder gar der Kriegstüchtigkeit wenig förderliche Grab- und Befestigungsarbeiten.

Als der General befahl, dass die 6. Division sich um Zürich konzentrieren müsse und hinter der Limmat einen Verteidigungsgürtel aufbauen solle – da ordnete Constam die Bildung von je einer Sturmkompanie pro Regiment an, die nicht graben durfte, sondern harte militärische und sportliche Ausbildung bekommen sollte. Kommandant wurde für das Regiment 25 Hauptmann Koradi; ich erhielt den «Kanonenzug» und Quartier war in der Kaserne Bülach. Viel scharfes Schiessen, Übungen, Manöver, Sport und harter Drill formten die Kompanie in fünf Wochen zu einer guten Elitetruppe, vom strengen Divisionär mehrfach inspiziert.

Dann wurde aus diesen Sturmkompanien wiederum eine Elite ausgezogen zur Feld-Unteroffiziersschule nach Zug unter dem Kommando von Hauptmann Wehrli (später Oberst und grosser Rechtsanwalt in Zürich). Die Schule war sehr straff und hart und das Resultat dementsprechend gut. Wir waren in der Kaserne in Zug.

Alle Dienste unterstanden dem von mir sehr verehrten Divisionskommandanten Herbert Constam, von dem ich wusste, dass er die Lehren meines Vaters und Grossvaters hochhielt; er hat auch 1959 bei unseres Vaters Tod als Militär in der Kirche Meilen dessen Andenken geehrt.

An Weihnachten 1939 durfte ich zu Hause sein, musste aber am 28. Dezember in Wollishofen beim dort grabenden Bataillon 62 wieder einrücken. Mir wurde statt der Grabarbeit «Ausbildungsarbeit mit den Unteroffizieren» übertragen. So kam es zu der berühmt gewordenen Übung am 2. Januar 1940, dem «Bächtelistag» (Berchtoldstag): Meine Kaderübung begann in Wollishofen, ging hinauf auf den Uetliberg, und da die Herren Unteroffiziere (vom Neujahr her) lahm und faul waren, drohte ich schon bald, die Pferde, die wir zum Ziehen und Tragen der Maschinengewehre, Kanonen und Minenwerfer mitführten, nach Hause zu entlassen, was hiess, alle Waffen fortan schleppen zu müssen. Meine warnende Drohung wirkte nicht – ich musste sie also wahrmachen! Nun ging es keuchend und schwitzend, immer gefechtsmässig, oben über den Grat des Uetlibergs, und obwohl die Leute sich jetzt sehr einsetzten, die Pferde waren für immer fort! Als es nun gegen Abend Richtung Urdorf und Schlieren ins Limmattal ging, suchte ich nach «Lohn für meine Krieger»: am Ziel angekommen, steuerte ich auf die Tramendstation Schlieren hin. Dort sagte ich Wachtmeister Gassmann, der immer schnell und «vif» auf meine Spässe reagierte: «Die Leute

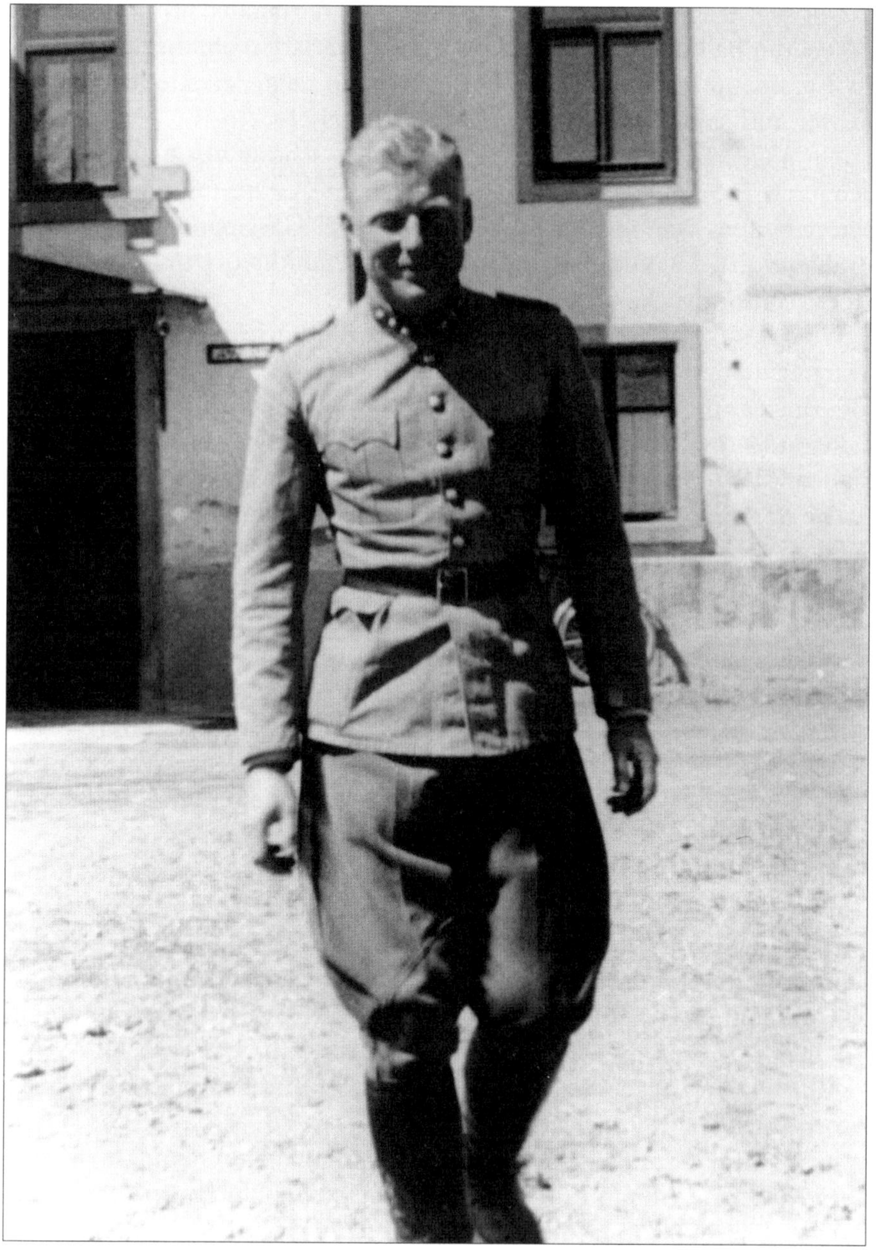

haben sich eingesetzt, ich gehe jetzt hier ins Wirtshaus, Ihr könnt auch gehen, um halb acht Uhr ist alles im Tram verladen abfahrbereit», und als Gassmann fragend auf die Panzerkanone zeigte, zuckte ich mit der Achsel und sagte nur: «Anbinden – Ihre Sache!»

Zur angesetzten Zeit stand tatsächlich das schöne blaue Zweiertram bereit, und am zweiten Anhänger, den meine Leute mit allen Waffen belegt hatten, war mein Kanönli angehängt! Gassmann meldete mir strahlend die Abfahrbereitschaft und die Kondukteure und Passanten nickten beeindruckt.

Wir fuhren los. Schon in Aussersihl stieg ein griesgrämiger Kontrollbeamter zu, dem ich schnell etwas flüsterte von «Alarm in Wollishofen», «Benzinsparen», «kriegsgemässe Notlage», worauf auch er von der Wichtigkeit unseres Tuns überzeugt war und versprach, am Paradeplatz den Halt so auszudehnen, dass wir Zeit fänden, abzuhängen.

Durch Aussersihl, wo das abendliche «Bächtelispublikum» zahlreich auf der Strasse war, beobachteten wir mit Lust die erstaunten und lachenden Passanten, die den ungewohnten Anblick kommentierten.

Dann, am Paradeplatz, blitzschnelles Abspringen mit allen Waffen, die Kanoniere an ihr Kanönli, abgehängt und im Bogen vor Sprüngli, Meister und Türler um die Inseln gesaust und bei der Kreditanstalt bereitgestellt, um den dort einfahrenden «Siebner» zu besetzen. Auch dieser Streich gelang schnell und erfolgreich. Ich eilte zum Wagenführer und bat ihn, an der Albisstrasse etwas länger zu halten und uns abhängen zu lassen.

Abfahrt! Kaum sind wir im Bleicherweg, kommt der besorgte Kondukteur und sagt, bei der Freigutstrasse sei eine Baustelle, wo die Schienen «bloss», hoch über der aufgerissenen Strasse durchliefen. Ich schaute schnell hinten hinaus und sah, dass die «Spurweite» stimmte und schon bald rollte mein Kanönli auch über dieser Stelle durch, ohne hinunterzufallen.

Albisstrasse, wir hängen ab und ziehen stolz zum Sammelplatz, wo ich die strahlenden Männer entlasse.

Im Kommandoposten im Casino sitzen die Kommandanten und übrigen Offiziere beim Kartenspiel. Ich melde die Unteroffiziere zurück von der Übung, worauf der Böses ahnende Major Berli fragt: «Ja wieso denn so schnell, Sie haben doch eben von Schlieren telefoniert?» Ich erkläre – er: «und die Kanone?» – ich: «hinten angebunden!» – er: «oh, Sie Himmelsiech, das wird mir wieder eine Geschichte geben!»

Aber siehe da, statt der Geschichte kam durch Boten am nächsten Morgen ein sehr höflicher Brief der obersten städtischen Tramdirektion: Sie verstünden gut die Wichtigkeit solcher Verschiebungsübungen, aber, um den Verkehr nicht zu stören, würden sie jederzeit gerne im Wiederholungsfall ein *Extra*-Tram zur Verfügung stellen!

Noch zitterte man ob möglicher Reaktion des einsperr-freudigen strengen Divisions-Kommandanten – aber nichts kam. Erst vier Wochen später kam der hohe Herr zu einer Bataillons-Übung und teilte mir nachher mit: «Sie gehen jetzt zurück in den Instruktionsdienst, nach Walenstadt, zur Schiess-Schule – das ist gut, dort gibt's keine Trams!»

Das war's!

Die Geschichte ging weit herum und noch heute fragt man mich, ob «ich der vom Tram gewesen sei».

Fünfunddreissig Jahre später: die Juwelen für Sotheby's Herbstauktion 1975 waren tagsüber im Büro am Bleicherweg gebraucht worden, sollten aber wieder in den Safe der Bank Rothschild neben dem Mythenschloss gebracht werden. Unser damaliger Shippingman, der Flucht-Tscheche Dushan, war ein «braver» Fahrer. Er fuhr los mit Brigitta und den Juwelen, kollidierte aber an der Ecke Bleicherweg/Genferstrasse mit der Strassenbahn. Grosser Auflauf. Brigitta hüpft flink durch die Leute mit den Juwelen in ein Taxi und Dushan gestikuliert. Irgend jemand alarmiert mich im Büro – ich eile hin und stosse auf den lorbeergekrönten Tram-Ober-Kontrolleur, der sich Notizen macht – er schaut mich an: «Sind Si nöd dä vur dr Kanone?» ich bejahe – «Dänn isch alles i dr Ornig, merci!» – und das nach so vielen Jahren!

Wenn ich dieses Ereignis so ausführlich erzählt habe, dann um den wahren Hergang festzuhalten und auch, weil die Geschichte für mich typisch war: in aller bekannt-strengen Forderung war Platz für kleine fröhliche Eskapaden, die es leicht machten, die Truppe zum Maximum anzufeuern. Ich tat solche Dinge völlig unprogrammiert aus der momentanen Konstellation und intuitiv.

Das ganze Jahr 1940 war ich im Instruktionsdienst, mit Ausnahme vom 11. Mai bis 19. Mai, wo ich anlässlich der neuen Mobilmachung wegen des Frankreich-Kriegs kurz in Altstetten bei der Stabskompanie 62 Dienst machte.

Im November 1940, nach den Schulen, wurde ich der Füsilier-Kompanie I/62 zugeteilt, weil man dachte, ich könne dort einerseits lernen, andererseits nach vielen Instruktionsdiensten auch lehren. Kurz vor Dienstende überredete ich den Kompanie-Kommandanten, auf eigene Faust ein kleines Scharfschiessen bei Hausen zu organisieren. Ich würde mir schon die Munition und die Handgranaten besorgen. Alles war gut vorbereitet und wir standen im Morgengrauen bereit, doch was passiert: aus dem Morgennebel kommt eine magere Gestalt mit Stock – *Constam!* Alle Herzen fielen in die Hosen – er ruft mich, fragt nach dem Ursprung der Handgranaten (– ich hatte sie dem mir wohlgesinnten Oberst Däniker abgeschnorrt), lässt sich die Übung vortragen – und dann ein Schweigen: schliesslich ein erlösendes «Also los!» Und nach der Übung: «Etwas frech – aber gut, nächstes Mal sagen Sie's mir *vor*her! Adieu!»

Zu Ende dieses Dienstes war ein schönes kaltes Winterdéfilé vor General Guisan, meinem Vater und Constam am Mythenquai, die Truppe im von meinem Vater 1925 eingeführten Carré oder Harst, 16 Mann breit vor den Inspektoren im Taktschritt vorbei. Die Herren standen gegenüber dem Ende der Sternenstrasse, da wo heute der grosse Parkplatz ist.

Im Dezember war ich zu Hause und schrieb für meinen Vater eine Denkschrift an den General, die den Gedanken des «Reduits» enthielt. Nie sagte unser Vater zu Fremden, dass die Idee in ihren Anfängen von ihm kam – inzwischen hat Oberst E. Wehrli den wahren Sachverhalt in der Neuen Zürcher Zeitung veröffentlicht.

Am 1. Januar 1941 wurde ich Oberleutnant, machte meine Hauptmannsschule in Zürich, meine Zentralschule, und war die letzten Monate des Jahres mit einer Rekrutenkompanie im Aktivdienst.

Am 1. Januar 1942 wurde ich Kommandant ad interim der Füsilier-Kompanie II/68 und rückte mit dieser Ende Oktober zum erstenmal ein. Als ich nun als ganz junger Kommandant vor den zum Teil ergrauten Unteroffizieren stand, entstand, wieder nur aus dem Moment, ein Gedanke: ich sagte den Unteroffizieren, ich möchte jeden näher kennenlernen. Sie sollten sich *etwas* vornehmen und sich dann bei mir melden, zur Ausführung. Gesagt, getan. Neben Turnübungen des einen, Gewehrgriffen des andern, kam einer, schlug einen Salto, steckte sich beide Ohren in die Ohrmuschel und liess sie dann zurückspringen: er wurde mein «Jägerkorporal» (das war damals meine Erfindung, die nachher Schule machte). Und dann kam ein baumlanger und ebenso starker Wachtmeister und stellte sich vor mich hin mit der Ankündigung: er wolle Nahkampf machen – etwas (ehrlich) erschreckt frug ich: «mit wem?» Er: «mit Ihnen!» ... und hinter den Hausecken schauten die andern, was nun sein werde – ich nahm an, legte Mütze und Gurt ab und balgte mich mit ihm, stellte meinen Mann, zwar ohne Sieg, aber doch offensichtlich achtunggebietend – von dem Tag an hatte ich das Kader in der Tasche – und wieder ging eine «Geschichte» mehr über mich in der Division um.

Als anschliessend die Mannschaft in Ägeri einrückte, wurde sofort nach Hischwil im oberen Tösstal disloziert – ein harter, langer Marsch, dazu im strömenden Novemberregen. Heimlich organisierte ich unterwegs. Am allerletzten Stundenhalt trabte ich mit meinem Pferdlein voraus. Oben im «General Wille-Haus» (einem Pfadfinderheim) angekommen, sorgte ich für heisse Suppe und Tee, dreihundert Nussgipfel waren da, und als die müde Truppe kam, stand alles bereit. Und die Leutnants und ich verteilten das Mitternachtsmahl an die Leute, sorgten, bis jeder in seinem Lager war, und dann erst gingen auch wir in die Federn – von da ab «spurte» die Kompanie und war bald die beste des Regiments.

Als wir nach drei Wochen nach Schwyz zurückkamen, befahl der Divisionär zu einer Bataillons-Übung. Das verstärkte Bataillon Rickenbacher (Oberstleutnant Rickenbacher, Instruktionsoffizier aus Aarau, kommandierte ad interim in diesem Dienst das Bataillon) stellte sich in Arth bereit, um dem Lowerzersee entlang in das Becken von Seewen-Schwyz vorzurücken. Die verstärkte Kompanie Wille war dem Divisionär als «rote Truppe» unterstellt und bekam den Befehl, am hügeligen Südufer, auf der Höhe der Schwanau, zu sperren; wir nannten die Anhöhe «den Elberus», damals ein deutscher Kriegserfolg im Ural. Weiter war uns befohlen: die Helme sind zu *tarnen* (das war damals ganz neu). Am Hauptverlesen kontrollierten wir die selbstgeschnürten Tarnnetze auf jedem Helm – doch um acht Uhr abends fing es an zu schneien! Und während dieser Nacht malten drei Männer alle Helme mit Gips schneeweiss! Im Morgengrauen schaffte ein alter Schifferkahn zwei Maschinengewehre in die Burgruine Schwanau und, als um elf Uhr das nichtsahnende Bataillon, ohne genügende Aufklärung, sich auf der Strasse heranwälzte, donnerte und krachte es von allen Seiten und alles geriet in panische Unordnung, bis der lachende Divisionär zum Abbruch blasen liess.

Die Kompanie II/68 waren die Helden des Tages und die weissen Helme waren die besondere Freude des Kommandanten Constam.

Am Abend war im Bataillons-Büro Rapport und Oberstleutnant Rickenbacher verkündete, der Divisionär hätte befohlen, der dienstälteste Hauptmann, der Mitrailleurkommandant, werde mit Arrest bestraft, weil er die Fahrküchen in die vorderste Feuerlinie habe fahren lassen. Hauptmann T. müsse nachher im Helm zum Bataillons-Kommandanten kommen. Ich sann auf Ausweg, denn mein Gerechtigkeitssinn revoltierte. Als wir hinausgingen, verlangte ich nur kurz T.s Helm und bat ihn, mich als ersten hineinzulassen. Er staunte, willigte dann aber ein. Drinnen erklärte ich dem ebenso erstaunten Oberstleutnant, es gehe nicht an, dass der Divisions-Kommandant über des Bataillons-Kommandanten Kopf hinweg solche Strafe verhänge und erst recht nicht, wenn ein bewährter Kommandant *ein*mal eine Dummheit gemacht habe. Es gebe schliesslich ein Führungszeugnis, das bestimme, wie vorzugehen sei, sonst sei es ja sinnlos, sich jahrelang zu bemühen um gute Leistung, wenn alles vergessen sei, sobald man fehl geht. «Was wollen Sie damit?» war Rickenbachers verlegene Frage – ich: «Sie müssen zum Divisionär und ihm sagen, Sie *weigerten* sich, T. zu bestrafen!» Er machte grosse Augen und die Angst stand ihm auf dem Gesicht, aber anderntags biss er in den sauren Apfel – und siehe da, der allgestrenge Divisionär gab nach. – Das war ein schöner Dienst gewesen!

Am 1. Januar 1943 wurde ich zum Hauptmann befördert und als neuer Kommandant übernahm der von mir sehr verehrte, enorm gewissenhafte und kriegsnah-denkende Hauptmann Brandenberger das Bataillon. Ein «Fröntler», und Constam, gegensätzlichen Herkommens, hatte ihn gegen Widerstände in Bern und beim General durchgesetzt, weil er wusste, was er *konnte*.

Inzwischen war das «Reduit» in allen Details ausgedacht, mein «Kriegsabschnitt» lag im waldigen Nord-Vorderhang des Gottschalkenbergs. Ein nächster Dienst war in Hütten und am Gottschalkenberg. Brandenberger packte uns hart an und war unermüdlich. In 90% der Ansichten waren wir einer Meinung; gingen wir auseinander, war er souverän im Nachgeben, was mir meinerseits das Nachgeben ihm gegenüber leicht machte. Seine Kompanieübungen und seine Inspektionen waren hervorragend und sein Beispiel anfeuernd wie kein zweites.

Am 1. Januar 1944 übernahm Corbat die 6. Division, während Constam Kommandant des Gebirgs-Armeekorps wurde; wir waren zu langweiligen Russen- und Polen-Gefangenen, die aus Deutschland in der Schweiz interniert waren, ins Welschland zur Bewachung abgeordnet; nachher zu wirren Jura-Manövern, an denen ich nicht teilnahm.

Aber dort schrieben die Soldaten der Division auf die Strasse: «Schlagt den Corbat nieder, gebt uns Constam wieder!», was beweist, dass ein harter aber qualifizierter Führer der bestgefragte ist.

Im Sommer 1944 war ich noch einmal mit der Kompanie bei Oberiberg und Sattel im Dienst; – dort noch ein besonders schönes, kombiniertes scharfes Gefechtsschiessen im «Ochsenboden» hinter Einsiedeln – immer mehr wurde ich aber in den Instruktionskursen verlangt, und die Kompanie von meinen Stellvertreter Oberleutnant K. geführt.

Apropos K. fällt mir noch nachträglich eine für Constam und mich typische Episode ein: Es muss 1943 gewesen sein. Kommandant war Brandenberger und Constam leitete eine zweitägige Bataillons-Übung. Gegen neun Uhr früh am zweiten Tag war Gefechtsabbruch auf dem Stooss. Ich war vorderste Kompanie, also fand die Besammlung unter den Augen des Divisions-Kommandanten statt, der auf dem Hügel die Besprechung abwartete. Mich juckte es, nun in seiner Gegenwart gerade *nicht* selber die Kompanie zu besammeln, sondern solche an meinen ältesten Oberleutnant (K.) zu delegieren. Gedacht, getan und alles rollte wie geplant: die müden Leute waren nicht superschnell beziehungsweise straff bei der Besammlung, und Oberleutnant K. hatte nicht die Autorität, solches zu verbessern. Constam ruft den Bataillons-Kommandanten und «verfügt»: «Oberleutnant K. drei Tage Arrest weil...» Brandenberger staunte ob meiner Freude, als er mir dies eröffnete, und ich sagte: «Lassen Sie mich weitermachen!» Nach der Besprechung ging ich mit dem Helm auf dem Kopf zum gefürchteten Divisions-Kommandanten und sagte mit ernstester Stimme: «Herr Oberdivisionär, ich stelle Strafantrag gegen mich!» Er schaute mich misstrauisch von der Seite an und sagte mit seiner etwas fistligen Stimme: «Wieso?» Ich antwortete: «Entweder wusste ich nach zwei Jahren Kompanie-Führung *noch nicht*, dass Oberleutnant K. die Kompanie nicht besammeln kann, dann bin ich ein liederlicher Kompanie-Chef – oder aber ich *wusste*, dass er es nicht kann, dann war es leichtfertig von mir, es ihm trotzdem zu übertragen!» ... Er schwieg einen Moment, dann sah er mich an: «Gut, machen Sie, was Sie wollen – adieu!» – und K. wurde nicht eingesperrt!

Manches könnte noch erzählt werden, aber vieles ist mir auch schon entfallen. Jedes Jahr ist noch eine Kompaniezusammenkunft, zu der ich immer gehe, und ich freue mich zu hören, wie viele mich als gerechten, aber sehr viel fordernden Vorgesetzten in guter Erinnerung behalten haben – einer sagte einmal: «Mit Ihnen wären wir sofort in den Krieg gezogen» – und er schien es ernst zu meinen.

Insgesamt habe ich 450 Tage Aktivdienst geleistet, was, verglichen mit anderen, nicht sehr viel war. Aber immerhin.

Ecuador – Die Aufgabe

*Die schweizerische Seidenfirma
Schwarzenbach und die ecuadorianische
Textilfirma «La Europea» in Quito*

Als ich 1950 meinen «Schnellingenieur» an der Textilschule Krefeld bestanden und im Thalwiler Verkauf Beschäftigung gefunden hatte, sagte Hans Schwarzenbach eines Tages, man könnte mich in Ecuador brauchen, es sei dort einer unerwartet gestorben. So fing für mich meine Südamerika-Zeit an.

Kurz nach dem Krieg hatten die syrisch-ecuadorianischen Textilindustriellen Isaïas aus Quito in New York bei Schwarzenbach-Huber vorgesprochen. Robert S. jr. war gerade seit kurzem im Amt. Mr. Glaesel war *noch* im Amt und auch Alfred S. war noch mit Schwarzenbach verbunden. Vom Krieg her war ein guter Liquiditätsüberschuss vorhanden, und der Vorschlag der Südamerikaner, man solle mit einer Minoritätsbeteiligung in ihr Geschäft einsteigen, schien verlockend. Die Möglichkeit, eigene Maschinen dort noch ein paar Jahre laufen zu lassen, wenn sie im eigenen Land ausgedient hatten, der Vorteil, für eigenes Know-how ohne Konkurrenzgefahr Geld zu bekommen und schliesslich im Rohmaterialeinkauf durch gemeinsame Dispositionen auf bessere Mengen und Preise zu kommen, waren Gründe genug, der Sache näherzutreten. Robert S. fuhr nach Ecuador, und zwar nach Quito, der Hauptstadt auf 2780 m über Meer. Dort empfingen die Isaïas-Junioren den Gast aus den USA. Sie wünschten sich von Robert S. den Anlagenplan für einen grossen Fabrikneubau im Norden der Hauptstadt, und er machte sich sofort an die Arbeit. Nach wenigen Tagen hatte er ein gutes Konzept, und die Gastgeber beschlossen, Robert S. samt Plan nach Guayaquil, der Hafenstadt, in den Schoss der Familie zu bringen.

Die Isaïas waren etwa 1920 aus der Levante nach Ecuador eingewandert unter dem Namen Chosaia (was «Jesaias» bedeutet: der Bruder des Vaters, Onkel der jungen Robert S.-Partner, nannte sich noch zu meiner Zeit Chosaia). Schnell war die Familie zu grossem Reichtum gelangt als Textil-Importeure beziehungsweise Schmuggler und wollte nun durch den Aufbau einer eigenen Industrie teils zur Legalität übergehen, teils dem weiterhin beabsichtigten Stoff-Schmuggel den Anschein lokaler Provenienz geben.

Als Robert S., in die Höhle des Alten geführt, mit der Gesamt-Sippe bekannt wurde, realisierte er bald, wes Geistes Kind seine neuen Freunde waren. Den Fabrikplan hatte er ihnen gegeben – daran war nichts mehr zu ändern (und «San Vincente», die neue Fabrik der Isaïas, wurde auch nach diesem Plan gebaut), aber als er wieder gesund und heil in New York angekommen war, schrieb er, im Einverständnis mit den Seinen, den Absagebrief nach Ecuador.

Wie ein Lauffeuer ging in Quito die Nachricht von Robert S.' Rückzug um. So war es kein Wunder, dass ein anderer ecuadorianischer Textilmann davon erfuhr und kurz entschlossen das Flugzeug nach New York nahm, um dort *seine* «Brautwerbung» vorzutragen. Dieser Mann hiess Buco Bassano. Er war bulgarischer Spharde, zu Kriegsanfang nach Quito gekommen mit Frau Sara geb. Cohen und den drei minderjährigen Kindern Gianna, Pietro und Paola. Die italienischen Vornamen erinnern an Bassanos prä-bulgarische Herkunft, Italien. Da aber Sepharden – zur Zeit der Isabella la Catolica aus Spanien vertriebene Juden – ihrem ersten Herkommen gemäss spanisch sprechen, war Bassano in Quito sofort «zu Hause». Er hatte bald nach seiner Ankunft Aktien der Textilfabrik «La Europea» erworben vom ehemals deutschen Einwanderer Josef Rheinsburg, der die Fabrikation 1937 in Ambato angefangen hatte. Rheinsburg hatte gut verdient, wollte aber aus klimatischen und persönlichen Gründen nicht in Ecuador bleiben, sondern nach Chile weiterziehen. Bassano verstand einen Privatbanquier aus Quito zu bewegen, mit ihm Rheinsburgs Fabrik zu kaufen für zwei Millionen Sucres. Wohl sagte man der Bank Lucindo Almeida Borja nach, dass sie nicht ganz seriös sei, aber Herr Almeida hatte eine gute Position in der «Alta Sociedad» (= hohen Gesellschaft des Landes) und hatte daher gute politische Freunde. – Schon seit 1937 war in der Fabrik ein guter junger Schweizer Techniker, Heinrich Steiner aus dem Toggenburg, erfolgreich tätig. – So sah das ganze in New York vorgetragene Konzept besser aus als das der Isaïas, und – Robert S. schlug ein in die dargebotene Hand.

Nun sollte das Kapital auf sechs Millionen erhöht werden, und zwar wie folgt:

900 000.– Sucres = 15% = etwa 60 000 Dollar von Schwarzenbach-Huber
2 550 000.– Sucres = 42,5% Lucindo Almeida – die Erhöhung durch stehengebliebenen Gewinn einbringend
2 550 000.– Sucres = 42,5% Buco Bassano – als Entschädigung für nicht oder zu gering erhaltenes Direktoriums-Gehalt.

Schwarzenbach schickte aber nicht etwa die 60 000 Dollar in bar, sondern lieferte 33 ältere Baumwollautomaten Crompton Knowles, die einmal auf Seide umgebaut worden waren (Baujahr ca. 1935), mit anderen Worten: *kein* neues Kapital in Geld war eingebracht.

Auf Grund der «neuen» Stühle, in Ergänzung bereits vorhandener sechzig Rüti- und Benninger-Stühle aus dem Jahre 1937, wollte Buco Bassano eine neue Fabrik in Quito eröffnen, weil ihm der Boden in Ambato etwas heiss zu werden schien (bei Arbeiterschwierigkeiten war ihm eine Zeitzünderbombe in seinen von einem schwarzen Chauffeur gesteuerten «Cadillac» gelegt – aber vor der Explosion entdeckt worden) – und er ausserdem mit der Gründung einer neuen Fabrik die Möglichkeit hatte, eine sogenannte «Industrie-Protektion» auf zollfreie Maschinen- und Rohmaterial-Einfuhr vom Staat zu bekommen.

Schwarzenbach besorgte alle gewünschten Maschinen, sandte (und finanzierte) grosse Mengen von Rohmaterial – alles rollte bestens, als plötzlich im August 1948 ein grosses Erdbeben in Ambato die bisherige Fabrik im Abgrund verschwinden liess. Die Webstühle waren in jämmerlichem Zustand und der vollständige Produktionsunterbruch erschwerte die Finanzierung des Neubaus im Norden von Quito, kaum 300 Meter entfernt von der im Bau befindlichen neuen Isaïas-Fabrik.

Almeida finanzierte und ging gleichzeitig «pleite», aber da sein Schwiegersohn Ponce seit 1948 Aussenminister der Regierung Galo Plaza Lasso war, konnte der Bankrott elegant umfahren werden.

Bassano arbeitete wie ein Pferd, liess die alten Webstühle zusammenschweissen und brachte schliesslich die Fabrik Batan (Quito) gegen Ende 1949 zum Anrollen.

Bei Ausbruch der Korea-Krise vervielfachte Bassano die Rohmaterial-Bestellungen – aber im Sommer 1950 raffte ihn ein jäher böser Krebs dahin – geschwächt durch die Sorge um die riesige Schuldenlast. Etwa sechs Monate nach Bassanos Tod beschlossen Robert und Hans S., dass jemand Schwarzenbach-Hubers Interessen an Ort wahrnehmen sollte. Inzwischen absolvierte ich in den USA ein Praktikum und Mitte September 1951 fuhren Herr Glaesel und ich von New York nach Quito. Christine blieb derweil allein bei Ernst Albers-Schönberg in Metuchen.

Herr Glaesel war ein merkwürdiger Popanz. Deutscher Abstammung, war er wohl vor oder kurz nach dem ersten Krieg nach Amerika gekommen, hatte dort durch deutsche Tüchtigkeit das Vertrauen von Robert und Hans' Vätern gefunden. Als ersterer 1929 jung und unerwartet starb, zeichnete sich schon die grosse Wirtschaftskrise ab, ausserdem hatten die «reinseidenen» Herren Schwarzenbach das Aufkommen der Kunstseide unterschätzt und waren mit der Umstellung im Rückstand. Kurz, der sehr grosse amerikanische Schwarzenbach-Konzern befand sich in einer ernsten Krise. Hans S.' Vater, der nach seines Bruders Tod von Europa aus die Leitung der amerikanischen Betriebe übernommen hatte, musste Glaesel «Plein-pouvoir» einräumen, das Schiff durch den Sturm zu steuern. Damals hat sich Herr Glaesel sehr bewährt, weil er den Mut hatte, von 44 Betrieben auf 4 lebensfähige zurückzuschneiden. 1934 kam Alfred S. als verlängerter Arm seines Vaters nach den USA. Ihm gelang es mit Glaesel, gut durch den Krieg zu kommen. 1946 kam Robert S. aus der Schweiz zurück, um das Erbe seines Vaters anzutreten. Alfred und Glaesel rückten in die zweite Front, beziehungsweise Glaesel blieb in Nebenlinien wie Färberei Clifton und eben Ecuador aktiv. Für Südamerika fehlte ihm jede psychologische Voraussetzung. Er sah überall Wanzen, witterte überall Betrug und wirkte wie ein Elefant im Porzellanladen. Von der Witwe Bassano (42,5%) sprach er nur abfällig – sein Herz war auf der Almeida-Seite (eben jenen verkrachten Banquiers mit Regierungssympathie). Damals lebte noch der ehrlichere Bruder des gefährlichen Lucindo, Rafael, mit seiner Frau Emma, genannt «Negra», wohl weil sie etwas dunkles Blut hatte; ihm gehörten die Aktien.

Also Mitte September 1951 reisten Glaesel und ich nach Quito, wo er mich als «Beobachter» proponierte. Da die dortigen Aktionäre nichts einzuwenden hatten, holte ich Christine ab, und im Oktober trafen wir in Quito ein.

Als ich nun in der Fabrik einzog mit meinem sehr mangelhaften Spanisch, lag die Führung der Firma in der Hand von Ulpiano Perez Quinonez, einem Almeida-Mann. Ihm zugeteilt als Subgerente war der ursprünglich von Alfred Schwarzenbachs Schwiegervater Carlo Bianchi kommende Dr. Giampiero Menotti aus Como, gedacht als Schwarzenbach-Mann, aber inzwischen in einen recht intensiven Flirt mit der älteren Tochter Bassano verwickelt. Einen Tag gab Lucindo Almeida (obwohl nicht mehr Aktionär) Weisungen und wünschte Geldbezüge über den Gerente, und anderntags erschien die rothaarige Bassano-Tochter und zog am andern Ende via Menotti. Eine recht verzweifelte Aussicht für mich. Im Verwaltungsrat hatten alle Parteien Vertreter – der unsere hiess Benjamin Chiriboga und war der Schwager von Frau Bassanos Vertreter Dr. Fidel Lopez Arteta, Almeidas waren durch Dr. Rafael selber vertreten. Ich versuchte aus herumliegenden Akten Statuten etc. zu finden und mich in Gesprächen mit Perez und Menotti, sowie mit den Schweizer Technikern Enrique Steiner (Chef) und Beni Roos oder dem französischen Färbermeister Bouchard nach und nach ins Bild zu bringen. Die Zustände waren verworren, viel fehlerhafte Ware, ein übergrosses Lager, eine riesige Rohmaterial-Vorsorge im tropischen Zoll-Freihafen in Guayaquil, daraus beängstigende Schulden, etwa einem halben Jahresumsatz entsprechend; ein sehr schlechtes Jahresergebnis zeichnete sich ab. Hinter allem aber schwelte ein grosser Prozess aus einer Denunziation der verärgerten Isaïas-Familie darüber, dass der verstorbene Bassano seinen «Contratto de protection» weit überzogen habe. Ein solcher Vertrag gab zollfreie Einfuhr von Maschinen und Rohmaterial für *neu* aufzubauende Industrien. In unserem Fall war die Verlegung der Fabrik nach dem Erdbeben von Ambato nach Quito einer Neugründung gleichgesetzt worden. So weit so gut. *Aber* der schlaue Bassano hatte für die Fabrik einen etwa doppelt so hohen Nutzeffekt kalkuliert und somit den Freibezug weit überzogen. Das fragliche Material lag unabgefertigt in Guayaquil in teils zerrotteter Verpackung und war überdies während der Korea-Krise zu übersetzten Preisen gekauft worden. Auch in dieser Hinsicht eine mehr als düstere Aussicht. Mr. Glaesel war nicht ganz unschuldig, hatte er doch Bassano zum Einkauf getrieben und möglicherweise sogar Kommissionen auf den Garneinkäufen eingeholt.

Die Webstühle waren nur zum Teil belegt, weil Geld fehlte, das Rohmaterial (cash against documents) auszulösen. Bei meinem ersten Rundgang durch die Fabrik fand ich denn auch eine Weberin gemütlich auf dem gegenüberstehenden leeren Webstuhl hoch oben sitzend, der Arbeit des zweiten Stuhls zuschauend – für sie kein Lohnausfall, denn alles ging ja im Stundenlohn, Akkord war unbekannt. Ich *musste* an ihr vorbei und *konnte* doch diese Herausforderung nicht tolerieren… auf französisch hätte ich die Weberin angeschnautzt mit «Embas!» – aber auf spanisch? «Embacha» zischte ich, sie sprang herunter und ich zog stolz weiter! (Bajar/j = rauhes ch, heisst tatsächlich «hinuntergehen».)

Nach einem Monat, das heisst Anfang Dezember, eröffnete Ulpiano Perez dem Verwaltungsrat, dass er per Mitte Januar des kommenden Jahres «in einer Familienfirma benötigt werde» (später stellte sich heraus, dass dem nicht so war, er hatte einfach die Nase voll). Ohne mit Schwarzenbachs Rücksprache nehmen zu können, stellte ich ein «Ultimatum», entweder mir die Direktion zu geben oder Schwarzenbach treibt die Firma in Konkurs durch Geltendmachung ausstehender Forderungen. Sichtlich ungern lenkte der Verwaltungsrat ein und wählte mich. Glücklicherweise war Dr. Menotti, der an sich mit Perez gut gestanden hatte, nicht gegen mich, nahm wohlwollend abwartende Position ein.

Am 15. Januar zog ich ein in die «Gerenzia» und dekretierte als erste Massnahme die Umstellung der bisherigen Fixlöhne auf Akkordlöhne. Schon zwei Tage später hatten die Arbeiter sich durch die Wahl eines «Syndikats» der Gewerkschaft angeschlossen. Gewählten «Syndicalisten», das heisst etwa acht bis zehn an der Zahl, darf während eines Jahres nicht gekündigt werden; tut man es doch, muss ihnen ein Jahreslohn ausbezahlt werden! Menotti und ich berieten – und, so kamen wir zum ersten «Schulterschluss», kündigten kurzerhand die zehn Gewählten. Ich konnte spielen, ich hätte ganz zufällig diese Zehn wegen «Abbau des Personals wegen schlechten Geschäftslaufs» ausgewählt! Denn die offizielle Mitteilung der Wahl war noch nicht auf meinem Tisch. Ich mimte «Überraschung», «Bedauern», aber blieb bei meinem Entschluss.

Gleichzeitig drohte die Situation um den Prozess sich zu verschlimmern; und jetzt tat mir der alte Fuchs Lucindo Almeida noch einen wirklichen Dienst: er empfahl mir einen jungen Anwalt mit kleiner Praxis, der unser guter Stern werden sollte: Dr. Gil Davalos Aviles.

Als erstes ging dieser mit mir zum Arbeitsamt «Ministerio del Trabajo». Minister war Gustavo Darquea Teran, dem ich mit meinen

Spanischbrocken erklärte, es sei wirklich ein «Zufall» – ich hätte ja erst später erfahren, dass die Gekündigten Syndicalisten seien! Ich könne einen *Monats*lohn (anstatt eines Jahres) zahlen und auch den nur zur Hälfte in bar, die andere Hälfte in Ware (alte abgeschriebene Warenposten). Ich war frech, sagte dem Arbeitsminister, wenn ich nicht gewänne, würde ich allen mir befreundeten europäischen und amerikanischen Investoren abraten, in Ecuador zu investieren – ich lehnte sogar einfach ab, an einer zweiten Schiedsverhandlung teilzunehmen, da solche sinnlos sei. Ich gewann. An einem Samstagabend wurden die Leute ausbezahlt, beziehungsweise erhielten Stoffe. Doch am Montag lag, diesmal frühzeitig, die Mitteilung über neugewählte Ersatzleute auf meinem Tisch – und wieder kündigte ich allen. Was war jetzt mein Argument? Damals standen die Arbeiter unter individuellen Drei-Monats-Verträgen, nicht unter einem Gesamt-Arbeitsvertrag. So erklärte ich, wer sich zum Syndikat wählen lasse, verändere einseitig die Vertragsgrundlage, der Vertrag werde damit gegenstandslos und die Kündigung sei rechtsgültig. Noch einmal schützte der Arbeitsminister mein Vorgehen, und ich kam mit dem gleichen Abfindungsmodus durch, doch die andere Seite gab auch nicht nach: zum dritten Mal wurden Kandidaten aufgestellt und gewählt, und jetzt liess der Staatspräsident Galo Plaza Lasso mir durch seinen Aussenminister Neftali Ponce (Schwiegersohn von Lucindo Almeida) bedeuten, eine weitere Entlassung von Arbeitern führe zu einem Generalstreik aller Textilarbeiter und führe zu meiner Ausweisung aus Ecuador. Was blieb zu tun?

Am Montagnachmittag, beim Schichtwechsel, liess ich die Maschinen abstellen und versammelte die ganze Belegschaft, etwa 160 Personen, vor der Fabrik draussen und legte meinen Standpunkt in schlechtem Spanisch dar. Ich erklärte, ich wolle eine von mir geführte Genossenschaft gründen, deren Mitglieder würden Privilegien aller Art bekommen: Schrebergärten auf dem unbebauten Gelände um die Fabrik, Restenverkauf der kleineren Minderwaren-Metragen zu Gunsten der Genossenschaft, daraus Ankauf von Lehrmitteln für die Kinder der Genossenschafter und anderes mehr. Anschliessend bat ich die Sympathisanten der Genossenschaft nach rechts, die Gewerkschaftsanhänger nach links. Ich war selber überrascht: links standen die zehn Mitglieder des Syndikats – und alle anderen wurden Genossenschafter. Von da ab hatte ich die ganze Belegschaft in der Hand, jetzt konnte gearbeitet werden. Als erstes wurde für den 14. März 1952, «el dia del obrero textil», eine Manifestation angesetzt und in kürzester Zeit realisiert.

Aus «Europeastoffen» entstand auf den Tischen der Druckerei eine grosse Ausstellung, Kindermodeschau mit von Arbeitern genähten Kleidern, eine echte Modeschau auf improvisiertem Laufsteg und ein Fabrikrundgang für Gäste. Der Vorstand der Textilindustrie, Minister,

Botschafter, ja sogar die Frau des Landesvaters, der mich zwei Wochen zuvor hatte bremsen müssen, folgten unserer Einladung. Der Erfolg war enorm, und die Arbeiter liefen mit geschwellter Brust, waren ehrgeizig, den Warenausfall zu verbessern. Eine Kantine wurde eingerichtet mit eigener Küche, eine Dental- und Medizinalpraxis, die die nationale Arbeitnehmer-Versicherung (caja del seguro) in der Fabrik bewilligte, damit die Arbeiter nicht Stunden verlören im Anstehen in der Stadt (halbe Tage Arbeitsausfall für kleinste Gebresten), sowie Arbeiterduschen unter Nutzung des vorhandenen Boilerwassers.

Daneben hatte ich Menotti auf meine Seite bekommen. Er hatte die Bassano-Tochter abgeschrieben und heiratete eine Tochter aus einer sehr sympathischen italienischen Chemiker-Familie, und wir wurden ein gutes Gespann. Ich sorgte für gute Ware, er sorgte für gutes Geld. – Ja, da kommt eine wichtige Sache: der Prozess um Bassanos «Contratto de protection»; ich war schon in wenigen Monaten waschechter Südamerikaner geworden und verwendete deren dortige Methoden!

Dem jungen Anwalt Dr. Gil Davalos stellte ich als Honorar in Aussicht: 10% dessen, was er uns ersparen würde an Zoll, Bussen etc. und – ich fügte bei, alle «Geschenke» seien seine Sache. Im April 1952 stellte er dem obersten Bundesrichter ein massiv goldenes Tintenfass auf den Tisch – und wir gewannen den Prozess, das Rohmaterial war frei. Dr. Menotti balancierte noch immer zwischen Schulden und Fälligkeiten, aber wir hatten Grund zu Optimismus. Doch die Feinde Isaïas hetzten: sie versprachen den Prozess am 10. August vor den Kongress (Parlament) zu bringen, und das war gefährlich, denn dort hatten sie viel mehr Sympathisanten und konnten mit Geld die Mehrheit leicht gewinnen. Aber wir hatten wieder Glück: wenige Wochen später sollte der Landespräsident ein Dekret unterschreiben, wonach die Rohmaterialeinfuhr der Textilbranche einen wesentlich niedrigeren Zollsatz bekommen sollte. Alle Kollegen der Konkurrenz jubelten, denn unser Rohmaterial war zwar zollfrei (wegen des «Contracts»), dafür aber teuer gekauft (Korea) – sie würden durch das neue Gesetz uns gleich-, wenn nicht sogar besser gestellt. Für uns ein Schlag! Gil Davalos riet zu einer List und wir zogen mit: dem korrupten alten Almeida boten wir den Gegenwert von Fr. 50 000.–, wenn sein Schwiegersohn, der Aussenminister Ponce, das Dekret aus der Unterschriftenmappe des Präsidenten herausnehmen und uns übergeben würde! Drei Stunden später lag das Dekret auf meinem Tisch. Aber schon nach zwei weiteren Stunden kam eine Delegation der Industrie und wollte wissen, «was ich verlangen würde». Ich spielte den Unschuldigen, schliesslich aber verständigten wir uns – sie machten eine Andeutung auf unsere «Beziehungen» zur Regierung – ich verlangte für den folgenden Morgen ein Treffen der Industriellen mit dem Handels- und dem Finanzminister. Dann müsse in einem

Dokument von allen unterschrieben werden, dass mein «Contratto» nicht mehr angefochten werde und nicht vors Parlament komme. Und so geschah es, und das Papier wanderte zurück in die präsidiale Unterschriftenmappe.

Jetzt ging es auf allen Seiten aufwärts, und der Jahresabschluss 1952 sah schon viel besser aus als im Vorjahr – aber noch waren wir in den roten Zahlen. Dr. Menotti jedoch war ein genialer Verkäufer, hatte mit den Kunden beste Beziehungen, verfügte über glänzende Improvisationsmöglichkeiten mit Banken, Lieferanten und Steuerbehörden, es *musste* besser werden.

Vom gewerkschaftlichen Syndikat waren immer noch einige in der Belegschaft übrig, und wir suchten uns nach und nach ihrer zu entledigen, andererseits sie aber auch zu nutzen. So hatte sich Miguel Andrade bereit erklärt, im Gewerkschaftsvorstand mitzutun und mich laufend zu informieren, was dort passierte. Die Textilfabrik einer (anderen) Familie Ponce, «La Teresa», musste im März 1953 ihre Tore schliessen und alle Arbeiter standen auf der Strasse. Die Gewerkschaft gab die Parole auf einen Sympathiestreik aller Textilfabriken für den kommenden Arbeitstag. Nachts um zwei Uhr stand Andrade vermummt vor meiner Haustüre an der Orellana und informierte mich; ich musste bei uns den Streik verhindern, denn nach einem solchen durfte ein Arbeitnehmer während zwölf Monaten nicht entlassen werden. – In unserer Fabrik wäre es ein arges Handicap. – Ich zog mich an, weckte telefonisch den alten Bodeguero Pancho Stark (aus Ungarn) und meinen Schweizer Techniker Enrique Steiner und instruierte sie, an den Besammlungsort der Belegschaft in der Stadt beim Kloster Santo Domingo zu fahren, selber im Arbeiterbus mitzufahren und für Ruhe und schnelleres Fahren zu sorgen. Ich selber war um 5.30 Uhr in der Fabrik, zündete alle Lichter an und hielt das Portal weit offen, damit heute die Leute *inner*halb der Mauer aussteigen könnten (an andern Tagen wurde vor dem Tor gehalten). – Statt wie üblich um 5.50 Uhr bog der Bus «auf zwei Rädern» um 5.45 Uhr in den Hof, hinter ihm schloss sich das Tor und alle gingen wortlos und freundlich an die Arbeit. Um 5.52 Uhr erschienen die Gewerkschafter vor dem Tor, ich winkte ihnen, während sie lange Gesichter machten, als sie sahen, dass sie zu spät waren. Wir waren die *einzige* Fabrik des Landes, die nicht streikte: um 11 Uhr erschien Andrade und berichtete, er werde des Verrats verdächtigt, ich solle ihm Gelegenheit geben, beim Schichtwechsel um 2 Uhr zum Streik aufzufordern. Ich sagte es ihm zu. Um 14 Uhr stellte Steiner alle Maschinen ab und gab drei Minuten frei. Andrade rief auf, doch der alte Jacquardweber Zapata holte (wohl instruiert) mit einer langen Gegenrede aus, und ehe man hätte abstimmen können, rollten die Maschinen laut rasselnd an – der Streik war auch hier vorbei.

Einen anderen Gewerkschafter, ein übler Bursche, der Streit suchte, verwickelten wir in eine hausinterne Schlägerei, entliessen beide Schläger, doch «unser Mann» bekam sechs Wochen bezahlte Ferien am Meer und kam anschliessend zur Arbeit zurück. Das alles klingt gewerkschaftsfeindlich, es war es auch insofern, als in Ecuador die Gesetze und Syndikate uns hinderten, den Arbeitern ein gutes Dasein und guten Lohn zu verschaffen. Unsere Leute verdienten 30–50% mehr als ihre Kollegen in anderen Fabriken. Aber auch sonst waren unsere Leute besser gestellt. Eine katholische Sozialarbeiterin kümmerte sich um die Familien, sorgte für Kranke, für Schulhilfen und vieles andere; aber sorgte auch, dass die Kirche die Leute nicht übervorteilte (zum Beispiel hohe «Taufgebühren»). Oft musste ich mich gegenüber meinen Kollegen der Industrie klärend verteidigen gegen den Vorwurf, «estas danando la gente» (du verdirbst durch dein Verwöhnen die Arbeiter!).

Als Beispiel unserer Probleme: alle Ersatzteile für die Weberei kamen natürlich aus dem Ausland. Nun waren die «Leder-Vögel» an den Peitschen der Schweizer Stühle am Ausgehen. Aus Geldnot bestellten wir etwas spät; aber schliesslich kamen sie im Mai 1953 in Guayaquil an, gerade noch *vor* der Regenzeit. Ein Lastwagen sollte sie durch den Urwald heraufbringen. Sein Weg war nach einer Kurve durch einen grossen Erdrutsch, «Derumbe» genannt, versperrt, der Fahrer wollte rückwärts hinunter, um auf eine andere Strasse zu kommen, doch kaum fuhr er los, ging *hinter* ihm ein zweiter Derumbe über die schmale Strasse und der Camion stand blockiert. – Am andern Tag begann es zu regnen und regnete drei Monate lang auf unsere Leder-Vögel! Ich werde nie vergessen, wie wir uns behelfen mussten, aber auch nicht, wie gross der Jubel war, als der Camion endlich im Fabrikhof einfuhr. Es war gerade der Tag, wo der im Vorjahr gewählte Staatspräsident, Dr. Jose Maria Velasco Ibarra, unsere Fabrik besuchte. Er hatte seinen Rundgang beendet und wir standen vor dem Haus, bereit, ihn zu verabschieden. In dem Augenblick fuhr der dreckbedeckte Camion durchs Tor. Menotti und ich begriffen und rannten jubelnd und gestikulierend vom Präsidenten weg zum Camion – nachher erklärte ich es dem hohen Herrn «Oiga Excelencia», worauf hinter ihm Davalos auflachte, denn Oiga ist die Duzform «schau her Exzellenz!» Ende 1953 war guter Gewinn da, ich fuhr zufrieden nach den Galapagos-Inseln.

Die gut verdienende Fabrik, die zufriedene Belegschaft, nun sollte endlich die noch immer versäumte Segnung der Fabrik stattfinden. Die Sozialfürsorgerin Señora Pilar Villafuerte, eine strenggläubige Katholikin, und der etwas liberalere Dr. Davalos sprachen beim Cardinal de la Torre vor. Er sagte zu, und am 23. April, St. Georgstag, meinem Namenstag, wurde vor der Fabrik eine Messe zelebriert und anschliessend Haus, Personal und Maschinen gesegnet und ich erhielt einen besonderen

Segen dafür, dass ich als Protestant meine Belegschaft so wacker bei ihrer Kirche hielt.

Der Segen wirkte sich aus: das nachfolgende Jahr 1955 schloss ab mit einem Gewinn, der eine Dividende von 35% an die Aktionäre versprach (ich selber hatte schon 1953 aus dem Almeida-Paket 10% Aktien erwerben können, so dass Schwarzenbach und ich jetzt 25% kontrollierten).

Schwarzenbach-Huber, also Robert S.' Firma, hatte andererseits 1953 ihre Aktien an die von Hans S. geleitete Holding «AGUT» abgetreten, so musste ich ihm berichten, wie gut das Jahr gewesen sei. Nun wollte er von diesem «Huhn mit den goldenen Eiern» die Majorität bekommen. Das Almeida-Paket war zerfallen: 10% bei mir, 10% bei einem alten vornehmen Chulquero (Wucherzinsnehmer... 3% pro Monat), Don Rafael Vasconez Gomez, in einem vornehmen Palazzo bei der goldenen Jesuitenkirche. Er war der Vater eines unserer Freunde. Dieses Paket wollten wir als erstes «holen», aber natürlich durfte niemand etwas davon erfahren. In Quito gab es damals noch keine Börse. Aktien vermittelte der Makler Jaramillo Arteaga. Ihn beauftragten wir, die Aktien des alten Herrn zu erjagen. Wir seien bereit, 125 zu zahlen; schaffe er es billiger, gehöre die Differenz ihm. Er machte es geschickt: an der Beerdigung des alten Herrn Mantilla (Eigentümer des «Comercio», Quitos grösster Zeitung) fand Jaramillo sich plötzlich (natürlich absichtlich) im Leichenzug an der Seite unseres Don Rafael und begann über die Unsicherheit von Aktien in einer nicht selbstkontrollierten Gesellschaft zu sprechen, abschliessend fügte er bei: «Der Tote da vorn hat nie solche Aktien gehabt»... Zwischen Kirche und Friedhof eilte unser alter Herr nach Hause und brachte dem Makler die Aktien zum Kurs 5 über pari, wo doch 35% Dividende deklariert waren! Wir lachten uns ins Fäustchen, aber ich hatte Mühe, dem höflichen alten Herrn etwas vorzulügen, als er mich andertags informierte. Ich sagte, ich vermute, es sei der Handelsminister, von dem wüsste ich, dass er Aktien kaufe; *aber*, nun waren wir erst bei 35%, kamen jedoch nicht weiter. Ich schlug Hans S. vor, herüber zu kommen und selber zu handeln. Bald darauf erhielt ich seine Zusage. Er könne es mit einer anderen Südamerika-Aufgabe kombinieren und werde auf zwei bis drei Tage mit seiner Frau kommen. Sie kamen am Dienstag vor Ostern und wohnten im Hotel «Cordillera». Hans besichtigte zum ersten Mal die Fabrik, dann begannen wir Kriegsrat zu halten und beschlossen, die Aktionäre auf Gründonnerstag zum Mittagessen einzuladen und sie mit einem Ultimatum zu überraschen. Gesagt, getan. Frau Bassano und Frau Almeida erschienen mir ihren Direktoren; zuerst lernten Schwarzenbachs die Gäste kennen, dann gab es ein gutes Essen, und vor dem Nachtisch verkündete Hans den Aktionärinnen: «Wir wollen die Majorität, wir haben bereits 35%, entweder treten Sie beide uns einen Teil ab, wir kaufen zu 175, oder sie willigen ein in eine einseitige Kapitalerhöhung von sechs Millionen auf acht Millionen, wobei Schwarzenbach allein die neuen Aktien zeichnet (diese letztere Variante hatte ich in der schlaflosen Vornacht ausgedacht, weil ich ahnte, dass keine Seite verkaufswillig sei). Beide Vorschläge sind gültig bis Samstag 12 Uhr, hören wir nichts von Ihnen, verkaufen wir unsere Aktien, wir haben einen Käufer (es war Herr Leo Erdstein) und bauen in unmittelbarer Nähe eine Konkurrenzfabrik mit neuen Maschinen.» – Die Busen der Damen wogten und das Mittagessen ging schnell zu Ende. – Beim Abschied klatschte mir Frau Bassano ihre Glacéhandschuhe auf die Backe und zischte «Cochinos suizos» (Schweizer Schweine). – Aber ich schwieg. Ich spürte, dass wir gewinnen würden. Am Karfreitag zeigten wir den Schwarzenbachs Land und Leute und Samstagmittag flogen sie wieder nach New York, ohne dass irgendeine Antwort seitens der anderen gekommen wäre. Hans sagte am Flugplatz einfach: «Jetzt müender halt luege...»

Ostersonntag und -montag verbrachten Menotti und ich mit Grundstücksuche und Plänen für eine neue Fabrik. Dienstag war normaler Arbeitstag. Am Mittwoch war die längst angesetzte übliche Verwaltungsratssitzung, auf welche hin ich der amtierenden Präsidentin Bassano schriftlich mitgeteilt hatte, dass ich auf Ende des Monats als Gerente General zurücktrete und meinen Posten zur Verfügung stelle. Die Sitzung begann entsprechend frostig, und Frau Bassano bat ihren Direktor Carlos Martinez Sevilla, meine «Mitteilung» vorzulesen und zu kommentieren. Er sagte dann, es sei zwar bedauerlich, aber er selber könne mich gut ersetzen, da er ja die übrigen guten Mitarbeiter Menotti, Steiner und Roos habe – worauf ich lächelnd die an *mich* gerichteten Kündigungen dieser drei aus meinen verschiedenen Taschen zog. Die Gesichter der anderen wurden bleicher und ernster, und schliesslich rangen sie sich durch einzulenken; eine Sitzung in vierzehn Tagen solle die einseitige Kapitalerhöhung beschliessen – sofern alle Details geregelt seien. Aber jetzt kamen schwere Tage, denn die Damen hatten jeden Tag eine andere Meinung und Frau Bassano hörte auf Einflüsterungen von jedermann. Eines nachts kam ich auf eine gute Idee: ich versprach Frau Bassano einen Sondervertrag mit Schwarzenbach, wonach von den sechs Verwaltungsräten immer drei durch sie bestimmt würden, andererseits für alle Beschlüsse vier Stimmen nötig seien, so sei sie sicher, dass nie etwas ohne ihre Zustimmung möglich werde. Das war eine so einfache Sache, dass sie sie kapierte und wir ihr Vertrauen gewannen. (Ich aber wusste, in Zukunft würde ich einfach disponieren, ohne zu fragen; würde ich vom Verwaltungsrat zwecks Rüge zur Rede gestellt, würde der Bassanopartei eine Stimme fehlen.)

Aber immer noch schwankte sie hin und her. Der Morgen der Generalversammlung kam – auf Frau Bassanos Gesicht war nicht zu erkennen, ob ja oder nein. Wir hatten schon begonnen, da kam als Nachzügler Cesar Alvarez Barba herein, der von Frau Almeida einige wenige Aktien erworben hatte, aber bisher noch an keiner Sitzung erschienen war. Menotti und ich schauten uns fragend an, die Sitzung harzte, schliesslich zog sich Frau Bassano mit ihren Direktoren ins Nebenzimmer zurück; doch als sie wieder kam, sprang Alvarez auf und zog sie nun seinerseits noch einmal ins Nebenzimmer. Menotti und ich hielten die Schlacht für verloren. Die Minuten schienen endlos; dann aber kam Doña Sarina lächelnd zurück und nickte mir freundlich zu. Ich wollte endlich Gewissheit und verlangte zitternd die Abstimmung, «coûte que coûte»: Alle schauen gespannt auf Frau Bassano: sie stimmt mir zu, ein Stein vom Herzen, alle übrigen folgen, faute de mieux, Frau Almeida mit irgendeiner «Zisch-Bemerkung», an die ich mich nicht mehr erinnere. In wenigen Minuten ist alles unter Dach und die Sitzung aufgehoben. Schwarzenbach *hat* die Majorität!

Nach der Sitzung bittet mich Frau Bassano zu sich hinüber: sie sei mit dem festen Entschluss gekommen, *nein* zu sagen; erst als sie mit Alvarez Barba gewesen sei, hätte alles geändert. Er hätte sie beschworen, nein zu sagen, mit den Worten «botamos a los Gringos» (werfen wir die Gringos hinaus). Gringos sind in Ecuador alle Nicht-Lateiner und dazu die Juden! Er hatte sie ihres guten spanischen Akzents und lateinischen Aussehens wegen nicht für eine Jüdin gehalten, sondern für eine Spanierin! Diese Zufälligkeit war unsere Rettung!

Frau Bassano und Frau Almeida wurden aber sehr anständig bezahlt für ihren Verzicht auf Anteil an der Kapitalerhöhung (Kurs 175). Wir haben nicht einfach erpresst, sondern ganz einfach kaufmännisch auf ein Ziel hingesteuert. Man schrieb Mai 1956.

Und der erste, der kam, mir zu gratulieren, war der alte Don Rafael Vasconez Gomez. Er kam, mir seine ehrliche Hochachtung zu bezeugen!

Was noch kommt – zuerst reise ich nach Europa, teils auf Ferien, teils auf Maschinenkauf und, hauptsächlich, um bei Hans S. Bericht zu erstatten.

Bald nach meiner Rückkehr trat Dr. Roselli, Menottis Freund, bei uns ein. 1957 gingen Menotti und Steiner nach Europa, und ich hatte die gute Nase, Alberto Maag herüberzuholen aus der Schweizer Agentur Richard Custer, der schon im Spätsommer 1956 bei uns geholfen hatte, eine Gruppe amerikanischer Stühle zu montieren.

1958, ein Jahr nach Menottis Reise, merkte ich, dass er es müde war, an zweiter Stelle zu sein, nicht zuletzt weil er sich bewusst war, wie gross sein Anteil am Erfolg war. Also: er oder ich. Ich entschied mich für ihn.

Ich hatte das Gefühl, Christine und ich wollten nicht in Ecuador sterben, ihre Eltern sehnten sich nach ihr, mein Vater war krank, ich war Mitte vierzig, also höchste Zeit für einen Neuanfang in der «alten Welt».

Im März 1959 verliess ich die Fabrik, behielt aber die Präsidentschaft. Menotti war Gerente General und Aktionär, Roselli Subgerente und ebenfalls Aktionär.

Doch schon 1961 zog es auch Menotti nach Europa zurück. Roselli und Maag rückten nach, und die kommenden Jahre brachten, noch unter meiner präsidialen Fernverantwortung, die ersten Vergrösserungen der alten «Europea», dann «Sintofil» und «Cotonia». Frau Bassano verkaufte ihre Aktien an uns (das heisst an unsere Mitarbeiter), ihr Sohn und Schwiegersohn endeten mit eigener Fabrik und eigenem Leben unglücklich. Frau Bassano selber schloss noch Frieden mit mir und starb 1985. Frau Almeida verkaufte (sicher zu gutem Preis) an unsere Feinde Isaïas, aber wir wussten diese aus allem herauszuhalten. Frau Almeida starb, nachdem sie vorher einen Sohn tragisch verloren hatte.

1974 habe ich auch die Präsidentschaft an François Schwarzenbach abgegeben, und so ist es einmal an ihm, die weitere Geschichte dieser lieben «Europea & Sintofil» weiter zu schreiben. Ich bewahre ein fröhliches und gutes Andenken an Ecuador, seine Leute und speziell alle, die mir dort zur Seite standen und geholfen haben.

Ecuador – Land und Leute

Briefauszüge 1951–1958

15. Oktober 1951, Quito: Hier oben sind wir auf 2800 Meter über Meer (die Berge über uns sind über 5000 m), die Luft ist dünn, ich höre aus Gesundheitsgründen auf zu rauchen und trinke vorerst auch weniger, es bekommt einem einfach nicht. Man muss sich auch im Essen umstellen, das Fleisch ist zäh (nicht abgehangen) und man verdaut viel langsamer – dafür gibt es ganz wunderbare Früchte und Gemüse. Die Bevölkerung von Ecuador ist zur Zeit etwa dreieinhalb Millionen. Davon ungefähr zweieinhalb Millionen reine Indianer ähnlichen Ursprungs wie die Indianer der Nachbarländer, ihre Gesichtszüge auffallend an die Mongolen Asiens erinnernd, mit denen man ja auch einen Zusammenhang vermutet. Der Rest der Bevölkerung sind Mischlinge (Tscholos), Weisse (spanischer, europäischer oder nordamerikanischer Herkunft), dann auch Schwarze (Abkömmlinge eines um 1700 gestrandeten englischen Sklaventransports). Wir kennen schon viele Leute, teils ganz hohe, wie zum Beispiel den Aussenminister, bei dem neulich eine Party war, an der er mit Christine den Tanzreigen eröffnete (weil er hofft, so die angeschlagene Aktionärsposition seines Schwiegervaters zu verbessern), und auch viele intelligente und interessante jüdische Immigranten, auch tüchtige rechtschaffene Schweizer, die es hier zu etwas gebracht haben. Die Stadt ist sehr malerisch und schön, alte Spanier Kirchen aus der ersten Kolonialzeit um 1500, viele Paläste und Klöster, daneben die Indianerhütten aus getrockneter Erde, in denen diese Leute noch leben beinahe wie vor 500 Jahren. Man kann sich die hiesigen Gegensätze gar nicht vorstellen, wenn man sie nicht gesehen hat. Wir haben durch Freunde ein hübsches kleines Haus gefunden (Wohnungen gibt es hier kaum), und wir haben auch einen sehr netten «Indio» als Hilfe. Er heisst Andres, verdient etwa fünfzig Franken im Monat und arbeitet von früh am Morgen bis abends, kocht, putzt, macht alles und stickt in der Freizeit noch buntfarbige Blumen auf Blusenstoffe. Alle vierzehn Tage geht er zum Wochenende in sein Dorf Calderòn, wo er eine Frau und zwei süsse kleine Töchterlein hat. Bleibt Andres in der Stadt, kommt die Frau herüber, ist die Nacht mit ihm und hockt am Sonntag auf dem Markt vor der Kirche und verkauft Früchte und Eier. Jeden Morgen um sechs Uhr wird's hell und abends um sechs wieder dunkel. Morgens ist Sonne, nachmittags Regen, morgens kühl, dann warm, um zwölf Uhr heiss, nachmittags kühl, in der Nacht kalt, im ganzen dem europäischen Mai vergleichbar. Mittags gibt's keine Schatten, denn die Sonne steht senkrecht über einem; das ist wohl der Grund, weshalb die alten Inkas einen Berg wenige Kilometer vom heutigen Äquator als die Mitte der Welt bezeichneten; dies zu einer Zeit, wo man in Europa von der Welt noch recht wenig wusste. Wir waren am Äquator, hatten ein Bein nördlich,

eines südlich der Null-Linie und küssten uns! Jetzt ist sogenannter Winter, es regnet etwas mehr, hie und da auch am Morgen. Im Dezember kommt ein erster warmer Frühling, der «Veranillo del Niño», dann noch einmal Regen und dann der wirkliche Frühling im März. – In der Fabrik habe ich mich schon recht gut eingelebt, stellt Euch aber nur nichts Falsches unter meiner Stellung oder unter der Fabrik vor! Es ist eine Weberei von hundert Stühlen und eine kleine Färberei, die an sich ganz gute Arbeit leisten könnten, und auch die Indios wären ganz recht – aber es hapert an anderen Dingen. Die Aktionäre saugen die Fabrik aus in einem Masse, dass es oft unmöglich ist, das nötige Garn zum Weben zu kaufen. Dafür hat es einen Haufen Büropersonal, Chauffeure und so weiter, die wenig tun. Meine Aufgabe ist es nun, nach schweizerischen und amerikanischen Prinzipien zu sanieren, das heisst dahinter her zu sein, dass mehr gearbeitet und weniger gestohlen wird. Da ich als Tourist hier eingereist bin, darf ich selber nicht verdienen, dagegen bezahlt mir die Fabrik meine minimalen Lebenskosten. – Sobald es sich zeigt, dass es Sinn und Erfolg hat, hier zu arbeiten – ich meine, dass ich etwas ausrichten kann – wird dieses Provisorium vielleicht verlängert und verbessert, aber für den Augenblick ist es mir ganz recht so. Dann kann man mir wenigstens auch keinen Vorwurf machen, ich sei eine zusätzliche Belastung für die Fabrik. Viel Zeit geht im übrigen damit verloren, dass man die Aktionäre abhören muss, die, jeder in seiner Art, gerissen sind und auch von sich selber sagen, man müsse ihnen ja nicht glauben! Europäer, die schon länger hier sind, klagen zum Teil bitter über die hiesige Mentalität, Christine und ich finden es dagegen in jeder Beziehung interessant und schön und sind dankbar, dass wir diese Lehrzeit durchmachen können, denn wir werden sicher viel, viel lernen. Für heute nicht mehr. Wenn wieder einmal Generalstreik ist in Ecuador (wie heute, wo das Volk das zusammentretende Parlament erpressen will), schreiben wir wieder. Bis dann sind wir schon in den alten Städten in den Bergen, vielleicht auch schon jenseits der Anden am Oberlauf des Amazonas gewesen, wo die Kopfjäger-Indianer hausen, oder auf einem der hohen Berge.

4. November 1951: Am 2. November, der hier ein weit wichtigerer Feiertag ist als der erste, fuhren wir mit Aktionär Rafael Almeida Borja samt seiner Frau und zwei Söhnen (er nennt sich Nachfahre des Papstes Alexander VI.) auf die Hacienda seines Vaters, etwa eine Stunde südlich und etwa 300 Meter tiefer als Quito. Es ist dies ein mittelgrosses Maisgut mit einem sehr einfachen, einstöckigen Herrenhaus, das aber sehr viel Charme hat. Diese Landhäuser sind alle recht ähnlich: an beiden Längsfronten sind viele Verandafenster mit kleinen Scheiben, dahinter ein grosser länglicher Raum, der zum Aufenthalt dient und aus dem die fensterlosen Innenräume erreichbar sind. An beiden Enden sind einige

Schlafräume, die sich auf Hof und Garten öffnen. Primitiv sind Wasser- und Lichtversorgung, aber an Bedienten fehlt es dafür nicht. Gleich nach unserer Ankunft erscheint der Mayordomo auf einem weissen Passgänger (denn hierzulande wird nur getrabt, ausgesessen, und dafür sind solche Pferde viel angenehmer); er trägt einen breitrandigen Filzhut, lange Pelzhosen aus derbem Leder und hat ein finsteres, strenges Gesicht. Er nimmt die Befehle seines Herrn entgegen und reitet dann wieder hinaus auf die Weide, wo Störche, Kühe und Pferde einträchtiglich ihrem Futter nachgehen. Dort fängt er mit dem Lasso vier kleine Pferde ein, die für mich, die beiden Buben und Doña Cristina gesattelt werden mit gewaltigen Sätteln, wie wir sie bisher nur aus Filmen kannten. Es sind metallbeschlagene Ungetüme, sehr tief, ähnlich den Turniersätteln des Mittelalters, vorne und hinten hochgebaut mit einem Handgriff vorn und einer kleinen Lehne hinten; als Bügel dienen grosse, schwere Bronzeschuhe, in die man hineinsteigt. Über dem Bügelriemen liegt zum Schutz der Beine ein breites, verziertes Lederstück (hier reiten alle in langen Hosen), und über den Sattel endlich wird ein langhaariges Ziegenfell gebreitet, um den Sitz noch bequemer zu machen. Eine höllische Kandare und gewaltige Sporen mit spitzen Rädern regulieren das Tempo, und wenn das nicht genügt, so hat es an der Zügelnaht noch einen langen Zottelzwick, mit dem man dem Pferd eins über die Kruppe zieht. Über Stock und Stein traben (und galoppieren) diese unbeschlagenen Zwergpferde mit erstaunlicher Sicherheit. So jagten wir denn mit den Buben auf den ganzen Feldern herum, bergauf und runter, durchs Wasser und wieder über die Felder. Hier ist es viel wärmer als in Quito – grosse Strohhüte (in Europa Panamahüte genannt, weil sie, zwar in Ecuador geflochten, über Panama gehandelt werden) schützen uns gegen die heisse Mittagssonne – wilde Lilien blühen überall, und am Weg säumen stachlige Agaven die Maisfelder und Weiden als natürliche Einzäunung (aus den Agaven wird eine Art Sisal gewonnen, auch ein Schnaps gebrannt aus den Früchten). Wir reiten durch Alleen von Eucalyptusbäumen mit ihrem eigenartigen Wuchs. Der junge Baum hat fleischige, emporgerichtete Blätter blaugrüner Färbung, ist aber eine gewisse Höhe erreicht, verholzt der Stamm mit fetzenartiger Rinde und die Blätter hängen saftlos nach unten – ein Übergang, der an ein und demselben Baum beobachtet werden kann. – Einmal versperrt eine Riesenschildkröte uns den Weg – die ist auch ein nationales Produkt, stammt sie doch von den zu Ecuador gehörenden Galapagos-Inseln; sie hat einen Schild von etwa 1 m Länge, 80 cm Breite und 40 cm Höhe, ist 150 Jahre alt und lässt sich besteigen wie ein Felsblock. Wir steigen vom Pferd und bewundern vom Rücken der Schildkröte die Aussicht. Dann, es ist Zeit zum Mittagessen, jagen die Buben mit Christine lachend heimwärts, und ich zottle mit dem Mayordomo hinterher. – Im Herrenhaus erwartet uns eines jener ländlichen Mittagessen, typisch für Ecuador: in Maisblätter gewickelte Mais-Fleisch-Rollen, Huhn mit Reis und Avocados (eine Baumfrucht, gemüseartig mit Butter-Vitaminen, zur Zeit dieses Berichts in Europa noch unbekannt) und zum Dessert ein Mus aus einer Art saurer Kirschen (wirkliche Kirschen sind die einzige Frucht der Welt, die in Ecuador nicht gedeiht, trotz zahlreicher Anbauversuche). Dieses violettfarbige Mus wird am 2. November im ganzen Land zu Ehren der Toten gegessen (Farbe der Halbtrauer). In den Indianerdörfern und -städten ist, wie gesagt, der 2. November einer der grössten Feiertage und spielt sich vollkommen auf dem Friedhof ab, wo grosse Fress- und Trink-Orgien die Toten beglücken sollen. – Nachmittags besuchen wir eine Hütte der Indios; diese Leute gehören zu Grund und Boden und werden mit diesem verkauft, obwohl sie dem Recht nach frei sind. Da sie aber alle ohne Besitz sind, bleiben sie auf den Gütern, wo sie für einige Centavos arbeiten und dafür eine kleine Landparzelle zum Anbau überlassen bekommen. Stimmberechtigt sind sie nur, wenn sie lesen und schreiben können.

Das Haus ist aus ziegelsteinförmig gestochener, an der Luft getrockneter Lehmerde gebaut, fensterlos und ohne Kamin; es sind vier kleine Räume: im ersten liegen einige Bastmatten auf dem Boden und auf Holzgestellen und dienen alt und jung als Schlafstätte, während unter dem Dach auf Bambuslatten die kärglichen Vorräte trocknen. Im nächsten Raum, der notdürftig Licht durchs Dach erhält, steht in der Ecke eine «Mühle», das heisst ein grosser flacher etwas gehöhlter Stein, auf dem mit Hilfe eines kleineren Maismehl gemahlen wird. Ein paar Felle und einige Ponchos hängen herum (Poncho, sprich Pontscho: grosse handgewobene Wolldecke, meist in dunkler Farbe, in der Mitte ein Schlitz; über den Kopf gestülpt das Haupt- und Allwetterkleidungsstück der Indianer). Durch einen Mauerspalt geht's in die Küche, wo auf dem Boden ein offenes Feuer brennt. Der Rauch zieht durchs Dach hinaus. In der Ecke hinter einem Lattenverschlag quieken Meerschweinchen, die Delikatesse der Indios. Einfaches Werkzeug liegt herum, zum Beispiel ein Baumstamm mit einer Eisenspitze, der als Pflug dient. Nirgends ist ein Wagen zu sehen, alles wird von Mensch und Tier getragen, denn das einfache Rad ist hier noch nicht erfunden. Diese Indios haben ein sehr nettes Verhältnis zu ihrem Patron-Haciendado. Er ist Pate aller Kinder, und man könnte meinen, es bestehe kein Indioproblem, aber im allgemeinen ist es wesentlich anders. Eigentümlich ist: diese Menschen sind irgendwo weich, haben fast keine Bart- oder Körperhaare, sind seit fünfhundert Jahren Sklaven, kindlich in ihrem Mangel an Ehr- und Verantwortungsgefühl. Viele sagen, die meisten wollen gar keine Änderung. Es ist schwer, zu sagen, wie die Weiterentwicklung dieses Landes gehen soll, denn die weisse Million hat im grossen und ganzen das amerikanisch-europäische Niveau des Lebensstandards erreicht, und wenn man das Land weiter industrialisieren will, bedingt das auch die Vergrösserung des Konsumentenkreises und damit die Erweckung der Indios.

Drei Tage später: Durch die hiesigen Menschen, besonders die Immigranten (zum Beispiel unsere Hauseigentümer), hören wir manchen typischen, amüsanten oder traurigen Klatsch, denn alle Weissen beobachten sich untereinander mit Argusaugen. Da ist zum Beispiel die Frau W., Frau eines in Deutschland seinerzeit sehr angesehenen Anwalts und Tochter reicher Fabrikanten, die sich hier mit ihrem Mann auseinandergelebt hat und einfach kurzerhand in den Urwald an den oberen Amazonas verschwunden ist und sich dort mit harter Arbeit, als einzige Weisse unter den Eingeborenen, von Mais und ein paar Eiern ernährt und dabei versichert, zum ersten Mal im Leben glücklich zu sein. Oder da ist Herr Kohn aus Prag, der als Architekt hierherkommt und seinen Namen durch den seiner Mutter – wie hier üblich – ergänzt und erst nach zwei Jahren versteht, warum die Leute immer so herzlich lachen, wenn sie seine Werbetafeln mit Kohn-Cagan sehen. …cagan bedeutet hier: sie sch..ssen. Ein anderer weiss zu erzählen, dass er echte Perlen gegen Ecuadorhüte getauscht habe. Ein echter feiner Ecuadorhut ist hier um die zweihundert Franken wert, denn die hiesigen Hüte zeichnen sich durch besondere Feinheit aus. Der bisher vollkommenste Hut, während des Krieges für Präsident Roosevelt geflochten, wurde auf fünfhundert (alte) US-Dollar angesetzt. Er war so fein, dass er durch einen Trauring gezogen werden konnte. (Im alten Ägypten wurden die feinsten Battistgewebe auch durch einen Fingerring gezogen, um ihre Feinheit zu prüfen.) Die Hüte werden übrigens unter Wasser geflochten, nur so kann ganz feines Stroh verarbeitet werden. Es ist in Wirklichkeit kein Stroh, sondern ganz fein geschnittenes Palmblatt, das für die Hüte verwendet wird. Christine sah kürzlich, wie ein nicht gerade vertrauenerweckender Schmuggler aus Columbien einem hiesigen Juwelier eine Handvoll herrlicher Smaragde zum Kauf anbot. Smaragde gibt es in Ecuador nicht, es gibt nur eine Provinz am Meer, die Esmeraldas (=Smaragd) heisst, aber sie heisst so, weil sie besonders grün ist, nicht der Steine wegen. Also, Smaragde gibt es nur in Columbien, aber die Ausfuhr unterliegt strenger Kontrolle. Dafür kann man hier in Quito Frau G. im überfüllten Bus antreffen, wobei man wissen muss, was ein Quitenier Bus ist: diese Fahrzeuge, meist uralt und durch Holzaufbauten auf grösseres Fassungsvermögen erweitert, sind hier das Transportmittel des Volks in der Stadt und auch über Land; von ihrer Benützung ist nicht nur der Flöhe und Läuse wegen abzuraten, sondern vielmehr, weil sie immer überfüllt sind und in steilen Strassen zwar sehr geistesgegenwärtig, aber nicht minder waghalsig gefahren werden, keine Kurve anders als geschnitten. Seitdem wir hier sind, passiert allwöchentlich irgendwo im Land mindestens ein

Bus-Unglück mit bis zu 25 Toten. Also in so einem Bus fährt Frau G., Frau eines Goldwäschers im Urwald, mit einer Bierflasche in der Hand, die sie fröhlich schwenkt und nicht befürchtet, dass sie ihr im Gedränge abhanden kommen oder zu Boden fallen könnte – wir staunen, denn in der Flasche hat sie nicht weniger als um 5000 (alte) US-Dollar an gewaschenem Gold, das sie zum Banco Central zum Einlösen bringt. Ein 24jähriger Sohn hiesiger Immigranten – nein, halt, da wir eben von Flöhen und Läusen sprachen, zuerst noch eine andere Episode: ein ernster Wissenschaftler, den wir über den Ursprung der mongolischen Züge einzelner Stämme hier befragen, sagt uns, dass die Urbevölkerung Perus nachgewiesenermassen aus Ostasien stamme, denn die gefundenen Urmumien zeigen im Haar gelbe Urläuse, und da die Läuse sich immer der Hautfarbe anpassen, waren also die Urperuaner Gelbhäuter! – Christine und ich suchen seither rosa Läuse und jagen ausserdem täglich Flöhe, die ich ziemlich zahlreich aus der Weberei mitbringe. Anfänglich fielen uns die Indios auf, die ihre Kinder an der Sonne ebenso possierlich lausen, wie gewisse Tiere es tun. Heute haben wir uns schon daran gewöhnt, dass unsere Nachbarinnen, Arbeiterinnen einer Parfumeriefabrik, Mädchen also in europäischer Kleidung, in der Mittagszeit am Strassenrand hocken und sich gegenseitig entlausen. (NB: Zwei Jahre später erfuhren wir, dass Läuse einen Abwehrstoff gegen die hier gefährliche Gelbsucht enthalten.) Nun zum 24jährigen Immigrantensohn: er verschwindet eines Tages aus dem Haus seiner Eltern, und erst nach vielen Wochen kommt Nachricht von ihm; er war zu Fuss über die Anden an den Oberlauf des Amazonas gewandert, hatte sich dort ein seetüchtiges Kanu besorgt und war mit diesem flussabwärts übers Meer nach Miami gepaddelt und wohlbehalten dort eingetroffen. Derartige und viele andere Geschichten beleuchten und erklären am besten die anfängliche Desequilibriertheit der hierher unfreiwillig verschlagenen Menschen, die sich aus dem Nichts bewunderungswürdig wieder heraufgearbeitet haben. Es war so, dass vor dem Krieg für alle von Hitler verfolgten Juden, Halbjuden und sonst Unerwünschte die ecuadorianischen Grenzen am längsten offen blieben, weil eine Zuwanderung von Europäern erwünscht war. Auf diese Weise sind wohl hier am meisten jener Emigranten, die bis zuletzt in Europa geblieben waren und nicht mit grossen Mitteln sich frühzeitig in Sicherheit gebracht hatten. Viele, und wie man uns sagt die Besten, sind übrigens bereits wieder nach Europa zurückgewandert. Zu Anfang nun waren die Immigranten verpflichtet, sich als Landwirte anzusiedeln oder aber eine «Industrie» zu begründen; es ist kaum zu schildern, unter welchen Mühsalen und Härten solche Menschen hier jahrelang im Urwald sich durchbringen mussten oder wie Zahnärzte plötzlich Möbel zimmern mussten, Anwälte Töpfe auf der «Scheibe» drehen lernten. Die «Feinen» haben es alle nicht sehr weit bringen können und nur in den wenigsten Fällen ihren europäischen Lebensstandard wieder erreicht. Andere, die hier einerseits mit Arbeit andererseits mit Geschick sehr wohlhabend geworden sind, gibt es natürlich auch. Die Einheimischen sind eher bequem, ein ausgesprochenes Haciendado-Volk, seit 500 Jahren gewöhnt, jedes Jahr eine reiche Ernte ohne viel Dazutun einzubringen, die es ermöglicht, zu reisen und die Kinder in Europa (seit dem letzten Krieg in den USA) erziehen zu lassen. Die Arbeit der Büro- und Geschäftsleute beginnt nicht vor zehn, endet um zwölf und beginnt dann wieder um drei. Viele Cocktails und Empfänge finden besonders bei den Diplomaten schon über Mittag statt, weil man dann in den Gärten empfangen kann. Abends ist gesellschaftlich erst recht viel los, doch wird nie vor neun oder zehn Uhr nachts gegessen. Alles in allem charmant, provinziell und etwas dekadent. Völlig anders ist es in dieser Beziehung in Guayaquil, eine lebendige, pulsierende tropische Hafenstadt, übervoll von Erotik und Arbeit. Wer als arbeitender Europäer hierherkommt, hat Aussicht auf Erfolg, wenn er nicht, wie viele, durch Klima, Atmosphäre und schlechtes Beispiel schnell erlahmt. Die Katholiken haben hier eine starke Position, und die primitiven Indianer füllen die Kassen. Dafür ist die Kirche auch grosszügig: so dürfen hier die Strenggläubigen am Freitag Fleisch essen, die Indianer dürfen am Sonntag arbeiten, und ein Oberst in der Armee soll der Sohn eines hiesigen Bischofs und einer Nonne sein; dieser «geistliche Sohn» heiratete eine Schweizerin, und deren Kind soll einen europäischen Geistlichen choquiert haben, als es sagte «mein Grossvater ist auch ein Bischof». Aber nicht allein der Bischof sorgt für die Vermehrung der Bevölkerung. Es gibt ein ganzes Dorf, das aus den «Freudenkindern» des Onkels des Landespräsidenten besteht, übrigens auch Onkel des besten Stierkämpfers des Landes, der seinerseits Vater vieler, vieler Kinder ist. Im Parlament waren wir noch nicht, aber es soll sehr lustig zugehen. Einer ist Präsident und sitzt in der Mitte mit Glocke am Pult, reden tun alle gleichzeitig, sofern sie sich nicht gerade verprügeln, und man versichert uns aus glaubwürdiger Quelle, dass, wenn es zu wild ist, der Präsident auch schiesst! Neulich war hier im neueröffneten «Olympischen Stadion» ein Fussballmatch; wie es nicht selten vorkommt, wurde der Schiedsrichter von einem Mitspieler tätlich angegriffen. Aber, da hier nicht wie in Europa oder den USA solches Benehmen zur sofortigen Wegweisung vom Platz führt, wird der Fehlbare an Ort und Stelle traktiert, das heisst, es entsteht eine allgemeine Schlägerei. Das Publikum greift auch ein, die berittene Polizei reitet Attacke, Schüsse fallen, dann geht das Spiel weiter. Ganz andere Leute, mit denen wir hier zu tun haben (er vertritt augenblicklich die Interessen einer meiner Aktionärinnen und wohnt auch hier in der Nähe) sind Monsieur und Madame L. Er schreitet mit der Rosette der französischen Ehrenlegion gravitätisch durch seine Salons, spricht von Moral und Ethik, vergisst aber dabei, dass jedermann weiss, dass das Paar einst Besitzer und Leiter eines «Etablissements» in Chile war. Neulich soll ein frecher junger Gast, wie man zum Buffet bat, an der Türe händeklatschend gerufen haben «Au Salon, Mesdames, au Salon».

15.Dezember 1951: Mitte November 1951 bekamen wir die Nachricht, dass unser Station-Jeep, mit dem wir von New York nach New Orleans gefahren waren, inzwischen per Schiff im Meerhafen von Ecuador, Guayaquil, angekommen sei. Viele Leute sagten, es sei völlig verrückt von uns, das Auto selber hinauffahren zu wollen, es sei viel besser, das Auto per Bahn hinaufkommen zu lassen. Andere Leute aber sagten, es sei gar nicht so gefährlich und es sei im Gegenteil ein interessantes Erlebnis. Da ich auch geschäftlich an die Küste hinunter musste, beschlossen wir, beides zu kombinieren und den Wagen selber zu holen. An einem Montag also flogen wir los, an den 4000 bis 6000 m hohen Bergen vorbei, alle übrigens in typischer Vulkanform, und landeten schon nach einer Stunde in der um 2800 m tiefer gelegenen Hafenstadt. Der Wechsel aus der dünnen Bergluft in die heisse Tropenluft ist kaum vorstellbar. Wenn man aus dem Flugzeug kommt, bricht einem schon nach wenigen Schritten der Schweiss aus allen Poren, dafür kann man aber viel leichter atmen; nach ein paar Stunden ist man gewöhnt und fühlt sich sehr wohl. Guayaquil ist nicht am Meer selber gelegen, sondern etwas landeinwärts an einer Bucht, wo der Fluss Guayas mündet. Die Stadt hat etwas weniger Einwohner als Zürich; die Mehrzahl sind Indios, ferner Mischlinge (Tscholos), Weisse, Schwarze und Menschen aus aller Welt, aber keine Japaner. Diese letzteren werden strikt ferngehalten, im Gegensatz zu den Chinesen.

Die alten Häuser sind aus Bambus gebaut, und zwar so, dass ein Gerüst aus Holzbalken das Haus trägt, und auf diese wird als Wand Bambus aufgenagelt; der Bambusstamm, der bis 10 cm Durchmesser hat, wird der Länge nach aufgeschnitten, so dass lauter schmale Latten nebeneinander liegen, die durch starke Naturfaserbänder untereinander verbunden sind. Ein Stamm gibt also ungefähr 30 cm Wandfläche. Glasfenster haben diese Häuser alle nicht, sondern nur Fensterladen, so hat das Haus immer Durchzug und bleibt einigermassen kühl. Natürlich sind diese Häuser sehr feuergefährlich, zudem im Winter, wenn die grossen Grillenschwärme kommen, alles andere als gemütlich. Dieses Ungeziefer der Regenzeit frisst alles, was im Weg liegt. Es gibt jetzt auch neue Steinhäuser, doch wohnt die grosse Mehrzahl noch in Bambushäusern. Die Steinhäuser sind meist Bürohäuser, Banken und so ähnliches. Die Bambushäuser gelten ausserdem als bedeutend sicherer bei Erdbeben, weil sie elastisch sind. (Erdbeben gibt es hier viele, glücklicherweise hauptsächlich im Süden des Landes.) Alle Häuser haben Lauben,

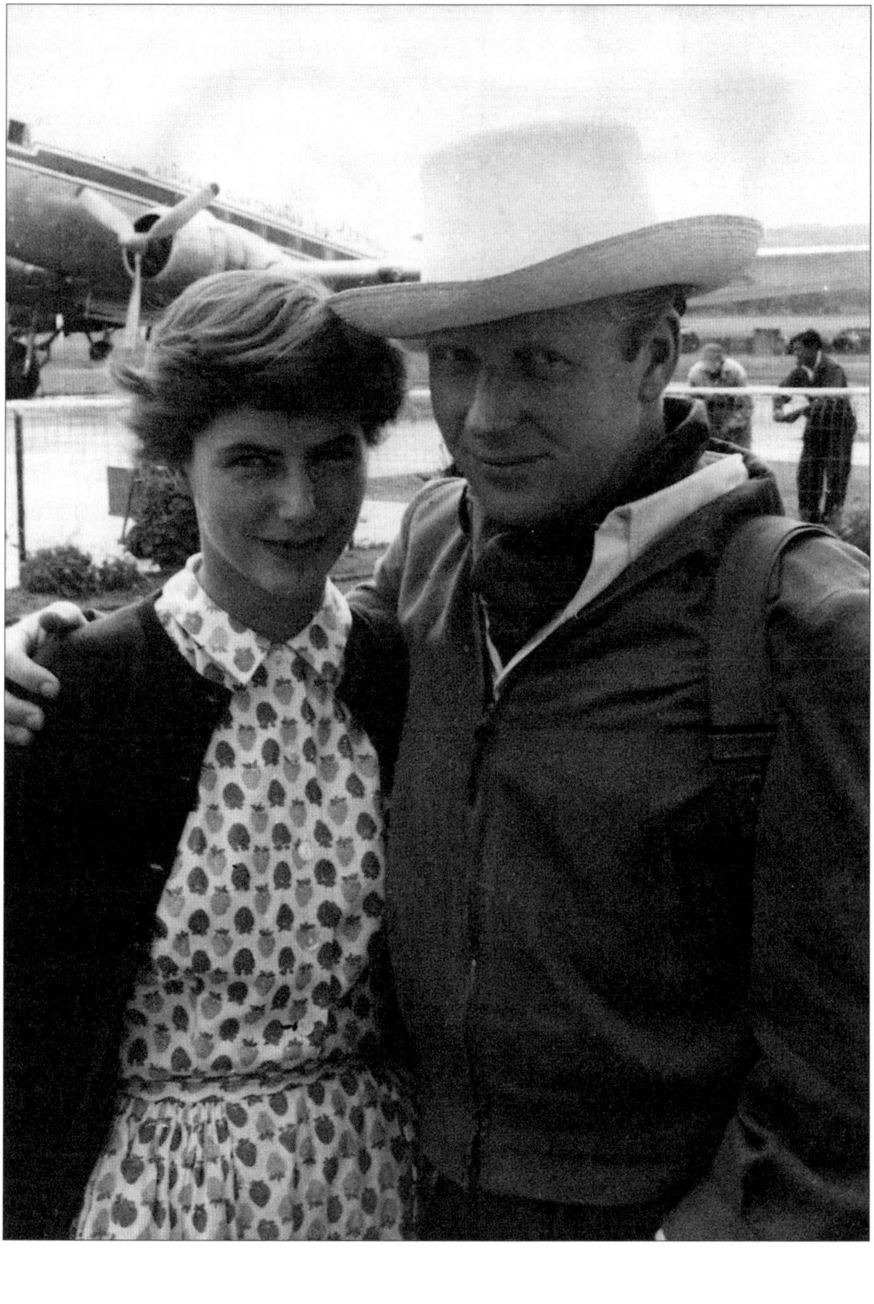

wie in Bern, zum Schutz gegen die heisse Sonne und die Regengüsse. Auf diese Lauben öffnen sich alle Läden und Restaurants ohne Wand oder Fenster, und da werden die meisten Geschäfte gemacht. Über die Mittagszeit (bis vier Uhr kann der Hitze wegen nicht gearbeitet werden) liegen in den Lauben die müden, halbnackten Hafenarbeiter und Schwarzen und schlafen auf dem Boden. Oft kommt man auf der Strasse an Stellen, wo der Verkehr abgesperrt ist, weil auf der Strasse Kaffee oder Cacao getrocknet und von barfüssigen Arbeitern in Abständen gewendet wird. Am Hafen ist viel Betrieb: Kaffee, Cacao, Bananen, Balsaholz, Ecuadorhüte und Matten werden verladen. Aus Europa und Amerika kommen Autos, Maschinen und viele andere Waren, die dieses Land nicht selber produziert. Die Schiffe liegen draussen vor dem Hafen, und als wir dort nach unserem Auto frugen, zeigte man uns einen weisslich-grauen Fruchttransporter, der noch draussen lag mitsamt dem Auto; man werde nur nachts ausladen können, wenn das Wasser durch die Flut am Quai höher stehen werde. So waren wir also noch ohne Auto und beschlossen, mit einem Freund ans Meer zum Baden zu fahren.

Der Strand war zwei Stunden weg von Guayaquil. Die Gegend, durch die wir fuhren, laublos und grau. Eine seltene Erscheinung hierzulande. Hie und da sah man schöne Blumen, die auffallen, weil sie an Sträuchern blühen, die gar keine Blätter haben. Nur ab und zu fällt uns ein Riesenbaum auf mit jungen, leuchtendgrünen Blätterkronen; man erklärt uns, das seien Kapokbäume, die eine Faser liefern ähnlich der Baumwolle, aber im Gegensatz zu letzterer schwimmt Kapok und wird darum für Rettungsjacken, Bootskissen und dergleichen verwendet. Die Bäume sind deshalb eigentümlich, weil die Wurzeln von allen Seiten über dem Boden hinauf zum Stamm steigen und erst in gewisser Höhe wird dieser plötzlich völlig glatt. So kann man am Fuss des Baumes in tiefe Nischen treten. Weit oben drehen sich dicke glatte Äste wie Arme vom Stamm weg – es sieht aus wie eine dicke Frau in langem, zu Boden fallenden Faltenrock, die sich mit verrenkten Armen kämmt. Zum Meer gekommen, sagt man uns, wir dürften nicht weit vom Ufer baden, wegen der Haifische und wegen hinausziehender Brandung. Wir baden zum ersten Mal im pazifischen Ozean! Das Wasser ist warm, etwa 25 Grad Celsius, still und «friedlich». Über und um uns fliegen grau-weisse Albatrosse, die ganz dicht bei uns aufs Wasser niederstossen, fischen und wieder fortfliegen. Von Zeit zu Zeit spürt man schleimige Quallen gegen den Körper stossen, klein und ungefährlich. Nach dem Baden suchen wir schöne Muscheln und Seesterne, dann gehen wir zum Mittagessen. Auf der Rückfahrt begegnen wir merkwürdigen Geiern; in den Dörfern und auch in Guayaquil hocken sie auf den Dächern, kahlköpfig, etwa so gross wie eine Truthenne, ähnlich Lämmergeiern, aber ohne weisse Halskrause – für schlafende Kleinkinder gefährlich, Grossen tun sie nichts.

Anderntags können wir das Auto am Hafen abholen, erstaunlicherweise ist nichts kaputt und nichts gestohlen. Freilich hatten wir vorsorglicherweise alles Abnehmbare abgenommen und im Wagen versteckt: Nummer, Lampen, Scheibenwischer, Radkappen, Seitenspiegel. (Auch in Quito lässt man Radkappen zu Hause. Die Indianer kochen gerne drin auf offenem Feuer – und Scheibenwischer trägt man am besten in der Tasche. Apropos, neulich kam ein Freund aus dem Abendkino und fand sein Auto aufgebockt und ohne Räder!) Doch weiter: In Guayaquil also Auto und Gepäck tadellos. Jetzt galt es, das Auto für die Bergfahrt fertig zu machen: stark profilierte Pneus, Schaufel, Abschleppseil, Bambusbrücken für Schlammpartien, Wasser- und Benzin-Reservetanks. Während ich noch einigen Geschäften nachging, schaute Christine sich die Stadt an. Unser Vertreter, Señor Mangia, der mit mir in Guayaquil war, anerbot sich, uns auf der Fahrt zu begleiten, was ich zu seinem Kummer gerne annahm, um wenigstens zwei Männer an Bord zu haben; erst später merkte ich, wie unheimlich ihm diese Expedition war. Sein Onkel war ein italienischer Kardinal und seine Jugend hat er beim Papst im Vatikan verbracht, wo er solche Unternehmungen sicher nicht mitmachen musste. Donnerstagfrüh, 20. November, fuhren wir um acht Uhr los. Die ersten 40 Kilometer waren gute, etwas holprige Pflasterstrasse, die dann aber in einem Dorf zu Ende war. Dieses war das erste Tropendorf noch ausserhalb des Urwalds, mitten in grossen Baumwoll-, Reis- und Maisfeldern; die Häuser, alle aus Bambus gebaut, stehen auf besonders hohen Pfählen, damit es etwas kühler ist und weniger Ungeziefer zukommt. Alle Häuser stehen in langer Reihe an der Strasse, auch einige Läden, und überall schauen vergnügte schwarze Kindergesichter heraus. Wir fahren durch und kommen auf eine sehr breite Landstrasse, schnurgerade, mit dicker Staubschicht bedeckt, die sich, falls es regnen wird, in einen fürchterlichen Schlammbrei verwandeln muss. Links und rechts sind wässrige Wiesen mit Zebu-ähnlichem Vieh. Vögel hocken auf den Rücken und picken Würmer aus der Haut. Auch sieht man Pferde und langbeinige Störche; einmal sehen wir ein Säuli, dessen vordere Hälfte schwarz, die hintere rosaweiss ist, genau in der Mitte abgeteilt. In grossen, halbwilden Sümpfen stehen Pferde bis zum Bauch im Wasser, und um sie herum sind silbergraue Reiher. Wir wollen nicht anhalten, denn in diesen Sümpfen wimmelt es von Malariafliegen. Reich ist der Boden auf beiden Seiten: Reis, Bananen, Kaffee, Cacao, alles üppig emporgeschossen. Wir müssen einen Umweg machen, weil die Strasse noch nicht fertig ist; da kommen wir an den schönen, breiten Palenquefluss, auf dem Balsaflosse, mit Bananen beladen, langsam flussabwärts ziehen. Doch plötzlich schreckt ein breiter Bachgraben, quer über die Strasse laufend, uns aus unserem Betrachten der schönen Landschaft. Ich versuche im Zickzack durchzukommen, aber wir bleiben tief im Graben stecken. Mit Schaufeln, Seil, Bambusbrücken und helfenden Männern (die es hier noch gibt), bringen wir den Wagen auch nicht heraus, aber eine grosse schwere Strassenwalze kommt von der anderen Seite und zieht uns hinüber. Allmählich beginnen die Bäume grösser zu werden um uns herum. Einen herrlichen Anblick bietet ein etwa 15 m hoher wilder Magnolienbaum in Blüte, der aussieht, wie wenn er voller Seerosen wäre, weil hier die Magnolien grosse gefüllte Blüten haben, ähnlich unseren Wasserrosen. Schon hängen von den Bäumen die ersten Lianen herunter und die Vogelstimmen werden immer lauter und wilder. Nach einer halben Stunde wird die Strasse ganz schmal und windet sich zwischen turmhohen Baumriesen hindurch, wilde Affen- und Vogelschreie hört man, und die Luft ist feucht und heiss. Gelbe, blaue, rote, grüne Vögel sieht man in den Ästen, kreisrunde Kolibrinester hängen in schaukelnden Lianen und wir spähen nach Affen und kleinen Tigrillos, aber leider vergeblich. Der Wald ist unbeschreiblich dicht, und man sieht nicht hinein. Die Urwaldbäume wechseln das Laub nicht wie bei uns, sondern es ist wie etwa bei einer Zimmerpflanze, die alten Blätter fallen einfach welk ab und werden laufend durch junge ersetzt. Die Bäume haben darum keine Jahrringe wie bei uns, das Wachstum schreitet ohne Pause weiter. Einmal sitzt über uns ein Vogel mit schwarzem Gefieder und riesengrossem gelbem Schnabel (aus dem sich die Leute klappernden Halsschmuck machen), und bei seinem Abflug sehen wir voller Staunen, dass die Flügel leuchtendrot gefüttert sind. Noch einmal bleiben wir stecken, doch durch Umfahren der Stelle geht's weiter. Bei dieser Gelegenheit überlege ich: Wenn wir mitten im Urwald steckenblieben, zu den nächsten primitiven Menschen ein Weg von mindestens 30 Kilometer zu Fuss zurücklegen müssten, und rings um uns dieser lärmige Urwald mit all seinen verborgenen Gefahren! Gegen zwei Uhr nachmittags sind wir durch den Urwald hindurch (wir essen Butterbrote und Ananas im Auto, weil wir, der Insekten wegen, nicht aussteigen wollen); riesige, unendlich weite Bananenpflanzungen umgeben uns. Die grossblättrigen Pflanzen bilden in langen Reihen dunkle zwei Meter hohe Laubengänge. Von Zeit zu Zeit treffen wir beim Weiterfahren ein paar Eingeborene beim Schnitt, oder dann kreuzen wir hochgetürmte Lastwagen, die Bananenstämme nach Guayaquil bringen. Wir wundern uns, wie grün die Bananen geschnitten werden, aber am «Baum» werden sie gar nicht reif, sie bleiben grün und fallen dann faul ab – also auch für den Eigengebrauch kann man Bananen nie reif pflücken, nur im Liegen an der Sonne reifen sie nach. Es gibt übrigens etwa so vielerlei hiesige Bananensorten wie bei uns Äpfel; die einen isst man als Gemüse, andere gebraten wie Kartoffeln, und daneben die uns bekannten Obstbananen in vielen Sorten. Cacao und Kaffee sind in diesem Teil des Landes seltener, dafür gibt es besonders schöne Agaven, aus deren Blättern eine hanfähnliche Faser für Seile gewonnen wird. Wir kommen an den Plantagen von Don Federico v. Buchwald vorbei, bei dem die Kontikimänner ihre Balsastämme fürs Floss geholt haben, und erreichen schliesslich gegen halb vier Uhr unser Tagesziel, die ecuadorianisch-amerikanische Versuchsstation in Pichilingue bei Quevedo. Wir waren durch einen Quitener Freund telegrafisch angemeldet worden und wurden vom Verwalter freundlich empfangen. Da stehen hoch über dem Fluss auf einer gerodeten Urwaldwiese mehrere kleine Zementhäuser, die den leitenden Ingenieuren Wohnung bieten; ausserdem ist ein grosses Gästehaus da, gegenwärtig von einer italienischen Colonisations-Kommission belegt. Eine grosse Halle mit Fliegengitter, aber allseitig offen und fensterlos, ist der Aufenthaltsraum mit Küche, Bar und Eisschrank; oben sind kleine Räume mit Duschen für die Forscher. Wir bekommen ein leerstehendes Ingenieurshaus zur Verfügung und finden so mitten im Urwald insektensichere, saubere Räume mit Bad. Nach dem Hausbezug machen wir einen Spaziergang an den Fluss hinunter zu den Eingeborenen. Zum ersten Mal laufen wir also am Rand des Urwalds herum, lauschen auf die vielen fremdartigen Vogelstimmen und Affenschreie, die in jeder nur denkbaren Tonart zu hören sind. Es gibt hier sogar mittelgrosse Vögel (etwa wie eine Krähe), deren Schrei täuschend an den eines Stiers erinnert. (Wir haben den Vogel dort von nahem gesehen, bei einem Schweizer Zoologen, der ihn zum ersten Mal seit Menschengedenken lebend gefangen hat für einen amerikanischen Zoo; dieser Mann hatte noch viele andere herrliche Vögel aller Farben in seiner Voliere – auch einen jungen Tapir sahen wir bei ihm.) Wir bestaunen die hünenhaften Balsabäume, dann Kaffee- und Cacaostauden, schauen uns die Stangenhäuser am Fluss an und die schönen kleinen Kinder der Schwarzen, die alle barfuss und halbnackt herumspringen. Ein junger Mann mahlt gerade seinen Mais: ein schön gehöhlter Baumstrunk, in dem die harten Körner mit einem Schlegel gestampft werden. Dann nimmt der Mann eine Schale voll heraus und lässt das Geschöpfte langsam in den Strunk zurückrieseln, während er mit einem Fächer aus Truthahnfedern Wind erzeugt und so die Spreu wegfliegen lässt, die von Puten und Hühnern gierig aufgepickt wird. Als Haustiere haben die Eingeborenen hier nur ein paar Säue, magere kleine Hunde und Hühner; Truthühner sind immer noch sehr verbreitet. Sie sind das einzige Hausgetier, das von jeher auf diesem Kontinent heimisch war, und damit auch das einzige, was wir in Europa von den alten Indianern übernommen haben. Alle anderen hiesigen Viecher sind aus Europa oder Asien hier angesiedelt worden. – Am Fluss erzählt man uns auf spanisch von gefährlichen Strudeln und von einem Alligator, den wir aber nicht zu sehen bekommen. Dagegen sehen wir noch eine primitive Fischräuse, die aus Bambus gebaut im Fluss liegt und die Fische herein- aber nicht mehr herauskommen lässt. Andere Arten des Fischfangs kennen diese Leute nicht, und ich komme mir vor, wie wenn wir an den Schweizer Seen den Pfahlbauern zuschauen würden. Die Leute hier essen viel Fisch; er ist auch sehr gut, es gibt sogar Forellen.

Am Abend bekommen wir ein sehr reichliches Nachtessen zusammen mit den Italienern, die sehr nett sind und uns zu Ehren sogar rasiert und frisiert erscheinen; dann sind wir noch auf eine Stunde beim amerikanischen Stationsleiter, dessen Frau sich hier, als einzige Weisse, mit einem Klavier die Urwaldeinsamkeit vertreibt. Und schliesslich schlafen wir nach all den vielen neuen Eindrücken einen schweren, pausenlosen Schlaf. Am anderen Morgen gibt es ein gutes Frühstück mit Eiern und Fleisch, und ich mache mir das gleiche zurecht wie die andern: zwei rohe Eier mit viel Zucker geschlagen und Kaffee und Sahne dazu gegossen – das schmeckt sehr gut und hält lange vor. Wir bezahlen unser Quartier, nehmen Abschied von allen und fahren, um einen vierten Passagier, Dr. Raffi aus Mailand, vermehrt, weiter; er will uns auch, weil wir keine Zeit hatten, von den herrlichen Orchideen Pflanzen verschaffen und heraufschicken. Nach einer halben Stunde sind wir in Quevedo, wieder am Palenquefluss, der etwa so breit ist wie die Limmat in Zürich; unser Freund und Begleiter, der Kardinalsneffe Mangia, späht ängstlich nach einer Brücke – aber wir wissen seit dem Vorabend, dass selbige vom gegenüberliegenden Ufer nur bis in die Mitte reicht. (Wir hatten ihm nichts gesagt, damit er ruhig schlafe.) Aber wir haben Glück, das Wasser ist heute nicht allzutief, so lasse ich die andern alle aussteigen und fahre ins Wasser hinunter, zwischen Männern, Büffeln und Pferden durch, auf die Halbbrücke los. Die Räder sind ganz im Wasser, unter der Türe läuft das Wasser herein, und wie ich aus dem nachgebenden Flusssand die Brückenrampe hinaufklettern will, stellt der Motor ab... Wasser in den Zündkerzen und ringsum gaffende Leute, brüllende Büffel und langsam vorbeitreibende Balsaflosse. Die andern kommen auf einem schmalen Fussgängersteg heran und helfen mir, den Wagen wieder in Ordnung zu bringen. Wir hissen ihn auf die Brücke hinauf, und die Fahrt geht weiter, auf schlechter Strasse, dem Fluss entlang landeinwärts, gegen die nach und nach auftauchenden Berge. Der Urwald klettert auf beiden Seiten der Strasse an Steilhängen hinauf, und wir sehen Palmen, die plötzlich hoch über uns auf Felsköpfen wedeln. Die Strasse beginnt in engen steilen Kurven um die Felsen zu steigen. Ich kann die Hand kaum von der Hupe nehmen, denn die hiesigen Lastautos und Busse kommen wie die Wilden auf der Innenkurve entgegengesaust oder es stehen plötzlich Reiter oder störrisches Vieh vor dem Wagen. Die Strasse ist viel wilder als die Bergstrassen in der Schweiz, weil man mit Schuss und ohne jede Übersicht fahren muss, und es an beiden Seiten ohne Rand steil hinauf oder hinunter geht. Hie und da bröckelt ein Stück Strasse einfach unter einem weg. Zweimal kocht der Wagen und wir müssen warten, Kühlwasser nachgiessen; dann hört der Urwald auf. Steile Wiesen und Äcker, erste Tannen und vereinzelte Lehmhütten tauchen auf, ein stillgelegtes Gold- oder Silberbergwerk, kleine Dörfer mit den ersten Bergindianern in ihren typischen Wollponchos und Filzhüten säumen unser Strässlein. Um die Mittagszeit sind wir etwa auf 2500 m: klarer, tiefblauer Himmel über uns, kleine Dörflein und ringsum Berge; in einem Wirtshaus bekommen wir eine Suppe und Spiegeleier und essen nachher unsere letzte Ananas aus Guayaquil auf. Vor dem Haus hockt ein Papagei und schaut zu, wie zwei Autokundige uns die Zündung am Auto verstellen wegen der grossen Höhe. Dann geht es weiter, der Wagen hat Mühe, und schliesslich schiebe ich alle Passagiere, ausser Dr. Maffi, ab auf einen nachfolgenden, zuverlässigen Lastwagen. So klettern wir die letzten Kurven über die Baumgrenze hinauf auf 4000 m über Meer. Kahle grünbraune Bergweiden und Äcker, die steiler sind als die steilsten Weinberge der Schweiz, niedere in den Boden versenkte Strohhütten, Llamas, Esel und auf der Strasse mit schweren Lasten trippelnde, barfüssige Bergindianer, die Frauen im Laufen die Wolle der Llama und Schafe verspinnend, und weit und breit nichts als Berge ohne Schnee. Das ist das Bild dieses Hochplateaus der Anden. Wir halten auf der Höhe, Christine und Mangia kommen wieder zu uns, und wir lassen uns einen Augenblick die kalte Bergluft um die Ohren streichen, nachdem wir noch vor fünf Stunden im Urwald geschwitzt haben. Wir ziehen Pullover an, strecken uns ein bisschen und dann geht's weiter. Jetzt fährt Christine wieder, die schon am Vortag geschickt durch den Urwald gezirkelt war, ich faulenze hinten im Auto. Tiefe Flusseinschnitte, Canions, genannt Quebradas, durchschneiden da und dort die eintönige Landschaft; Kartoffeln und Mais sind frisch angepflanzt, aber sonst nichts wie mageres strohiges Gras, ein paar Esel und ein paar Llamas. Wir staunen im Gedanken an die karge Nahrung der Bergleute in diesem harten Klima. Kaum Milch, kaum Brot, nur Mais und Kartoffeln und etwas von durchfahrenden Lastwagen erhandeltes Obst und Fleisch. Die Leute haben runzlige Ledergesichter und sind klein, aber sie leben und wollen scheinbar nicht fortziehen.

Die Fahrt hinunter ins Hochplateau von Latacunga ist weniger gefährlich, nur einmal muss Christine ein wirklich kitzliges Riesenloch von zwei Meter Tiefe, mitten in der Strasse, umfahren. Das Land ist auch hier winterlich grau, nur die blaugrünen Eucalyptusbäume beleben es, einige Büsche und Blumen, aber fahl und tot im Vergleich zum üppigen Urwald vom Vortag. Immer ähnlicher wird das Bild dem uns gewohnten Quitener Landschaftsbild. Wir haben das Gefühl, wirklich «heimwärts» zu fahren. Noch ein wunderbarer Eindruck überrascht uns vor Einbruch der Dämmerung: in der Abendsonne leuchtet plötzlich der Schneegipfel des Cotopaxi über die regennassen Wiesen – wie ein riesengrosser Zuckerhut, nach allen Seiten gleichmässig abfallend. Bei seinen 6005 m, deckt Schnee etwa 1500 Meter bis zum Gipfel diesen Feuerberg, der so grausame Überraschungen bringen könnte. Denn der Cotopaxi ist der höchste tätige Vulkan der Welt. Gegenwärtig ist er still und unheimlich. – Noch zwei Stunden fahren wir über den Panamerican Highway, der als Höhenstrasse von Norden nach Süden das Hochland durchzieht, und dann kommen wir müde heim, ans Kamin und ins Bett und träumen bald von den 500 Kilometern und 6000 Metern Höhendifferenz, die wir in den zwei Tagen an uns haben vorbeiziehen sehen – ehrlich dankbar, dass alles gut gegangen war.

Nach einem Jahr: Quito, 25.9.52: Dieser Tage war ein Professor aus der Schweiz hier, um Vorträge zu halten, und wir zeigten ihm Quito und dessen nächste Umgebung. Durch einen Freund bekamen wir Männer Zutritt hinter die Kulissen der Klöster und Kirchen, und ich staunte über die noch immer vorhandene Pracht; ganze Altäre, ja ganze Kirchen und Kapellen sind mit Holzwerk aus dem 17. und 18. Jahrhundert ausgeziert, dessen ganze Oberfläche, mit echtem Blattgold belegt, laufend immer erneuert wird. Aber neben dem uns störenden kirchlichen Reichtum ist auch die mönchische Zucht derjenigen zu Luthers Zeiten zu vergleichen!

Eine nette kleine Episode ecuadorianischen Alltags kam uns kürzlich zu Ohren: der frühere Präsident des Landes, der das Szepter Anfang des Monats abgegeben hat, nachdem er als einziger in den vergangenen 28 Jahren die vier Jahre erfüllt hat, war gestern in der Hafenstadt Guayaquil zu einem für ihn veranstalteten grossen Abschiedsbankett geladen; am Morgen des Bankettags erschien der Bürgermeister der Stadt (300 000 Einwohner) mit einigen Gesinnungsgenossen und vier Mann Polizei und sie verlangten, mit vorgehaltenem Revolver, ins Zimmer des Expräsidenten geführt zu werden. Rechtzeitig alarmierte Truppen warfen die Bande aus dem Hotel, ehe es gelang, das Zimmer zu stürmen und den Präsidenten möglicherweise umzubringen! Der Bürgermeister bleibt im Amt! Aber anderseits ging der furchtlose Präsident ein paar Stunden später, ohne jeden Schutz, auf die Strasse und keiner wagte ihm ein Haar zu krümmen – sicher ist er aber nicht traurig, bald nach New York berufen zu werden, wo er die Nachfolge des bisherigen Generalsekretärs Trygve Lie antreten soll. Frau Perón, sie ist ja bekanntlich dieser Tage gestorben, auf spanisch «es extinta»: fortan heissen die Hürchen in Argentinien «tinta» – you got it?!

Das Land ist etwas unruhig, man weiss nicht, ob die Regierung sich wird halten können: Man spricht auch von einer kommenden Inflation, aber hier ist alles nur halb so schlimm, alles renkt sich irgendwie wieder ein, genauso wie hier niemand verhungert, weil man mit ein paar erbettelten Rappen immer ein oder zwei Bananen kaufen kann – und jeden Tag scheint die Sonne wieder!

23. Oktober 1952: Der schweizerische Legationssekretär Willy Hardtmeyer lud uns am vergangenen Samstag ein ins Theater, wo eine brasilianische Truppe Volkstänze zu herrlicher Musik zeigte. Christine war ganz hingerissen und elektrisiert, und ein junger Schwarzer hatte es ihr besonders angetan. Nach dem Theater stürzten wir uns zu Hause in Abendkleid und Smoking und eilten zur brasilianischen Botschaft. Zuerst ging es ganz diplomatisch-elegant zu, man tanzte dezent und freute sich auf das Mitternachtsbuffet. Während Christine und ich in einer Ecke unsere Bouillon behaglich schlürften, bringt doch der schlaue Hardtmeyer mit verschmitztem Lächeln Christines Schwarzen zu uns, der soeben mit seinen Leuten in der Botschaft erschienen war. Er war sehr nett und guterzogen und bescheiden, aber schon nach kurzer Zeit machte er sich auf und davon zu Seinesgleichen, um mit Tellern, Löffeln und leeren Flaschen, zusätzlich einer nur auf der Rückseite als Jazztrommel benützten Gitarre eine nicht endenwollende, mitreissende Musik zu machen, die alle Steifheit und Feinheit der Gäste im Nu vergessen liess. Die vornehmen Spanier und mit ihnen alle Europäer wogten hin und her in wildem Rausch und Rhythmus. Dass Christine nicht mehr zu halten war – ein guter Whisky war schon durch den langen nackten Hals hinuntergeglitten – kann man sich leicht vorstellen. Sie sank von einem Herrn zum andern, Heiratsanträge ebenso lächelnd wie non-chalant-charmant über sich ergehen lassend – Hardtmeyer und ich dienten nur noch als Ausruhstationen. Ein besonders enragierter Verehrer wollte mich mit Gift aus dem Weg schaffen – bot hohe Summen, um Christine von mir freizukaufen. Der frühere brasilianische Botschafter Murtinho, hier im Ruhestand lebend, tanzte trotz seines Alters mit einer herrlich dicken Schwarzen (im Typ die Alte in «Gone with the wind») mit Händen und Füssen den Ur-Samba. Um sechs Uhr früh frug er mich, ob meine Frau Brasilianerin sei, und als ich verneinte und sagte, sie sei aus Mannheim, kenne Brasilien nur vom Hörensagen, da konnte er sich von seinem Erstaunen kaum erholen – ein schöner Südamerika-Abend!

1. Dezember 1952: Am Freitag war Atelierfest bei Christines Mallehrer, Jan Schreuder, Holländer, verheiratet mit einer Schottin, der während des Krieges hergekommen war mit der Shell, die damals im Urwald (vergeblich) nach lohnendem Ölvorkommen suchte. Wir waren von Schreuders als Animiergäste geladen und sollten helfen, einige Mussgäste in Fahrt zu bringen. Es waren da: der steife schwule Botschafter von Grossbritannien, die sehr nette ecuadorianisch-geborene französische Botschaftersfrau, die mit Christine malt, samt ihrem sehr netten, eher stillen Gemahl, ferner ein englisch-französisches und ein amerikanisches Ehepaar, ein holländischer UNO-Professor samt

Frau und einer Bekannten und endlich ein Vetter des früheren Landespräsidenten, Don José Eastman, genannt Pepe. Nach einem starken Aperitif gab es «Borschtsch», Spaghetti mit Fleischklössen und Schokolade-Eis, dazu Chianti, Kaffee und Cognac, alles reichlich und gut. Nach dem Essen erschien eine Indianerkapelle: zwei Gitarren, eine Flöte und eine Geige, und fing sofort mit typischen Volksliedern und Volkstänzen an. Die Gastgeber tanzten «San Juan», einen sehr hübschen Indianertanz, bei dem der Mann immer werbend sein Taschentuch um die Frau herum bewegt, während sie mit gesenktem Kopf trippelnd sich der Werbung zu entziehen sucht, das Spiel steigernd, bis der Mann sogar kniet vor der Angebeteten und in die Hände klatschend dem Rhythmus folgt, um erst in den letzten Schlussschritten endlich die Hand der Frau ergreifen zu dürfen, ohne freilich sie sonst zu berühren. Sofort tat Christine das Ihre dazu, und der steife englische Botschafter schwenkte sein feines Battist-Tüchlein züchtig um ihren Nacken. Dann wurde mit den Gästen ein Stierkampf aufgeführt, die Herren als Stiere oder Torreadores verkleidet, die Damen nach spanischer Sitte auf einer Tribüne vereinigt; es war geradezu phantastisch, wie gut einzelne das Spiel zu mimen wussten. Mir fiel die bescheidene Aufgabe zu, mit dem britischen Botschafter zusammen den toten Stier an den Beinen aus der Arena abzuschleppen. Das Ganze machte ungeheuren Spass und alle amüsierten sich enorm. Dann zog sich Christine mit der französischen Botschafterin nach unten zurück, um mit ihr als zwei Indianerfrauen verkleidet wieder nach oben zu kommen und einen züchtigen Frauentanz aufzuführen. Christine sah ganz wunderhübsch aus in dem weiten Rock, der gestickten Bluse, den Kopf- und Umschlagtüchern, auf dem Rücken eine Puppe als «uaua», und endlich über allem der hier übliche Männerfilzhut als Bekrönung. Pepe Eastman konnte sich vor Entzücken kaum beruhigen. Gegen ein Uhr begannen die Staatsgäste sich zurückzuziehen und es blieben nur noch wir, Pepe und die Schreuders. Christine, den blasenden Flötisten zu ihren Füssen, liess langsam eine Hülle indianischer Verborgenheit nach der andern fallen, um endlich, nach unten eilend, sich eine für brasilianische Bauchtänze und ähnliche Ex(r?)otik passendere Kleidung zu holen. Sie kam wieder, in einen feuerroten Wollschal eng eingewickelt, mit Nasenring, Ketten und Spangen behängt, und war von da an nicht mehr zu halten, wirbelnd und zwirbelnd bis vier Uhr in der Früh. Teils tanzten wir mit und um sie herum, bis sie uns tot zusammenbrach und als schöne Leiche vor dem verlöschenden Kamin mit einer Decke zugedeckt wurde. Doch neue, wilde Musik liess sie auffahren, von neuem beginnen, und ich hatte Mühe, sie auf den Heimweg zu bringen – wieder ein wirklich herrliches Fest.

Nach Weihnachten 1952: Wir feierten, Inez im Stubenwagen, mit unseren Freunden und unseren Indianern, Andres mit Frau und zwei süssen Töchterchen, Gärtner Manuel mit einem Kind, unsere Laura mit Kind. Es war ein entzückendes Bild, die kleinen barfüssigen Kinder am Weihnachtsbaum zu sehen. Nach dem Essen sassen wir bis gegen Mitternacht am Kamin, dann fuhren wir in eine der alten Stadtkirchen zur Messe. Dieser Abend war besonders eindrucksvoll, weil die Orgelmusik teils aus Wiener Operetten, teils aus alten Inkatänzen besteht und die Mönche oben auf der Empore sich melodisch hin und her schwingen zur Musik, glücklich und freudig ob Christi Geburt. Draussen auf den Plätzen wird in dieser Nacht bis zum Morgengrauen «Glücksrad» gespielt.

Ferien am Meer: Heute haben wir gepackt, denn morgen früh um sieben Uhr fliegen wir ab ans Meer nach «La Libertad» und werden nicht vor dem 9. Januar zurückkommen. (Nach einigen Tagen.) Wir sind in einer entzückenden Pension hoch über dem Meer, auf einem Felsen, mit eigenem Strand voller seltener farbenfroher Muscheln. Beim Schwimmen fanden wir heute an einer einsamen kleinen Seewasserlacke blaue Fischlein, so blau wie das herrlichste Malkastenblau, blaue Seesterne mit roter Unterseite und vieles andere mehr; ein Garten mit herrlichen Blumen, Papageien und anderen seltenen Vögeln ist ums Haus, und wir essen im Freien, hoch über den Wellen, täglich Langusten, Austern und lauter frische Meerfische und sind alle tiefbraungebrannt. Am Mittwoch fuhren wir programmgemäss zurück zur Hafenstadt Guayaquil. Die Fahrt, wie alle Fahrten hierzulande, wenn man nicht selber chauffiert, war aufregend. Wir fuhren nämlich in einem Klein-Autobus, völlig überladen mit Menschen und Gepäck, auf dicht befahrener Strasse. Das Schlimme ist, dass die Leute alle mitten auf der Strasse fahren, selbst beim Überqueren der häufigen Bodenwellen, hinter welche keine Sicht möglich ist. Wir zählten die Kilometer und waren erleichtert, als wir endlich in der feuchtschwülen Stadt ankamen. Im Hotel sass Christine am Abend friedlich pfeifend und singend in ihrer Badewanne, als plötzlich aus dem dunklen Überlaufloch zwei schrecklich lange Dinger und dahinter zwei funkelnde Augen herauskamen – während eines Augenblicks starrte auch sie stumm vor Schreck. Dann ein Satz und das Ungeheuer im Wasser war dicht vor ihr, sie mit einem Aufschrei hinaus und fort in den dunklen Korridor, Hilfe zu suchen bei Freund Hardtmeyer. Diesem gelingt es, das Untier zum Fenster hinaus auf die Strasse zu werfen und schliesslich die zitternde Christine aufzuklären. Die Saison der «Grillos» hatte begonnen! Heuschreckenartige, etwa 5 cm lange Untiere, von einer nahen Insel kommende Viecher, überschwemmen im Januar die Hafenstadt. Ganze Hausfassaden werden schwarz, ganze Strassen werden mit einem zappelnden Teppich zugedeckt, und die Autos fahren knackend darüber und verursachen einen fürchterlichen Gestank. Die besseren Leute der Stadt fliehen aufs Land oder in die Berge. Hardtmeyer und ich mussten während zweier Nächte jagen und stopfen, denn aus allen Wasserleitungen, durch jede Ritze der Fensterladen, überall kommen diese Untiere durch. Erleichtert flogen wir am 9. Januar nach Quito zurück.

Ein guter Flug, was über Anden und Urwald, durch Regen und Nebelschwaden bei weitem nicht selbstverständlich ist. Nur am frühen Morgen ist man seiner Sache einigermassen sicher.

2. Februar 1953: Heute war grosser Rummel: Ecuador hat seinen ersten Kardinal bekommen, das heisst, noch nie war ein Ecuadorianer mit dem roten Hut gekrönt worden. Gestern ist er nun mit dem Purpur aus Rom nach Quito zurückgekommen und feierlich empfangen worden. Zu diesem Anlass war eigens die wundertätige Madonna von Quinche, einem zwei Stunden nördlich von Quito gelegenen Wallfahrtsort der Indianer, hergereist, um in der Kathedrale Aufstellung zu nehmen. Dieses Heiligenbild ist noch gar nicht alt, von einem wenig begabten Schnitzer nicht besonders kunstvoll gefertigt, reihum feilgeboten, bis schliesslich der Pfarrer von Quinche Verwendung bot. Eine erste wunderbare Krankenheilung schaffte Ruhm, und fortan wallfahren jedes Jahr riesige Volksmassen nach Quinche, Heilung und Gesundheit zu erflehen. Grosse Schenkungen, wie Schmuck und Edelsteine, ja sogar zwei Cadillacs (welche für die «Ausflüge» dienen), bezeugen die grosse Dankbarkeit derer, die durch ihren Glauben Gesundung erfahren. Unser Andres sagt: «Man muss nur an sie denken, und schon wird man gesund.» Wir sahen gestern abend den riesigen Einzug der Madonna, begleitet von Tausenden von Indianern mit Fackeln, laut betend. Wir waren sehr beeindruckt. Von dieser gleichen Madonna erzählte uns am Abend ein Freund: Vor etwa zehn Jahren wurde die Gottesmutter auch in einer Prozession zur Hauptstadt gebracht – ich glaube, um bei einem Gottesdienst zugegen zu sein, der veranstaltet wurde, weil man ein Erdbeben oder den Ausbruch des Vulkans über die Stadt befürchtete. Die Madonna wurde an einem glühendheissen Mittag gebracht, bei stechender Sonne. Da tritt ein gläubiger Indianer aus der Menschenmasse und übergibt dem begleitenden Priester ein winzigkleines Sonnenbrillchen, das der Priester dann auch sofort der Heiligenfigur auf die Nase setzt – und anderntags schrieb der Berichterstatter der grossen Tageszeitung: «Auf dem verklärten Antlitz der Muttergottes konnte man ein dankbares Lächeln erkennen.»

Dezember 1953: Für die Weihnachtsferien 1953 steht seit kurzem ein ganz tolles Projekt auf dem Plan: eine Reise nach den Galapagos-Inseln, zu Ecuador gehörend, 600 Meilen westlich, im Pazifischen Ozean, ein Paradies, mit Riesenschildkröten, Riesenechsen. Eine grössere Gruppe hiesiger Europäer, alles unsere Freunde, dazu ein paar nette Ecuadorianer haben sich zusammengetan, einen Kleindampfer für vierzehn Tage zu mieten. Die Fahrt hin und zurück dauert vier Tage, die restlichen zehn

Tage sind dem Herumfahren zwischen den Inseln und Tagesausflügen vorbehalten. Am 25. Dezember fliegen wir nach Guayaquil und gehen am Abend zum Schiff. Es liegt im Flusshafen, ragt nur wenig über die Rampe, hat 350 Tonnen, ist 56 Meter lang, ein Transporter, der zwischen Panama und Guayaquil, hin und wieder auch Galapagos, verkehrt. Die Kühlanlage ist ausser Gefecht, nur der Kapitän ist an Bord, die Mannschaft feiert an Land Weihnachten, so kann nicht vor morgen ausgefahren werden. Wir essen im Yachtclub zu Nacht, nachher zieht jeder in seine Kabine. Wir gehören zu den Privilegierten, die eine Zweierkabine haben. Eine ganze Anzahl der Mitreisenden sind in einem Herren- oder Damenlager zusammengepfercht. Unsere Kabine liegt direkt an der Hafenrampe, alles ist ausgepackt und ringsum im Raum aufgehängt. Für die Nacht lassen wir alles offen, denn die Hitze ist auch während der Nacht unerträglich. Wir schlafen bald ein, schlafen durch und hören nicht, wie «lange Finger» nächtlicher Besucher unsere ganze Garderobe leise, leise davontragen: vierzehn Blusen, meine Hemden und Hosen, Regenmantel und Windjacke. Glücklicherweise sind manche unserer Freunde so gut equipiert, dass sie uns aushelfen können, denn alle Läden sind zu. Schnell ist das Unglück vergessen, der Proviant kommt und muss ausgepackt werden, Guayaquilener Freunde bringen einen Deepfreezer als Ersatz für die kaputte Kühlanlage. Ein neuer Schiffsingenieur. Um halb elf Uhr werden die Taue gelöst, und mit drei dumpfen Hornstössen kündet «Don Lucho» seine Ausfahrt an. An Bord werden lange Reihen noch unreifer Ananas und ganze Stämme grüner Bananen aufgehängt. In Harassen wird Frischgemüse und Obst gelagert. Das Fleisch, die Butter, die hundert Dutzend Eier kommen in die Kühltruhe, wo auch Bier, Coca und Mineralwasser kalt gestellt werden. In der Bodega werden Konserven gezählt und getürmt.

Das Schiff fährt mit der Ebbe den schmutzig warmen Fluss hinunter, wird beidseits von schwimmenden Stämmen, hin und wieder von Lancias mit braunen Männern überholt; die Ufer sind grau, da und dort hat ein leuchtend blühender Baum der Trockenzeit getrotzt. Der Abend kommt, noch immer sind wir nicht draussen im offenen Meer. Ein Abendwhisky, wir tanzen «San Juan», ein erstes gutes Abendessen. Am anderen Morgen strahlend blauer Himmel, herrliches stilles – pazifisches – dunkelblaues Meer. Fliegende Fische, die malerische Doppelfontäne eines Walfischs, spielende Delphine, eine Mutter mit ihrem Jungtier Purzelbaum schlagend. Nach zwei Tagen, im Morgengrauen, die ersten Lichter der Inseln. Galapagos, diesen Namen gab ihnen der erste spanische Besucher, Bischof von Panama, 1535, weil damals noch sehr viele Landschildkröten die Inseln bewohnten und diese Tiere eben auf spanisch so genannt werden. Es sind etwa ein Dutzend grössere und etwa dreihundert kleinere Inseln, etwas südlich des Äquators, 1000 km vom Festland entfernt. Wir steuern auf San Cristobal zu, eine der grossen Inseln, immerhin 50 km lang, 15 km breit, höchster Gipfel 700 m über Meer. Die ganze Insel ist überdeckt von graugrünem Buschwald, der Küstenstreifen übersät mit grauen Lavablöcken. Kleine Motorkutter holen uns an Land. Eine Gruppe will zu Fuss quer landeinwärts, Christine will malen, ich schliesse mich einer Fischergruppe an. In den Kuttern fahren wir westwärts aus dem Hafen, mit Schleppangeln unser Glück zu versuchen. Die Einheimischen lächeln etwas über unsere schöne Ausrüstung und unser anfänglich erfolgloses Bemühen; aber dann zieht Elsy, eine unserer jüngsten Damen, einen mehrpfündigen Bacalao (Kabeljau) an Bord, nimmt ihn fachgerecht mit einem Griff in die Augenhöhlen von der Angel und wirft ihn in den Fischkasten – wir sind akzeptiert! Bei «Five Fingers», einem nicht vulkanischen Felsbrocken von etwa 70 m Höhe draussen im Meer, wird der Motor abgestellt. Allseits des Boots werden vorhangkordelähnliche Schnüre mit 10 cm langem Angelhaken und Frischfischstückchen ausgeworfen. Vom Felsen aus schauen uns faulenzende Seehunde zu. Sie liegen da mit ihren Kindern, ganze Familien, und um sie gleiten die grauschwarzen Möven. Der Fischzug ist gut, grosse schwere Bacalaos und ihnen verwandte Bonitas füllen den Fischkasten. Atun (Thunfisch) zeigt sich nicht. Nach einer Weile fahren wir bis zum «Schlafenden Löwen», einer an die 100 m hohen Felsgruppe, mitten entzweigebrochen und unserem Boot knapp Durchfahrt gewährend. Auf dem einen Brocken, um den Namen der Insel zu legitimieren, liegt ein riesiger Seelöwe, der sich nur durch grossen Spektakel unsererseits wecken und ins Wasser scheuchen lässt. Auf der Rückseite der Insel ist der Ertrag an Haifischen gross. Man isst sie hier nur ungern, weil besseres reichlich vorhanden ist, und zieht sie an Bord, nur um sie zu töten und ins Meer zurückzuwerfen. Uns Anfängern schenkt Poseidon als erstes einen Junghai, aber schon der hat ein sehr respektables Gebiss. An diesem Tag geht als grösste Beute ein Hai von anderthalb Meter Länge an Bord. Auf dem «Leon Dormido» sehen wir auch zum ersten Mal die schneeweissen Guanoablagen, deren Düngwert einst bis nach Europa gesucht und teuer bezahlt war. Das mineralreiche Kaltwasser des hier entlangstreichenden Humboldtstroms soll indirekt, über Fisch und Möve, diesem Dung seinen hohen Mineralgehalt geben. Hier sehen wir auch eine Sorte schwarzer Vögel, die balzend einen dicken, feuerroten Kropf füllen. Zurück geht's gegen Abend zum Hafen und von da zur Nacht auf unser Schiff zurück. Diese Nacht ist so warm, dass wir auf Deck schlafen und lange in den herrlich klaren Sternenhimmel des Südens träumen.

Um drei Uhr früh fährt unser Schiff aus dem Hafen in südwestliche Richtung zur zweiten Insel unseres Programms, der mit allerlei Geschichten umwobenen grünen Insel Floreana. Um sechs Uhr wird's hell. Links liegt die süsswasserlose, daher unbewohnbare, Insel Espanola, noch in der Ferne unser Ziel. Rings um Floreana sehen wir zahlreiche kleine Inselchen aus dem Wasser ragen, auf der Insel im Westen, markant aufsteigend, ein längst erloschener Vulkan – alles liegt wie eine Urlandschaft vor uns im Morgenlicht, und man schwankt in seinen Gefühlen, wenn man am Schiffsbug steht: fahren wir mit Cristobal Columbus einer unbekannten Welt entgegen oder ist es die Arche Noah, die uns zwischen letzt-übriggebliebenen Bergspitzen über eine versunkene Welt trägt. – Die Wirklichkeit: wir nähern uns dem Hafen, wo eine herrlich schneeweisse, grosse Segelyacht aus dem Anfang dieses Jahrhunderts liegt. Wir erfahren später, dass sie den «Geographical Magazines» gehört und mit dreissig jungen Amerikanern in 18 Monaten um die Welt segelt. Die jungen Leute sind gestern angekommen und bereits an Land gegangen.

Jetzt holt die Insel-Schaluppe uns gruppenweise an Land. Wir sind mit Flinten und Karabinern bewaffnet, denn dem Vernehmen nach soll es Jagdgelegenheit geben. Ein erlegter wilder Stier wäre willkommen, unsere Frischfleisch-Bestände an Bord zu ergänzen. So grün die Insel aus der Ferne ausgesehen hat, so tot und unheimlich, einer Mondlandschaft vergleichbar, ist der Uferstreifen. Schwarze Lavasteine, von grauschwarzem Sand unterbrochen, von schwarzen Krebsen und schwarzen Vögeln belebt, lassen sich von dunklem Wasser umspülen. Dahinter grauschwarzes Buschgewirr mit trockenen Disteln, die, entsprechend präpariert, den Inselbewohnern als «Schwämme» zur Körperpflege dienen. Frau Wittmer begrüsst uns; ihr Haus liegt am Strand und ist umgeben von Gestellen, auf denen luftgetrockneter Fisch einen nicht gerade angenehmen Geruch verbreitet, während hinter dem Haus eine ausgespannte Stierhaut sich selber gerbt in der äquatorialen Sonne. Frau Wittmer lebt hier mit ihrem 17jährigen Sohn, während der Mann, einstmals Polizist in Köln, mit der Tochter oben in den Bergen eine Pflanzung betreut; beide Kinder sind auf der Insel geboren. Am Wochenende kommen Vater und Tochter hinunter an den Strand und bringen Obst, Gemüse und Fleisch.

Wir lassen uns den Weg in die Berge erklären und marschieren los. Der Weg ist markiert durch Schädel wilden Viehs und führt anfänglich durch öde Steppe und zwischen toten Büschen durch. Hin und wieder erschrickt man ob dem Hochfliegen grosser, gelbbeiniger Heuschrecken, die nach wenigen Metern klatschend wieder einfallen. Dann endlich kommen wir ins Grüne. Ein dichter Wald wilder Orangenbäume säumt den Weg. Hie und da scheucht ein wilder Esel, ein wildes Pferd. Stiere sehen wir keine. Ein 15 cm langer Tausendfüssler kriecht über den Weg. Man sagt uns, er sei eine Delikatesse für die wilden Katzen. Ja, alles, was wir als Haustiere kennen, ist hier wild. Diese Insel, wie auch ein Teil der anderen, wurde etwa 1820 und auch später wieder vom Festland aus kolonisiert; wenn jedoch die Menschen, von der Natur oder anderen Kolonisten überwältigt, nach kurzer Zeit wieder verschwanden, liessen sie ihre Haustiere zurück und diese «verwilderten». Ganz anders verhält es sich mit den uns als scheu bekannten Singvögeln. Die sitzen hier am Wegrand auf den Büschen und kennen den Menschen nicht als Feind, lassen sich, ob feuerrote Kardinäle oder gelbgrüne Zeisige und Kanarien, nahezu mit der Hand fassen. Wir kosten die Früchte: die zitronengelbe, rosafleischige Guava soll verdauungsbeschleunigende Wirkung haben. Die Sauerorange (Naranja agria, möglicherweise der europäischen Bitterorange aus Sevilla verwandt) stillt den Durst besser als ihre süsse, domestizierte Schwester. Auf der Höhe oben kommt uns die Wittmer-Tochter entgegen. Sie ist von dem einsamen Inselleben nicht unberührt geblieben: übergrosse Füsse von dem ständigen Barfusslaufen über Sand und Steine, aber auch übergrosse Hände von der rauhen Arbeit in Wald und Busch. Dazu ein menschenungewöhnliches überlautes Lachen – mit acht Jahren schoss sie ihren ersten Stier. Von ihr geführt, kommen wir zur väterlichen Pflanzung, wo in reicher Üppigkeit Bananen, Orangen, Ananas, Spargel und Artischocken, kurz, alle erdenklichen Früchte- und Gemüsesorten gedeihen. Der Boden ist hier oben, da Lavagrund, besonders fruchtbar, und an Wasser fehlt es nicht. So ist alles da, was einer zum Leben braucht, vermehrt um Wildfleisch und Trockenfisch vom Strand. Der Weg führt uns vorbei an Piratenhöhlen, wo im 16. und 17. Jahrhundert englische Piraten hausten (welche den Inseln englische Namen gaben), von da aus lauerten sie den spanischen Gold- und Silbertransporten auf. Auf der Insel sollen noch da und dort Schätze vergraben liegen, die freilich noch keiner gefunden hat. Den Seeräubern folgten im 18. Jahrhundert friesische Walfischfänger, um den besonders ölreichen Galapagoswal zu erjagen. Neben den Höhlen der Anhöhe steht heute das Haus des Kölner Polizisten mit dem herrlichen Blick über die grüne Insel, ihre rotverwachsenen Seen und hinaus auf das tiefblaue Meer. Die Farben sind unwirklich stark hier oben – aber sie werden von späteren Eindrücken noch übertroffen werden. Beim Haus sehen wir ausser dem Vater auch den Sohn Wittmer, der mit einem Teil der jungen Amerikaner von Geographical Magazines' Tour nach 24 Stunden erfolgloser Jagd erschöpft zurückkommt und lächelnd auf unsere Karabiner und Flinten schaut. Er erklärt uns, warum er erfolglos war, vom heutigen und gestrigen Besuch der beiden Schiffe wissend, war er am vergangenen Sonntag zur Jagd gegangen mit seinen Hunden und hatte einen herrlichen Jungstier erlegt (dessen Fleisch wir nachher kosten sollten). Die Hunde hatten die ganzen Eingeweide gefressen und waren für den Rest der Woche faul und nicht vom Hause wegzubewegen, und ohne Hunde lässt sich kein Wildstier aufstöbern in diesem dichten Buschwald. Wir standen also vor einem Tatbestand der Urzeit, wo wirklich nur der Hunger von Mensch und Tier die Jagd rechtfertigt und möglich macht. Weder Technik noch Sport können über dieses absolute Hindernis hinweghelfen. Wir waren alle sehr beeindruckt. Das Fleisch des Wildstiers schmeckte übrigens herrlich: Beef mit Wildgeschmack. Nachdenklich über Menschen und Tiere dieser Insel machten wir uns auf den langen Rückweg. Abends wurden vom Schiff aus grosse Haie gesichtet. Die Matrosen jagten Schwertaale mit der Harpune und liessen sie auf Deck zappeln.

Anderntags ist Sylvester. Herrlich strahlendblauer Himmel über uns. Wir verlassen um acht Uhr den Hafen und umfahren die Insel. Auf offener See sind es spielende Delphine, die uns fröhlich stimmen. Wir nehmen Richtung nach Norden, vorbei an der Insel Santa Fé. Dort leben nur Ziegen. Einst von Menschen ausgesetzt, haben sie sich so vermehrt, dass das magere Gras längst nicht ausreicht, die Schar zu ernähren. Alle Tiere sind brandmager und gehen ein. Nur die robustesten überleben. Gegen Mittag nähern wir uns der Insel Santa Cruz, der zweitgrössten des Archipels. Sie ist 40 km lang, 8 km breit, und der höchste Gipfel ist 700 m über Meer. Drei Meter hohe Felsen bilden den natürlichen Hafen. Steile Felsufer und unglaubliche Farben: das Meer hier türkisblau, die Felsen rosagrau, über dem Ufer zwei Meter hohe schwarze Kakteen mit zitronengelben Blüten. Dies alles vor dem Hintergrund der grünen Vulkane der Insel.

Eine Gruppe von uns geht auf die Insel, während wir mit einem anderen Boot zu einer kaum aus dem Wasser ragenden Felsbank fahren. Das Landen ist nicht einfach. Immer wieder schlagen uns die Wellen an die Felsen, doch schliesslich gelingt es, auszusteigen. Wie lohnend ist, was wir hier sehen: Hunderte von Seehunden liegen im Sand zwischen den Felsen, sonnen sich, säugen ihre Jungen und schauen den Iguanos zu. Diese vorsintflutlichen Tiere, hässliche Riesenechsen, kamäleonähnlich, bis zu zwei Meter lang, die einen schwarz, andere gelb-grau-grün gefleckt, die einen mit, die andern ohne Zackenkranz auf dem Rücken. Wenn wir näher kommen, rennen sie davon und verstecken sich in den Felsritzen. Mit herausschauendem Kopf machen sie ihren Unwillen deutlich, indem sie wiederholt nicken und schlucken, ja sogar schnauben und durch die Nüstern blasen. Ihr Wassertröpfchen-«Dampf» lässt uns an die Sage vom Drachenkampf des heiligen Georg denken. Diese uralten Viecher gibt es als Land-Iguano und als Wasser-Iguano. Erstere auch an anderen Orten der Welt, letztere einzig noch auf diesen Inseln, wo sie sich gemäss Darwin halten konnten, weil kein höheres Lebewesen ihre Existenz gefährdete. Diese Tiere leben am und im Uferstreifen und ernähren sich von Pflanzen, besonders Meeralgen. Obwohl in keiner Weise beängstigend, ist es doch ein starker Eindruck, Tiere lebendig zu sehen, die wohl zur Familie der Saurier gehören.

Wieder zum Kutter zurückgelangt, fahren wir nun auch nach dem Hafen und machen einen Rundgang. Wer sind die Menschen, die es sich ausgesucht haben, hier zu leben? Da sind einmal Reste einer skandinavischen Immigration, die teils im oberen Teil der Insel von Gemüse- und Landwirtschaft sich nähren. Einige lernen wir kennen. Besonders beeindruckend ist ein Schwede, dessen Fussabdrücke im Sand der Dorfstrasse uns wieder an Urzeiten erinnern: er hat Schuhnummer 52, und seine Hünenpranken sind ihm, von normaldimensionierten Eltern geboren, hier beim Laufen im Sand und beim Arbeiten auf Lava und Sand riesenhaft entwickelt worden. Dann sind einige Schweizer da: Frau C. mit ihrer Tochter Susi; ihr Mann war ein Bündner, Bruder eines Kochs vom Suvrettahaus in St. Moritz. In jungen Jahren waren sie nach Ecuador gekommen, weil ein reicher Gutsbesitzer ihnen versprochen hatte – er hat sein Versprechen gehalten – sie würden nach seinem Tod seine Ländereien erben, wenn sie mit ihm herüberkämen und ihm in Ecuador ein- bis zweimal im Jahr ein Suvretta-Buffet für seine Freunde und Gäste bereiten würden. Der Haciendado ist tot, die Ländereien zerronnen, der eine Bruder auf dem Festland geblieben, der andere hierher gezogen, um seine Malaria auszuheilen. Er baute sich den «Tell» und lebte vom Fischfang, bis ihn Gift in einer Trinkstube einer anderen Insel hinwegraffte. Man nennt das hier «un accidente». Seine Witwe lebt vom Vermieten des zurückgebliebenen «Tell» an andere Fischer und gehört zu den wenigen «Glücklichen» hier. Schreiner H. und Tapezierer C., letzterer ein Welscher, sind voller Illusionen hierhergekommen. Heute sparen sie, um auf dem «Continent» (sie meinen damit Ecuador) eine neue Existenz aufzubauen. Dann sind da die Brüder A., drei Hamburger Zimmerleute. Sie sind wohlhabend geworden durch Marihuana. Heute leben sie von Jagd und Fischfang; sie sprechen noch ihr Plattdeutsch und singen zur Mundharmonika St.-Pauli-Lieder, etwas wehmütig, aber doch sehr glücklich.

Bevor wir zum Schiff zurückfahren, führt uns ein Mann noch eine «Galapago» vor – eine von den Bergen heruntergeschleppte Riesenschildkröte. Sie ist, mit einem Ring durch den Schild und an einer Schnur festgebunden, verkaufsbereit. Man kann sich auf sie setzen, auf sie stellen, sie bleibt völlig unberührt und unbekümmert – auch davon, dass niemand sie kaufen will. Ein anderer Mann am Hafen hat mehr Glück: er will uns «Gringos» zur «Laguna de las Nymfas» fahren. Wir sagen zu, es geht vom Hafen in einem kleinen Ruderboot landeinwärts, das Wasser wird durch weissen Grundsand immer heller, und schliesslich gelangen wir durch eine schmale Durchfahrt in ein völlig stilles Becken. Helltürkisgrün leuchtet in der Abendsonne das Wasser, maigrüne «Manglares» (eine Art Mangobaum), im Wuchs europäischen Trauerweiden vergleichbar, hängen ringsum ins Wasser, unzählige Fische huschen unter dem Boot durch und bunte Vögel und Libellen gleiten über das stille Wasser – es ist wirklich ein Nymphensee! Auf der Rückfahrt zum Boot werden Pläne laut, wie man den heutigen Silvester feiern wolle. Es ist schon gegen sieben Uhr. Andere Gruppen, die den Nachmittag bei den oben erwähnten Brüdern A. verbracht haben und dort einen Teil der Yankee-Jugend der Geographical Magazines getroffen haben, bringen eine Einladung zu einer Party mit Hummer und Bowle mit. Uns bitten die Matrosen zum Feiern an Bord. Sie wollen nach Landessitte das alte Jahr in Form einer Puppe verbrennen. So gehen nach dem Essen einige hinüber an Land – wir bleiben an Bord. Von der Insel klingen bald «Nordseewellen» vermischt mit New Year's Eve songs übers Wasser. Bei uns verlesen die Matrosen des alten Jahres Testament, und ihr Puro (Schnaps) lässt das Lachen derber und die Worte lauter werden. Wir überhören beides und denken, hinaus übers Wasser, das alte Jahr zurück. Elf Uhr: drüben an Land wird schon «Happy New Year» geboten. Die Yankees sind aus dem Osten der Staaten, so wollen sie nach Eastern Standard Time küssen. Unser «altes Jahr», die kostümierte Strohpuppe mit dem Gesicht des Kapitäns wird zur Kremation gerüstet, mit Petroleum übergossen, beschrieen, beschwört und schliesslich angezündet – wir denken an die Schweizer Silvesterglocken und ans Sechseläuten. An der Schiffsglocke wird Mitternacht geglast – das neue Jahr hat angefangen: «E guets Neus»…«Happy New Year»…«Feliz ano nuevo»…«Heureuse année»…«Prosit Neujahr»…«Boldog uj evet»… noch eine Hühnersuppe, Chianti, Whisky, dann eine schwere, heisse Nacht in den Kabinen.

Ein herrlicher Sonnenaufgang hinter den Kakteenriesen begrüsst uns. Vom Hafen her ist tiefe Stille, die trunkene Insel schläft ihren Rausch aus. Alles Rufen und Hornen bleibt fruchtlos. Schliesslich startet ein Matrose, auf zwei Balsastämmen paddelnd, zum Festland, die Boote zu holen. Wir begleiten ihn mit dem Feldstecher, denn der Hafen wimmelt von Haifischen. Wie er endlich an Land geht, haben wir Zeit, die Landschaft der Insel zu beobachten; über dem schon geschilderten Küstenstreifen erkennt man einen breiten Streifen fruchtbarer Gärten und Pflanzungen – grosse Bananenblätter ragen heraus, dann klettert Buschwald weit hinauf, abgelöst vom Paramo (Steppengras und Heide), der den Vulkan in die Wolken begleitet, aus denen er auch bei klarem Wetter nur selten heraustritt, zum Glück für die Inselbewohner. Hat nämlich eine Insel mit den Vulkanen die 700-m-Grenze erreicht, so sammeln sich dort mit Sicherheit, durchs ganze Jahr, Süsswasser spendende Regenwolken.

Wir bekommen zwei neue Passagiere: ein junger Norweger, Sohn eines hier gebliebenen Kapitäns, entschliesst sich, mit uns nach dem Kontinent zu fahren, um dort Geld zu verdienen und dann auch auf See zu gehen. Er hat fünf Jahre hier gelebt. Blond, hochgewachsen, braungebrannt, ein helles nordisches, bartumkränztes Kindergesicht, barfuss, nur mit einer kleinen Hose bekleidet, die von einem Strick festgehalten wird, an dem ein Dolch hängt. In der Rücktasche eine Haifischangel, auf dem Rücken ein Bündel Kleider und, vor sich hertragend, ein Kästchen mit dem väterlichen Kompass. Ein Robinson, wie wir ihn uns in der Kindheit vorgestellt haben. Jacob ist bald Freund mit allen; er ist klug und interessiert, er weiss viel zu erzählen von den Inseln und ihren Geheimnissen, auch von seinem Kontiki-Freund Heyerdahl, mit dem er die Inseln durchstreift hat. Der andere, «blinde Passagier» ist ein fettes schwarzes Schwein, das wir mit der Mannschaft zusammen in der Neujahrslotterie in Santa Cruz gewonnen haben. Mit ein paar lebenden Hühnern wird es uns begleiten, bis wir Lust und Not verspüren, alle beide zu verzehren.

Inzwischen sind auch die Kutter eingetroffen, sie sollen uns heute zu einem der schönsten Flecken der Insel bringen, zur Tortuga-Bay. Der Kahn «Aura» ist alt und grau von Wind und Sonne, seine Segel sind gewaltig, grau und mit Flicken besetzt. Nach einstündiger Fahrt auf dem tiefblauen Meer, an den bizarren Kakteenfelsen entlang, biegen wir in eine Bucht ein, die an Schönheit alles Bisherige übertrifft: limonadengrünes Wasser, umkränzt von Manglares mit fetten fleischigen Blättern, in denen Fischreiher und Flamingos nisten, bespült, kaum sich bewegend, einen schneeweissen, in der Sonne blendenden Strand. Und während wir hineingleiten, huschen da und dort autoreifen-grosse Schatten unter dem Boot durch, mit Flossen sich rasch und leicht vorwärts bewegend, tauchen hier und da Köpfe aus dem Wasser und verschwinden wieder: Tortugas – Wasserschildkröten! Von denen stammt bekanntlich die herrliche Suppe. Unsere Karabinerschützen legen an, wir wünschen, es möge keiner treffen. Die Tortugas sind schlau, ein paar pfeifende Kugeln über dem Wasser und schon taucht keine mehr auf. Dafür schlagen am anderen Ende der Bucht ungeheure Massen aus dem Wasser und fallen klatschend wieder nieder: eine Manta (Riesenrochen) kämpft; der Gegner, ob andere Manta oder Haifisch, bleibt für uns unerkannt.

Während der Rückfahrt in den Hafen erzählt uns Jacob, wie er Tortuga gefischt hat und was er daraus zubereitet; meistens fischen die Insulaner die Tortuga mit der Haifischangel, wobei dann die starke Schnur am Boot befestigt sein muss, wenn einer nicht unweigerlich ins Wasser fallen will. Einmal geangelt, beginnt die Tortuga mit unheimlicher Kraft und Geschwindigkeit das Boot abzuschleppen, oft erst nach einer oder mehr Stunden den Kampf aufgebend. Übrigens ist der Schild dieser Gattung nicht für Schildpattarbeiten verwendbar, da sowohl die Concha der gelben wie der schwarzen Sorte hier zu dünn ausfällt.

Nur wenige Minuten vom Schildkrötenstrand entfernt haben sich schwarze Lavasteine ans Wasser hinuntergeschoben, über und über bedeckt mit Stacheln an ihnen zerschellter Seeigel und belebt von Scharen eilig flüchtender Iguanos. Wieder der gleiche Eindruck wie auf dem Riff gestern im Meer draussen. Robinson Jacob packt einen der glitschigen Langschwänze und hebt ihn zappelnd empor gegen den blauen Hintergrund, dabei erzählend, wie köstlich eine Suppe zubereitet aus dem Schwanz schmeckt – wie gut, dass solches nur die Robinsone wissen, sonst wäre auch dieses Urtier längst ausgerottet. Dann führt er uns landeinwärts über Steine und durch die Büsche zu einer Süsswasserquelle, weil dort wilde schwarze Ziegen zu finden sein müssen. Bald hat er schon zwei Muttertiere eingekreist und in die Enge getrieben, fängt sie mit der Hand und legt sie sich über die Schulter, wie ein biblischer Hirte, um sie aber nachher wieder laufen zu lassen – weil wir uns erst an den Gedanken gewöhnen müssen, dass ein uns als Haustier vertrautes Wesen hier nichts anderes ist als Rotwild drüben. An der Quelle legt sich Jacob nieder und schlürft das Süsswasser – ein herrliches Bild eines der Natur verbundenen Menschen.

Als wir am Strand den übrigen von den Ziegen erzählen, machen sich gleich drei Freunde zur Ziegenjagd auf und bringen schon nach einer halben Stunde zwei erbeutete Tiere zurück, unseren Frischfleisch-Vorrat zu ergänzen. Beim Baden müssen wir uns der Stachelrochen wegen vorsehen, denn diese Viecher, in den Untiefen am Strand liegend, schlagen ihren giftstachelbewehrten Schwanz gegen alles, was auf sie tritt – und weiter draussen sind Tintereras (Haifischweibchen) gesichtet worden. Gegen Abend werden am offenen Feuer die Ziegen am Spiess vorgebraten, während die Matrosen die abends an Land kriechenden Langostas unter den Steinen hervorholen, die für morgen ein herrliches Mittagessen abgeben werden.

Die alte Segelbarke bringt uns, erfüllt von all den herrlichen Eindrücken, zurück zu «Don Lucho»; mit uns reist eine eingefangene Mutterziege, etwas verängstigt sich dem Ungewohnten fügend. Am Abend wird sie ins Dorf gebracht, wo eine werdende Mutter sie den Matrosen abkauft, um die Ziegenmilch auch für ihr kommendes Kind mitzunützen – ein eigenartiger Wechsel im Leben dieser einst domestizierten Tiere, die wieder ihrer ursprünglichen Bestimmung zurückgebracht werden, wenn der Mensch ihrer bedarf. Wir sind noch im Hafen von «Santa Cruz» (ein 3-Meter-Hai kommt bis dicht ans Boot). Die abendlichen Bootslichter locken aber auch die Gebrüder A. von der Insel aufs Schiff; eine Flasche längst nicht mehr gekannten Schwarzwälderkirschs löst die plattdeutschen Zungen und Stimmen, bis schliesslich allen die «Nordsee»- und die Pazifikwellen durcheinanderrollen.

Am 2. Januar fahren wir aus dem Hafen von «Santa Cruz» aus und in sechsstündiger Fahrt, zwischen zahlreichen Inselfelsen nicht vulkanischen Ursprungs hindurch, um die Insel herum nach Norden. Nur durch schmale Kanäle von «Santa Cruz» getrennt, liegen da zwei langgestreckte flache Ausläufer eines Lavastroms der Hauptinsel. Flach wie sie sind, dienten sie im vergangenen Krieg unter dem Namen «Seymour» als grossangelegte USA Airforce- und Navy-Basis, wo wir gegen Mittag einfahren. In jenen Kriegsjahren hatten die Vereinigten Staaten Ecuador den Ankauf der Inseln um einen nicht zu verschmähenden Preis angeboten, aber ein nicht ganz begründeter Nationalstolz wollte die Inseln nicht preisgeben – von unserem Standpunkt aus glücklicherweise, denn sonst wäre wohl kaum etwas von der Verwunschenheit übriggeblieben. So blieb es bei einem Vertrag auf Kriegsdauer, und 1945 zogen sich die Amerikaner von Seymour zurück, die bestehenden Einrichtungen und Gebäude an Ecuador übergebend. Und von hier hat sich dann ein jeder ein Haus geholt, sei es nach «Floreana», «Santa Cruz» oder «Santa Isabela».

In der heissen Sonne gehen wir über geborstene Asphaltstrassen – am Rand liegen havarierte Fahrzeuge herum, da und dort lassen sich noch Grundmauern eines Cinema, einer Bar, eines Tennisplatzes oder einer Garage erkennen, aber alles ist überwuchert von den meterhohen Kakteen, und gelbbeinige Riesenheuschrecken beleben die mittägliche Schwüle. Irgendwo erkennt man einen Einfahrtssockel zum Casino «Park Avenue» – er ist zerbrochen, die Natur hat die Insel zurückgenommen.

Am Strand, der hier von feinem Muschelsand ist, finden wir den gewaltigen, von der Sonne ausgebrannten Schädel einer Tortuga (Riesen-Schildkröte), auch noch ihre starken Knochen. Dagegen suchen wir vergeblich im heissen Sand nach Schildkröteneiern. Wir sind etwa drei Wochen zu früh, wie Jacob sagt, indem er beifügt, wie herrlich rohe Tortugaeier in Kaffee geschlagen schmecken.

Freunde sehen von weitem eine auf dem Landweg unzugängliche Sandbank voller mittäglich faulenzender Seehunde. Andere Tiere gibt's hier nicht mehr. Die Menschen haben sie in den wenigen Jahren ihres Hierseins ausgerottet, und von den grossen Herden wilder Ziegen, die hier ohne Süsswasser gelebt hatten (die Amerikaner mussten während des Krieges hier grosse Wasserregenerationsanlagen bauen), sind nur noch zwei oder drei gezähmte als Haustiere des Hafenwarts übriggeblieben. Wir baden im Hafen, aber auch hier ist, der Haifische wegen, kein rechtes Schwimmen ratsam. Die Matrosen amüsieren sich, schwarz-weiss gestreifte Kugelfische zu fangen, sie am Bauch zur Wollust zu streicheln und sie dann, wenn sie aufgebläht sind, auf den Steinen zerplatzen zu lassen.

Am nächsten, völlig klaren Morgen sieht man in der Ferne die nördlichsten, kleinen und unbewohnbaren Inseln, während wir, von Delphinen umspielt, von bellenden Seehunden begleitet, uns nach Nordwesten zur Insel «San Bartolomé» hinüberwenden. Völlig neue Farben überraschen uns: rotbraune Felsen, von schwarzer und roter Lavaerde überflutet, nahezu vegetationslos, ragen aus dem tiefblauen Meer empor. Wir gehen in einem Rettungsboot an Land, denn hier sind nirgends Menschen, uns einzuholen. Alle unsere Maler: Jan, Christine, Olga, Minne, Gi, Grossmann, Denise, versuchen diese bizarre Welt in Farben festzuhalten. Wir andern klettern hinauf auf den Halbrand eines ins Meer zurückgestürzten Kraters. Drüben auf «San Salvador» sieht man ein ungeheures Feld von Lavamasse, die, erst um die Jahrhundertwende ausgebrochen, sich zwischen die vorhandenen Felsspitzen ergossen hat und im Meer erstarrt ist. Man glaubt, das Zischen und Ersterben dieser Masse noch heute nacherleben zu können. Zum Baden wählen wir die Landungsbucht, denn in der rückwärtigen, nur durch eine schmale Landzunge getrennten Gegenbucht hat man Haifische nahe am Ufer beim Liebesspiel beobachtet – wir wollen sie nicht stören!

Gegen Mittag umfahren wir «San Salvador» und gehen im Norden der Insel in James-Beach vor Anker. Hellgrüner, lichter, hochstämmiger Buschwald zieht sich bis zum Ufer hinunter. An Land zu gehen ist nicht möglich, denn die Matrosen weigern sich, am Sonntag zweimal zu rudern – und die Strecke ist nicht klein, denn der Kapitän will, der unzähligen Riffs und Untiefen wegen, nicht an die Insel heranfahren. So setzen wir uns um Jacob herum, fischen, schauen mit dem Feldstecher hinüber und lassen uns erzählen. Diese Insel hat insofern einen Vorrang vor allen andern, als bisher einzig hier präkoloniale, das heisst inkaische, beziehungsweise präinkaische Funde gemacht wurden, und nicht nur von Kontiki-Heyerdahl, sondern von weniger Engagierten im Streit um die Verbindung zwischen dem alten Südamerika und Polynesien. So wären also auch diese Inseln in spanischer Zeit nur neu entdeckt worden, wobei auch das durch Zufall geschah, als nämlich der von Karl V. auf Inspektionsreise nach Peru geschickte Bischof von Panama sich verirrte und im Nebel auf den Inseln landete. Immerhin bleibt dem Bischof der Ruhm, den heute noch gültigen Namen «Galapagos» gegeben zu haben. – Keiner vermag die von Jacob entdeckten zahlreichen wilden Esel oder Flamingos zu sehen. Seiner Beschreibung folgend, können wir aber die Süsswasserquelle ausmachen, bei der ein amerikanisches Ehepaar Conway längere Zeit in Robinsonade gelebt hat, bis sie eines Tages aus Sicherheitsgründen deportiert werden mussten, weil man, wegen auf der Nachbarinsel entwichener Sträflinge, um ihr bedrohtes Leben fürchten musste.

Während des Erzählens und besonders bei Einbruch der Dunkelheit werden eine ganze Anzahl hässlicher rotäugiger Seeschlangen (Morena) an Bord gezogen – ein 3-Meter-Hammerhai freut sich über das Zuspätkommen des Karabiners, und weit drüben erkennt man einmal mehr das gewaltige Schlagen zweier Mantas.

Am andern Morgen, schon lange vor Tagesanbruch, schneiden wir die Äquatorlinie in nordwestlicher Richtung um die Nordspitze der grössten Insel, «Santa Isabella» (Albemarle, 130 km lang, bis 80 km breit, höchste Spitze 1432 m über Meer), zu umfahren. Als es hell wird und wir zähneputzend aus den Luken schauen, liegt vor uns ein gewaltiger, graubrauner Vulkankegel, die Spitze in den Wolken verbergend. Sein letzter Ausbruch im vergangenen November ist deutlich erkennbar an den Rinnen und Runsen, den erstarrten Flüssen grauer und schwarzer Massen. Halb verschlafen, können wir dumpfe Schläge hören, fernen Kanonenschüssen vergleichbar. Jacob hatte uns am Vorabend das Fortbewegen der hier bis sechs Meter langen Stachelrochen so geschildert.

Das Umfahren der Nordspitze bis zum erneuten Schneiden der Äquatorlinie mag drei Stunden gedauert haben. Da zeichnet sich auf der Wasseroberfläche so weit das Auge reicht eine breite Schaumlinie, als ob das Meer die Äquatorlinie markieren möchte; später erklärt uns Jacob, dass hier die warme blaue Äquatorströmung mit dem von Süden heraufkommenden grün-kalten Humboldtstrom zischend und siedend zusammenprallt; eine ungeheure, kaum vorstellbare Wasserbewegung ist hier im Gang und wirft das ganze Meergetier durcheinander von oben nach unten und wieder von unten nach oben. Diese Umschichtung zieht Tijerones (Seeraubmöve), Seehunde, Raubfische und anderes jagdhungriges Getier an, und es gibt wohl kaum bessere Fischerei als hier in diesem ruhelosen Meer, eingeengt zwischen Isabela und der westlichsten der Inseln, Fernandina (Narborough). Guanoablagen auf allen Felsen zeugen von den vielen hier lebenden Wasservögeln, und gute natürliche Buchten wie Banksbay und Tagusbay bieten den vielen Fischerbooten aus den USA, Panama, übrigem Südamerika und ganz besonders Japan schützenden Standort. Als Beweise finden wir auf den steilen Felswänden unzählige Schiffsnamen USS Mary, SS Don Carlos, SS Simon Bolivar usw. usw. Auch unsere Fischerfreunde von der Compania Pesquera San Cristobal sind seit dem Vortag hier vor Anker gegangen, um in Kleinbooten Beute zum Mutterschiff Monte Cristi zu bringen. Wir wollen den restlichen Vormittag ausnützen, um in der Bucht an Land zu gehen. Unser Rettungsboot bringt uns alle auf einmal sicher und schnell ans Ufer, wo vom Meer ein schmaler Pfad durch die Felsen hinauf führt. Und was ist das erste, was wir in dieser völligen Einsamkeit und Wüste hier entdecken? Ein kleiner weisser Briefkasten, in dem die Durchkommenden ihre Heimatpost liegen lassen, Nachfolgende um die Mitnahme bittend.

Ein heisser, mühsamer Aufstieg führt uns durch dürre Büsche und Kleinbäume hinauf auf den Kraterrand, denn auch diese Bucht ist vulkanischen Ursprungs. Jacob erklärt uns, dass in der bald einsetzenden Regenzeit für drei bis vier Monate diese ganze Vegetation ein helleuchtendes Frühlingsgrün aufstecken werde, um dann wieder in grautrokkene Traurigkeit zurückzusinken. Der auch auf anderen Inseln vorhandene, hier aber vorherrschende «Palo santo», völlig knospen- und blattlos, zeigt beim Brechen eine starke innere Flüssigkeit, die es erklärlich macht, wie diese Pflanzen solch lange Trockenheit zu überstehen vermögen. Diese Flüssigkeit ist es auch, welche dem Baum den Namen eingebracht hat; ihr äusserst starker Duft erinnert in schwer trennbarer Mischung an Weihrauch, Kölnisch 4711 und Lavendel zugleich. – Oben angelangt, bietet sich uns ein merkwürdiges Bild: im Nebel verschwindendes graubraunes Lavahochland lässt die immer wieder tätigen Vulkane ahnen, deren Auswurfmassen links und rechts der Bucht zum Meer hinunterstreben, erstarrt, oft bis weit in dieses hinausgreifend. Dort oben ist das traurige, trostlose Revier der Landschildkröten (Galapagos); einst bis vor hundert Jahren vorherrschende Fauna dieser einsamen Inseln, hat der Einbruch «höher entwickelter Lebewesen» sie in gewaltiger Raubjagd dezimiert und in diese unwirtlichen, süsswasserarmen Gebiete verdrängt, wo ihnen ihre Feinde, Menschen und Wildhunde, nicht zu folgen vermögen. Eine, kaum faustgross, hat sich hier herunter verirrt und ist der Futterlosigkeit zum Opfer fallend in der heissen Sonne vertrocknet; sie wird leider die einzige in der Natur selbst gefundene Galapago unserer Reise sein, denn ihre in den Häfen zum Kauf angebotenen Schwestern sind von Menschenhand weit hergeschleppt worden. – Dicht neben unserer Bucht liegt ein Kleinkrater, eine milchiggrüne Salzwasserlagune, die zur tiefblauen Bucht einen herrlichen Kontrast ergibt. Am Nachmittag fahren wir mit den «Monte Cristi»-Fischern noch einmal auf Fang aus. Die Beute ist reich an Bacalaos und Bonitas – die Atune scheinen alle einem uns kreuzenden US-Atunfischer zugefallen zu sein. Neu ist an diesem Nachmittag für uns die Erkenntnis des keineswegs zirkusbedingten, spielerischen Humors der Seehunde. Sie umkreisen ständig unsere Barke, einzeln oder mit ihren Jungen, eifersüchtig und wetteifernd danach trachtend, uns die Fische von der Schleppangel wegzuschnappen. Oder wenn sie selber einen Fisch gefangen, so kann man beobachten, wie sie ihn voller Übermut hoch in die Luft hinauswerfen, die Tijerones zu foppen, schnell mit ihrer Beute untertauchend, um anderwärts das Spiel zu wiederholen. Und wenn wir vom Boot aus schneller und erfolgreicher sind, so bezeugen sie uns ihre Indifferenz mit einem Purzelbaum, der übrigens von alt und jung in auffallendem Gleichtakt ausgeführt wird. Den ganzen Nachmittag über suchen wir vom Boot aus Pinguine zu erkennen, denn an dieser, dem Einfluss des kalten Humboldtstroms besonders unterworfenen Inselseite müssten sie zu finden sein. Der Erfolg unseres Bemühens ist bescheiden: kurz vor Einbruch der Dämmerung entdecken wir einen, vergessen und zurückgeblieben, das Renommée der Gegend wahrend.

Am Abend kommen die Fischer von «Monte Cristi» noch herüber mit ihren Gitarren, und an Deck wird getanzt – in wildem Wechsel «San Juan», Frevol und Polka.

Während wir schlafen, beobachtet in der Nacht der Kapitän am Horizont das Feuer des mittleren Vulkans der Insel – aber leider ist schon anderntags alles wieder in dichtem Hochnebel verhüllt.

Zwischen Isabela und Fernandina hindurch, an einem auf ein Riff gefahrenen, verlassenen Atunfischer vorbei, fahren wir zur Südspitze der Hauptinsel. Hier erreichen die Höhen nahezu die 1500-m-Grenze und steil abfallend bis zum Meer spenden sie dem ganzen Abhang Regenwasser und ganzjährig Vegetation. Wer von den Inseljägern sich die Stierjagd besonders leicht machen will, kann hier vom Boot aus seine Beute erlegen, denn an dieser Stelle kommt das Wild bis zum Meer herunter. Gegen Mittag biegen wir, von der Südwestspitze kommend, in den nach Osten weisenden Heimweg ein, in Villamil, Santa Isabelas Hauptort an der Küste, kurz Halt machend. Diese Insel birgt hoch in den südlichen Bergen bei San Tomas Ecuadors Sträflingskolonie – wobei es nicht Mörder, wohl aber rückfällige «Kleinverbrecher» sind, die hierhinaus gebracht werden. Sie leben in ziemlicher Freiheit da oben, freilich auch in fürchterlicher Primitivität; in Höhlen schlafend, tagsüber auf Pflanzungen arbeitend, ist für sie eine Flucht unmöglich, weil die einzige Süsswasserquelle unter scharfer Bewachung steht, und ohne Wasservorrat ist noch jeder Ausbrecher elendiglich umgekommen. Unten in Villamil wohnt der Kommandant und lässt sich von den heimatreifen Sträflingen bedienen. Die leben auch hier arm und dürftig und ohne Arzt. Kaum wissen sie, dass bei uns ein Zahnarzt an Bord ist, eilen sie bettelnd herbei, sich Backenzähne und andere Faulstummel ziehen zu lassen, was denn auch in mehrstündiger Opferarbeit unseres Freundes geschieht. Die Insel ist, wie gesagt, in diesem Teil grün und fruchtbar. Palmwipfel und Bananenfächer überragen den Buschwald, und die zahlreichen vorgelagerten Riffe sind über und über mit hellgrünen Manglares bedeckt. In einem kleinen Ruderboot fahren wir in den Riffen herum, noch einmal Iguanos zu besuchen. In stillen Kanälen zwischen den Steinen entdecken wir kleine kobaltblaue Fische und tiefblaue Seesterne, überraschen Iguanos beim Liebesspiel und sehen einen letzten 3-Meter-Hai zwischen Ruderschaufel und Bootswand langsam an uns vorbeistreichen.

Abendlicher Skat, Canasta und Bridge an Bord künden schon die traurige Rückkehr zur Zivilisation an – vielleicht auch eine gewisse Müdigkeit ob all der vielen Abenteuer und Kuriositäten.

Der nächste Tag soll der letzte Inseltag sein. Zu kurzem Abschiedsbesuch landen wir noch einmal in San Cristobal – und kaufen nun doch Schildkröten oder deren Panzer – und dann geht es unwiderruflich nach Osten, in 60 stündiger Fahrt dem Hafen von Guayaquil entgegen.

Die herrliche Verpflegung, gutes Wetter und gutes Verstehen untereinander und die Gewaltigkeit dieser vergessenen Welt haben die Reise zu einem unvergleichlich-schönen Ferienerlebnis werden lassen. –

Mai 1954: Vorigen Samstag war für mich ein grosses Wochenende, weil die Ecuadorianer am 24. Mai ihren Befreiungssieg über die Spanier feiern. Christine hatte mich gebeten, allein an einer Tour mit Freunden teilzunehmen. So liess ich sie denn zum ersten Mal seit langem allein.

Wir fuhren mit meinem Wagen am Samstagmittag zu viert weg: Gi und Hans Neustätter, Hanspeter Bluhm und ich. Zuerst ging's durchs Chillotal (wo Inezlis Geburtsort Tingo liegt) und dann hinauf zu einer Hacienda über dem Dorf Pintag. Nach zwei Stunden Fahrt am Hang entlang kamen wir dort an; der Besitzer hatte uns einen Freibrief an seinen Mayordomo mitgegeben, da sonntags der Sohn des Besitzers nach der Stadt hinunter geht und somit niemand von den Patronos zu treffen ist. Der Mayordomo hatte schon fünf Pferde mit seinem kleinen Sohn vorausgeschickt und stieg zu uns ins Auto. Der schmale Weg klettert am Hang entlang weiter, schon werden die Bäume spärlich, links vom Weg unterbricht eine gewaltige Gletschermoräne die fruchtbare Landschaft. Grosse Schafherden, Viehgruppen, Pferde schauen auf unser mühsam kletterndes Auto herunter. Schöne Kartoffeläcker grenzen an den Weg, obwohl wir die 3000-m-Grenze schon passiert haben. Die Landschaft wird immer einsamer, bald liegen auch die letzten Büsche hinter uns. Wir haben den Paramo erreicht, wo nur noch graugrünes Gras die weiten Hügel und Täler deckt. Hie und da scheucht ein Rebhuhn auf, ein Kleinkaninchen kreuzt eilig den Weg, einige Wildtauben suchen kärgliches Futter auf den Steppen. Der Wagen lässt nach an Kraft, die zunehmende Höhe würde ein Verstellen der Zündung erfordern – aber wir fürchten kalte Finger und versuchen durchzukommen. Wilde Pferde, die hier oben in kleinen, niemand kümmernden Gruppen leben, galoppieren mit hochgestelltem Schweif davon. Schwere, einsam stehende Stiere beachten uns nicht. Nach drei Stunden Fahrt kommen wir endlich oben an; die obere Hacienda, ein einfaches, gutgebautes Steinhaus, steht hier auf über 4500 Meter. Hinter dem Haus liegen grosse, teils holzumzäunte, teils ummauerte Pferche. Don José Rafael Delgado, dem diese ganzen weiten Höhen und Steppen gehören (vielleicht 100 km^2) hat hier oben 5000 Stück wildlebendes Rindvieh, 15 000 Schafe und ungezählte wilde Pferde. Einmal im Jahr kommt er mit seinem Sohn und seinen Leuten herauf; dann beginnt der «Rodeo» (das Umkreisen des Viehs); die Männer reiten über die Weiden und treiben das Vieh zusammen, fangen die Störrischen mit dem Lasso und bringen endlich alles zu den Pferchen, wo das Vieh enggedrängt einige Tage bleibt. Dort werden 10 bis 20 Prozent der Tiere ausgesucht und zum Schlachten nach Quito hinuntergebracht; ausserdem werden die stärksten und angriffigsten Stiere aussortiert und auf einsame Weiden verbracht, damit sie durch das Alleinsein wild und stierkampfreif werden. Ist der Rodeo vorbei, kehrt alles wieder in die gewohnte Freiheit zurück. Niemand kümmert sich das Jahr über um dieses Vieh; Werden und Sterben lenkt nur die Natur, und das Jungvieh wächst mit Muttermilch auf, ein Melken kennt man da oben nicht. So fällt dem reichen Haciendado ohne viel Mühe jährlich Schlachtvieh zu im Wert von etwa 300 000 Franken, ohne zu rechnen, was ihm die Wolle der 15 000 Schafe jedes Jahr im Juli bringt. Wir beziehen unser Haus, finden einen Raum mit Kamin und vier Betten samt guten Decken, ja sogar ein moderner Locus fehlt nicht. Wir Männer ziehen gleich los zur Jagd: kommen aber nach zwei Stunden nur mit einer Ente heim, mehr hat sich nicht erwischen lassen. Früh legen wir uns zu Bett, aber in dieser ersten Nacht kann keiner schlafen, denn die Höhe ist sogar für uns Höhengewohnte nicht mehr gut zu ertragen. Schliesslich, nach Mitternacht, gelingen mir ein paar Stunden Schlaf, hochgebettet wie es alte Leute zu tun pflegen. Der andere Morgen ist leider nicht ganz klar, trotzdem reiten wir schon bald nach sieben Uhr auf den kleinen Pferden ab. Über einsame Weiden, Moore, auf denen nur hin und wieder wilde Pferde oder ein einsamer Corrida-Toro (Stierkampfstier) zu sehen sind, reiten wir eine Stunde den Berg hinauf. Gegen halb neun Uhr kommen wir zu den ersten Geröllhalden und schon bald müssen wir die Pferde bei einem Felsblock zurücklassen. Während wir uns zum Marschieren fertig machen, bricht die Sonne durch und plötzlich ragen dicht über uns die grossen Eiskronen der Gletscherzunge des Antisana, eines erloschenen Vulkans, dessen 5707-Meter-Spitze nun blendend weiss über uns vor dem tiefblauen Himmel steht. Der Anblick ist von einer nicht zu schildernden Gewalt und ich bin ehrlich ergriffen. Langsam und mühsam klettern wir in der heissen Sonne bei pfeifend kaltem Wind, tief in Handschuhe, Bufandas und Ponchos gehüllt, zum Gletscher hinauf. Harter, schmutziger Frühjahrsharsch, immer wieder zerrissen und unterbrochen durch tiefe Spalten, nimmt uns die Lust, viel weiter zu gehen, obwohl es nach so langer Zeit verlockend ist, Schnee zu geniessen, aber an ein wirkliches Hinaufkommen ist mit unserer Ausrüstung ohnehin nicht zu denken. So gehen wir zur Geröllhalde zurück und essen ein mitgebrachtes kleines Picknick. Beim Hinunterreiten über den steilen Paramoabhang hatte ich noch ein aufregendes Erlebnis: wir ritten etwas auseinandergerissen, vorne der Mayordomo, Hans N. und Hanspeter B., hinten Gi und ganz hinten ich; Gis faules Pferd war etwas zurückgeblieben, so blieb ich stehen, wandte mein Pferd bergwärts, um zu warten; ich war gerade bewundernd mit meinem Caudillo-Schattenbild beschäftigt, mich kolossal folkloristisch dünkend: auf dem Kopf schräg mein grosser Hut (er hat einen Durchmesser von 60 cm), dann mein rotwollener Poncho, aus dem unten die Flinte herausschaute – da werde ich plötzlich aufmerksam auf ein nicht zu überhörendes Schnaufen und Stampfen: kaum hundert Meter von mir entfernt, aus einem tiefen Bachgraben, taucht der gewaltige Kopf eines grauweissen Stiers mit kühn geschwungenen Hörnern auf. Der Stier stampft noch einmal, stösst seinen Kopf gegen die Erde und wirft sich solche über den Rücken. Dann chargiert er und kommt gradewegs in schärfstem Galopp auf mich zu gerannt. Einen Moment lang bin ich starr vor Schreck. Da, wie er schon auf dreissig Meter an mich heran ist, verwerfe ich die Arme und schwinge meinen Poncho empor mit lauten «Carajo»- und «Caramba»-Rufen – der wütende Büffel erschrickt, springt ab und mit hochgestelltem Schwanz an mir vorbei! Gi und ich atmen erleichtert auf und treiben unsere Pferde an, die anderen einzuholen. Der Nachmittag bringt wieder Jagdausflug, leider ohne jede Beute. Am Montag früh ist strahlend schönes Wetter. Wir reiten eine Stunde weit, über ebene Paramowiesen, an sonnengebleichten Schädeln und Rindviehknochen vorbei. Alte Tiere, im Kampf verendet oder in einen Sumpf geraten, sind hier eines natürlichen Todes gestorben, und niemand wird im kommenden Rodeo ihr Fehlen bemerken. An einem grossen Bergsee sitzen wir ab und gehen zur Entenjagd. Hier ist es nicht schwer, zum Schuss zu kommen, aber meist haben wir wenig Glück, denn die getroffenen Enten klatschen oft ins untiefe Uferwasser, wo sie aber des morastigen Bodens wegen ohne Hühnerhund nicht herauszubekommen sind. Immerhin ziehen wir gegen Mittag mit vier Enten heimwärts – den herrlichklaren, schneeweissen Bergriesen über uns. Alles in allem war es eines jener fremdartigen Erlebnisse mehr, wie sie uns dieses eigenartige Land immer von neuem finden lässt.

Januar 1955: Die letzte Woche brachte Bewegung, insofern als am 6. Januar hier immer die sogenannten «Innocentes» gefeiert werden mit Maskenbällen und anderem Allotria. Noch am Vormittag waren venezolanische Freunde von uns, die Beroeta (er ist hier Geschäftsträger und sie ist geborene Schweizerin) gekommen, unseren Rat zu holen für ihre Kostümierung. Sie merkten dabei wohl Christines stille Wehmut, nicht mittun zu können, und überredeten sie kurzerhand mitzukommen. Ich erklärte mich gerne einverstanden, sofern man mich hübsch zu Hause lasse, und so wurde es denn auch. Am Nachmittag baute sich Christine auch schnell ein Kostüm zusammen aus einem enganliegenden Cleopatrarock (von einem brasilianischen Fest des Vorjahrs her) und wechselte nur den Kopfputz. Statt der schwarzen Wollperücke baute sie sich einen herrlich bemalten Nofretete-Zylinder, der kein Haar sehen liess und ihr glänzend stand. So zog sie denn kurz nach acht Uhr los; zuerst zu den Venezolanern, um diesen beim Schminken und Ankleiden zu helfen; von dort aus zu einer spanischen Familie Oscar und Sara Gonzalez Artigas, und dort tauchte Christines feuriger Anbeter Lorenzito Tous auf;

mit diesem Herrn hat es seine Bewandtnis und ich muss erklären: L.T. ist der einzige und unverheiratete Sohn eines steinreichen Spaniers hier, der vor fünfzig Jahren als armer Junge hierhergekommen war und sich enorm hochgearbeitet hat. Ein Palais in New York, in Paris und in Madrid, eine der Galapagos-Inseln etc. gehören ihm. Also L.T., ein charmanter und gutaussehender Vierziger, sah Christine vor zwei Jahren an einem ersten Brasilianerfest, verliebte sich dort schon sterblich in sie, verschwand dann aber wieder von der Bildfläche, ja es schien ihm sogar peinlich, Christine zu begegnen, bis eben an diesem Abend das Schicksal sie wieder zusammenführte und er von neuem entflammte. Er wurde ihr treuester Cavalier und Tänzer und versuchte, ihr von immer neuem Gesichtspunkt aus die Vorteile einer Heirat mit ihm zu beleuchten. Die Millionen und Diamanten schillerten durch seine Erzählungen, doch Christine liess sich nicht betören! Sie fand es wohl sehr nett, von ihm umworben zu sein, aber mehr wurde daraus nicht – bis jetzt. Wer weiss, vielleicht werde ich demnächst im Auftrag der Mutter umgebracht, und die schöne Witwe – solche Lösungen sind hier nicht schwer zu bewerkstelligen. Das Fest ging weiter in der spanischen Botschaft, begann dort aber erst um elf Uhr. Christine wiegte und lächelte, liess sich die Rechte vom französischen Botschafter küssen, währenddem sie mit der ecuadorianischen Ex-Präsidentenfrau ein leichtes Gesellschaftsgespräch führte. Dann liess sie sich vom Grafen Jijon-Caamano y Flores unter den glitzernden Lüstern zum Buffet führen, wo Leckerbissen in riesigen alten Silberschüsseln des 18. Jahrhunderts warteten und der französische Champagner in alten castilischen Kelchen kredenzt wurde. Sie genoss es und ich freute mich, in meinem Bett sein zu dürfen.

Februar 1955: Wir alle hier sind momentan sehr beeindruckt von einer schweren Missionars-Tragödie in unserem Urwald. Eine Gruppe amerikanischer Missionare hat sich nach langen Vorbereitungen zu den wildesten Ur-Indianern gewagt; vorher hatten sie deren Gebiet mehrfach überflogen und Geschenke abgeworfen, von den Wilden auch Gegengeschenke bekommen, sodass man denken konnte, es sei Freundschaft entstanden; an Epiphanias landete das Flugzeug erstmals und traf einen nackten Jüngling und zwei ebenso nackte Frauen, die den Ankömmlingen kein Leid taten. Am Sonntag, den 8. Januar, landeten fünf Missionare, doch riss schnell jede Funkverbindung mit ihnen ab. Als man andertags hinkam, lagen die Männer von Lanzen und Pfeilen durchbohrt in der Lichtung und das Flugzeug war zerstört. Aus den USA, Panama und Ecuador wird zur Zeit die Bergung der Leichen versucht, und nachträglich hört man alles mögliche über diesen Indianerstamm der «Aucas». Die einleuchtendste Theorie meint, dass der etwa 2000 Leute umfassende Stamm einen absoluten Mangel an Frauen habe (man schätzt etwa zwei- bis dreihundert), woraus sich innerhalb des

Stamms eine fürchterliche Rivalität ergebe, und da alles, was von aussen herankommt wie Militär, Polizei, Missionen, Expeditionen immer nur Männer sind, wird jeder Mann aus Angst umgebracht. Es ist ein eigentümliches Gefühl, 50 km Luftlinie von diesen Menschen zu leben!

Diese Woche war wieder Carneval hier, und wir waren Zeugen eines gewaltigen Kulturfortschritts: statt des früher üblichen Wasserspiels – jedermann wurde in Haus, Garten oder Strasse unweigerlich mit Wasser, oft sogar gefärbtem Wasser, bespritzt oder begossen, besonders unangenehm im Auto, wenn man am Verkehrslicht stehen bleiben musste und eine Tür nicht verriegelt oder ein Fenster gar offen war – heuer also statt dessen ein hübscher Blumenkorso wie in anderen Ländern – und doch möchte man sagen «leider». Ähnlich ist es auch am Aschermittwoch; bisher kamen die Frauen an diesem Morgen mit einem Aschepunkt auf der Stirne, vom Priester mit einem in Asche getauchten Weinzapfen aufgedrückt als Zeichen, dass man in der Frühmesse Busse getan hatte. Heuer ist dieser alte Brauch verschwunden – schade.

Dafür hörten wir dieser Tage von einem ganz uralten Brauch im Norden des Landes in der Gegend von Otavallo und Ibarra: stirbt dort auf einer Hacienda ein Indio, Peon (=Knecht) der Hacienda, wird die Leiche wie eine Mumie mit Tüchern und Bändern so fest bandagiert, dass sie vollkommen steif ist und nur das Gesicht unverhüllt bleibt. Dann kommt die Leiche in einen Sarg, dessen Boden seitlich wegschiebbar ist. In der Nacht nach dem Tod tragen die Angehörigen den Toten in den Innenhof des Hauses. Dort ist immer ein Säulenumgang einerseits, aber auch immer ein grosses Steinkreuz in der Mitte des Hofes – beides eine Analogie zu klösterlichen Innenhöfen. Der Tote kommt nun vor eine weisse Wand genau gegenüber vom Hofaustritt des Patrons, wenn dieser morgens aus seinen Zimmern im Hausinnern kommt. Weiter muss der Platz so gewählt sein, dass das Kreuz zwischen dem Toten und seinem Herrn steht. Fackeln beleuchten den Hof, der Tote steht jetzt ohne Rückbrett direkt vor der weissen Wand. Man hört den Patron kommen, der Sarg wird weggenommen und jetzt verneigt sich der beleuchtete Tote (irgendwie unsichtbar bewegt) dreimal Abschied nehmend vor seinem Herrn. Dann werden die Fackeln gelöscht, und der Sarg wird im Dunkeln mit Jammern und Murmeln der Angehörigen zur Bestattung im Morgengrauen getragen.

August 1955: Am vergangenen Sonntag (dem 14.) fuhren wir früh mit Edwin Orska (eigentlich Orski, Bruder der seinerzeit berühmten Stummfilmschauspielerin Maria O.) auf die grosse Hacienda seiner Frau Elsa Lasso Carrion «La Cienega». Wir kamen gegen elf Uhr dort an, machten einen Rundgang und assen dann zeitig, um punkt zwei Uhr auf dem Platz des naheliegenden Dorfes zu sein. Dort war in Nachfeier zum Nationalfeiertag (10. August) ländlicher Stierkampf angesetzt. Der weite quadratische Platz, um die 150 Meter im Geviert, eingerahmt von Kirche, Schulhaus und Privathäusern, war an seinen in den vier Ecken liegenden Einmündungen durch Stangen und Pfähle verrammt. An einer dieser vier Ecken war, von Pfählen getragen, ein erhöhter Balkon aufgestellt für die Patronos, wo wir denn auch auf roh gezimmerten Bänken Platz nahmen. Auf dem Platz war buntes Treiben der Indianer, die Mayordomo und die Gutsangestellten zu Pferd, zum Teil in ihren malerischen Fellhosen – Handeln und Schreien um eine Lotterie ausrufende Händler. Jetzt wird der erste Stier aus dem Gehege auf den Platz gelassen – Schreie, Rufe, springende und stürzende Menschen, im Handumdrehn ist der ganze Platz leergefegt, nur um das Denkmal in der Mitte des Platzes drängen sich noch Leute auf die obersten Stufen. Der Stier jagt in wilden Sprüngen einmal um den Platz herum, da und dort gegen die Leute hinter den Barrieren chargierend, dann bleibt er vor der langen schneeweissen Kirchenfront stehen, stampft und scharrt, wirft die Erde hoch und wartet... Nun traut sich der erste Torero aus der Menge heraus. Langsam, elegant und schlank geht er tänzelnd auf den Stier zu, seinen bunten Poncho auf dem Arm. Auf zehn Meter Entfernung breitet er seinen Poncho aus und reizt den Stier, doch sobald dieser chargiert, rennt unser Held seitlich weg... ein zweiter, ein dritter, ein vierter, aber keiner ein wirklicher Torero, der den Stier scharf an sich vorbei gegen den Mantel ins Leere stossen lässt. Der Stier langweilt sich, da galoppieren Reiter heran als Ersatz für fehlende «Picadores», sie piexen den Stier mit ihren Lanzen in den Hintern, auf dass er schärfer angreife. Aber alles bleibt Spiel, denn der Stier darf keinen Schaden nehmen, die Patrona hat ihn nur zur Belustigung geliehen, und nachher soll er wieder auf seine Bergwiese im Paramo gebracht werden können. Wenn daher ein Stier müde wird oder seine Angriffslust nicht genügt, lässt ihn die Patrona gegen einen andern auswechseln. Ebenso, wenn einer zu gefährlich scheint und kein Indianer mehr sich auf den Platz wagt. Es ist ein bewegtes Spiel, heiss unter der nachmittäglichen Sonne, staubig vom Platzsand, unheimlich durch den herumgehenden Schnaps, Puro oder Chicha, und die steigende Gefahr. Jetzt sticht schon ein Torero aus den andern heraus... er bleibt stehen, er toriert kunstgerecht, aber da er nicht secundiert wird, steigt die Gefahr des Spiels. Jetzt verlangt die Patrona das Auflegen einer «Colcha», das ist eine Art bestickter buntseidener Satteldecke, gestiftet von einer Madrina des Tages. Die Reiter treiben einen neuen Stier auf den Platz, die Lassos kreisen und schwirren durch die Luft, endlich hat einer den Stier an den Hörnern gefasst, Stier und Pferd – das Seilende ist um den Sattelknauf geschlungen – reissen am Seil, das Pferd hält Stand; jetzt geht von hinten einer zu Fuss an den Stier, wirft ihm eine Schlinge um die Hinterbeine, zieht an und blockiert, ein dritter geht von der Seite an die Vorderbeine und blockiert auch diese, schliesslich sinkt das schwere Tier dumpf in den heissen Sand. Mit grossem Geschrei, die «Colcha» schwenkend, eilen andere hinzu. Nun wird dem Stier die Satteldecke mit grosser Nadel auf den Rücken genäht. Kein Wunder, dass dieser, wenn er endlich wieder frei ist, in zornigen Sprüngen sich des lästigen Juckens am Rücken zu entledigen sucht. Jetzt gilt es, dem Stier die Colcha vom Rücken zu reissen. Die Leute sind durch den Alkohol mutiger geworden, ein betrunkener Reiter galoppiert so lange und immer näher um den zornigen Stier. Er hört die wütende Warnung der Patrona auf der Tribüne nicht mehr – da, blitzschnell hat der Stier dem Pferd sein spitzes Gehörn in die Lenden gestossen und Blut spritzt aus der Wunde. Die Patrona schreit heiser, man reisst den Mann vom Pferd und führt es eilig aus dem Ring, es ist in seinem Schmerz schwer zu bändigen; schliesslich wird es auf einer nahen Wiese niedergelegt, die Wunde wird ausgewaschen und genäht, das Pferd kann gerettet werden. Auf dem Platz draussen ist die Menge erregt, die Patrona erzählt in heiseren, abgerissenen Sätzen, dass ihr als jungem Mädchen ein zorniger Stier ihren Vollblüter unter dem Sattel getötet hat... irgendwo ein Schrei, unser bester Torero wird vom Stier gegen die Kirchenmauer gedrängt, im letzten Augenblick kann er sich hinter einen Lichtmast stellen, gegen den der Stier mit dumpfem Aufprall anrennt. Noch keiner hat die Colcha abgerissen. Noch einmal wagt sich ein junger Ambatener heraus, steht, schwenkt seinen Poncho, der Stier stürmt mit gesenktem Kopf heran, stösst gegen den Poncho, den der Torero mit ausgestrecktem Arm festhält. Er weicht keinen Schritt zurück, auf den Fussspitzen stehend macht er sich so dünn wie möglich... um wenige Centimeter schiesst das todbringende Gehörn an ihm vorbei. Der Stier hat ihm den Poncho aus der Hand gerissen, das Tuch fällt drüben in den Staub, der Stier zerstampft es und wirft es hoch in die Luft. Dann sucht er einen neuen Gegner. Die Patrona ruft über den Platz, dass sie die Colcha dem jungen Torero zuspricht, obwohl er sie nicht abzureissen vermochte, der Stier soll weggeführt werden. Die Reiter versuchen den Stier hinauszutreiben, zwecklos, er will sein Opfer haben. Nur zwei hereingetriebene gewaltige Ochsen vermögen in ihm den Herdentrieb zu wecken, und mit ihnen zottelt er friedlich hinaus. Während man ihn dort festbindet, um ihm die Colcha abzunehmen, taucht an der einen Ecke des Platzes eine bunte Gruppe auf, vermummte Tänzer. Eine Trommel- und Trompetenmusik zieht besoffen um den Platz, die Männer drehen sich, taumeln und ziehen weiter, hinter ihnen die Weiber, mit den Kindern auf dem Rücken, tragen gewaltige kunstvolle Wachskerzen für die Madonna vor sich her. Eine zweite Gruppe kommt, die Männer mit kunstvoll gesticktem Kopfputz mit Federn besteckt, mit Spiegeln, Münzen und allem möglichen behängt, vor der Brust und auf dem Rücken ebenfalls bestickte rechteckige Behänge, wieder voran eine besoffen tanzende Musik...

da stürmt ein neuer Stier in den Platz hinein, Schreien, Stürzen, jetzt hat er einen Trompeter von hinten auf die Hörner gehoben, schrill bläst der Besoffene auf seinem letzten Loch, wirbelt durch die Luft und landet weiter drüben unversehrt im Sand. Alles lacht und jubelt, während der Stier zur anderen Platzecke stürmt – ein Aufschrei, er hat einen Buben am Bein verletzt. Die Menge wird wild, da und dort taumelt ein Betrunkener auf den Platz, seine Weiber versuchen ihn wegzuzerren, er lässt sich nicht wegziehen. Glücklicherweise nimmt ihn der Stier nicht ernst und trabt dem Ausgang zu, wo die Hüter ihn von neuem anpiexen, ein zweites Pferd fällt, noch einen Mann erwischt er, dann lässt ihn die Patrona hinaustreiben. Die Sonne sinkt hinter die Berge, die Indianer sind betrunken, dumpfe Musik klingt aus den Häusern, die Patrona ruft ihre Reiter herbei und gibt kurze Befehle, die Stiere sollen weggeführt werden. Wir alle atmen auf. Und während die Indianer tanzen und feiern, spülen wir mit Tee und Whisky den Staub herunter und fahren am mondhellen Schneegipfel des Cotopaxi vorbei zur Stadt zurück – geheimnisvolles wildes Land.

1956 sind wir mehrere Monate in Europa.

November 1956: Als wir aus Europa zurückkamen, hatte die «Gesellschaft» einen interessanten Zuwachs bekommen, der die Villa unserer Freunde Rosenthal-Schaper beziehen sollte.

Zuerst einige Worte über die genannten Freunde: ein homophiles Männerpaar, deren älterer, Fritz Rosenthal, unter dem Künstlernamen «Friro» in Berlin vor 1933 mit Werner Finck ein bekanntes gutes Cabaret führte, von dem er uns heute noch halbpolitische gute Verse zitiert, die teils von ihm stammen, teils von Finck. Sein mitgewanderter jüngerer Partner Peter Schaper ist ein nicht ungeschickter Couturier. Sie haben zwanzig Jahre mit ihrem Salon «Figurin» gut verdient, vermieten ihre «Villa Capri» an Diplomaten und gehen auf Reisen.

Diesen Herbst interessierte sich ein britisches Attaché-Ehepaar; alles gefiel ihnen, doch baten sie, im zweibettigen Schlafzimmer die Betten auseinanderzurücken, um zwischen die Betten ein Tischlein für den «Early-Morning-Tea» zu stellen. Tags darauf kam ein französisches Diplomaten-Ehepaar, denen auch alles gefiel, doch wünschten sie im Schlafzimmer ein «Grand lit» und im Badezimmer ein Bidet. – Schlussendlich zogen unsere Freunde den englischen alleinstehenden Bankier Harry Curran vor, der hier die «Weltbank» vertritt. Wir sind mit ihm schon gut befreundet und es sieht so aus, als ob daraus eine Freundschaft fürs Leben würde. Harry ist gute zehn Jahre älter als ich, kommt aus sehr guter Familie, ist sehr kultiviert, hat herrlichen englischen Humor, ist weitgereist und liebt unsere Kinder. Gestern war nun eine grosse lustige Party in der «Villa Capri», wo wir uns herrlich amüsierten. Der zollfreie Whisky floss in Strömen und löste die Zungen. Wir waren etwa vierzig

Leute. Um zehn Uhr war ein superbes Buffet mit Langusten und vielen anderen Herrlichkeiten. Ich kam neben die französische Dame zu sitzen, die um das «Grand lit» gebeten hatte. Sie heisst Madame de Kerros, ihr Mann ist Bretone und ihr vorheriger Posten war an der afrikanischen Elfenbeinküste. Als gute Katholikin hat sie viele Kinder; drei Mädchen zu Anfang der Ehe und nachher fünf Buben. Lachend erzähle ich die Theorie unseres (meines) Vaters zu Hause, der als Militär zuerst nur Mädchen bekam und, von seinen Kollegen bespöttelt, sich die Theorie gemacht hatte, er sei so viel stärker als Mama, und der liebe Gott habe aus Mitleid mit Mama die weibliche Waagschale mit Mädchen gefüllt, um dem starken Vater gleichzukommen. Nachher kamen ja bekanntlich wir drei Buben; ich als Jüngster, und das häusliche Gleichgewicht war perfekt. Madame de Kerros griff den Faden auf und erzählte, dass in der Bretagne es ein alter Glaube sei, dass starke Persönlichkeiten sich im umgekehrten Geschlecht fortsetzen, das heisst starke Väter haben Töchter, starke Mütter haben Söhne, ja und nach dem Krieg sei es ja immer so gewesen, dass mehr Buben als Mädchen zur Welt gekommen seien, und da seien ja bekanntlich die Männer épuisés und die Frauen an der mehrjährigen Alleinverantwortung «gehärtet und gewachsen». Rafael Vasconez, unser ecuadorianischer Freund, hatte zugehört und fügte dann bei, die Indianer gingen, um Buben zu zeugen, zum «Brujo» (Medizinmann), liessen sich dort «zur Ader» und die Frau trinke das männliche Blut! Wir lachen darüber, aber in der Tat ist der Mann geschwächt, die Frau unverändert – das Thema beginnt uns zu faszinieren und wenig später kommt Monsieur de Kerros hinzu und weiss, dass die schwarzen Stämme in Afrika das gleiche Rezept anwenden wie die Indianer. Ob daran etwas wahr ist? Ein anwesender Arzt lacht uns aus. – Jetzt beginnt Currans wunderbarer neuer Plattenspieler «Qu'on est bien…» zu spielen und bald wiegen sich die Paare zu Guy Béart's «Qu'on est bien dans les bras d'une personne du sexe opposé…». Immer wieder wird die herrliche Platte verlangt… es war vier Uhr in der Früh, als wir nach Hause kamen.

Februar 1957: Am Sonntag, den 10. ds., machte ich eine Trainingsbesteigung des bei Quito gelegenen erloschenen Vulkans Pichincha, die mich und mein Herz bis auf 4800 m über Meer trainierte. Dann, am 15. ds., zogen wir aus zu einer Bezwingung des Cotopaxi, des bekannten höchsten aktiven Vulkans der Welt, dessen Gipfel 6005 m über Meer ist. Wir kamen am ersten Tag mit dreizehn Stunden Marsch bis zur Schneegrenze auf etwa 4800 m, ohne dass es allzu anstrengend gewesen wäre. Einer kalten Zeltnacht, sitzend, mit wenig Schlaf verbracht, folgte der wegen Schneegestöber und starkem Sturm immer wieder herausgeschobene Aufbruch um sechs Uhr früh. Der Anstieg über die nahezu senkrechte Schneewand, im andauernden Sturm, war anstrengend.

Anfänglich konnte man (angeseilt) noch zwanzig Schritte zwischen einzelnen Halten machen, dann noch sechzehn, schliesslich zwölf und endlich zehn. Gegen elf Uhr waren wir etwa auf 5800 m, aber ein weiteres Aufsteigen war nicht mehr zu verantworten wegen der Gefahr, vom kreisförmig um den Kegel tobenden Sturm weggetragen zu werden, ausserdem wegen der Erfrierungsgefahr (Gesicht). So drehten wir betrübt um. Da Mittagszeit war, war der Schnee trotz der Kälte faul, und man sank bei jedem Schritt knietief ein – in dieser Höhe ein gewaltiger Kraftverschleiss. So stiegen wir ab zum Lager, verzichteten aber unserer völlig steif gefrorenen Kleidung wegen auf eine zweite Zeltnacht, besonders weil die Aussichten auf eine Wetterbesserung so schlecht waren, dass ein Zuwarten sinnlos gewesen wäre. Das Ganze war ein sehr eindrückliches Erlebnis, aber leider hatten Wetter und Berg uns bezwungen statt wir den Berg!

November 57: Wir sind in den Urwald auf Ruhetage gefahren. Gegen neun Uhr morgens waren wir auf der Passhöhe (ca. 4000 m), von wo der Weg aus unserer Hochebene in nordwestlicher Richtung nach Santo Domingo führt. Es ist eine Einbahnstrecke und man muss auf der Passhöhe eine Sperrkette passieren. Wir hatten es so gerichtet, dass wir hinter leerfahrenden Bananen-Camions fuhren, weil diese in der Talfahrt sehr schnell sind und man sie ungern hinter sich hat. Die Strecke ist sehr kurvenreich, auf 90 km sind es etwa 900 Kurven, mit andern Worten alle 100 m eine Kurve, oft wahrste Haarnadelkurven; rechnet man dazu ein Gefälle von rund 3000 m auf engster Strasse, links und rechts senkrechte Wände, dann kann man das Ganze, ohne zu übertreiben, ein Erlebnis nennen. Kurz nach zwölf kamen wir heil und ganz in Tinalandia an. Das ist also die Hacienda von Alfredo und Ernestina (Tina) Garzon. Sie ist der interessantere Teil, darum beginne ich mit ihr. Geboren in Odessa als Tina Tarnopol, gute, unternehmungsfreudige jüdische Familie des nahen Ostens – eine Tante soll in Paris gestorben und eine Geliebte des österreichischen Kronprinzen Rudolf gewesen sein – in der Mitte des vorigen Jahrhunderts schon in den USA gewesen, von dort aber rückgewandert. Genaues darüber, wie die Familie in den Westen kam, weiss ich nicht; um 1930 waren sie jedenfalls in Mitteleuropa; die Brüder zogen von da teils nach den USA, einer nach der Türkei, die Schwester bei Beginn der Nazigefahr von Paris nach Ecuador als Freundin der Frau des akkreditierten Consuls in Paris. In Quito fand und heiratete sie einen russischen Emigranten, Herrn v. Platanoff. Er war der Weissrusse bekannter Prägung, «adlig», tagsüber Chauffeur, nachts Violinist, hatte auch irgend jemanden umgebracht und so fort. Sie hatte ein Höllenleben mit ihm, schliesslich ging die Ehe nach etwa zehn Jahren durch Intrige einer Cousine auseinander, aber immerhin zu Tinas Glück. Sie lernte den zwanzig Jahre jüngeren Alfredo Garzon kennen und heiratete ihn.

Sie bauten zusammen diese herrliche Hacienda auf, und heute ist sie 68 (durch vieles Schlafen und überhaupt gesundes Leben sieht sie aber gute zehn Jahre jünger aus) und er ist etwa Mitte vierzig. Es ist ein herrliches Zauberleben, das die beiden führen. Man kann sich nur wünschen, einmal später so viel voneinander und miteinander zu haben wie diese beiden. Sie machen die ganze Arbeit, das heisst das Inspizieren, Anordnen, Ernten und Herumgehen – kurz alles miteinander. Sie sind unzertrennlich. Und wenn sie einmal fertig sind, sitzen sie auf ihrer roten Bank vor dem Haus, hoch über einem herrlichen Garten voller bunter Blumen, und schauen hinaus auf das Flusstal, die Insel und den unendlichen Urwald. Und, möchte man beifügen, wenn sie nicht gestorben sind, so leben sie noch heute ... (Anmerkung: 1990 lebten sie immer noch, wir besuchten sie, Tina 101, Alfredo Ende 70 – sie noch unverändert – er etwas alt!)

Neben dem Haupthaus haben sie Bungalows gebaut, nach eigenen Plänen und aus eigenem Holz. Die Aussenwände sind in ihrem unteren Teil aus dem schwarzen Eisenholz (Chonta) gebaut, das die Eingeborenen für Waffen brauchen und das jeder Witterung trotzt. Das Oberteil ist aus hellem, schön gemasertem Holz (Laurel) gemacht. Innen ist alles getäfelt mit amerikanischem Nussbaumholz, von dunkelbraun bis weiss wechselnd. Die Decken sind aus Cedro, ein leicht zu verarbeitendes Rotholz, mit unseren Zedern jedoch gar nicht verwandt. Zuerst tritt man in einen Vorraum, der als Wohnzimmer dient, dann folgen zwei Schlafzimmer, ein Bad mit Douche und ein Kleiderraum. So also wohnen wir. Täglich schwimmen wir im herrlichen Swimmingpool unter den Palmen und liegen an der Sonne, die hier auf der Höhe von 605 m über Meer nie zu heiss ist und durch den Flusswind gekühlt wird. – Heute liefen wir in den Urwald hinein am Bach entlang bis zu einem kleinen Stauwehr, wo wir nackt badeten beziehungsweise unsere Blössen mit paradiesischen Blättern bedeckten; die Sonne schien durch die Bäume, die Schatten der Lianen und Palmen und wilden Bananen spielten auf dem spiegelklaren Wasser und statt der in unserer Zivilisation üblichen Papiere, Schalen und Büchsen liegen hier höchstens von den Papageien angefressene Früchte oder die Schalen von Früchten, die die Affen heruntergeworfen haben. Und der Wald mit seinem tausendfachen und tausendartigen Grün, hie und da eine Schmarotzerpflanze, da und dort eine Baumorchidee, ist still. Der Urwald schläft, nur das Wasser rauscht etwas und hie und da der Wind in den Zweigen. In der Stille glaubt man den Flügelschlag des grossen, strahlend-blauen Schmetterlings zu hören. Aber um sechs Uhr, genau nach der Uhr, wenn die Sonne hinter den Bergen verschwunden ist, erwacht der Wald. Die Papageien schreien, der schwarze Stiervogel gurrt, die Affen lachen, mit einem Mal ist ein Konzert, dass man Mühe hat, die Laute von einander zu unterscheiden. Dieses laute

Leben ist von kurzer Dauer, und schon nach einer Stunde hat die Nacht alle wieder zur Ruhe gebracht, denn eine Dämmerung gibt es hierzulande nicht. – Vor dem Haus brennt eine grosse Lampe und beleuchtet die geisterhaften Riesenfarne einer vieltausendjährigen Welt, während grosse Nachtfalter mit «Augen» auf den Flügeln, Libellen, Hirschhornkäfer und unzählige Mücken ins Licht fliegen, herunterfallen und dort von den wartenden Kröten und Fröschen geschnappt werden – sofern sie ihnen nicht zu gross und zu unheimlich sind. Derweil klettern wir in unsere Betten und decken uns mit einem Tigrillofell zu.

März 1958: Vor wenigen Tagen bin ich Diplomat geworden. Seit längerer Zeit vertrete ich hier im Land den «Weltkirchenrat in Genf», und zwar weil dieser an Menschen hinter dem Eisernen Vorhang oder auch Rot-China-Flüchtlingen Reise- und Emigrations-Darlehen gibt. Mit solchen finanzieren diese armen Verfolgten ihre Auswanderung nach Ecuador. Zum Teil sind diese Menschen katholisch, es wird im Prinzip kein Unterschied gemacht zwischen Protestanten, Russisch- beziehungsweise Griechisch-Orthodoxen oder Juden. Wenn diese Leute hier etabliert sind und eine neue Existenz gefunden haben, bezahlen sie das Darlehen ratenweise zurück. Mein direkter Vorgesetzter, André Mouravieff-Apostol, ein Weissrusse, hat seinen Sitz in Brasilien. Als er neulich auf Tournee auch mich hier besuchte, wünschte er dem Präsidenten des Landes und dem Aussenminister vorgestellt zu werden. Ich bat also um eine Audienz. Statt des Präsidenten, der gerade nicht in der Hauptstadt war, empfing uns der Vizepräsident, der aber unserem Besuch keine grosse Bedeutung gab. Der Aussenminister dagegen, mit dem wir seit Jahren befreundet sind, war ganz überrascht. Nichts von meiner stillen Nebenbeschäftigung wissend, sagte er sofort, mein Tun sei für das Land von grosser Bedeutung, denn so brächte ich gute Leute mit antikommunistischer Gesinnung ins Land. Er verleihe mir sofort diplomatischen Rang, und zwar den Grad eines Botschafters. Meine Mission sei die vierunddreissigste und so fort. Das heisst nun also, dass ich so quasi ein protestantischer Nuntius bin, zollfreien Whisky und andere Leckereien einführen darf ohne Zoll, mein Auto bekommt eine besondere Nummer und ich kann überall in der Stadt parkieren. Ich sah sofort alle Vorteile, aber ein Hindernis blieb: was würde der Doyen des diplomatischen Korps sagen, der päpstliche Nuntius? Der Aussenminister lächelte und sagte einfach: geh zu ihm und sag ihm, die Ernennung sei durch mich erfolgt... So zog ich denn in meinem Mourningcoat etwas bangen Herzens in die Nuntiatur. Ich kannte den Nuntius Opilio Rossi aus gesellschaftlichen Anlässen ganz gut, und schon öfters hatte ich mit ihm auch Kontakt gehabt wegen unserer protestantischen Kirche. Als er in den Audienzsaal trat, war er etwas erstaunt über mein feierliches Gewand; wir setzten uns, ich holte aus und sagte, ich käme heute in offizieller

Angelegenheit. Er stutzte und rückte sein bischöfliches Kreuz zurecht, dann fasste ich Mut und schilderte ihm meine Tätigkeit und die daraus erfolgte Entscheidung des Aussenministers. Der Nuntius wurde nachdenklich, dann sagte er, der Weltkirchenrat sei doch keine souveräne Organisation wie zum Beispiel der Malteserorden ... (Pause) ... ja, da werde ich in Rom um Instruktionen bitten ... darauf ich: ach, Eminenz, die haben Gescheiteres zu tun ... Er schaut mich fragend an ... Ich: Eminenz, sagen Sie mir einfach, das Vorgehen der ecuadorianischen Regierung überrasche und befremde Sie ... Er: einverstanden, richten Sie das im Aussenministerium in meinem Namen so aus ... Daraufhin freundschaftlicher Abschied. Am gleichen Nachmittag richtete ich meine Botschaft aus. Der Aussenminister lächelte, und damit war ich nun auch ein «Eminentissimo», wie mich meine Freunde im diplomatischen Korps hinfort nannten. Einige freuten sich besonders darüber, eine «Eminentissima» zu kennen, wie sie es wohl noch nie gegeben hatte und vielleicht auch nie wieder geben wird. – Schon 1956 hatte ich die Initiative ergriffen, für die Opfer des ungarischen Befreiungsaufstands Mittel zu sammeln und dem Roten Kreuz zur Verfügung zu stellen. Christine und Brigitte Barrier bettelten sich durch die ganze Stadt und brachten eine Menge Geld zusammen – damit steht nun nachfolgende Begebenheit der vergangenen Woche im Zusammenhang: Das Rote Kreuz veranstaltete einen «Wohltätigkeits-Stierkampf» zu Gunsten der Erdbebengeschädigten an der Küste, und nun kam diese Woche die Idee auf, Christine solle in spanischem Kostüm mit steifem Hut zu Pferd den Stierkampf eröffnen, mit einem Ehrengalopp rund um die Plaza, und dann mit dem Hut die Schlüssel des Stierstalls, vom Landespräsidenten zugeworfen, auffangen und so das Ganze glanzvoll beginnen. Die Süsse kämpfte viele Stunden mit der Lust und Eitelkeit einerseits und der Vernunft andererseits, schliesslich siegte doch letztere. Sie sagte ab und stellte Ersatz. Es wäre mir nicht geheuer gewesen bei der Menschenmenge und deren Gebrüll! A propos Erdbeben: Wir waren an dem bewussten Abend, wo die Küstendörfer so mitgenommen wurden, in Quito in der Konzerthalle und hörten Rubinstein. Mitten in seinem Spiel hörte man ein Rumpeln, spürte ein Beben, der Grosse Kronleuchter begann kreisförmig zu schwingen, einige Leute der hinteren Reihen eilten aus dem Saal. Rubinstein schaute erstaunt in den Saal, schaute auf den Leuchter und ... spielte weiter und alle blieben auf ihren Plätzen. – Vorige Woche war übrigens der Besuch des brasilianischen Staatspräsidenten, wo ich mit Christine, meiner neuen Würde gemäss, zu Protokoll geladen war und am Schwanz meiner Kollegen im Cortège zum diplomatischen Händedruck antreten musste, dafür aber nachher reichlich mit gutem französischem Champagner den Durst und in grossen Portionen persischen Caviars den Hunger stillen durfte. Alle Tische waren mit

Orchideen überreich dekoriert, und lebende Kanarienvögel sangen in goldenen Käfigen. Nachher fand ein eleganter Ball mit viel Wiener Walzer statt.

Karfreitag 1958: Wir fuhren in aller Frühe los mit Christines Mallehrer Wulf, dessen Frau und Sohn und unserem Konsul Jung, ebenfalls mit Frau und Sohn. Das Ziel war eine kleine Provinzstadt im Norden, Cotacachi inmitten zahlreicher Indianerdörfer der Umgebung. Punkt elf Uhr kamen wir dort an, rechtzeitig zur Bereitstellung der Prozession. Schöne kleine und stille Indianer, sonntäglich herausgeputzt. Die Frauen mit offenem, glänzend-blauschwarzem Haar, behängt mit dicken goldenen Glasperlenketten, bestickten Blusen und roten Pulsbändern aus Korallen, mit einem Stab, an dessen Spitze ein altes silbernes oder messingenes Kreuz befestigt war, von dem leuchtendfarbige Seidentücher herabhingen. Ohne Lärm, nur mit Flötenmusik und dem Gesang einer Frau, die das Cichua-Gesangbuch lesen kann, ziehen sie durch die Strassen zwischen den frisch getünchten weissen Häusern. Sie sind Vortrupp einer Gruppe aus den Bergen, Frauen, die ein fünf Meter langes grünes Holzkreuz tragen, das mit wunderhübsch ausgeschnittenen Goldbändern beklebt ist. Die Männer gehen aussen und schwingen Weihrauchgefässe. Um zwölf Uhr wird das Kreuz in die Hauptkirche getragen, dort aufgerichtet und bis drei Uhr – Christi Todesstunde – still verehrt. Ist drei Uhr vorbei, tragen sie das Kreuz singend aus der Kirche und steigen wieder zu Berg.

25. April 1958: Als wir nach Quito kamen, bestand eine kleine protestantische Ausländergemeinde, der wir uns anschlossen. Schon bald wurde ich aufgefordert, massgebend mitzutun. Ich erweiterte den Kreis, zog die Anglikaner, die Reformierten, die Lutheraner aller Nationen zusammen, und schliesslich waren wir so weit, mit unserem netten norwegischen Pfarrer eine eigene Kirche zu planen. Das Geld gibt der Lutherische Weltbund in New York als Darlehen – ich habe viele Bettelbriefe abgehen lassen, die ganze Gemeinde hat ein Bettelbüchlein bekommen mit der Aufforderung, ein Monatseinkommen zu spenden. Die meisten sind dem nachgekommen (mit Ausnahme des steinreichen norwegischen Konsuls, dem wir seine lumpigen dreihundert Dollar zurückgeschickt haben). Das Grundstück hat Probleme gegeben. Natürlich ist es in diesem sehr katholischen Land nicht leicht, für unsere Zwecke etwas Geeignetes zu finden. Ein schönes Grundstück wurde uns von Herrn Erdstein angeboten, aber wie wir abschliessen wollen, gesteht er uns, dass die Vorbesitzer die Jesuiten waren und auf dem Papier noch heute sind. – Der schlaue Fuchs wollte die Handänderungssteuer nicht zweimal bezahlen – aber der Nuntius sagte mir lachend in einer Abendgesellschaft, unser Wunsch auf Kauf von den Jesuiten gehe doch etwas weit! Inzwischen ist ein noch besseres Grundstück gefunden und

gekauft, allerdings ausgerechnet an der Avenida Isabella la Catolica. Die Pläne hat unser Schweizer Freund Max Ehrensperger gemacht, und vorigen Sonntag früh fand die sehr schöne Grundsteinlegung statt. Die Vertreter aller Nationen legten symbolisch Hand an, die Deutschen, die Schweizer, die Skandinavier und die Engländer – und dann meldete sich plötzlich ein kleiner Bub und sagte «wott au». Das war unser David, und er durfte auch, im Namen der Kinder. Es war sehr schön. Bis zum Herbst sollen Kirche und Pfarrhaus fertig sein.

November 1958: Um fünf Uhr früh fuhren wir los von Baños, wo wir übernachtet hatten. Die Fahrt begann noch in völliger Dunkelheit, denn erst um sechs Uhr wird es hell. Es war eine herrliche Fahrt. Zuerst tauchte der Schneegipfel des Tungurahua direkt aus der Nacht in die Sonne hinaus. Wir fuhren durch Buschwälder und erwachende Indianerdörfer und kamen gegen sieben Uhr in die Umgebung von Riobamba, wo das Land so arm und so trocken ist wie nirgends sonst und wo die Indianer von einer sisalartigen Agave sich dürftig ernähren sowie ihren Faden gewinnen, um in Heimwebereien Säcke zu weben. Die Faser heisst Cabulla und wird gewonnen, indem die Blätter auf die Strasse gelegt werden, so dass die Autos und Lastwagen darüber fahren und so die Blätter brechen, damit man den Faden herausziehen kann. Diese trostlos arme Gegend wird gewaltig überragt von dem ungeheuren Chimborazo, unserem höchsten Berg (6300 m), den ich in den ganzen sieben Jahren nie so gesehen habe wie an diesem Morgen. Ein unvergesslicher Eindruck. In Riobamba frühstückten wir reichlich und gut und fuhren dann direkt auf den Schneeriesen zu, besuchten am Weg ein paar rührende Indianerschulen mit schatzigen (auch schmutzigen) Kindern – und kletterten dann hinauf auf holpriger Strasse bis auf 4300 m. Wir passierten eine interessante Ruine eines Indianer-Heiligtums, das mit Sonnenstellung, Bergeinschnitten und dem Gipfel des Chimborazo in komplizierter Weise den Mittag anzeigt. Während sich unser Riese langsam verhüllte, hatten wir nun eine desto gewaltigere Fernsicht auf die Gegenseite. Links begann das Panorama mit dem Gipfel des Vulkans Tungurahua, dann kam der «Alt»-Vulkan Altar, der in Vorzeiten ein Riesenberg von fast 8000 m gewesen sein muss. Heute ist sein Krater in sich zusammengestürzt und bildet eine horizontale Schneeplatte, die links und rechts flankiert von stehengebliebenen Kraterrändern auffallend an einen Altar mit seinen beiden Kerzenleuchtern erinnert. Weiter nach rechts sieht man ganz fern am Horizont einen kaum erkennbaren runden Gupf. Unsere Begleiter sagen uns, dass es der Sangay ist, ein mitten im Urwald unten stehender aktiver Vulkan. Und wirklich, schon nach wenigen Minuten schiesst eine schwarze Rauchsäule empor, verdoppelt, verdreifacht sich, wieder und wieder, um sich schliesslich im Dunst zu verlieren, und nach genau fünfzehn Minuten zu wiederholen.

Zurück fahren wir durch die pflanzenlose Sandsteppe über die Indianerkarawanen mit Eseln, Maultieren und Llamas gezogen kommen. Ein zeitloses Bild – zu unserem modernen Auto gewaltig kontrastierend. Nach einer halben Stunde erreichen wir die Hacienda «Lieto» eines Herrn Robalino. Hier gibt es ein grosses Feld, welches gegen Sonnenaufgang leicht abfällt und das als inkaisches Gräberfeld bezeichnet wird. Ein englischer FAO-Landwirt, der hier in der Gegend eingesetzt ist, hat uns davon erzählt bei seinem letzten Besuch in Quito. Er hat hier in der Freizeit selber Ausgrabungen gemacht und zeigt uns jetzt seine Funde. Für sich hat er einen sehr seltenen silbernen Kolibri gewählt; ich entschliesse mich, einen Grabhelm zu erwerben. Es ist einfach eine kreisrunde Schale, wie wir sie für Obst haben, freilich ohne Stand, das heisst unten rund. Diese war einem sitzenden Toten über den Kopf gestülpt. Auf dem so nach oben runden Teil war ein stirnbandähnlicher Reif, in dem metallene Federn staken. Federn und Band waren so brüchig und fragmentarisch, dass ich verzichtete, sie mitzunehmen. Die Schale selber aber ist schlicht formschön und eine Erinnerung an unsere Südamerikazeit. Sie ist aus einer Silberlegierung, freilich geringen Silbergehalts.

Der zweite Reisetag führt uns weiter südlich, zuerst vorbei an der wunderhübschen Kapelle von Valverde, wo die Spanier einen entscheidenden Sieg über die Inkas erzielten. Wir machten einen gemütlichen Picknickhalt. Hinter Cajabamba kommen wir zur Laguna de Colta und damit zu den Indianern dieses Namens. Sie sind schmutzig, tragen meist dunkelbraune, teils schwarze Kleidung. Die Frauen scheiteln ihr Haar so, dass es, von den Ohren nach oben gezogen, vorne ungebündelt ins Gesicht fällt, während die Hinterkopfhaare ordentlich zum Zopf gebunden sind. Es ist, als ob sich die Frauen dadurch dem Blick Fremder entziehen möchten. Sie tragen auch, im Gegensatz zu fast allen andern Indianern, keinen Hut. Die Coltas haben bis heute die Allmeinwirtschaft der Inkas beibehalten. – Nach einer Stunde kommen wir zu den Cañari, ebenfalls schwarz gekleidet, mit kleinen runden Filzhüten. Gegen Abend kommen wir nach Cuenca, der wichtigen Kirchen- und Handelsstadt der südlichen Hochebene. Eine Kathedrale steht da, die sich an Grösse fast mit dem Petersdom messen kann, riesig, einfach riesig, weite Teile mit glasierten Kacheln, die Kuppeln mit hell-blautürkisen Ziegeln bedeckt, das Ganze noch immer im Bau, seit bald hundert Jahren. Hier tragen die Frauen herrlich bunt bestickte Kleider von grosser Fröhlichkeit. Die Reichen tragen sechs oder mehr Röcke übereinander, alle am unteren Rand reich mit Blumen geschmückt. Mann und Frau tragen hohe feine Strohhüte, die hier geflochten werden. – Panamahüte heissen sie bei uns nur, weil sie immer über Panama gehandelt wurden. Der Stolz auf diese Hüte geht so weit, dass in den Kirchen die Figuren der heiligen Familie samt Kind Strohhüte tragen. Der feinste je geflochtene Hut war so weich, dass er durch einen Fingerring gezogen werden konnte; er war Ecuadors Dankgeschenk an US-Präsident Roosevelt. Das Stroh wird unter Wasser geflochten und so die Geschmeidigkeit erzielt. Das Stroh ist feinst geschnittenes Palmblatt. Hier schenkt uns unser Reisegenosse und Freund Harry Curran ein altes «nach dem Leben gemaltes Porträt von Adam und Eva» (...beide sind ohne Nabel dargestellt!).

Andertags geht die Reise weiter. Zuerst durch ein breites, sehr fruchtbares Tal mit schönen Haciendas, deren Herrenhäuser im Gegensatz zur Quito-Umgebung unverputzt braun aus gestampfter Erde gebaut sind.

Beim Aufstieg zum Paramo erkennen wir auf einem dominierenden Hügel eine Inkafestung, sichtlich als Talsperre erbaut. Oben folgt eine herrliche Landschaft mit ockerfarbener, auch rosaroter und wieder gelber Erde in grünem Buschwald, wie man ihn in Schottland findet. Ein kupferhaltiger Berg, türkisfarben, taucht auf der Gegenseite auf. Im Abstieg wieder eine Festung. Schliesslich, in Udaneta, eine gewaltige Kirche im Bau auf freiem Feld, sie wirkt wie eine griechische Tempelruine – gelber Stein. Dann kommen wir nach Zaraguro, auch hier eine Grosskirche im Bau neben einer hübschen alten Dorfkirche. Der Stamm der Zaraguri ist von den Inkas hier angesiedelt worden als Schutz gegen die Cañari der Sierra und die Jibaros (Kopfjäger) des Urwalds. Sie sollen Inka-Abkömmlinge sein, haben schmallängliche Gesichter und lange, fein gebogene Nasen. Auch sie tragen nur Schwarz und dazu grosse weisse Filzhüte mit schwarzem Band, so wie in Europa die Mädchenhüte um 1910 waren. Die Männer tragen die schwarze Kniehose mit einem breiten Ledergurt, der mit Silberbuckeln beschlagen ist wie auch die Scheide der Machete (Buschmesser), und über der schwarzen Hose zur Arbeit eine hinten offene, weissgraue Überhose. Dieser Stamm wirkt sehr aristokratisch. – Vor San Lucas streife ich schläfrig den Strassenrand, aber glücklicherweise in einer engen Durchstichstelle und nicht im steil offenen Hang. Endlich kommen wir hitzemüde in der südlichsten Stadt des Landes an, in Loja, nahe der peruanischen Grenze. In der schönen Stadtkirche finden wir sehr schöne Bilder aus der spanischen Zeit, und überall sieht man in den Häusern (es ist der 4. Januar) wunderschöne Krippenaufbauten. Auf dem Platz fragt unser Freund Gf. Preysing einen Schuhputzer nach eventuellen Antiquitäten, woraufhin dieser in sein Haus rennt und uns ein wunderschönes Elfenbeinmedaillon in Silberrahmen anbietet und erzählt, seine Frau hätte heute früh ein Kind geboren und er möchte das Medaillon verkaufen, um der Frau ein Geschenk zu machen. Ich gebe ihm das Doppelte des gewünschten Betrags und er zieht überglücklich davon – und ich freue mich an dem schönen Andenken an unsere letzte Reise in diesem liebenswerten Land, das wir in zwei Monaten für immer verlassen sollen.

Sotheby's – Die letzte Aufgabe

In Basel wohnten Christine und ich von 1959 bis 1962 an der Engelgasse gegenüber dem berühmten alten Sammler Robert von Hirsch. Alter Schule gehorchend, machten wir im Oktober einen nachbarlichen Antrittsbesuch, um uns vorzustellen. Wir wurden sehr freundlich aufgenommen, wohl zum Teil weil Hirschs befürchtet hatten, das Haus gegenüber würde unbewohnt bleiben und bald abgerissen. Unser Einzug (ein kühner Entschluss von Christine) bedeutete einen Aufschub von drei Jahren. Sofort wurde uns zu Ehren auf Mitte November ein grosser Samstags-Lunch angesetzt, an dem wir viele Leute kennenlernen sollten. Da waren Ferdinand (Bubbles) und Isotta v. Goldschmidt-Rothschild, Jacques und Christine Koerfer und, was zehn Jahre später von besonderer Bedeutung sein sollte: der Hausherrin Sohn erster Ehe, Richard Dreyfus. 1965 starb Martha v. Hirsch; wir wohnten seit drei Jahren in Gattikon, ich arbeitete aber wieder in Weil, jetzt als Leiter der Schwarzenbach-Fabriken, und durfte alle paar Wochen nach wie vor zum Lunch an die Engelgasse zu Hirsch. So erinnere ich mich gut, dass ich nach dem Tod der Frau einmal allein mit dem alten Herrn in seinem Herrenzimmer sass. Das Gespräch ging um den Tod und ich sagte: «Einmal sind Sie auch nicht mehr da – warum kann nicht Ihr herrliches Haus, Ihre herrliche Sammlung, der Garten, kurz alles für ewig so bleiben, wie es ist, und es soll jeweils der kultivierteste Basler drin wohnen dürfen, zum Beispiel der Rektor der Universität, der Chef des Kunstmuseums oder...» Darauf Herr v. Hirsch: «Nein, nein, und nochmals nein, ich will doch kein Robert-von-Hirsch-Mausoleum hinterlassen!» – Ich aber dachte mir noch nichts dabei. Einige Wochen später traf ich zum Lunch an der Engelgasse mit drei englischen Herren zusammen. Der Hausherr murmelte etwas von Versicherungsschätzung, nannte Namen wie Wilson, Hayward, Pouncey, ich aber dachte wieder nichts dabei.

Dann kam eine meiner Cousinen und brauchte Geld; ich glaube, ich lieh ihr 6000 Franken. Nach einer Weile brachte sie mir ein altes Bild zum Verkauf, das heisst, um einen Teil der Summe oder sogar mehr zu lösen. Ich kannte das Bild, es war eine «Heilige Familie in Bethlehem» des Malers Carl van Loo, stammte aus dem Familienerbe der Markgräfin Caroline Louise v. Baden. Ich ging also zu Peter Nathan, dem mit uns befreundeten Kunsthändler. Er erklärte, er könne das Bild nicht ankaufen, auch nicht an einen Dritten vermitteln, aber er habe gute Beziehungen zu Frau Carmen Gronau im Londoner Auktionshaus Sotheby's, er werde das Nötige veranlassen. Und nun bekam ich zum ersten Mal einen jener damals grünen Kataloge dieses Hauses in die Hand. Das Bild blieb aber unverkauft, und ich vergass das Londoner Auktionshaus wieder.

1968 verkaufte dann Christie's, soeben in Genf installiert, die Juwelen von Nina Dyer (einst Frau von Baron Thyssen); ein in der Bahn nach

Basel gelesener Auktionsbericht in der Neuen Zürcher Zeitung faszinierte mich, aber ich war ja vertraglich an Schwarzenbach gebunden und auf mein Einkommen angewiesen, wie hätte ich auch an eine Zukunft in der Auktionswelt denken können?

Im Juni 1969 telefonierte mir aus heiterem Himmel obgenannter Richard Dreyfus in mein Direktionsbüro bei Schwarzenbach in Weil. Ob ich einen Moment Zeit hätte? Ich bejahte, und er holte aus: das grosse englische Auktionshaus Sotheby's beziehungsweise dessen Leiter, Peter Wilson, sein guter Freund aus insgesamt drei Jahren gemeinsamer Schul- und späterer Jungmännerzeit, wolle in Zürich eine Filiale eröffnen; er, Dreyfus, müsse einen geeigneten Geschäftsführer vorschlagen. Ich kenne doch so viele Leute in Zürich, ich solle ihm doch helfen, jemanden zu finden. Ich sagte, noch ohne jeden Hintergedanken, zu und frug, welcher Art der Gesuchte sein solle. Dreyfus führte aus: «Sprachgewandt, kontaktfreudig, speditiv, mit relativ gutem Namen, ehrlich, kunstliebend, mit relativ breiten Grundkenntnissen, aber keinesfalls ein Spezialist oder gar Experte.» Ich dachte an Freddy Schwarzenbach, aber ganz unbewusst wohl auch schon an mich, denn eigentlich schien ja alles auf mich zu passen. Schliesslich frug ich: «Und wie alt soll der Herr sein?» Er: «So zwischen dreissig und fünfzig.» Ich (unüberlegt, doch aus dem Tiefsten heraus): «Schon schade, da bin ich ja zu alt», ich war dreiundfünfzig. Er: «Sapristi, du bist genau das, was sie suchen, genau, aber da du doch Direktor bei Schwarzenbach bist, habe ich gar nie an dich gedacht; ich werde sofort nach London telefonieren», worauf ich: «Nein, nein, das geht nicht, Schwarzenbachs waren zwanzig Jahre gut zu mir, ich kann doch da nicht einfach weglaufen!» Abends fuhr ich nachdenklich nach Zürich – Dreyfus telefonierte derweil mit Wilson in London.

Diesen Abend waren wir irgendwohin eingeladen, und ich erzählte Christine erst beim Zubettgehen von Richards Anruf. Sie war müde und ging nicht weiter auf die Mitteilung ein. Anderntags besuchte ich Freddy Schwarzenbach und trug ihm die Sache vor, meinte, er könne es machen, bis ich bei seinen Vettern pensioniert sei, so käme ich noch zu einem Altersjob, was angesichts unseres erst vierjährigen Jüngsten sicher nützlich wäre. Freddy zeigte sich sofort interessiert. So ging ich heim und informierte Christine beim Mittagessen, worauf sie in plötzlicher Aufwallung ihrer Empörung Ausdruck gab, dass ich nicht realisiere, dass endlich jetzt eine Tätigkeit mir angeboten sei, für die ich gemacht und die für mich wie geschaffen sei und für die ich nicht Freddy Präferenz geben dürfe. Meinen Einwand wegen Edwin und Hasi, meinen Chefs bei Schwarzenbach-Textil, liess sie nicht gelten, sagte, wenn ich stürbe, müssten sie auch einen anderen finden. Kurz und gut, sie zwang mich, das ganze Angebot noch einmal ernstlich zu überdenken, und ich ging in mich und musste Christine Recht geben, besonders auch im Blick auf den kleinen Alexander, der einen berufstätigen und nicht einen pensionierten Vater brauche. Wer konnte mir raten? Wer, wenn nicht der alte Freund Robert v. Hirsch; so schrieb ich ihm einen langen Brief. Schon anderntags telegrafierte er aus einem vorübergehenden Spitalaufenthalt: «Warten, bis ich zu Hause bin!» Inzwischen war Peter Wilson nach Basel gekommen. Richard Dreyfus hatte mich zum Abendessen eingeladen. Wilson beobachtete mich, stellte mir ein paar Fragen und machte mir dann ein sehr verlockendes Angebot. Nun kam meinerseits Vorsprache bei Schwarzenbachs; Hasi wollte sich mit Edwin besprechen, schliesslich fanden sie zu meiner Erleichterung und Überraschung sehr realistisch und fair, dass mir eine ganz grosse Chance geboten sei. Es sei zwar nicht gerade das, was sie sich gewünscht hätten, ich müsse wenigstens François, Hasis Sohn, als Nachfolger einarbeiten und könne frühestens in eineinhalb Jahren definitiv ausscheiden.

Jetzt kam ein Anruf von R. v. Hirsch in Basel, ich solle anderntags zu Tisch kommen. Pochenden Herzens ging ich hin. Er sagte mir klar heraus, ich sei nicht geeignet für diese Aufgabe. Wenn er einen Besuch von Sotheby's habe, dann erwarte er, dass dieser ihm sofort Auskunft geben könne über alles im Haus: wieviel wert die bronzene Cartelluhr an der Wand sei, wann und wo der beste Picasso gerade verkauft worden sei und vieles mehr. Nach dieser vernichtenden Beurteilung sagte ich, ich müsse mich anderntags in London den Experten vorstellen, quasi dem Board, ob ich besser absagen solle? «Nein, nein, gehen Sie ruhig hin, aber seien Sie ehrlich, sagen Sie, was ich Ihnen gesagt habe.» Es war inzwischen Mitte Juni geworden. In London erwartete mich Peter Wilson in seinem Büro; ich erzählte, was R. v. H. am Vortag gesagt hatte, worauf er: «Sagen Sie das den andern nur, aber ohne R. v. Hs Namen zu nennen», stand auf und wir gingen über viele Treppen in den sogenannten Boardroom, wo etwa zehn bis fünfzehn Damen und Herren auf den Chairman warteten. Ich blieb einen Augenblick draussen, dann wurde ich hereingerufen, man wies mir einen Stuhl zur Linken des Chairman an, und er begann über mich zu referieren, bis ich aufgefordert wurde, selber etwas zu sagen. Ich erzählte von den Bedenken eines grossen alten Sammlers, verhehlte aber andererseits nicht meine Lust, dem Angebot zu folgen, falls die Anwesenden glaubten, ich sei der Richtige. Sofort ergriff Peter Wilsons langjährige engste Mitarbeiterin, Frau Carmen Gronau, das Wort und sagte, ich sei genau das, was sie bräuchten, ein Contacter, ein Verbindungsmann, ein Aussenposten und eben Gott sei Dank kein Experte, und ich solle auch nie einer sein wollen. *Sie* seien die Experten, *sie* müssten bewerten und beurteilen. Ich war erleichtert, ich schlug in die gebotene Hand und sicherte zu, per 1. Juli könne es losgehen (denn ich hatte gebeten, in Freddy Schwarzenbachs Office einen Raum zu bekommen und mit ihm in den kommenden eineinhalb Jahren alternierend

Robert v. Hirsch

PETER WILSON

arbeiten zu können: ich einen Tag Textil in Weil und einen Tag Sotheby's, und an den Tagen, wo ich nicht da wäre, sollte er mich vertreten). Sehr zufrieden über einen so schnellen Start, nahm man mich von allen Seiten herzlich auf, und die Sitzung war zu Ende. In der Galerie hingen die «alten Meister», die in der nachfolgenden Woche verkauft werden sollten, Carmen Gronau führte mich hindurch und wieder hatte ich Glück, ich zeigte auf ein Bild und sagte, das ist doch ein «Berchem»; Carmen staunte: «Woher weisst du das?» Ich erzählte, wir hätten von Bismarcks (süddeutscher Linie) ein ähnliches Bild geerbt, worauf sich herausstellte, dass Carmens Mädchenname «von Wogau» war, ihr Vater den «Lilienhof» meines Grossonkels Bismarck in Nachfolge gekauft hatte und sie dort aufgewachsen war, die erste Beziehung hatte geholfen, ich war Carmens Protégé.

Anderntags sollte ich in Basel zum Lunch antreten; vor dem Essen berichtete ich, dass ich entgegen seiner Warnung angenommen hätte. Er: «Ich wusste es, aber jetzt werde ich Ihnen *Unterricht* geben!» Überglücklich über diese Aussicht, folgte ich ihm zum Essen, wo vereinbart wurde, dass ich am nächsten Mittwoch zur ersten Lektion antreten sollte, und am 1. Juli zog ich im Bleicherweg 18 ein, hatte Frau Senn als mehrsprachige Sekretärin, hatte sofort ein Telefon mit vier Linien, einen Fernschreiber, einen Safe, alles, was zum Anfang gehörte, war da. Ich hängte schöne Bilder ins Büro – Freddy hatte den Raum gut richten und malen lassen, alles war bereit.

Und aus dem lebenslangen Hobby war jetzt für die nächsten, letzten zwanzig Jahre ein Beruf geworden, Lohn für manches harte Jahr zuvor.

Alles sah plötzlich anders aus, ich schien wesentlich besseres Ein- und Auskommen vor mir zu haben, ein bequemeres Leben, war mein eigener Chef geworden (zwar unter den fernen, vornehmen englischen «Lords», wie ich sie zu nennen begann), was hätten meine Eltern, meine Grosseltern gesagt? Oft habe ich darüber nachgedacht, dass ich in meiner frühesten Jugend als Gymnasiast, Student und junger Offizier immer die These vertreten hatte, dass nur ein «dienender Beruf» wirklich Genugtuung gebe. War ich diesem Grundsatz treu geblieben? Mein Grossvater General hatte zwar gesagt: «Es ist nicht von Bedeutung, *was* man tut, es kommt nur darauf an, *wie* man etwas tut.» Wie war das? Ja, als junger Instruktor war mir das Fördern meiner Untergebenen, die Fürsorge für sie, der Kampf für das Helle und Gute im Leben am Herzen gelegen. Und in meiner südamerikanischen Textilzeit waren mir wieder das Führen im Guten und zum Guten, der Kampf gegen soziale Ungerechtigkeit, die Fürsorge für meine Leute höchstes Ziel gewesen. Und darum waren ja die nachfolgenden europäischen Textiljahre so schwer gewesen, weil da Gewerkschaft und Gesetz so viele zwischenmenschliche Schranken gebracht hatten und der enge, harte Konkurrenzkampf so wenig humanen Spielraum liess, und wie war es jetzt? Ich versuchte, meinen Weg zu analysieren, mir Ziele zu setzen, ich wollte meine Arbeit als «Dienstleistung» sehen, und sie *wurde* es. Wie oft, beinahe immer, konnte ich in den Augen des Verkaufenden eine Träne sehen (wenn auch nur bildlich), des Kinderlosen, der niemanden hat, seinen Schatz weiterzugeben, des Vaters vieler Kinder, der sein «eines Bild» nicht in Stücke schneiden konnte, des Alten, der aus Platz-, Sicherheits- oder materiellen Gründen verkaufen musste, wie schön war es, ihnen gute Dienstleistung zu bieten! Wohl gab es auch andere, Gleichgültige, denen es einfach um Ware und Werte ging und nicht um den eigentlichen Schatz, aber sie blieben Minderheit. Auf der anderen Seite, den Kaufenden richtig zu beraten und zu bedienen (bei mir nur Ausnahmefälle, denn die Käufer waren ja in London oder New York), aber im Zuhören lernte ich von den Lords «The buyer of today might be your seller of tomorrow», also war auch da Dienstleistung das höchste Gebot und erst recht in jenen Fällen, wo ich in den Katalogen ein Stück entdeckte und es mir gelang, den richtigen Käufer aufmerksam zu machen. Nicht das Geldverdienen schlechthin zählte, sondern *wie* man es verdiente! Ich hatte meine Devise für die kommenden siebzehn Jahre gefunden: *«Service»*.

Und von jetzt an nannte ich mich J.G. für Jürg George, ein Pleonasmus, aber so konnte ich die Briefe mit dem einen *oder* anderen Namen, insbesondere nach den USA niemals mit Jürg, unterschreiben, denn dort würde man das als «Jerk» aussprechen, und das ist bekanntlich nichts Schönes!

Ich konnte mit keinem meiner Verwandten der Eltern-Generation mehr sprechen über diese neue Phase meines Berufslebens. Mein Onkel Fritz Rieter nahm noch die ersten Monate wahr, warnte, mich während der Zeit der Doppel-Tätigkeit nicht zu überfordern. Meine Patin, Tante Leny von Schulthess, war zurückhaltend, war doch ihr Schwieger-Enkel Yves Oltramare genau zu dieser Zeit in Christie's Genfer Verwaltungsrat gewählt worden, aber sie zeigte doch Freude an meinem Entschluss. Tante Criska Wille stand dem allem fern und andere der «Alten» gab es nicht mehr. Die Mutter meiner Frau interessierte sich nicht sehr für was vorging, während Christines Vater mit Spannung Anteil genommen hätte.

Immer hatte ich gehört, dass man aus einem Hobby keinen Beruf machen soll. Nun, für eine so späte Phase konnte vielleicht doch eine Ausnahme gemacht werden, und heute, zwanzig Jahre später, heute, wo ich meine Erlebnisse niederschreibe, weiss ich, dass es richtig war. Nur dank Sotheby's ist es mir möglich geworden, unser Familienhaus Mariafeld zu übernehmen, es zu verschönern und seine weitere Zukunft auf realistischere Wege zu bringen. Nur dank Sotheby's sind unsere zwei Söhne in Berufen, die sie glücklich machen. Dank Sotheby's haben wir unendlich viel Schönes und Interessantes erlebt, viele nette Menschen kennengelernt. Meine alte Firma, die Schwarzenbach-Textil, lebt zwar noch, aber nur auf Sparflamme, sie hätte schon längst keine Verwendung mehr für mich.

Und wem verdanke ich dieses frohe Altersglück? Hätte ich mich 1959 bei Edwin Schwarzenbach aufgelehnt gegen meine Verwendung in Weil, Unterordnung unter einen zehn Jahre jüngeren, menschlich unangenehmen Chef, dann hätte ich nie den alten Herrn von der Engelgassen kennengelernt und nie seinen Stiefsohn Richard Dreyfus, und ohne Christine und die erwartete Aufgabe an unserem frühverstorbenen kleinen Alexander hätte ich vielleicht die Kraft und den Mut zum Sprung ins neue Leben nicht gehabt. Wie tiefe Dankbarkeit trage ich im Herzen und wie sehr habe ich einmal mehr erlebt, dass unsere Wege von Gott gezeichnet sind. David, unser älterer, hat damals bei Alexanders Tod gesagt, der Kleine hätte seine Aufgabe an uns erfüllt, auch an mir.

Jetzt aber, bevor ich anfange, aus diesen Jahren zu erzählen, noch schnell zurück zum «Unterricht» beim alten Freund an der Engelgasse. Wie erwähnt, hatte er gesagt, nächsten Mittwoch. Ich war dort, es gab gutes Essen und guten Wein, nach Tisch setzte ich mich fragend in Positur, aber der liebe alte Herr sagte: «Es ist so schönes Wetter, gehen wir in den Garten, ein andermal, kommen Sie nächsten Mittwoch.» Am darauffolgenden Mittwoch war ihm «der Wein zu gut und schwer gewesen». Wieder ging ein Mittwoch vorbei, ich frug noch einmal, noch ein letztes Mal, dann wagte ich nicht mehr zu fragen, wusste eigentlich nicht recht, woran ich war, bis zum 1. Juli 1970, auf den Tag ein Jahr seit ich begonnen hatte. R. v. H. rief gegen elf Uhr an: «Ich habe Sie beobachtet, Sie brauchen keinen Unterricht, es ist gut, machen Sie so weiter!»

Der erste Auftrag
Im August 1969 rief mich der prominente Zürcher Anwalt Dr. Veit Wyler an und gab mir die Instruktion, mich um das wertvolle Mobiliar des in Lausanne verstorbenen John Simons zu kümmern. Alles sollte verkauft werden. Alleinerbe war das Weizman Institute of Science in Rehovot. Der erste Experte, der aus London herüberkam, war George Hughes Hartmann, einer der wenigen, die bis vor zwei Jahren bei der Firma waren. Ich kannte ihn nicht. Gegenseitiges Kennzeichen auf dem Perron in Lausanne war: ein grüner Sotheby's-Katalog in der Hand. Zusammen gingen wir zur Wohnung des Verstorbenen, und ich lernte, wie man ein Inventar mit Schätzwerten aufstellt, lernte klare Merkmale, zwischen Stilmöbeln des 19. Jahrhunderts und ihren Originalvorlagen des 17. und 18. Jahrhunderts zu unterscheiden, und fuhr am Abend zurück.

Dr. Wyler ist während siebzehn Jahren meiner Geschäftsführung öfters wiedergekommen und hat sich jedesmal sehr befriedigt über unseren Service geäussert. Einen letzten Auftrag wickelte ich im August 1986 für Dr. Wyler ab, kurz vor Simon de Purys Amtsübernahme am 1. September.

Diese Aufzeichnung steht nur hier, weil sie die erste und die letzte Amtshandlung betrifft.

Peter Wilsons Sekretärin in Not
Aus Genf und aus London nahezu gleichzeitig kam ein Hilferuf, ich müsse dringend nach Genf, um Kathrine Maclean aus den Fängen des Schweizer Zolls zu befreien. Ich fuhr auf schnellstem Weg dorthin und fand folgenden Sachverhalt: der Baron André de Ribeau besass in einer Genfer Bank eine Gruppe sehr wertvoller Renaissance-Schaustücke, wie etwa Kaiser Rudolph sie in seiner Prager Schatzkammer gesammelt hatte. Einige dieser Stücke hatte ein Genfer Transporteur ohne «Ausfuhrdeklaration» (A.D. genannt) nach London zur Auktion geschickt. Ein Stück war unverkauft geblieben, und Miss Maclean sollte es, des wichtigen Kunden wegen, persönlich nach Genf zurücktragen. Der Zoll hielt sie an, fand das Stück, keine Papiere waren da, sie hatte versucht, schwarz einzuführen. Sie wurde verarrestiert, ihr Pass abgenommen. – Ribeau reiste an und bezeugte sein Eigentum, aber da die Bank den Inhalt seines Safes nicht kannte, nicht kennen durfte, war nirgends ein wirklicher Beweis möglich, dass das Stück tatsächlich aus der Schweiz gekommen war. Der Zoll war hartnäckig, Pass und Stück blieben konfisziert, und es ging um hohe Werte. Mein Ehrenwort wurde belächelt, Kathrine war ständig den Tränen nah, der feine Herr aus Paris, der in Zürich einst zur Schule gegangen war, aber nur noch französisch sprach, sprachlos und stumm. Schliesslich griff ich zu einer List: Ich verfasste ein Dokument, wonach Sotheby's dem Zollposten in Genf die Summe von 200 000 Franken zahlen müsse, wenn es dem Zoll gelinge, den Beweis zu erbringen, dass das Stück *nicht* aus der Schweiz gekommen sei. Die Zahlungsverpflichtung lautete auf zwölf Monate. Das imponierte, und in wenigen Minuten war alles geregelt; der Baron war glücklich und flog nach Paris, und Kathrine flog, zum Trost mit guter Schokolade versehen, nach London zurück, und ich bekam von oberster Stelle ein Lob für meine Schlauheit!

König Aman-Ullahs Smaragd
Eine Woche später rief ein Treuhänder von der Löwenstrasse in Zürich unser Büro an und erklärte, er habe einen Smaragd von über 2000 Karat, den König Aman-Ullah von Afghanistan nach seinem Thronverzicht einer Tänzerin in Rom geschenkt habe. Dieser König war uns Zürcher Gymnasiasten ein Begriff, etwa 1928 machte er in Zürich einen «Staatsbesuch» und fuhr nach unserem Schulschluss im offenen Wagen durch

die Bahnhofstrasse, und jetzt so ein grosser Stein! Ganz aufgeregt telefonierten wir mit London, und es wurde vereinbart, der Treuhänder solle anderntags dort vorsprechen. Den nächsten Tag verbrachten Freddy und ich voller Spannung, vermuteten wir doch, das erste Millionen-Geschäft nach London eingefädelt zu haben, rechneten schon unsere Commissions-Ansprüche aus. Doch wie gross war die Enttäuschung: am übernächsten Tag rief uns der Treuhänder wütend an, beschwerte sich über miserable Behandlung in London, wo er lange habe warten und schliesslich durch einen Inferioren hören müssen, der Stein sei ohne Interesse. Nie mehr wolle er mit uns zu tun haben. Freddy und ich beschlossen, einen geharnischten Protestbrief an Peter Wilson zu richten; gesagt, getan, und Freddy konnte so etwas! Aus London eisiges Schweigen. Doch vierzehn Tage später musste ich in anderer Sache bei den Lords vorsprechen, und jetzt sagte mir Wilson, ich werde im Juwelendepartement erwartet. Ich ging, noch sehr meiner Sache sicher, dorthin. Hinter seinem Schreibtisch stand ein grosser, schlanker, schmalköpfiger Herr in dunklem Anzug, an der Wand hinter ihm hingen Melone und Schirm, in der Hand hatte er unseren Brief. Ich stellte mich vor, keine Hand zum Gruss (ich war englische Sitten noch nicht gewohnt), und er fing an, in eiskalten, messerscharfen Worten Freddy und mich zu vernichten. Er wüsste, was sich gehöre, er wüsste, was Qualität sei, er allein, er, Graham D. Llewellyn.

Ich wurde klein und kleiner, stammelte Entschuldigungen, gab zu, der Stein habe uns seiner Grösse wegen so begeistert, aber vielleicht sei er tatsächlich «Rubbish».

Jetzt durfte ich mich setzen, der andere wurde freundlich, und der Anfang zu einer grossen herzlichen Freundschaft war gemacht.

Zwölf Jahre später tauchte der gleiche Stein in Hong Kong auf. Mamie Howe, unsere dortige Vertreterin, alarmierte Graham, der sehr interessiert sich des Steins annehmen wollte. Ich hörte davon, leise triumphierend rief ich GDL an: «Don't you remember 1969 King Aman-Ullahs Dancer in Rome?» Plötzlich lachte er schallend, ich triumphierte, der Stein wurde schnell zurückgegeben.

Der Vermeer
Carmen Gronau war herübergekommen, um mit mir am Hauptsitz der Schweizerischen Bankgesellschaft einen Vermeer zu beurteilen, gegen den die Bank ein Darlehen von einer halben Million Franken gegeben hatte und den wir nun zur Deckung des Betrages verkaufen sollten. In den Gewölben legte man uns eine alte Holztafel vor mit dem Porträt eines jungen Mädchens, dazu eine alte Photographie, auf deren Rückseite ein hervorragendes Gutachten des berühmten Experten Friedländer in Berlin aus den zwanziger Jahren – des Experten bester Zeit –

dem Bild Echtheit attestierte. Uns gegenüber standen zwei oder drei düstere Gestalten, die als Eigentümer oder deren Vertreter bezeichnet wurden. Carmen und ich waren von dem Bild sehr positiv beeindruckt. Auf der Photographie hatte die Holztafel aber einen senkrechten, von oben bis unten durchlaufenden Bruch, der den Hals des Mädchens in der Nackenpartie durchschnitt. Das Bild schien frisch und gut restauriert, der Bruch war nicht mehr zu sehen. Dennoch versuchte ich, am Bild wenigstens eine Spur des Bruchs zu finden, und begann besonders die genannte Nackenpartie des Mädchens genau anzuschauen. Dabei entdeckte ich, dass diese Partie der Photo nicht genau mit dem Bild übereinstimmte. Ich flüsterte Carmen meine Beobachtung zu, sie schaute hin und nickte zustimmend. Dann fand ich am Haaransatz an der Stirne auch eine winzige Verschiedenheit, wieder war Carmen einverstanden, dann sagte sie schnell und kurz: «Wir sind nicht die richtigen Leute für Sie» und ohne Abschied gingen wir hinaus. Draussen sagte sie mir: «Das hast du gut gesehen!» Erst auf der Bahnhofstrasse konnten wir offen sprechen: Photo und Expertise waren echt, waren auf irgendwelchen Wegen, Diebstahl, Krieg, in die Hände eines Fälschers gekommen und der hatte auf einer alten Tafel nach der Photo eine Rekonstruktion, eine sehr gute Imitation, gemalt. Die Eigentümer wussten es, das sahen wir ihnen an. Als ich Carmen frug, ob da nicht Anzeige oder wenigstens Mitteilung an die Bank das Richtige wäre, sagte sie nur: «Hände weg! Falschheit zu beweisen ist genau so schwer wie Echtheit!»

Ein paar Jahre später führte diese Erfahrung zu einem grösseren und guten Geschäft mit der Bankgesellschaft.

Christian Kracht, Chefredaktor von Axel Springer
Ohne Anmeldung kam in jenen frühen Monaten ein sehr sympathischer Herr Kracht ins Büro und bat, mit ihm aus seinem unten stehenden Auto einen Karton mit frühen italienischen Majoliken herauf zu bringen. Damals war bei uns die Rede gewesen von einer Porzellan- und Fayencen-Auktion und ich nahm die Stücke dankbar entgegen. Der Kunde erzählte, er sei von Gstaad herübergekommen, möchte, dass seine Sachen in der Schweiz verkauft würden, da der Transport nach London doch immer ein gewisses Risiko bedeute. Es war Mittagszeit. Kracht war von weiter gekommen, so erlaubte ich mir, ihn zum Essen in den benachbarten «Glärnischhof» einzuladen. Dort erzählte er mir, er habe die illustrierten Magazine des Springer-Verlags wie Bildzeitung und andere auf die hohen Zahlen gebracht, habe sich vor einigen Monaten zurückgezogen und lebe jetzt in Gstaad mit Frau und Kind. Wir waren mitten in jenen Jahren, wo die «Nackt-Magazine» (wie ich sie summarisch nannte) in Schwung kamen und Christine und mich entschieden degoutierten. So frug ich meinen Gast, ob er denn nach solchen

«Erfolgen» noch ruhig schlafen könne, er trage ja die grosse Verantwortung für die geschmackliche Verrohung des gesamten deutschen Leser-Publikums. Er erklärte mir dann, dass, einmal an irgendeinem Ende angefangen, ein solches Unterfangen nicht mehr zu bremsen sei und man selber in einem Zahlenrausch untergehe, vom Kampf um den Erfolg rettungslos gefressen werde, das einzige ihm ans Herz gewachsene Produkt sei die «Elternzeitschrift», aber eben, er habe sich zurückgezogen, um nicht mehr mitzutun. Wir schieden als gute Freunde, und ich freute mich, Kracht kennengelernt zu haben. Einige Wochen später wusste ich, dass Sotheby's seine Fayencen in der Schweiz wenigstens in nächster Zeit nicht werde verkaufen können, weil das Auktionsprogramm geändert worden war. Ich informierte Herrn Kracht, worauf er sagte: «Nun ja, schade, aber macht nichts, geb ich's halt zu Christie's nach Genf.» Als ich in anderer Sache eine Woche später nach Genf musste, nahm ich kurzerhand des neuen Freundes Töpfe mit. Am Genfer Stadtrand angekommen, rief ich Christie's an, erklärte den Sachverhalt, frug, ob ich die Stücke ins Büro oder in ihr Lager bringen sollte, worauf mir die Dame sagte, auch Christie's plane keine Auktion auf diesem Gebiet. Ich rufe Gstaad an, erkläre alles, worauf mein Kunde sagt: «Was, Sie persönlich wollten meine Ware für mich zur Konkurrenz bringen?! Nein, behalten Sie sie und verkaufen Sie sie, wann und wo und wie Sie wollen, und besuchen Sie mich bald in Gstaad!»
«*Service*» hatte sich gelohnt!

Das Tannzapfen-Ei
Ein sehr guter Genfer Juwelier gab mir ein Fabergé-Ei zum Verkauf. Es war ein etwa Hühnerei-grosser Amethyst, hatte auf dem Breitende einen Solitär in Diamanten gefasst, während sich um den Amethyst schuppenartige Diamantgirlanden zogen. Der Kunde wollte 120 000 Franken. Unser damaliger Fabergé-Experte, Howard Ricketts, kam nach Zürich. Er zeigte mir die Marken des berühmten russischen Hof-Juweliers, sie waren oben am Kranz des Solitärs. Dann erklärte er mir, das Ei sei ein Machwerk, Solitär und Kranz stammten von einer eleganten Tischglocke (Drücker), alles andere sei dazukomponiert, ich müsse das Stück zurückgeben. Ohne Begeisterung folgte ich seiner Anweisung. Doch zwei Monate später fand ich unser Ei auf dem Deckel des Katalogs eines anderen Auktionshauses, nicht Christie's, und im Text hiess es «Das Tannzapfen-Ei der Kaiserin Maria Feodorowna» und, fast nicht lesbar, ganz am Ende eines wortreichen Beschriebs, hiess es in Kleinstdruck: «Das vorliegende Stück lässt sich datieren nach dem Ei, das Zar Nicolaus seiner Mutter geschenkt», also war nicht *dieses* das Ei der Zarin, sondern ein anderes! Ein deutscher Sammler kaufte das Ei für 120 000 Franken und ist es seither nicht wieder losgeworden, weil das betreffende Auk-

tionshaus zu Anfang jedes Katalogs alle Haftung wegbedingt! Sotheby's haftet dafür, dass jedes Objekt genauestens seinem Beschrieb im Katalog entspricht. Ich war froh, für Sotheby's arbeiten zu dürfen.

Die ersten Zürcher Auktionen
Im April 1970 war in Zürich eine erste Juwelen-Auktion. Sie war nicht gross und fand im Saal der «Meise» statt, aber in der Vorbereitung lernten wir alle jene Tücken über Import, Warenumsatzsteuer, Auktionsaufsicht durch einen Stadtamtmann und Abwicklung. Peter Wilson war Auktionator und gab sich Mühe, auf Deutsch seines Amtes zu walten. Es war in jeder Hinsicht ein Anfang. Ich erlebte dabei eines indischen Maharadjas Turban-Agraffe, erlebte einen «Porträt-Diamanten» (flach geschliffener Diamant als Deckglas auf besonders feinen Miniaturen, Urgrossvater Bismarck hatte von Zar Nicolaus einen Ring bekommen mit diamantgedeckter Miniatur, leider verschollen), musste am Flughafen in Kloten an einem Samstagabend ohne jede Formalität, quasi von Hosentasche zu Hosentasche, einen grossen Canary-Diamanten entgegennehmen, den ein Kunde auf der Durchreise aus Südafrika brachte. Ich weiss noch, wie Mado und Edwin Schwarzenbach, bei denen wir zum Abendessen waren, staunten, als ich nach Tisch das Millionenstück aufschneiderisch aus der Tasche hervorholte!

Hauptkäufer an der Auktion war Juwelier Meister gewesen, nachdem er vorgängig protestiert hatte, wir würden durch unsere Anwesenheit und Tätigkeit in der «Meise» (wo er einen Laden hat) sein Geschäft schädigen. Das Auktionsergebnis war befriedigend, aber die Lords beschlossen zu warten, bis eine bedeutende private Schmucktruhe zum sensationellen Einstieg in den Markt verhelfen würde. Nur wenn genügend Stücke einer Auktion aus Privatbesitz stammen, ist der Erfolg sicher, denn Händler, die immer die stärkstvertretenen Käufer sind, kaufen nur ausnahmsweise Ware anderer Händler, da deren «reserve-price» meist so hoch ist, dass für den Wiederverkauf die Marge des kaufenden Händlers zu klein wird. Weiter lernte ich, dass die Höhe des Prozentsatzes an verkauften Stücken einer Auktion das Interesse an einer künftigen Auktion stark beeinflusse. In den ersten Zürcher Jahren hatten wir Juwelenauktionen, an denen 90 bis 95 Prozent verkauft wurden, mit anderen Worten, interessante Objekte waren mit realistischem Wertansatz im Angebot gewesen.

Im Juni 1971 organisierte ich im Grand Hotel Dolder mit Kate Foster eine Porzellan- und Fayence-Auktion, die auch kein Sensations-Resultat brachte, aber immerhin zeigte sich das Lokal geeigneter als die «Meise». In dieser Auktion erlebte ich zum ersten Mal traurige Aspekte: eine vornehme alte Neuenburger Familie brachte ein grosses Blumenservice des 18. Jahrhunderts, das jeweils für das «Dîner de nouvel-an» gebraucht worden war, solange solches im Privathaus hatte durchgeführt werden können. Die Zeiten hatten sich geändert, das Haus war verkauft und die Familie beschloss schweren Herzens, sich auch vom Service zu trennen. Am liebsten hätte ich es selber gekauft, es hätte gut nach «Mariafeld» gepasst, ich wollte verhindern, dass ein Händler es kaufe und dann zerstückelt weiterverkaufe und dabei einen grossen Gewinn mache. Aber ich war am Bauen in Mariafeld, wir hatten schon zwei grosse alte Service, wenn auch nicht so schöne, was tun? Endlich kam mir eine Idee: Herr und Frau Andersen, die führten noch ein grosses Haus, die hielten auf Tischkultur und liebten schönes Porzellan. Ich animierte sie, sie kauften, und das Service durfte beisammen bleiben, zur Freude der verkaufenden Familie, denen ich Mitteilung machen konnte. Aber mein Glück war nicht von Dauer: Schon nach drei Jahren beauftragten mich Andersens, den Wiederverkauf an die Hand zu nehmen, weil die alten Ludwigsburger Teller sich im Gebrauch als zu «uneben» erwiesen, schlecht und klappernd auf Tisch oder Untertellern standen, weil man bei Andersens nicht nach alter Väter Sitte auf Tischtuch und Molton ass, sondern englisch, auf Mahagoni und Marmor. Das Service endete bei einem Antiquar in Basel, vielleicht musste er es doch in Teilen verkaufen.

Um diese Auktionen zu organisieren, musste das Büro vergrössert werden. Nach und nach trat Freddy Schwarzenbach, dessen eigenes Geschäft rückläufig war, uns einen Raum nach dem andern ab.

Zwei wichtige Juwelenauktionen verdankten wir im Herbst 1971 und Frühjahr 1972 Amerika. Ein reicher Arzt, sowie eine Mrs. Rockefeller, hatten bestimmt, dass ihre Juwelen nur ausserhalb Amerikas zur Auktion gebracht werden dürften. Beide Auktionen sowie deren Vorbereitung liefen unter Decknamen, die erstere unter «Medico», die zweite als «Lady Boot», unter letzterer Juwelen war ein herrliches Smaragd-Collier der russischen Zarenfamilie. Der grosse Farbstein-Spezialist aus New York, Mr. Esmerian, kaufte das Stück in einer Art, die mir unauslöschlichen Eindruck machte. Während im Saal meist mit möglichst kleinen Zeichen, Nicken oder versteckte Finger- oder Handbewegung gekauft wurde, reckte er einfach weit sichtbar seinen langen Arm hoch, und der Saal duckte sich, ein «König» kaufte, ein König freilich, der mit einer Beisszange sofort nach der Auktion den grossen Tropfenanhänger vom Collier wegknipste und in seine Tasche steckte! In dieser gleichen Auktion kaufte auch jene Dame, die zuvor gemeldet hatte, sie werde ein Stück kaufen, und zwar indem sie die Brille aufsetze, so lange sie die Brille auf der Nase habe, so lange biete sie. Bei Nr. 26 sahen wir alle die Brille und die Nr. 26 wurde ihr zugeschlagen; aber zu unserem Erstaunen, allergrössten Erstaunen, kam bei Nr. 82 wieder die Brille. Der Auktionator Graham Llewellyn flüsterte uns zu, wir sollten als mögliche Zeugen alle mittun und die Dame beobachten, er ahnte, was kommen würde. Wirklich, zu Ende der Auktion kam unsere Dame strahlend und erklärte, wie glücklich sie sei, die Nr. 82 gekauft zu haben, worauf Llewellyn sagte: «Jawohl, Madame, aber auch die Nr. 26.» Sie spielte die Überraschte, sagte, oh, sie hätte nur den Katalog gelesen, wollte sich um die Nr. 26 drücken, worauf Llewellyn ihr sagte: «Entweder Sie nehmen beide Stücke oder Sie werden nie mehr in unserem Saal sein»; sie verschwand, sogenannt um mit ihrem Anwalt zu sprechen, kam wieder, nahm beide und kam seither viele Male wieder. Llewellyn hielt gute Disziplin im Saal. Die Händler versuchen doch immer, einen «Ring» zu bilden, einzeln, ohne Gegengebot eines Kollegen, zu kaufen auf gemeinsame Rechnung, sich so nicht gegenseitig hochzutreiben, in einer Nachauktion unter sich das gekaufte Gut zu verkaufen und den Gewinn unter sich zu teilen. Ein uraltes System, das praktisch nicht zu verhindern ist, ausser durch eine Sitzordnung im Saal, die den Händlern das Interkommunizieren erschwert. Der liebe rundliche Mr. Dickens aus London und Amsterdam sass in der vordersten Reihe und wurde durch das irrtümliche Gegenbieten eines seiner Partner in Rage gebracht, drehte sich nach hinten um und verwarf die Hände, worauf Llewellyn vom Rostrum herunterzischte: «You have to look at me and nowhere else.» Der Dicke zuckte förmlich zusammen und wagte keine Bewegung mehr. Auch in dieser Auktion musste ich in einem Dolderzimmer meine Brust dem Busen der weinenden Frau Gutamiel bieten: ihr Mann war grössenwahnsinnig geworden, hatte bei Christie's in der Vorwoche weit über seine Kompetenz und Kraft gekauft. Sie hatte ihm zu Hause den Pass versteckt, war dann heimlich allein abgereist, wollte, dass die Schweiz ihn nicht einreisen lasse, wir ihn im Saal nicht bieten lassen. Ich avisierte die Grenzpolizei, aber Gutamiel war schon längst mit Tagesschein eingereist, mitten in der Auktion erschien er, ich avisierte die Sicherheitsleute, ihn hinauszuführen, falls ich ein Zeichen gäbe, er verhielt sich still und alles ging glatt, er wollte nicht mehr kaufen; Monate später trafen wir Gutamiel und Familie in Punta Ala, ihr war es peinlich, er dagegen lächelte mir dankbar zu, sicher hatte er inzwischen alles erfahren.

In jenen Auktionen waren neben Juwelen auch andere Preziosen, silberne Möbel aus Indien, Golddosen, Fabergé, schliesslich auch Silberstücke zum Verkauf gekommen, noch wurden dafür die Kataloge in London gedruckt in deutsch und englisch, man stelle sich vor, wo Graham kaum ein Wort deutsch kann, und was war er für ein Perfektionist! Seine Beschriebe nannten «Liegende Kaninchen» auf Manschettenknöpfen, die König Ludwig II. von Bayern einst verschenkt hatte: eine ganze Sammlung solcher Andenken war mir im Hotel Eden au Lac, aus Amerika kommend, übergeben worden; das meiste aus dieser Auktion kaufte der Wittelsbacher Ausgleichfonds auf höheres Geheiss. Oder das grosse Smaragdcollier der Prinzessin von Ägypten, die seit zwanzig

Jahren «unsichtbar» ein Apartement im Dolder bewohnte. Sie war eine Cousine von König Faruk; ich durfte sie nie sehen, alle Verhandlungen (in erbitterter Konkurrenz gegen Christie's Hanns Nadelhoffer) gingen übers Telefon, meine Stimme gefiel ihr, ich musste ihr ein Photo von mir schicken, schliesslich hatten wir das Collier. Sie starb zwei Jahre später und in der zweiten Badewanne (der, die sie statt mit Wasser mit Makulatur füllte) fand mein Bruder Franz als Mit-Anwalt des Nachlasses mein Conterfei und brachte es mir zurück.

Aber noch etwas ist aus jenen Tagen geblieben: nach der Lady-Boot-Auktion sahen Graham und Dorothy Llewellyn bei einem Zürcher Antiquar einen Kristall-Stiefel, dachten, es sei eine Vase, und brachten sie als Dank zur Party nach «Mariafeld»; ich aber wusste, dass es ein Studenten-Bier-Stiefel sei, füllte ihn und liess ihn kreisen, wie oft hat er seither «Mariafelder» Sotheby's-Feste bereichert und in Schwung gebracht!

Farbige Diamanten
Geza Habsburg, damals Geschäftsführer von Christie's in Genf, begann in Zürich «Fuss zu suchen». Noch bevor in Zürich ein Büro bestand, hatte er eine Pre-Sale-Juwelenausstellung im Hotel Elite angesetzt. Ich machte einen Höflichkeitsbesuch (aus Neugier), und Geza gab mir das Glanzstück, einen sehr grossen gelben Diamanten, in die Hand. Irgend etwas durchzuckte mich, ich gab ihn zurück mit den Worten: «Zu schön, um wahr zu sein!», und nach der Auktion stellte es sich heraus, dass er nicht «wahr» war, ein sogenannter Treated stone. Man kann bei Diamanten (und man tut es gerne bei nicht ganz reinweissen Steinen) durch Röntgenbestrahlung Farben erzeugen, wobei die häufigste Gelb oder Braun ist – gewisse Farben (wie etwa Grün) liessen sich anfänglich nicht künstlich gewinnen.

Zu Beginn der siebziger Jahre musste ich mit Graham in den Bankverein, wo eine «Cousine meiner Cousine» uns erwartete. Ich verwende diesen Ausdruck absichtlich, denn Beziehungen und Verbindungen waren ein guter Teil meiner Erfolge während meiner Tätigkeit für Sotheby's. Also, die Dame war eine Baronin Nolte geb. Vogel aus Basel und stammte aus gutem Hause.

Sie zeigte uns ein kleines Kreuzlein aus grünen Diamanten, ich sah solche zum ersten Mal im Leben. Das Kreuzlein war begleitet von einem Christie's-Katalog von 1882, wo der alte Herr Vogel-Bach das Kreuz gekauft hatte. Graham schätzte, doch das Kreuzlein blieb in der Bank, bis Ende der siebziger Jahre Noldi Nolte, nach seiner Frau Tod, das Stück zum Verkauf brachte. In der Auktion ging der Preis auf das Vierfache der Schätzung. Noldi sass hinten im Saal und drehte beinahe durch. Ja seine Freude hatte sein altes Herz so strapaziert, dass er fünf Tage später die Augen für immer schloss. Ich hatte ihn sehr gerne.

In Wien starb zu jener Zeit eine Prinzessin Odescalchi, die herrliche Juwelen hinterliess mit der Bestimmung, diese sollten verkauft werden: der Erlös müsse armen Wiener Kindern Hilfe bringen. Sie selbst war einst als Kind einer armen Wäscherin zur Welt gekommen, hatte dann aber dank ihrer ungewöhnlichen Schönheit so viele Verehrer und auch Ehemänner gehabt, deren letzter eben der Prinz, dass die ihr zu Füssen gelegten Juwelen entsprechend waren. Das schönste Stück war ein Armband aus blauen Navette-Diamanten. Graham Llewellyn und ich fuhren zusammen nach Wien, ich, by the way, statt mit meiner Identitätskarte, mit der in der Eile ergriffenen Karte meiner Tochter Inez, was dem Grenzpolizisten die Bemerkung entlockte: «Sie haben sich aber verändert, Herr!» Wir bewerteten die Juwelen, nannten unsere Konditionen, und nach vierzehn Tagen kam der stellvertretende Bürgermeister nach Zürich, um als Letztes ein Fixum zu vereinbaren an Kosten für Abbildungen, Versicherung und so weiter, das heisst Beträgen ausserhalb der eigentlichen Verkaufskommission. Kurz vor der Auktion erzählte mir Sia Schelling-Esterhazy, dass eine erblindete Schwägerin der Juwelendame, also eine alte Prinzessin Odescalchi, im Wiener Armenhaus ein trauriges Dasein friste, besonders jetzt erschwert, wo alle Welt sie auf die Juwelen für die armen Kinder anspreche. – Ich beschloss, «etwas zu machen», aber Graham dachte nur «Firma» und hatte kein Gehör. Als die Auktion, wie zu erwarten, ein grosser Erfolg wurde, der Erlös weit höher als erwartet, eilte ich sofort zum anwesenden Wiener Herrn und erbat mir, das vereinbarte Kostenfixum voll belasten zu dürfen, obwohl wir etwa 3000 Franken weniger gebraucht hatten. Ich wolle der Prinzessin im Armenhaus etwas zustecken, aber er könne sicher sein, in Wien erfahre niemand etwas von seiner Zustimmung. Er nickte, das Geld ging über Sia als «Damenkollekte anlässlich einer Tee-Einladung» ins Armenhaus. Überglücklich hat die alte Dame noch drei Monate gelebt, ehe sie friedlich entschlief.

Der berühmteste Farbstein aber war rosa, der «Pinky», doch darüber später.

Emely und ihre Folgen
Die blauen Odescalchi-Diamanten führen meine Erzählung zu einer Reihe lieber Menschen. Sie schmückten nämlich als Stirnband ein schönes junges Mädchen, das inzwischen meine rechte Hand geworden war. Im Sommer des Jahres 1974 setzte ich eine Such-Anzeige in die Zürichsee-Zeitung, die der aufmerksame Leser Hans Edelmann in Küsnacht las und seine geliebte Tochter Emely Edwards (genauer gesagt, sie war die Tochter aus erster Ehe seiner Frau) animierte, sich zu melden. Ich fuhr sofort zu der jungen Dame, informierte sie, um was es gehe, und wir waren schnell handelseinig. Ich hatte mit der Mutter in meiner Jugend

getanzt, sie ist eine Nichte der berühmten Reinharts in Winterthur, und ihre Mutter, also Grossmutter meiner Kandidatin, war das Patenkind meines Grossvaters Rieter gewesen. Einmal mehr schloss sich ein Kreis, um dessen Zusammenhänge ich wusste.

Emely arbeitete sich schnell und gut ein, und es war eine Freude, mit ihr zu arbeiten. Aber mehr noch: über Emely kam ein ganzer Segen guter Leute zur Firma. Eines Tages meldete sich als Juwelenexperte ein Freund von Emelys Bruder: Nicholas Courtauld Rayner wurde angenommen und mir zugeteilt. Da keine Arbeitserlaubnis für ihn zu bekommen war, er ausserdem später seiner Kinder wegen lieber Wohnsitz in Genf nehmen wollte, zog er vorderhand zu uns nach «Mariafeld». So lernten wir ihn gut kennen und liebten ihn wie einen eigenen Sohn. Mit ihm intensivierte sich schnellstens das Juwelengeschäft.

Kurz nach Nickels Eintritt fuhr ich nach Lausanne, um schöne antike Juwelen und Silber des Königs Louis Philippe in Empfang zu nehmen. Sie gehörten in Argentinien lebenden Nachkommen und wurden mir durch einen Herrn de Montebello übergeben. Ich ahnte nicht, dass er noch einmal meinen Weg kreuzen werde. Während Christine und ich zu einem eleganten Diner zu Raoul Dunsten fahren sollten, blieb Graham katalogisierend in Zürich zurück; zu Christines lila Abendkleid passend, lieh Graham ihr kühn die Amethysten der Königin Amélie, aber oh weh, bei Autohilfe einem Dritten, dem Christine den Wagen anspringen liess, liess sie ihm auch die Juwelen. Wir entdeckten den Verlust erst in Basel, hatten böse Stunden, bis anderntags der ehrliche Dritte die unberührte Tasche zurückbrachte. Nie wieder!

Doch zurück zu Emely. Sie brachte auch noch die Freundin ihres Bruders, Annemarie Arpel, als «Stern» des Londoner Pressebureaus, mit der zusammenzuarbeiten es eine Freude wurde, nicht nur für den lieben alten Brigadier, Peter Wilsons treuen Pressechef Stanley Clark, sondern für uns alle auf dem Kontinent in gleichem Mass.

Emely ist es auch, die unseren On and off Eric Ritter entdeckt und angestellt hatte, der jetzt schon so viele Jahre uns ein lieber Genosse ist, und Ends aller Enden begann der New Yorker Juwelenexperte Dennis Scioli nicht nur der Juwelen wegen zu den Zürcher Auktionen zu kommen. Er hielt um die Hand unserer Emely an und sie wurden ein glückliches Paar, Eltern von zwei sehr netten Buben. Und Emelys letzte Folge: sie brachte uns die geliebte Brigitta Henne (heute Blangey) als Nachfolgerin, über deren Treue wir uns noch heute sehr freuen, «she is a Jewel herself!»

Sotheby's Works of Art Course
Im Frühjahr 1973 waren Christine und ich in Zollikon zum Lunch eingeladen bei Etienne und Suzanne Rossier, und ich wurde bei Tisch

gezielt und auf Wunsch plaziert neben Madame de Pury-Miescher aus Basel; sie wollte von mir hören, ob es zu verantworten sei, dass ihr Sohn Simon, derzeit bei Kornfeld in Bern, diesen Kurs besuche, ob unsere Firma seriös sei, ob der Kurs qualitativ zu empfehlen sei. Ich tat mein Bestes und habe also in gewissem Sinn meinem späteren Nachfolger Gevatter gestanden, sicher zum Vorteil der Firma! Simon besuchte übrigens den Kurs zusammen mit seiner späteren Frau und unserem Eric Ritter.

Ein Jahr später war David, unser älterer Sohn (zusammen mit Ralph Dosch), im Kurs in London und begann damit seine Sotheby's-Karriere. Während er dort war, besuchte ich den Kurs ein- oder zweimal, staunte über das hohe Können und realisierte, dass ich den Kurs kaum bestehen könnte, schon der Sprache wegen nicht. So habe ich grosse Achtung vor all denen, die mit gutem Abschluss zurückkommen. David war zusammen mir Caroline Kennedy, die aber den Kurs nicht beendete.

Es war die ganzen Jahre hindurch mein Ehrgeiz, durch Vorbesprechung nur *die* Kandidaten nach London zu empfehlen, die das nötige Zeug hatten. 1991 bin ich mit einer Kiste «Claret» prämiert worden, weil ich seit Jahren die besten nach London geschickt hätte.

Restaurierte Tizian und Rembrandt
Dr. Bauer, ein grösserer deutscher Industrieller, hatte in seinen guten Tagen eine beachtliche Sammlung alter Meister zusammengetragen, zum Teil mit Hilfe des Amsterdamer Kunsthändlers Cramer. Der Sammler war in Geldnot geraten, die Sammlung befand sich in der Schweiz. Carmen Gronau war mit ihm zu keinem Ziel gekommen. Er kam zu mir. Das war nun der Moment, mit der Bankgesellschaft eine seriöse Finanzierungsoperation zu machen, die für alle Beteiligten ohne Risiko sein musste, im Gegensatz zur Vermeer-Geschichte zu Anfang dieser Aufzeichnungen. Nachdem die Bilder vorsichtig geschätzt worden waren, bekam der Sammler eineinhalb Millionen gegen einen Schätzwert von vier Millionen, und alles wickelte sich zu bester Zufriedenheit aller Beteiligten ab. Wir verkauften mit des Sammlers Einverständnis eine Anzahl Bilder und konnten seine Schuld schnell auf Null bringen. Aber der Mann erholte sich weder finanziell noch gesundheitlich, starb bald, seine Firma ging in Liquidation und seine Witwe war keine reiche Frau mehr. Ich hatte das Menschenmögliche getan. Die Reste der Sammlung landeten bei Cramer in Amsterdam.

Dieser Sammler hatte übrigens einen schönen Tizian, der eines der ganz wenigen Bilder aus meiner Vermittlung ist, das *vor* der Auktion restauriert wurde. Häuser wie Stuker und Koller bringen ihr Angebot vor der Auktion auf Glanz, währenddem die Engländer seit Jahrhunderten die Erfahrung haben, dass für den Käufer das Geheimnis des *nicht* restaurierten Bildes ein «Stimulans» ist, aus einem Ankauf «etwas zu machen». Dr. Bauers Tizian war dagegen so übermalt, dass keiner mehr sah, dass es ein Tizian war. So legte denn Herr Boissonas lediglich das Tizianische Bild frei, die Fertigstellung der Restauration dem Käufer überlassend.

Doch zu diesem Thema ein anderes Erlebnis: Einige Jahre später kam eine deutsche Erbgrossherzogin, Freundin unserer Cousine Franzis Kameke-Thüngen, mit einem Rembrandt-Selbstbildnis, das abenteuerliche Wege gegangen war. Es hatte einem Fürstenhaus im späteren Ostdeutschland gehört und war vor dem Krieg dem Museum der Residenz als Leihgabe überlassen worden. Gegen Ende des Krieges verschwand das Bild, ein farbiger US-Soldat brachte es gerollt aus dem Krieg heim und gab es eines Nachts in einer New Yorker Hafenbar an Zahlung für seine Zeche. Als beschlagnahmtes feindliches Eigentum kam das Bild in die National-Gallery in Washington und wurde dort restauriert, aber leider überrestauriert. Als nach Jahren der Standort des Bildes bekannt wurde, begann ein Kampf zweier Instanzen um die Rückgabe: der ostdeutsche Staat als Landeshoheit des einstigen Museums, die Erbgrossherzogin als Erbin der rechtmässigen Eigentümer. Nach fünfundzwanzig Jahren hatte letztere das Bild zurück und wollte nun, dass ich es verkaufe. Ich reiste mit dem Bild nach Holland, um es dem Rembrandt-institut vorzulegen. Der Bescheid war vernichtend: das Bild war ein Rembrandt *ehe* es nach Washington kam, aber jetzt war so gut wie nichts Echtes mehr übrig! Ich musste es der Dame zurückgeben, sie wollte mit Washington streiten, doch dort erklärte man die Sache für verjährt; das Letzte, was ich hörte, war, die Dame hätte das Bild für eine Million Deutschmark verkauft, der Käufer habe es mitgenommen, aber da das Geld nie gekommen sei, laufe ein Prozess.

Zürich – Porzellan
Den Odescalchi-Juwelen folgten anderntags drei grosse Münzauktionen im Auftrag des Metropolitan-Museums in New York. Dieses Museum besass als Schenkung seit vielen Jahren eine grosse Münzsammlung, die gar nicht in das Konzept des Museums passte. Um aber keinen unnötigen Lärm in New York auszulösen, beschloss das Museum, uns den Verkauf nach Zürich zu geben. Die Auktionen gingen sehr gut.

Dann folgte als letztes grosses Evénement im Dolder die Porzellanauktion von Alfred Schwarzenbach, meinem Silentpartner. Es war eine sehr schöne Sammlung: «Zürich» von internationalem Rang, so dass Frau Dr. Andreina Torre in Zürich und Hans Weinberg in New York ihre Bleistifte spitzten. Madame Torre stammte aus Triest, hatte in Zürich grosses Ansehen, Hans Weinberg stammte aus Berlin, brachte es in New York durch Fleiss, Geschick und Wissen zu einer Weltposition in antikem

Porzellan. Ich lernte ihn gut kennen, half seine Niederlassung in Zürich aufbauen, weil seine schöne Tochter, Mrs. Beeney, es mir angetan hatte (sie wiederum hätte gerne unseren David zum Schwiegersohn gehabt). Weinberg war herrlich zu beobachten in den Auktionen; meist wartete er nicht, bis der Auktionator ein Gebot ausrief, nein, Weinberg rief selber aus, stand der Saal bei 1000, rief Weinberg 5000; hie und da gelang es ihm, mit dieser Taktik den Saal einzuschüchtern und Sieger zu bleiben; aber in seinem Eifer passierte es ihm auch, dass er sich selber überbot, wenn er bei 5000 schon Sieger war, sprang er noch schnell auf 8000 und der Auktionator musste, die Interessen des Verkäufers wahrend, zu diesen 8000 zuschlagen, denn so viel war ja geboten!

Schwarzenbachs Glanzstück war eine Figur, die «Malerin», und sein Exemplar war das einzige bekannte, bei dem die neben der Figur stehende «Leinwand» nicht weiss und leer, sondern bemalt war. Der Sammler hatte gewünscht, dass das Stück als Schlussnummer käme, und hatte sich ferner vorbehalten, auf diesem Stück durch eigenes Bieten die Limite zu dokumentieren. Er hatte vergeblich auf Weinbergs Sprünge oder Andreinas Verbissenheit gehofft. Bei 100 000 blieb die Figur bei ihm, er war nicht traurig, hat sie später sehr gut an Frau Torre verkauft. Sehr schöne Stücke seiner Sammlung wanderten ins Landesmuseum, andere in eine bedeutende Zürcher Privatsammlung.

Damit ging die Dolderzeit zu Ende. Das Hotel war, obwohl sich unsere Termine alljährlich wiederholten, ohne uns zu fragen einen grossen Kontrakt mit einer Reisegesellschaft eingegangen und rechnete, *wir* würden unsere Termine demütig umlegen, aber «der Wirt hatte seine Rechnung ohne den Gast gemacht», wir verlegten von da an unsere Auktionen für immer ins Baur au Lac und waren Ends aller Enden da viel glücklicher. Das neue «Lokal» lag günstiger für Gesellschaft und Handel, viel mehr Leute kamen neu und zufällig herein, viele Kunden begrüssten es, in der Stadt zu sein, statt hoch oben auf dem Berg, konnten sie doch vom Geschäft aus auf kürzere oder längere Zeit je nach Bedarf der Auktion folgen.

Das Baur au Lac stand damals noch unter der Führung von Vater Rey. Er ist ein Neffe des alten legendären Schweizer Hotel-Pioniers Cesar Ritz aus dem Wallis, der auf der ganzen Welt die besten Hotels besass. Meine Grossmama Rieter kannte Herrn Ritz noch persönlich und stieg, sei es in Madrid, Paris oder London, nur in seinen Hotels ab. Herr Rey sieht selber wie ein Lord aus und ist der Prototyp des edlen schweizerischen Hoteliers. «Hotelier-Gentleman», der seinen Gästen den besten Service bietet, ohne je «servil» zu sein. Herr Rey war immer in erster Linie Hausherr und Gastgeber, aber in einer so beneidenswerten «Herr-lichkeit», dass es ein Vergnügen war, bei ihm Gast zu sein. Sein Sohn Michel hat die Nachfolge übernommen und ist fest in Vaters Fussstapfen. Ein

Beispiel der «Baur au Lac»-Atmosphäre möge dieses Kapitel abschliessen: Wir sind im Hause im «Vorgefecht» einer Juwelenauktion. Vater Rey muss an eine Verwaltungsratssitzung des «Sporting d'hiver» in Monte Carlo, präsidiert vom Prinzen Polignac. Vater Rey ist gezwungen, das Baur au Lac eine halbe Stunde vor dem Eintreffen seines Sohnes zu verlassen: er kommt, solches Graham Llewellyn und mir zu melden und sich für die Vakanz von dreissig Minuten zu entschuldigen – quelle politesse et hospitalité royale! Bei Freddy Schwarzenbachs grösseren Parties in Küsnacht traf ich oft Herrn und Frau Rey und freute mich immer, mit ihnen sprechen zu dürfen.

Pia
Ich habe bis jetzt nur einmal, ganz zu Anfang, Frau Pia Senn erwähnt. Nun soll sie drankommen. Pia war mir schon in Südamerika, achtzehn Jahre ehe ich mit ihr Sotheby's-Schweiz aus der Taufe hob, ein Begriff, denn meine Mitarbeiter Giampiero Menotti und später Giuseppe Roselli in Quito kamen beide aus der Firma Carlo Bianchi Zürich/Como, in der die schöne Pia seit 1928 tätig war. Menotti und Roselli knieten vor ihr, denn noch als Dreissigerin war sie atemberaubend schön, eine brünette Italienerin mit Temperament, aber mit schweizerischer Exaktheit und beispielhaftem Fleiss. Sie zog mit Herrn Bianchi 1939 am Bleicherweg ein, kaum war das schöne Haus (Architekt Salvisberg, von der Stadt anlässlich der Erbauung prämiert) fertiggestellt. Dann hatte Freddy Schwarzenbach 1956, als Schwiegersohn von Herrn Bianchi, dessen Import- und Exportfirma Pakistan und mit ihr Frau Senn übernommen. Immer war Pia gut gelaunt, erledigte neben der Firma auch manches Private der Schwarzenbachs, bis ich 1969 dazustossen konnte. Pia war die Säule des Geschäfts, erledigte alle Korrespondenz, machte alle Post, Fernschreiben, Telefone und die ganze Buchhaltung. Die aus London delegierten Freunde Joan Pattle und John Beacham staunten über die gute Ordnung der Finanzen, und es war ein äusserst freundschaftliches Zusammenarbeiten zwischen Pia und London. Aber auch die Lords liebten in gleichem Masse wie ich die wunderbare Mitarbeiterin, die alle erforderlichen Sprachen in Wort und Schrift beherrschte und ein Muster an Verschwiegenheit war. Alles hielt sie geheim: Saläre, Gratifikationen, Spesen, und es wurde gespart unter ihrer Regierung. Aber das Geschäft wuchs, neue Leute, neues Volumen, immer grössere Werte und Konten. Nach und nach musste Pia weinend dieses und jenes abgeben, alle suchten es ihr leicht zu machen, sie nicht zu kränken, denn wir lieben sie noch heute.

Obwohl etwa in meinem Alter, kommt Pia immer noch gern ins Büro, so oft man sie ruft, und ist fullheartedly dabei, wie vor fünfundzwanzig Jahren. Wir sind ihr ewig dankbar!

Der Zoll

Christie's und Sotheby's hatten ihre Juwelenauktionen in der Schweiz begonnen, weil die zolltechnischen Vorschriften hier günstiger als auf der übrigen westlichen Welt waren. Entscheidend in dieser Frage war eine Erfahrung von Sotheby's aus den sechziger Jahren: die spanische Königin Eugénie Victoria, im Exil in Lausanne lebend, liess dem Sotheby's-Mutterhaus in London eine herrliche Smaragdparure zum Auktionsverkauf überbringen. Dabei waren Dokumente, wonach die Patin der Königin, die französische Kaiserin Eugénie, diese Parure etwa 1860 in London hatte fertigen lassen. So weit so gut, denn Juwelen englischer Provenienz können in London problemlos verkauft werden. Aber bei näherem Zusehen, welch eine Enttäuschung: es zeigte sich, dass die Juwelen ursprünglich auf Gold gearbeitet, anfangs der zwanziger Jahre in Madrid, der neuen Mode entsprechend, auf Platin umgearbeitet worden und damit des englischen Ursprungs verlustig gegangen waren. Statt die Juwelen nun hoher englischer Importsteuer zu unterwerfen, wurden diese auf Wunsch der Königin an Stuker in Bern abgetreten; Sotheby's schwor sich, solches nicht ein zweites Mal passieren zu lassen. Und nicht nur Sotheby's, sondern auch Christie's machte sich an die Arbeit, eine Niederlassung Schweiz aufzubauen. Christie's antichambrierte in Zürich, wurde aber wegen zu vieler ausländischer Mitarbeiter abgewiesen und ging nach Genf, wo man kulanter war. Sotheby's dagegen wählte in Genf einen ungeeigneten Anwalt, der behauptete, eine ausländische Firma könne keine Auktionsbewilligung bekommen. Derweil nun Christie's in Genf sofort richtig startete und damit ein Jahr Vorsprung gewann, verlor Sotheby's Zeit. Zuerst erwog man, in Basel zu eröffnen, liess dann aber diesen Plan zu meinem Glück wieder fallen, wodurch es zu dem früher geschilderten Telefongespräch von Richard Dreyfus kam. Jürg Stuker kämpfte verbissen vor Bundesrat und Parlament gegen die Etablierung der Engländer in der Schweiz; überall diffamierte er die beiden Häuser, schliesslich im Vorwort eines Katalogs den Untergang «des ehrlichen Auktionshandels» prophezeiend. Ich schrieb ihm dann ein ironisches Gedicht «Oh mein Baron von Gerzensee, Sie tuen mir im Herzen weh...», das er mir erst nach längerer Zeit verziehen hat.

Aber wenn ich in diesem Abschnitt vom Zoll sprechen will, geht es eigentlich um etwas anderes: In den ersten Jahren ging alles gut. Sotheby's und Christie's waren Grossisten, Firmen, die unter Hinterlegung einer Bankgarantie als Kaution irgendwelche Waren aus dem Ausland in die Schweiz zum möglichen Verkauf frei, ohne Zoll und ohne Steuer irgendwelcher Art, importieren können. Gingen diese Waren im Auktionsverkauf an Ausländer, wiesen wir die Wiederausfuhr in Bern durch Exportdeklaration nach; kaufte ein Schweizer Grossist, Juwelier oder

Juwelenhändler, mit entsprechender Nummer registriert, hatten wir beim Verkauf keine Steuer einzubehalten. Kaufte schliesslich ein Schweizer Privater oder Nicht-Grossist mit Schweizer Wohnsitz, mussten wir «Warenumsatzsteuer» (Wust) erheben und nach Bern abliefern. Dieses System war so viel einfacher und steuergünstiger als die englischen, amerikanischen oder auch EWG-Einfuhrbestimmungen, dass die Schweiz, wie erwähnt, ideal schien. Besonders am Anfang waren es ja meist ausländische «Gross-Schatullen» gewesen, die wir importiert hatten – aber je grösser die Auktionen wurden, desto vielfältiger wurde die Provenienz, und so wuchs Misstrauen bei den Zollbehörden.

Eines Tages erschienen Beamte und frugen nach der Provenienz jedes einzelnen Stücks, verlangten die Namen und Adressen der Eigentümer. Und nun war da zum Beispiel ein Solitär im Wert von einer Million von einer in Paris lebenden Dame uns einfach ins Büro gebracht worden. Hatte sie an der Grenze deklariert? Wahrscheinlich nicht. Ja dann war sie strafbar. Aber wäre sie meine Tante und hätte mich einfach besucht und den Solitär wieder mitgenommen, dann wäre sie nicht strafbar, hätte nicht zu deklarieren gebraucht. Woher soll sie das wissen? Wir hätten es ihr sagen müssen, aber wir wussten ja gar nicht, dass sie kommt, und so fort. Der lange Rede Sinn: wer etwas mit Verkaufsabsicht in die Schweiz bringt, muss deklarieren, den Wustbetrag hinterlegen, ja sogar, wer etwas bringt, um es in einer Bank zu lagern, muss ebenso deklarieren. Besser gesagt, alles was einer bringt und nicht wieder mitnimmt muss deklariert und versteuert werden. Aber wir rechnen ja die Steuer ab, trotzdem geht es nicht ohne Einfuhrdeklaration, denn, und da hatte die Zollbehörde Recht, würde die freie Einfuhr Schule machen, könnte ja der Importeur uns ein Stück bringen, fünfundzwanzig andere aber unter dem Tisch an Dritte verkaufen, und der Staat sähe nie einen Franken Umsatzsteuer auf jenen Verkäufen. Oder bei uns: Ein Solitär von zwei Millionen zu 120 000 Franken Umsatzsteuer bleibt unverkauft, wird der Dame ausgehändigt, sie exportiert ihn *nicht*, verkauft ihn unter der Hand, der Staat hat 120 000 Franken verloren. Wir kamen in Teufels Küche, Lords wurden verhört, hochehrbare Kunden ins Verhör genommen, ich ging knapp am Gefängnis vorbei, musste immer meinen Hazardeur Nicholas Rayner decken, denn wenn er erwischt wurde, verloren wir ihn durch Ausweisung; es waren schwere, schwere Zeiten, hohe Geldstrafen drohten, die Gefahr, der Lizenz verlustig zu gehen, es war ein Circulus vitiosus, denn die Kunden durfte und wollte man auch nicht ausliefern, denn sie waren «bona fide» gewesen, aber das anerkennen die Zollbehörden nicht. Ich fuhr mit dem damaligen Zürcher Stadtpräsidenten und Nationalrat Widmer nach Bern, unsere Not zu schildern. Untersuchungsrichter Kurt Fröhlicher war im Herzen auf unserer Seite, er sah, dass wir in Not waren und nichts Böses tun wollten. Er liess den Prozess gegen uns (wohl mit Berns Segen) einschlafen, und heute haben wir die Dinge fast zu hundert Prozent im Griff. Weder die Lords noch Pia konnten verstehen, dass man uns in die Zange nahm. *Ich* verstand es, aber wie konnte man es Kunden klarmachen. Diese Zeit möchte ich nicht noch einmal durchmachen, es waren schlaflose, obwohl schuldlose, aber verzweifelte Nächte.

Robert v. Hirsch
1883 in Frankfurt aus angesehener jüdischer, nicht orthodoxer Familie geboren, war der Genannte mit sechzehn Jahren in die Firma seines mütterlichen Onkels Meyer, eines grossen Lederfabrikanten in Offenbach, eingetreten, hatte später, noch jung, die Firma selber übernommen und zu grossem Ansehen und Erfolg gebracht. Als die letzte Zarin 1913 ihren Bruder, den regierenden Grossherzog von Hessen, besuchte, wurde auch die Firma in Offenbach durch einen kaiserlichen Besuch beehrt, aus welchem Anlass Robert Hirsch der hessische Adel ad personam verliehen wurde, wodurch RvH sich fortan von seinen mehreren Brüdern (deren einer, Paul, übrigens der Universität Cambridge eine berühmte Sammlung «Musicalia» hinterliess) unterschied. Man erzählt, dass Hirschs sehr geistreiche Mutter, einmal einem Gast ihre Söhne vorstellend, mit Robert beginnend gesagt habe: «Mein Sohn v. Hirsch, ja, und die andern, die sind auch von Hirsch!» Robert hing sehr an dieser Mutter, von der er seinen feinen, dezidierten Humor geerbt hatte; ein Beispiel: ein nicht naher und nicht geliebter Verwandter, der oft antichambrierte, wurde kommentiert mit den Worten: «Ja, der ist mit mir näher verwandt als ich mit ihm!»

1908 kaufte «Rohi», ich verwende hin und wieder diesen in der Familie üblichen Kurznamen, sein erstes Bild, Toulouse Lautrecs «La Rousse». Dies war der Anfang der nach und nach gewachsenen herrlichen Sammlung alter Meister in Malerei und Skulptur, mittelalterlicher Emaillen, herrlichster Möbel, erlesenster französischer Bücher bis hin zur Malerei der französischen Impressionisten und Nachimpressionisten, Zeichnung, Aquarell und Öl. Schon jung war RvH in den Vorstand des Frankfurter Staedelschen Instituts gewählt worden, hatte viele seiner Ankäufe mit dessen Direktor Georg Swarzenski diskutiert und war von ihm beraten worden, bis das Jahr 1933 plötzlich Zäsur und Ende brachte, das gastliche Haus an der Bockenheimer Landstrasse geschlossen wurde. Schon 1932 hatte Hirsch in Basel eine Zweigfirma unter dem Namen «Lederimport» gegründet und sofort nach dem 30. Januar 1933 seine persönliche Übersiedlung nach Basel eingeleitet. Um seine Sammlung mitführen zu können, schenkte Hirsch Hermann Göring Lucas Cranachs «Urteil des Paris» als Lösegeld; nach dem Krieg bekam RvH den Cranach zurückerstattet, er hängt jetzt im Basler Kunstmuseum.

Alleinstehend, ohne Familie, viele gute Freunde hinter sich lassend, überschritt er die Grenze bei Basel und schwor sich, nie in seinem Leben Deutschland je wieder zu betreten, ein Schwur, der ihm im Alter nach dem Ende der Nazizeit oft schwer war, den er aber hielt bis zu seinem Tod. Alleinstehend, ja, denn die schöne Martha seiner Jugend, Tochter des bekannten Juweliers Koch in Frankfurt, Baden-Baden und Berlin, hatte einem anderen das Jawort gegeben, hatte Willy Dreyfus geheiratet, Richard und Lolo (später Sarnoff) waren ihre Kinder. In Basel boten sich dem Ankömmling eine rote Backsteinvilla an der Engelgasse oder der schöne Landsitz «Ebenrain» hinter Liestal zum Kauf; Hirsch wählte erstere, war er doch ein Stadtmensch und war sein Geschäft in der Stadt. Das Haus liess sich leicht für die Aufnahme der grossen Sammlung richten. Schnell fanden sich auch eine ganze Reihe wohlgesinnter und kultivierter Menschen. Hirsch bemühte sich auch, sofort den baseldeutschen Dialekt zu erlernen, was ihm erstaunlich gut gelang. Kurz, schnell wurde er heimisch in Basel, wo er auch 1941 das Bürgerrecht erhielt; an seine Einbürgerung erinnert Gauguins herrliches «Ta-Matete» im Basler Kunstmuseum. Als während der Kriegsjahre Basel, so nahe der deutschen Grenze, bedroht schien, folgte Rohi den Schreckrufen nach Amerika emigrierter Bekannter nicht, blieb mit seiner Sammlung in Basel und bewahrte kühles Blut. Nach Kriegsende heiratete Hirsch seine mittlerweile geschiedene Jugendliebe Martha Dreyfus-Koch und führte fortan mit ihr ein elegantes gastfreies Haus, reiste viel, besuchte Konzerte, Ausstellungen und vertiefte seine Kontakte mit Museumsleuten und Kunstsammlern der ganzen Welt. Auch aus Nachkriegs-Deutschland durften hinfort viele an der Engelgasse anklopfen, Hirsch war *zu* grossen Geistes, um zu generalisieren, konnte auch vergessen, aber an seinem Entschluss, nicht zurückzukehren, hielt er fest; er konnte verständlicherweise nie über den Tod seines Bruders Georg im Konzentrationslager hinwegkommen.

Mein erster Kontakt mit Herrn v. Hirsch ist an anderer Stelle geschildert – so kann ich mit dem Jahr 1974 fortfahren. Schon vier Jahre war ich für Sotheby's tätig, durfte weiterhin ein- bis zweimal im Monat bei Herrn v. Hirsch anfragen, wenn ich in Basel zu tun hatte. Ich erzählte von meinen Erfahrungen, meinen Problemen, aber bemühte mich, nie aufdringlich zu sein. Hie und da gab RvH mir etwas zu verkaufen, einmal bei Sotheby's New York, ein andermal bei Koller, aber alles hatte unter meinem Namen zu laufen. Eines Tages nun, ich war allein an der Engelgasse zu Tisch, beim Schwarzen Kaffee sagte er ganz einfach, mit einer weiten Gebärde den Raum, das Haus umschreibend: «Sie machen das dann einmal alles – aber wir sprechen nie darüber!» Ich stammelte: «Ja» und schwieg, und beim Weggehen dankte ich und schwieg. Wir sprachen wirklich nie «darüber»; ich hatte Mühe, die

Londoner zurückzuhalten. Sie wollten «Kontaktbesuche» machen – ich sagte nur, den Kontakt hätte ich, und hielt die Freunde bestmöglich fern. Einmal, etwa ein Jahr später, war zu Tisch ausser mir Erich Lederer, der bekannte Mäzen und Kunstsammler aus Genf, von dem ich wusste, dass er Christie's nahestand; ich hatte ihn schon früher bei Rohi getroffen, lange bevor ich zu Sotheby's kam. So ahnte Lederer nichts von meinem «Jackenwechsel» und holte nach der Vorspeise (es gab die berühmte gebackene Petersilie, Spezialität des Hauses) aus, um Rohi zu bitten, Lederers Freund Geza v. Habsburg einmal zum Besuch zu empfangen. Der alte Herr schmunzelte, zwinkerte mir zu und antwortete: «Herr von Habsburg? – nein, nicht solange Herr Wille für Sotheby's arbeitet ... oder, (zu mir gewandt) was meinen Sie?» Lederer, dem der Bissen im Hals stecken blieb, starrte zu mir, dann sagte ich: «Aber nein, Herr von Hirsch, warum denn nicht?» – darauf er: «Ich will's mir überlegen.» – Und Habsburg? Ich weiss effektiv nicht, war er je dort oder nicht, denn als ich nach acht Tagen Herrn v. Hirsch bat, zu Tisch kommen zu dürfen, fügte ich bei: «Oder sind Sie noch unter dem Charme von Herrn von Habsburg?» worauf der alte Herr sagte: «Nein, den hatte er wohl in der Bahn vergessen!» – Dieses Gespräch war typisch für unseren «Umgangston», wenn ich so sagen darf. Immer etwas Ironie, etwas Schalk und etwas Geheimnis! – Später einmal lud er mich zu Tisch, seinen Anwalt kennenzulernen, es amüsierte ihn, dass dessen Frau Nachkommin früherer Mariafeld-Besitzer war und ich die Familie kannte. – Hie und da traf ich in Herrn v. Hirschs Haus ausländische Museumsdirektoren, besonders aus Deutschland, und er schien Wert darauf zu legen, dass ich diese kennenlerne. – Zu seinem neunzigsten Geburtstag wollte ich ihm «ein Kissen gestickt haben», aber ich wisse die Farbe nicht – er quittierte lächelnd «das bekomme ich schon von Frau Lehmann in New York, ich reserviere Ihnen den fünfundneunzigsten!» – Inzwischen machte unser Sohn David in London den Sotheby's-Kurs und diente nachher in den Altmeister-Bildern; einmal durfte er zum Lunch mitkommen, nach Tisch sagte der alte Herr: «Gehen Sie herum, junger Herr, die Inventarlisten hängen in jedem Zimmer.» – David lächelte und machte seinen Rundgang ohne Liste – nachher nahm der alte Herr ihn liebevoll «in die Zange», doch David bestand, und ein weiteres Freundschaftsband war geschlossen. – Hier scheint mir der Augenblick gekommen, um zu erwähnen, dass meiner Christine in der Beziehung zu Herrn und Frau v. Hirsch eine grosse Rolle zufiel. Beide Herrschaften hatten von Anfang an ein spontanes Faible für meine Frau, und nach dem Tod von Frau v. Hirsch waren wir jedes Jahr einmal des alten Herrn Wochenendgäste auf dem Bürgenstock, dies schon vor meiner Sotheby's-Zeit. Herr v. Hirsch erlebte, kannte und liebte unseren frühverstorbenen Jüngsten, kam von Basel herüber zur Beerdigung mit einem herrlichen Kranz von

Maiglöckchen und war voll liebender Anteilnahme. Inez, unsere Tochter, hatte andererseits ein Ringlein bekommen aus Frau v. Hirschs Jugend, und als Christine auf dem Bürgenstock einmal malte, bat er um ein Blumenbild, und als sie es ihm später brachte, versprach er, es käme in sein Schlafzimmer, und dort fand ich es an der Wand, gegenüber seinem Sterbebett.

Zurück nun zu den letzten Monaten: im Sommer 1977 sagte mir Herr v. Hirsch einmal fast flüsternd: «Wir haben vereinbart, wir würden nie darüber sprechen, darf ich doch etwas sagen?!» – worauf ich natürlich sofort bejahte – und er: «Machen Sie gute Preise, nicht wegen derer, die das Geld bekommen, aber ich möchte, dass man denkt, ich hätte etwas verstanden!» Und vierzehn Tage später lud er mich ein, den Dr. Kötzsche vom Kunsthistorischen Museum Berlin kennenzulernen, und unter der Türe sagte er schnell: «Sorgen Sie, dass er etwas Gutes bekommt!» Bei solchen Gesprächen durfte besonders die Familie nicht mithören. Zwar war Richard Dreyfus, der mir wohlgesinnte Stiefsohn (Sohn aus Frau v. Hirschs erster Ehe) sehr oft zu Tisch an der Engelgasse, weil seine Bank in der Nähe war und er mittags nicht nach Hause ging. Herr v. Hirsch neckte gern den Stiefsohn, die Beziehung war herzlich; nicht immer gut ging es von Richard eingeführten Gästen. Ich vergesse nie den Lunch, wo eine neue amerikanische Botschafterin zur Rechten des Hausherrn sass. Schon nach der Vorspeise öffnete sie ihre Tasche, um eine Cigarette herauszunehmen, ein Blick des alten Herrn auf die Tasche und zu war sie, doch vor dem Nachtisch hielt es die Amerikanerin nicht mehr aus, «may I smoke a Cigarette?» – worauf er: «No one ever smoked in my dining-room» – und wieder war die Tasche zu! – Lolo Sarnoff, Richards Schwester, ging unter die Künstler und machte Fiberglass-Gebilde, durch die aparte Lichteffekte flossen. Sie fanden bedingtherzliche Aufnahme an der Engelgasse, so gut sich Rohi mit seiner Stieftochter persönlich verstand. Sehr anhänglich war Herr v. Hirsch dagegen den Kindern Dreyfus, auch den Sarnoff-Kindern, und amüsant war das Werden von Richards zweiter Ehe mit Ulla Best, einer hübschen jungen Deutschen, die als engagierte Kunststudentin und Restauratorin unter Dr. Franz Meyer am Museum arbeitete. Einmal kam sie zu Tisch in einem sehr kurzen Dirndlkleid und blondem Zopf, worauf der alte Herr bemerkte: «Du musst wohl um zwei Uhr wieder in der Schule sein – da müssen wir jetzt aber schnell zu Tisch!» Ulla hat übrigens aus der Sammlung jene schöne alt-ägyptische Katze, die seinerzeit immer zur Rechten von Frau v. Hirsch, später zur Rechten des alten Herrn auf dem Tisch des Herrenzimmers stand und der beide den Mittelfinger der rechten Hand spielerisch zwischen die Ohren zu legen pflegten. Alle wussten und respektierten diesen Platz des Hausherrn – einzig die nahe Freundin Theodora Von der Mühll nahm ihn für sich in Anspruch. Ich darf nicht abschweifen und zu erzählen beginnen von den vielen guten Freunden des Hauses, Dodi Staehelin, Frau Wilhelm, den Stettlers, den Bernoullis, den Dohnas, den vielen «alten Baslern», an erster Stelle den Vischers vom Wildenstein, Freunde, Gäste bis zum letzten Tag. – Am 31. Oktober 1977 morgens rief ich in Basel an, um für Christine für kommenden Donnerstag zum Lunch zu fragen, sie müsse in Basel zum Zahnarzt – er: «ich muss in meiner Agenda nachsehen … doch, es geht gut» – ich: «oh, dann kann Christine die Tulpenzwiebeln mitbringen, die Sie für sie bereitliegen haben» – er: «kommt sie wegen der Zwiebeln oder wegen mir?» – ich: «natürlich Ihretwegen!» – er: «ich muss sehen, wen ich noch einlade» – ich: «oh, sie kommt am liebsten zu Ihnen allein – oder ist Ihnen das peinlich?!» – er: «… das muss ich noch überlegen!» – das war unser letztes Gespräch. In der folgenden Nacht, der Nacht zu Allerheiligen, schloss der liebe Freund die guten Augen für immer.

Schon anderntags frug Lucie Burckhardt, ob ich wisse, was mit der Sammlung geschehe; ich heuchelte, ich wüsste nichts. An der protestantischen Beerdigungsfeier im Basler Krematorium, wo ein Pfarrer jüdischer Herkunft predigte – Robert v. Hirsch war nie aus seinem angestammten Glauben ausgetreten, aber er war in der unorthodoxen Freiheit der Jahrhundertwende gross geworden und eigentlich nur durch Hitler zum «klassifizierten» Juden geworden und lehnte zum Beispiel jede zionistische Agitation innerlich ab –, waren alle erwartungsvollen Erben versammelt, und am anschliessenden Empfang musste ich wieder leugnen, «etwas zu wissen». Vier Wochen später trafen sich im Büro der Basler Anwälte Schiess & Gloor die Doctores Gloor und Ruggiero, der Doctor Kundert aus Winterthur, Richard Dreyfus als Vertreter der Familie, Peter Wilson und ich von Sotheby's. Zwischenzeitlich hatte die Familie erfahren, was der alte Herr immer verschwiegen hatte … seine Weisung, was mit seiner Sammlung zu geschehen habe. Gross war das Erstaunen in Basel! Einmal war da die Familie, denn nach der Heirat mit Martha Dreyfus-Koch 1945 betrachtete Robert v. Hirsch ihre Kinder, Richard und Lolo, als seine Erben. Die Öffentlichkeit meinte immer, das Basler Museum werde die Sammlung bekommen, und man warf dessen Direktor Franz Meyer vor, er hätte mit dem Verstorbenen schlecht harmoniert und darum das Erbe «vermasselt». Ja, Franz Meyer und Robert Hirsch hatten das Heu nicht auf der gleichen Bühne – Franz sagte es mir selber, er sei nicht «im Element» mit dem alten Herrn, ich könne das viel besser – aber Basel hätte nie alles bekommen können, auf keinen Fall die Mittelalterliche Sammlung, die Möbel und Bücher. Fünf Bilder hatte das Museum nach dem Tod von Frau v. Hirsch bekommen an Stelle der zu erbringenden Erbschaftssteuer sowie, nach Herrn v. Hirschs Tod, die Cézanne-Zeichnungen. Hätte sich der alte Herr nicht über das Forcieren von Beuys und anderer Gegenwarts-Kunst bei Ankäufen und in der

Präsentation geärgert (er vertrat den arbiträren Standpunkt, diese würden ihren «Wert» nicht behalten und deshalb dürften die spärlichen öffentlichen Mittel nicht vorrangig für sie verwendet werden), wäre das Museum wohl allerdings reicher dotiert worden, aber nie wäre die ganze Sammlung in Basel geblieben. Apropos Franz Meyers Meinung, «ich könne es besser mit dem alten Herrn» – viele Jahre erst nach Herrn v. Hirschs Tod erfuhr ich von Walter Bonhoeffer – dem Neffen von Dietrich B., dass der alte Herr diesem einmal gesagt hatte: «Ich gebe die Sammlung Jürg Wille zum Verkauf, weil er nie darnach gefragt hat.» – Ja, an jenem Morgen im Büro der Anwälte musste Peter Wilson erfahren, dass *ich* der Beauftragte war und dass der alte Herr gewünscht hatte, dass ich persönlich eine ordentliche Kommission bekomme!

So wurde denn das Procedere besprochen, der kommende Frühsommer als Zeitpunkt bestimmt, die Katalogsgestaltung besprochen und so fort. Noch im Dezember sollten alle Sotheby's-Experten herüberkommen und alles inventarisieren und bewerten. Doch gewisse Auflagen waren zu berücksichtigen. Einmal waren eine Reihe von Dingen testamentarisch fest zugesprochen an Verwandte und Freunde, dann hatten Richard Dreyfus und Lolo Sarnoff das Recht, noch einzelne zusätzliche Stücke auszuwählen im Werte eines bestimmten Betrags. Und dann war da noch eine ganz besondere Bestimmung: sollte ein Museum oder eine museumsähnliche Institution an einer Gruppe zusammengehörender oder zusammenpassender Dinge ein Interesse auf gesamthafte Übernahme haben, sollten die Anwälte solches Angebot im Sinne der kulturhistorischen Erhaltung prüfen. Als Beispiele von Gruppen wurden genannt die Cézanne-Aquarelle oder der Inhalt der Mittelalter-Vitrine im Herrenzimmer. Lolo Sarnoff, in bester Absicht, rannte in New York zum Cloister-Museum und spitzte sie auf die Vitrine; ich sorgte mich sehr, denn die «Vitrine» war das Herz der Sammlung, sie *musste* dabei bleiben. Aber Dr. Kundert respektierte den Wortlaut der Weisung des alten Herrn. Doch, wenn Cloister kaufen würde, wer würde garantieren, dass nicht dort geheime Absichten bestünden, gesamthaft zu kaufen und nachher Einzelstücke auszuscheiden und möglicherweise mit Gewinn weiterzugeben? War *das* der Sinn der testamentarischen Auflage?!

Kurz vor Weihnachten kamen die Experten – ich organisierte einen Sandwichlunch im lieben alten Esszimmer... wie anders war das Haus ohne seinen Herrn! – Zwei Tage vor Weihnachten rief mich Peter Wilson an, um mit mir die Schätzung der Vitrine zu besprechen. Er legte dar, dass ein grosser Teil der herrlichen Stücke praktisch unschätzbar seien und deutete an: «vielleicht 2, 3 oder 4 Millionen Pfund?...». Ich hatte einerseits den zwingenden Wunsch, die Vitrine zum Besten der Gesamtsammlung nicht ausgeklammert zu sehen, andererseits die geschilderte Sorge, ein Gesamtverkauf könnte nachher entgegen RvHs Willen aufgesplittert werden – sagte Wilson nicht «praktisch unschätzbar»? Intuitiv war meine tollkühne Antwort: «You must say 4 to 8 Million Pounds!»… nach einer Weile des Schweigens räumte Wilson ein, dieser Teil der Sammlung sei so einmalig, dass Preisvergleiche unmöglich seien. «Let's say 4 to 7, 8…» war sein Entscheid. Ich atmete auf, schliesslich kam Cloister zwischen Weihnachten und Neujahr. Als die Herren vom Cloister-Museum hörten, dass sie 7,5 Millionen Pfund bieten müssten, traten sie zurück; unser Mittelwert war nach Wilsons Entscheid 6 Millionen Pfund, ein Gebot eines Direktkäufers musste nach Hirschs Testament 25 Prozent höher sein. Aber Dr. Kundert gab noch nicht frei. Herr v. Hirsch hatte gewünscht, dass seinen Freunden W. & M. Abegg noch einmal Gelegenheit geboten würde, die Stücke der Vitrine einzeln und in Ruhe zu sehen: Abeggs stellten ihren Besuch auf den 15. Januar in Aussicht. Unterdessen fing Welti-Furrer am 2. Januar an, den ganzen übrigen Hausrat, Bilder, Möbel und Kunstgewerbe, zu packen. Am 5. Januar rollten die Möbelwagen aus dem Tor und auf dem Landweg nach London. Unser Sohn David, der über Weihnachten hier gewesen war und mir in allem zur Seite stand, fuhr auch wieder nach London zurück, dort Ankunft und Verteilung an der Bondstreet zu regeln. Noch blieben zehn ungewisse Tage – das Haus war leer, nur die Vitrine wartete unberührt. Während die Sammlung ohne Schaden und ohne Verzug in London eintraf, bekam ich die Aufforderung, am 16. Januar, also einen Tag nach dem «Entscheid», zu einer Sitzung in London zu sein. Der ersehnte 15. Januar brach an; um 16 Uhr nachmittags gab mir Dr. Kundert grünes Licht, die Vitrine durfte nach London reisen! In den mir verbleibenden zwei Vorabend-Stunden organisierte ich fieberhaft: Welti-Furrer musste am 16. in der Früh nach Basel, vier Handtransporte zu je zwei Tragcartons vorbereiten, vier Flüge je zwei am 17. und am 18. waren zu reservieren, zwei Gärtner, ein Nachtwächter und ein Hilfsangestellter vom Büro Zürich sollten von Basel nach London fliegen. Drei sprachen kein Wort englisch, drei waren noch nie geflogen. Alles wurde ihnen genau erklärt. Am Mittwoch 16. flog ich selber an die genannte Sitzung, aber statt in London zu landen, trieb mich der Winternebel nach Manchester und ich steckte vier Stunden im Zoll, weil natürlich kein Sotheby's-Agent mich dort mit meinen Handtransporten anderer Provenienz erwartete, und immer wieder frug ich mich angstvoll, wie wird das anderntags mit der Vitrine gehen, man stelle sich vor, Manchester statt London! Als ich schliesslich abends 6 Uhr selber in London eintraf, konnte ich grad noch mit David vorbesprechen, wie alles am 17./18. laufen solle, der Rest war Sache des Himmels! Donnerstag 17. war nebelfrei, schönste Sonne schien, der Himmel war mit uns – und David stand glücklicherweise weit drin in der Ankunftshalle, denn der erste Gärtner wollte mit zwei Millionen Pfund Sterling Ware durch den «grünen Ausgang» marschieren. David schickte ihn zurück und warnte die anderen übers Telefon noch einmal. Derweil fieberte ich in den Sitzungen, aber alles ging glatt, und am Freitag 18., 16 Uhr war die ganze Herrlichkeit im Sicherheitsraum an der Bondstreet eingeliefert. Ich telefonierte von London aus Dr. Kundert, er könne die Versicherung sistieren – «Wie?, die Vitrine schon in London? Aber ich hab sie doch erst Dienstagabend freigegeben?» – ich: «Ja, aber ich dachte, lieber schnell!» – er: «Sie Schlaumeier, Cloister rief gerade an, sie wollten noch einmal kommen!» – ich: «Gerne, sie sollen sich an Sotheby's wenden!»

Ein paar Monate später, *nach* der Auktion, hörte ich, dass eine Interessentengruppe mit Peter Zervudachi sich abgesprochen hatte, die Vitrine zu kaufen und aufzuteilen! Und die Vitrine erbrachte, auch das wusste ich ein paar Monate später, 7,6 Millionen Pfund Sterling!

Schon an der ersten Besprechung der Anwälte mit uns hatte Peter Wilson vorgeschlagen, dass vor den Auktionen Ausstellungen der Sammlung als Propaganda durchzuführen seien. Man war sich einig, solche in Zürich (um nicht die Basler zu ärgern durch die Präsentation vermeintlich entgangenen Erbes) und in der Royal Academy in London durchzuführen. Paris kam der Ein- und Ausfuhrschwierigkeiten wegen nicht in Frage und Deutschland eher nicht, weil RvH ja selber nie mehr nach Deutschland gegangen war, doch hatten wir «die Rechnung ohne Herrn Abs» gemacht! Schon bald rief mich Walter Feilchenfeldt an und sagte, wir müssten unbedingt mit der Sammlung nach Frankfurt gehen! Ich war im Zweifel, aber schliesslich hatte Robert v. Hirsch dem «Städel» in Erinnerung an Dr. Schilling und Dr. Swarzenski zwei Sachen vermacht und die Wehrtener Kreuzigung an das Kölner Museum verkauft – und nun kam Dr. Abs, der Allgewaltige der Deutschen Bank, mit Feilchenfeldts sehr befreundet, und doppelte nach, erklärte mir auch seinen Finanzierungsplan, um für Deutschland möglichst viel zu kaufen – hatte der verstorbene Freund nicht gesagt: «Machen Sie gute Preise?!» Zu meiner Beruhigung hatten Familie und Anwälte Verständnis für den Vorschlag, und nach und nach gewannen alle die Gewissheit, dass auch Herr v. Hirsch einverstanden gewesen wäre. In Zürich sollte es Ende April der Vortragssaal des Kunsthauses, in Frankfurt im Mai die Räume im «Städel» sein (zu dessen Vorstand Rohi einst gehört hatte) und als letzte, kurz vor der Auktion, war es die Royal Academy. Überall leitete David, mein Sohn, die ganze Regie und packte überall selbst mit an. Die schönste Ausstellung war in Zürich – grosse Tulpenschalen erinnerten an den Garten an der Engelgasse, und das Interesse des Publikums war enorm. Frankfurt, wo Dr. Abs (der Rohi gut gekannt hatte) eine sehr schöne Einführung hielt, lieferte den «Grundstein» für den Erfolg der Auktion, die Heiligen Hallen der Royal Academy gaben den würdigen Abschluss der Vorbesichtigungen.

Inzwischen waren die Kataloge erschienen, natürlich hardbound, sehr schön gestaltet, vier gewichtige Bände mit guten Einführungen; sie trugen den Ruhm der Sammlung in die Welt hinaus und liessen gute Erwartungen wachsen. – Für die Auktion fuhren wir hinüber: Christine und ich, Fürst und Fürstin Dohna aus Basel und Dr. Michael Stettler (Freund von Hirsch, Dohnas und uns), dann die Anwälte und Alain Moirandat vom «Erasmushaus» in Basel. Dohnas, Stettler und wir wohnten im gemütlichen Basilstreet-Hotel, in dem Christine und ich schon mehrfach gewohnt hatten.

Alle Auktionen gingen gut, brachten ein Vielfaches der vorsichtigen Schätzungen, und auch die Vorbesprechungen vor jeder Auktion, wo die Limiten (Mindestpreise) festzusetzen waren, gingen problemlos vorüber.

Im Ganzen blieb nur *ein* Resultat enttäuschend: Renoirs Winterbild, das Herrn v. Hirsch besonders am Herzen lag, verkaufte sich für den damals geringen Preis von 150 000 Pfund Sterling an einen englischen Privatmann. Das Bild war vor der Auktion gereinigt worden, vielleicht einer jener Fälle, wo man solches besser dem Käufer überlassen hätte.

Für damalige Preise war das Resultat mit 25 Millionen Pfund Sterling (76 Millionen Franken) gewaltig, und die Erben waren denn auch zufrieden. Wichtiger aber noch war, dass ich sagen konnte, der verstorbene Sammler wäre mit allen Zuschlägen einverstanden gewesen – ausgenommen nur der obgenannte Renoir. Dr. Koetzsche vom Kunstgewerbemuseum Berlin erhielt das teuerste und beste Stück: die «Operatio» vom Remaklus-Retabel in Stavelot (Maasgebiet um 1150). Hatte nicht der alte Herr gesagt: «Sorgen Sie, dass er etwas Gutes bekommt!»

Nur ganz wenige Stücke gingen nach Amerika, das meiste dank Dr. Abs nach Deutschland, wo die Sammlung zum grossen Teil auch entstanden war.

Sohn David gilt ein besonderer Dank in dieser schönen Arbeit. Er war mit ganzer Kraft und mit grossem Können an meiner Seite. Er ist es auch, der den fünften Band des Katalogs zusammenstellte, eine Erinnerung an Haus und Sammler, samt einer Zusammenstellung der testamentarisch vergabten Stücke, die nicht zur Auktion kamen.

Pinky
Eines schönen Tages meldete sich ein bescheiden gekleideter Balletttänzer aus Rom im Londoner Jeweldepartment. Der Mann kam mit seiner Freundin und diese legte einen grossen rosa Stein, als Ring in Messing gefasst, auf den Tisch des Experten Peter Hinks. Dieser war am Telefon, begann aber mit dem Ring zu spielen und betrachtete ihn von allen Seiten, bis er, das Gespräch schnell zu Ende bringend, den Leuten sagte: «... but that's a pink diamond!» worauf diese antworteten: «Apparently, yes.» Als Hinks dann hörte, dass die Leute aus Rom kamen,

erklärte er ihnen, dann müsse der Ring in Zürich verkauft werden, weil er in England ausländischer Provenienz wegen hoher Luxussteuer unterworfen wäre. – Die Leute packten wieder ein, und als sie schon unter der Türe waren, rief ihnen Mr. Hinks noch nach: «…but tell me, how comes that you have such a stone?» Die Leute erklärten bereitwillig, sie hätten das Stück vor Jahren auf der Strasse gefunden, die Polizei habe ihnen den Stein nach Abklärung jedoch zurückgegeben. Peter Hinks verständigte mich und erzählte mir alles, was er wusste. – Anderntags kamen die Leute zu mir, ich übernahm den Stein, legte ihn in den Safe und sagte den Leuten, wir müssten unbedingt bald die Papiere haben, die ihnen Verfügungsrecht zugestehen würden. Sie versprachen letzteres und zogen ab. Wochen vergingen, sogar Monate, und trotzdem Nicholas Rayners Schwager in Rom monierte, es kamen keine Papiere. Der Stein war im Katalog, er war *das* Stück der Vente, und während der Vorbesichtigung waren die Kommentare der Juweliere vielversprechend.

Am Montag vor der Auktion, die auf Donnerstag angesetzt war, kamen die lieben Leute und brachten die ersehnten Papiere. Aber oh weh, diese besagten nur, dass der Ring einmal für 200 Franken und einmal für 300 Franken im römischen Pfandhaus verpfändet und wieder ausgelöst worden war.

Während wir uns kopfschüttelnd die Papiere ansahen, erzählte der Mann, er sei eines Nachts 1968 vor einem Nachtclub an der Via Cavour gewesen, hätte eine leere Marlborough-Schachtel auf dem Trottoir weggekickt und da sei der Stein herausgerollt. Er habe ihn hübsch gefunden, habe ihn für seine Freundin fassen lassen und diese hätte ihn getragen. Erst bei der zweiten Verpfändung habe ein kontrollierender Polizist entdeckt, dass es ein Diamant sei. Man habe dann den grossen Juwelier B. gerufen, der solches bestätigt habe. Dann habe die Polizei Ring und Leihschein einbehalten, den Leuten jedoch nach vierzehn Tagen beides zurückgegeben, da in keiner Akte der Verlust gemeldet war.

Beim Anhören dieses Berichts sagte ich sofort Graham Llewellyn und Nicholas Rayner, nach schweizerischem Recht könnten wir den Stein nicht verkaufen. Sie wollten und wollten es nicht glauben, bis der schliesslich herbeigerufene Anwalt unserer Firma, Dr. Paul Gmür, meinen Vorbehalt bestätigte. Der Stein musste zurückgegeben werden, die langen Gesichter der Engländer halfen nichts.

Zwei Stunden später war der Cocktail-Empfang. Unter den Gästen war der liebe Peter Zervudachi, sofort kam er wild gestikulierend auf mich zu: «…mais où est la pierre rose?!» Er hatte den Stein in der Vorbesichtigung gesehen. Nun zog ich ihn in eine Ecke und erklärte ihm flüsternd, die Eigentumsverhältnisse seien unklar, worauf er: «Mais oui, je l'avais offert à ma grande cliente Madame Bolzano, qui me dit, que cela pourrait être la pierre navette qu'elle avait perdu en 1968.» Ich sage ihm nur schnell, er solle keinesfalls weggehen, und eile zu den Engländern. Die Herren lachen mich aus und sagen, dieser Stein könne niemals vorher «navette» gewesen sein, wo er jetzt rectangulär sei! Ich bitte, Zervudachi zum nachfolgenden Staff-Dinner dabehalten zu dürfen, man weist mir missmutig mit ihm das untere Tischende neben den Porters zu, und während des Abendessens erfahre ich von Freund Peter, dass der Verlust in einem Nachtlokal in Rom gewesen sei, Madame Bolzano erinnere sich nicht mehr genau. Alle gehen auseinander, ich telefoniere heim. Christine mit gutem Instinkt bestärkt mich in meiner Überzeugung, die Fährte gefunden zu haben. Ich gehe zu Llewellyns hinauf, Madame ist schon im Bad, er sagt wieder, es sei alles Unsinn, ich solle nicht weiter suchen. Ich fahre heim. Anderntags in der Frühe rufe ich Zervudachi in Vevey an; er sagt, er könne die Bolzanos erst abends wieder erreichen, es sei schwer, mit ihnen zu telefonieren. – Der Tag geht langsam vorbei, manche potentielle Kunden reisen ab, weil der Stein fehlt. Abends um elf Uhr telefoniert mir Zervudachi, die Dame sage jetzt, es sei zwar jenes Nachtlokal gewesen, aber der Stein sei «poire» gewesen; mir reisst die Geduld, ich verlange, dass anderntags ein Apoderado mit den Akten nach Zürich komme, sonst übergäbe ich die Sache der Polizei. Mitternacht kommt die Nachricht, die Akten lägen bei der Holding in Zürich, und es komme der Anwalt und ein Direktor der Kreditanstalt mit den Unterlagen. – Mittwoch 10.30 Uhr sind die Herren im «Baur au Lac», ich schaue in die Juwelen-Liste: No. 7 ein rechteckiger rosa Diamant von 24.4 Karat, genau unser Stein, die Sache ist geklärt. Zervudachi versucht, Bolzanos zu erreichen, denn jetzt kann ich nur in *ihrem* Auftrag den Stein verkaufen und dem Tänzer einen rechten Finderlohn geben. Oder ich gebe den Stein der Polizei, und der Skandal, der 1968 vermieden wurde, platzt heute: Lokal und Gesellschaft waren gewiss nicht standesgemäss gewesen, und man hatte vorgezogen, abzuschreiben und zu vergessen. Gebe ich dem Mann den Stein zurück, dann hat er ihn im Handumdrehn unter der Hand verkauft; erst um 15 Uhr nachmittags erreicht Zervudachi von den Eigentümern nach langem Ringen, den Finderlohn in diesem Fall statt der allgemein üblichen zehn auf fünfzehn Prozent zu bringen! Der Stein ist wieder in der Auktion, alle Telefonkabinen im Baur au Lac sind besetzt, Tokyo – New York – Paris – London, überall weiss man, der Stein wird morgen verkauft!

Nachdem nun alles unter Dach war, begann ich mich zu fragen nach dem Wie und Wieso. Im Verzeichnis der Bolzano-Juwelen war der Stein als Ring aufgeführt, von Zervudachi hatten wir gehört, dass die Dame ihn relativ kurz vor dem Verlust hatte umfassen lassen in einen Anhänger. Nun gibt es verschiedene Möglichkeiten: entweder merkte die Dame selbst, dass der Stein sich löste, steckte ihn in eine leere Cigaretten-Schachtel, vergass es später im Nebel der frühen Morgenstunde (dem

Vernehmen nach halb vier Uhr früh) und warf selber die Schachtel beim Verlassen des Lokals weg, die unser Tänzer dann Augenblicke später wegkickte, als er des Weges kam. Oder aber, jemand hatte ihn ihr unbemerkt aus der Fassung gerissen, oder im Getümmel aufgelesen, steckte ihn seinerseits in die leere Schachtel, stiess beim Herausgehen auf eine Polizeipatrouille, warf schnell die Schachtel weg, um sie nachher wieder zu holen, in der Zwischenzeit kam aber der Tänzer. Oder noch anders. Sicher war, dass die Dame diesen Stein in diesem Lokal nicht hätte tragen sollen, sicher war auch, dass er nicht versichert war (Wohlhabende sparen mitunter an der Versicherung), so hatte die Polizei weder eine Meldung seitens der unangenehme Publizität fürchtenden Eigentümerin, noch seitens einer Versicherung und gab so den Stein irrtümlich frei. In der Schweiz hätte der Tänzer das Stück aufs Fundbüro bringen müssen, sobald er wusste, dass er nicht Glas war, wie er anfänglich angenommen hatte, und noch viel eher hätte die Polizei den Stein in Verwahrung behalten und publizieren müssen, ferner bei solchem Wert frühestens nach fünf bis zehn Jahren dem Finder zur freien Verfügung rückerstatten dürfen. – Aber ebenso sicher war für mich, dass der Tänzer ein ehrlicher Finder war, andernfalls hätte er nie den Weg zur öffentlichen Auktion genommen. Kurz nachdem ich das niedergeschrieben hatte, traf ich, jetzt im November 1991, Graham Llewellyn in Genf, und beim Erwähnen meiner Aufzeichnungen erzählt er mir noch ein mir bis dahin unbekanntes, hübsches Detail: In der Zeit, wo unser Tänzer und die Seinen noch glaubten, der Stein sei pures Glas, lieh er den «rosa Ring» mitunter der Mutter der Tänzerin, die eine besonders grosse Freude an dem Ring hatte; plötzlich starb die alte Frau und hatte den Ring am Finger und die liebevolle Tochter und ihr Freund überlegten ernstlich, ob sie die Mama nicht mit dem Ring, den sie so geliebt, begraben wollten – nie wären wir zu unserer Pinky-Auktion gekommen!!

Doch jetzt zurück zum Geschehen im Baur au Lac am 6. Mai 1976: Donnerstag – Auktionstag! Wir merken, dass die Händler sich zum «Ring» zusammenschliessen, um den Stein nicht hochgehen zu lassen (wie das gemacht wird, erklärte ich früher). So sagten wir uns, wenn schon, dann aber muss wenigstens der Mindestpreis von 800 000 Franken auf 1 600 000 Franken heraufgesetzt werden, damit der «Ring» wenigstens teuer kaufen muss. Ein letztes Mal müssen die Eigentümer angerufen werden, sie sagen, macht, was ihr wollt. Graham Llewellyn ist Auktionator. Wir haben eine englische Dame, die den Stein will, aber sich geniert, zu bieten. Meine Zürcher Freundinnen haben alle Angst, für die Dame stellvertretend zu bieten. So sagen wir der Engländerin, sie solle ihren Katalog «beissen» solange sie bietet und sie solle es vorher bei ein paar anderen Nummern schon machen (ohne Kaufabsicht), dann denke der Saal einfach, sie habe eigenartige Gewohnheiten. – Der Stein kommt. Paul Fisher aus New York ist als einziger ausserhalb des Rings geblieben – er jagt gegen die Limite und geht bis auf 1,8 Millionen, aber die Dame beisst, jetzt passt Fisher, aber ganz hinten in der Saalmitte, ein unbekannter Herr mit Pfeife im Mund, macht ein Zeichen, die Engländerin hält bis 2,4 Millionen, jetzt will Graham sicher sein und fragt den Herrn hinten: «Are you bidding, Sir?» Direkt vor dem Herrn sitzt ein kleiner Juwelier aus Berlin und meint, Graham richte sich an ihn, er schreit auf: «Nein, nein, um Himmelswillen», der Saal lacht, der Herr hinten nimmt endlich die Pfeife aus dem Mund und sagt: «I am bidding» – 2,6 Millionen, die Engländerin ist ausgeschieden, der Hammer fällt, aber *wer* ist der Käufer? (Es war ja noch die Zeit des alten Stils, keine Paddel, wer kaufte, bekam ein Kärtchen gebracht, das nach einer Weile ausgefüllt zum Rostrum zurückkam.) Wir erlebten also bange Warteminuten, während derer die Auktion weiterlief, endlich kam das Kärtchen zurück: «Mouawad, Jeddha», der Hofjuwelier des saudiarabischen Königs. Alle Sorge wich, grosser Jubel auf dem Rostrum, grosser Jubel auch beim Tänzer, schliesslich bekam er 400 000 Franken Finderlohn, und Zervudachi? Der bekam von uns, was andere nicht glaubten, ihm zu schulden.

Taktik und Service
Ich erzählte zu Anfang, dass mir das Dienen immer ein Anliegen war und dass es am meisten Befriedigung brachte, für einen Verkäufer gut zu verkaufen, oder aber dem Käufer das zu verschaffen, was zu ihm sollte. Wenn Robert v. Hirsch zu Bonhoeffer sagte, er «gebe mir die Sammlung, weil ich nie darnach gefragt hätte», dann ist das für *ihn* die richtige Taktik gewesen, wobei bei ihm jedes «Darnachfragen» schon aus Respekt überhaupt nicht in Frage kam. Aber es gibt andere Sammler, die *wollen* gefragt werden, in irgendeiner Weise geehrt und beehrt werden. Es gibt dafür kein Rezept. Peter Wilson sagte mir ganz zu Anfang: «Never knock a door – but let people know, what we do and what you do!» Also man musste möglichst gut wissen, wo was vorhanden war, wer mit wem verwandt zur Einführung helfen konnte, wer was sammelt und gerne erfährt, was im Angebot steht oder welche Preise erzielt werden können. Meine genealogischen Kenntnisse waren immer nützlich – es war gut, zu wissen, wer von wem abstammt und sich für etwas interessieren müsste. Aber eben, es ist einem so gegeben oder man macht es auf andere Art. Unsere Konkurrenz hatte mancherorts mit direkterer, angriffiger Taktik gute Erfolge. Immer wieder predigte ich den Herren in London, es würde sich bezahlt machen, wenn ein Allround-Kenner regelmässig die Länder bereiste und uns lokalen Repräsentanten die Möglichkeit gäbe, Kontaktbesuche zu organisieren; es ist ein grosser Unterschied, ob ich als Repräsentant anrufe und mich anmelde – das kommt auf

Doorknocking heraus: Kann ich aber anfragen, ob Director Soundso aus London einen Besuch machen dürfe, dann ist das für viele Sammler willkommen, sie erwarten, etwas zu erfahren vom grossen Marktgeschehen, sie fühlen sich geehrt, dass «jemand extra kommt». Aber meistens hatte niemand Zeit, und es blieb Glücksache, ob wir vom Kunden angesprochen würden. Etwas konnte, besser, kann man tun: man schickt Kataloge, in denen Objekte sind, ähnlich denen, die der Sammler hat, oder man gibt Resultate durch, die von Interesse sein können. Ja sogar, wenn man in anderen Auktionshäusern Stücke sieht, die den Sammler interessieren könnten, lohnt es sich, ja es macht sich gut, solche dem Sammler quasi altruistisch zu signalisieren. Aber all das geht natürlich nur, wo erste Kontakte oder erste Kenntnis schon da sind.

Aber andererseits muss man sich immer wieder sagen, dass unsere Branche eine gleichwertige Konkurrenz ganz besonders nötig hat. Einmal, damit man nie bequem und «fett» wird, immer kämpferisch und aktiv bleibt. Aber mehr noch: der freiwillige Verkäufer – und die meisten unserer Kunden sind es – muss die Möglichkeit haben, den einen Auktionator zu fragen *und* den andern, denn Christie's und Sotheby's haben genau die gleichen Prinzipien, die gleiche Technik und die gleichen Kunden, kurz die gleichen Möglichkeiten. Aber, einmal sind die Experten einer bestimmten Sparte beim einen besser als beim andern, oder, wo sie gleich gut sind, ist der eine kühner als der andere. Nicht immer muss man zu dem gehen, der höhere Schätzungen gibt, denn sehr oft gibt er sie einfach, wissend, was die andere Firma geboten hat und somit logischerweise höher quotierend, um den Auftrag zu bekommen. Kluge Verkäufer konsultieren beide, aber behalten für sich, was der erste gesagt hat – oder aber, Verkäufer wissen selbst, was sie wollen, und vertrauen der Ehrlichkeit und dem Können des Auftragnehmers. Schliesslich muss ja bedacht bleiben, dass der Auktionator selbst das grösste Interesse hat, *gut* zu verkaufen, lebt er doch von der proportionalen Kommission, und je höher der erzielte Preis, desto höher die verdiente Kommission. 1969, als Sotheby's mich verpflichtete, gab es nur eine Kommission des Verkäufers, und die Engländer wiesen entrüstet die schweizerische Praxis eines zusätzlichen «Aufgelds» des Käufers von sich mit den Worten, es sei unmoralisch, von zwei Seiten Geld zu bekommen! Doch die Zeiten änderten und Mitte der siebziger Jahre begann man auch in London von zwei Seiten zu nehmen, einfach weil die Verkäuferkommission nicht ausreichte, die Firma ohne Verlust arbeiten zu lassen. Ein anderes war es, dass bis Mitte der siebziger Jahre in den Katalogen keine Schätzpreise standen und somit die Interessierten in London oder bei den ausländischen Niederlassungen nach dem Schätzpreis fragen mussten. Dieses Verfahren was besonders bei grossen und schwer schätzbaren Objekten sehr wertvoll, konnte man doch so schon *vor* der Auktion ungefähr ermessen, wie gross die Nachfrage bei einem Objekt sein würde, ja man setzte den Mindestpreis erst unmittelbar vor der Auktion definitiv fest. In früherer Zeit hatte man in den Büros vertrauliche Listen mit zunächst provisorischen Schätzpreisen. Aber die immer grössere Ausweitung des Kundenkreises weltweit machte es wie erwähnt nötig, feste Schätzpreise im Katalog einzusetzen. Immerhin blieb damals die Freiheit, die Spanne der Schätzung bei Ungewissheit möglichst weit zu wählen (also zum Beispiel 100–200). Noch immer war man aber auch völlig frei, den Mindestpreis in Absprache mit dem Verkäufer in richtiger Marktbeurteilung irgendwo unabhängig von unterer oder oberer Schätzung anzusetzen (hierzu nachher das Beispiel von Herrn Lyons Matisse). Mit dem aus den USA kommenden, immer lauteren Ruf nach völliger «Transparenz» sind wir aber heute soweit, dass oft gegen das öffentliche Interesse Bestimmungen und Durchsichtigkeiten gefordert werden, wie sie der Einzelhandel im Laden entrüstet von sich weisen würde, und das bei Objekten, die ihrer Einmaligkeit wegen tatsächlich den Wert in erster Linie aus Angebot und Nachfrage erhalten; was waren es für schöne Zeiten, wo man noch flexibel sein durfte.

Ein anderes gehört in dieses Kapitel: Sotheby's und Christie's sind aus Berufsethos als klassische Kommissionäre (ausschliesslich Auktions-, kein Galerie- oder Ladengeschäft) etabliert, ein Prinzip, das in Frankreich von Gesetzes wegen dem «Commissaire priseur» auferlegt ist, dem aber in der Schweiz gar nicht nachgelebt wird. Hier dürfen Auktionatoren auch Eigentümer eines angebotenen Stücks sein, dürfen auch ein unverkauftes Stück in der Auktion zum Mindestpreis sich selber zuschlagen, womit sie es zu einem Preis an sich bringen, der um die Verkäuferkommission und das Aufgeld niedriger ist als der jedes Drittkäufers – eine ideale (aber unfaire) Methode für Galerie- und Ladenverkauf, gute Gewinne zu schaffen. Dies hat aber auch schon zu Kapitalknappheit geführt, wo man sich ein allzu grosses «Günstiglager» zugelegt hatte.

Sotheby's echte Konkurrenz ist Christie's, sowohl an Grösse, als auch an Ethos und Macht – aber dennoch ist Christie's nicht einfach Konkurrenz. Der Kunstmarkt hat viele Jahre und in vielen Gebieten eine klare Aufteilung insofern gehabt, als Sotheby's ursprünglich in erster Linie Auktionator für Bücher, Autographen, Bibliotheken und nur in Ausnahmefällen für Bilder, Möbel und Juwelen war, letztere dagegen waren Sache von Christie's. Erst Peter Wilson hat das Angebot auf den gleichen Rang wie Christie's gebracht. Aber besonders die Eigentümer alter Meister, wie die englische und europäische Nobilität, kennen von Vätern, Grossvätern, ja Urgrossvätern im Zusammenhang mit dem An- und auch Verkauf «gewohnheitsmässig», quasi von alters her den Namen Christie's besser und betrachten Sotheby's als «Newcomer». Bei den Impressionisten und Modernen, wo der Besitz jüngeren Datums ist, fällt dieses Handicap für Sotheby's weg, und es ist daher bezeichnend, dass Peter Wilson auf diesem Gebiet seinen massiven Erfolg machen konnte, der dazu führte, dass Sotheby's zu seiner Zeit den doppelten Umsatz von Christie's machen konnte. In neuerer Zeit hat Sotheby's an Volumen eingebüsst, Christie's hat aufgeholt, und heute liegt das Rennen da und dort beinahe Nase an Nase. Es sind mehr die einzelnen Departments, die beim einen stärker sind als beim andern. Christie's hatte dank Hanns Nadelhoffer lange Jahre in Juwelen die Oberhand – heute verschiebt sich das Verhältnis zu Gunsten von Sotheby's. Peter Wilsons Ausscheiden ohne vorgeschulten Nachfolger erwies sich auch als starker Marktverlust, während bei Christie's die Nachfolge an oberster Stelle glücklicher gelöst war. Als Abschluss zu diesen allgemeinen Überlegungen diene, was ich mit einer bekannten schottischen Adligen erlebte: an der Bestattungsfeier für unseren Freund Sir Douglas Glover («Freudenberg» Rotkreuz) in London, wo ich zum ersten Mal Prime Minister Thatcher länger sprechen durfte, erhielt ich nachher den Auftrag, eine schottische Herzogin beim Lunch zu betreuen. Nach einer Weile gesprächig geworden, frug sie mich: «Who are you? – Sotheby's?!» und als ich bejahte, fuhr sie fort: «Oh yes, with Christie's we do the pictures and the jewels – with you we do the books and the miniatures –.» Beide Häuser sind nötig, beide Häuser haben Qualitäten und Fehler, und würde einer fehlen, so müsste man ihn erfinden!

Der Hans Baldung Grien
Eines Tages 1969 kam eine Frau – sie war Lehrerin – in unser schottisches Büro, das damals von Duncan McLaren geleitet wurde. Sie brachte unter dem Arm ein altes Bild mit, eine Holztafel mit einer nackten Eva mit dem Tod. Sie erzählte, ihr Grossvater sei der Kunst-Einkäufer eines schottischen Herzogs gewesen, doch habe die Duchesse damals dieses Bild als unanständig zurückgewiesen und so sei der Grossvater auf dem Bild sitzengeblieben; sie selber habe es jetzt satt, es im Esszimmer hängen zu haben, sie möchte es verkaufen, um sich einen kleinen Austin zu erstehen für den Weg zur Schule – ob das wohl möglich sei? Duncan versicherte sofort, es würden vermutlich mehrere Austin herauskommen, er werde das Bild nach London weiterleiten. – Schon am nächsten Tag kam ein aufgeregter Anruf von Carmen Gronau: das Bild sei ein Hans Baldung Grien und werde einen gewaltigen Preis bringen; es wurde am 3. Dezember 1969 verkauft für einen Preis, der damals etwa zwei Millionen Schweizerfranken entsprach. Im Sommer 1990 habe ich das Bild wieder gesehen im Kunstmuseum in Ottawa. Hätte Sotheby's das Bild auf eigene Rechnung kaufen dürfen und der Lehrerin zehn Austins finanziert... Ich war froh, dass unsere Ethik solches verbietet.

Herr Lyon aus Zürich kauft einen Matisse
Auf einer grossen Impressionisten-Auktion in London gab es neben anderen guten Bildern einen schönen Matisse. Unser Kunde, Herr Lyon, war interessiert. Das Bild stand mit 650 000 bis 700 000 Pfund in der Schätzung. Der Auktionator begann tief, mit 300 000, der einzige im Saal, der bot, war Herr Lyon, der Auktionator geht auf 330 000, wieder nur der Finger von L., der Auktionator sagt 350 000, L. bietet, und nach einem Blick in den Saal, einem «no more?», lässt der Auktionator den Hammer fallen. Die Mehrheit der Leute im Saal hatte Herrn Lyons Finger gar nicht gesehen und nahm an, das Bild sei unverkauft. Aber es *war* verkauft und L. hatte es gekauft – was war geschehen? Wie war das möglich?

1970 hatte Kunsthändler Bertram das Bild einer englischen Lady für eine Million Pfund verkauft. 1972 starb die Sammlerin, und die Testamentvollstrecker gaben eine Gruppe von fünfzehn Bildern an Sotheby's mit einer vereinbarten Global-Limite von 25 Millionen. Unser Matisse (geschätzt unter Abzug der wenige Jahre zurückliegenden Händlermarge) war das letzte Bild der Gruppe; die erzielte Summe war schon weit über 35 Millionen und so konnte der Auktionator auch unter der Schätzung zuschlagen. Herr Lyon ist gestorben, aber jedesmal, wenn wir uns trafen, freuten wir uns seines Auktionsglücks. Jeder kann einmal solches Glück haben, nur muss er die Geduld haben, es abzuwarten.

Der Graphologe Otto Schreiber
Vor etwa acht Jahren verkaufte Christie's einen sehr bedeutenden Chirico und führte ihn auf als «…from the collection of Mr. Otto Schreiber in Zürich», mit vollem Namen und Wohnort also. Ich staunte über diese unverhüllte Nennung eines hier lebenden Verkäufers. Logischerweise merkte ich mir den Namen des Herrn als eines potentiellen Kunden. Einige Jahre später meldete mein Tessiner Verbindungsmann, er habe gehört, dass ein Graphologe in Zürich, der grossen Ärger mit Sotheby's gehabt habe, einen sehr bedeutenden Schiele verkaufen wolle. Ich reimte mir zusammen, dass mein Herr Otto Schreiber der Betreffende sei, dass er Ärger gehabt habe, nicht mit *Sotheby's*, sondern mit Christie's (eben wegen der publiken Namensnennung); ich setzte mich hin und schrieb – meiner Handschrift vertrauend – eine handschriftliche Bewerbung für den Verkauf seines Schiele. Ich schlug ihm vor, falls ihm meine Schrift genehm sei, sich telefonisch unter Decknamen zu melden. Der vorgeschlagene Deckname war die erste Silbe seiner Adresse. In der Tat, am andern Morgen schon meldete sich «Herr Geiss», er hätte meine Karte bekommen und wir könnten sein Bild im Kunsthaus bewerten. Der Experte von London kam, sah das Bild, es war ein schwieriger, religiöser Schiele; unser Herr schätzte zaghaft. Christie's schätzte höher,

und trotz früheren Ärgers ging das Bild wieder zur Konkurrenz und wurde erfolgreich verkauft. – Aber mit Otto Schreiber blieb ich freundschaftlich verbunden bis zu seinem Tod, machte auch von seinem grossen graphologischen Wissen Gebrauch und vergass das Pech mit dem Schiele bis zum 13. Januar 1995, einem Freitag, wo die Neue Zürcher Zeitung berichtete, dass der bewusste Schiele als Fälschung deklariert sei und der Oberste Gerichtshof in London Christie's anweise, der seinerzeitigen Käuferin den Kaufpreis samt Zinsen seit 1987, insgesamt rund 800 000 Pfund Sterling, zurückzuerstatten. Hatte vielleicht der zögernde Sotheby's-Experte doch recht gehabt?

Ja, das ist vielleicht eine generelle, mir unerklärliche Erfahrung der letzten zwanzig Jahre: Christie's hat ganz zu Anfang meiner Karriere zwei hochwichtige Renoir viermal höher angesetzt als unsere Herren und hat sie erfolgreich verkauft, und das Gleiche habe ich immer wieder bis zum heutigen Tag erlebt, ohne mir erklären zu können, wieso die Konkurrenz so viel «frecher» sein kann und oft auch erfolgreich die Frechheit unter Beweis stellt. Ob es mit der «alten Tradition» zusammenhängt, dass man jener Firma käuferseits eher «abnimmt» was sie ansetzt? Natürlich kennen wir nur jene Fälle, wo auch wir konsultiert wurden, der Auftrag aber an die andern ging! Im grossen und ganzen zeigen ja die Erfolgsmeldungen bei Sotheby's oft bessere Verkaufs-Prozente als bei der Konkurrenz.

Sassoon
Im mosaischen Glauben dürfen «heilige Schriften», Schriften religiösen Inhalts, die ausser Gebrauch gekommen sind, nicht vernichtet werden. So enthielten die Keller der Synagogen im trockenen Ägypten unendliche Schätze uralter Tempelbücher (um diesen Sammelbegriff zu gebrauchen), die, des trockenen Klimas wegen, bestens erhalten waren. Tausend- oder vielhundertjährige Bücher und Schriften solcher Provenienz wurden von schlauen Räubern durch Mauerschlitze entwendet und in Verkauf gebracht. Die Familie Sassoon, wohlhabende Financiers des vorderen Orients, setzten sich frühzeitig zum Ziel, solche Schriften zu sammeln und zu bewahren. Die Anzahl der Schriften war im Verlauf der letzten hundert Jahre so gross geworden, dass die Familie sich entschloss, einen Teil zu verkaufen. Die Schätze waren gelagert im Zürcher Freihafen. Unter den möglichen Verkaufsplätzen London, New York, Tel Aviv oder Zürich fiel die Wahl auf letzteres. Man rechnete hier auf geringste steuerliche Kosten, aber auch auf bessere Sicherheit. Die erste Auktion ging 1975 problemlos über die Bühne und brachte viele neue interessierte Sammler auf den Plan. Nach dem ersten Versuch wurde drei Jahre später eine Auswahl der allerbedeutendsten Schriften zusammengestellt und von Professor Abramski mit grossem Fachwissen katalogi-

siert. Mich interessierte dieses mir bisher völlig verschlossene Gebiet
enorm und, obwohl der hebräischen Schrift unkundig, bemühte ich
mich, den kommenden Besuchern brauchbare Auskunft zu geben.
Mit zu den wichtigsten Schriften gehörten Originalmanuskripte des
Maimonides (12. Jahrhundert unserer Zeitrechnung). Einige Tage *vor*
dieser zweiten Auktion zeigten sich scheinbar unüberwindliche Schwierigkeiten:

Die israelische Regierung liess uns und die Eigentümer wissen, dass
der Staat Israel eine Anzahl der Bücher zu erwerben wünsche und, sollte
solches nicht gelingen, die verkaufende Partei die «Ungnade» der israelischen Behörden zu gewärtigen habe. Die Eigentümer waren verständlicherweise nicht bereit, die gewünschten Nummern zurückzuziehen
und auszuhändigen, besonders da ein Preisansatz bei derlei Stücken,
ohne Erfahrungswerte, praktisch unmöglich gewesen wäre. Blieben aber
die Schriften in der Auktion, wie konnte garantiert werden, dass Israel
der Höchstbietende im Raum sein würde? – Im «Baur au Lac» sass in
einem Zimmer der Anwalt der Familie Sassoon. Gegenüber, durch ein
Mittelzimmer, wo wir sassen, getrennt, sassen die Herren von Israel.
Wir versuchten zu vermitteln, aber beide Parteien beharrten, die einen
auf ihrem Recht, die andern auf ihrer Forderung. Ich glaube mich zu erinnern, dass *ich* das Ei des Columbus fand: Edgar Mannheimer, unser
lieber Freund, Kunde und Kollege, sollte für Israel so lange bieten, bis
der Hammer fiele, alle andern Interessenten der Welt aus dem Feld schlagend. Israel würde den geforderten Preis bezahlen, *aber* die Familie
Sassoon würde die Differenz zwischen Hammerpreis und oberer Katalogschätzung rückvergüten an Israel. Israel bekäme so alles, aber kein
Stück höher als zum oberen Schätzwert. Die Parteien waren einverstanden, und die Auktion ging zu aller Zufriedenheit durch. Beide Parteien
dankten, und Mannheimer war stolz, eine so wichtige Rolle in der Welt
gespielt zu haben.

Die Porzellansammlung Schuler
Es gab auch schöne Beispiele, wo wir die Konkurrenz aus dem Feld
schlagen durften. Der wohl schönste Fall war die Sammlung Schuler in
Langenthal.

Peter Schuler, Junggeselle, wohlhabender Erbonkel vieler vornehmer
Langenthaler, hatte eine bedeutende Porzellansammlung im Lauf vieler
Jahre aufgebaut, bedeutendes Schweizer Porzellan Zürich und Nyon,
herrliches, hochbedeutendes Meissen. Der Sammler liebte es, zu Lebzeiten andere Sammler wie Freddy Schwarzenbach zu besuchen, aber
auch allen potentiellen Auktionatoren zu versprechen, dass sie dereinst
nach seinem Tod die Sammlung verkaufen dürften. Peter Schuler starb,
wir überlegten. Schliesslich begannen wir über unsere Mitarbeiterin

Emely Edwards (später Scioli) beim Neffen des Verstorbenen, Leo Schuler, seines Zeichens Direktor der Kantonalbank Langenthal, zu antichambrieren. Emely war über ihre Mutter mit Schuler verwandt. Kein Echo..., und nach einiger Zeit wurde bei Fischer in Luzern das Schweizer Porzellan erfolgreich versteigert. Wir wussten, dass in späterem Zeitpunkt das Meissen noch zur Versteigerung kommen würde. Über einen inzwischen verstorbenen Arzt, über Dr. Andreina Torre, über Edwin Frey gingen unsere Sondierungen. Schliesslich erfuhren wir eines Tages über den erstgenannten Arzt, dass Christie's die Sammlung bewertet hatte, aber dank Freys Insistieren wurden auch wir zu einer Bewertung der Sammlung gerufen. Tim Clarke, Alt-Chef der Porzellanabteilung, hatte den Sammler persönlich gut gekannt, sein Nachfolger Palmer galt als fachlich gut, aber gehemmt im Umgang; so wurde Clarke für die Schätzung aufgefordert. Er entledigte sich seiner Aufgabe in gewohnter Weise, euphorisch-optimistisch. Nach Abgabe der Schätzungslisten im Januar zogen sich die Verhandlungen beider Auktionshäuser schleppend bis zum Frühjahr hin. Leo Schuler betonte, keine Eile zu haben und von anderen Erben abhängig zu sein. – Christine und ich wollten Ende März auf ein paar Tage nach San Remo zur Erholung. Vor der Abreise informierte ich Herrn Schuler telefonisch über meine bevorstehende kurze Abwesenheit und vereinbarte neue Verbindungsaufnahme nach meiner Rückkehr. Er war damit einverstanden.

An einem der letzten Ferientage, einem Donnerstag, rief mich unser Arzt in San Remo an und informierte mich, dass Christie's mit Schuler abgeschlossen habe, unsere Konkurrenz habe eine All-in-Kommission (alle Kosten wie Versicherung, Transport, Katalogabbildungen und so weiter inbegriffen) von fünf Prozent angeboten; so sei abgeschlossen worden. Am Montag werde gepackt. Was tun? – Ich überlegte und fasste in Ruhe einen Plan.

Als erstes rief ich Herrn Schuler von San Remo aus an, ich müsse wegen einer Unterschrift am kommenden Samstag in Zürich sein, ob wir uns vielleicht im späteren Nachmittag noch treffen könnten? Ich könne ungefähr um achtzehn Uhr in Langenthal sein. Er war zu meiner Überraschung sofort einverstanden, wollte aber entgegenkommenderweise mich in Zürich treffen, worauf ich als Mitte eine Zusammenkunft im «Roten Haus» in Brugg vorschlug, womit er einverstanden war.

Übers Telefon diktierte ich nach Zürich einen sehr elaborierten Vertrag, der alle Details, wie Vor-Ausstellungen, Kataloggestaltung und anderes mehr, enthielt und bewusst so formuliert war, dass ein Kunde Vertrauen bekommen konnte. Beim Punkt Verkäufer-Kommission waren *keine* Prozente genannt, nur das %-Zeichen hinter einer offengelassenen Leerstelle. Dieser Vertrag, schön ausgefertigt, sollte mich mit dem treuen Welti-Furrer-Chauffeur Herr Meier in Kloten erwarten.

Inzwischen war es Samstag geworden. Christine und ich fuhren früh los, denn zum Lunch waren wir in Cannes bei Florence Gould erwartet. Mit der Genannten verband mich eine herzliche Freundschaft, seit sie mir 1980 in Zürich ihre Juwelen zum Verkauf anvertraut hatte; darüber an anderer Stelle. An dem herrlichen Mittagessen auf rotseidenem Tischtuch mit goldenen Tellern und Bestecken sass ich rechts von der Gastgeberin und versuchte meine Spannung nicht zu zeigen. Beim Abschied bekam Christine herrliches Parfum, ich eine grosse Foie-gras-Terrine. Gleich nach Tisch ging's zum Flughafen, ich nach Zürich, Christine zu Verwandten in der Nähe von Cannes.

In Zürich erwartete mich Herr Meier, alle Papiere waren gut gemacht, und wir kamen pünktlich in Brugg an. Ich frug den gleichzeitig eintreffenden Herrn Schuler, ob er zuerst zu essen wünsche oder gleich mit der Arbeit beginnen wolle. Verständlicherweise wählte er letzteres Vorgehen. Wir setzten uns in eine stille Ecke, und ohne lange Einleitung übergab ich meinem Vis-à-vis den Vertragsentwurf, den er sorgfältig studierte, zweimal von A bis Z durchlas. Dann sagte er, der Vertrag gefalle ihm, nur finde er keine Angabe über die Höhe der an uns zu bezahlenden Kommission, worauf ich: «Bitte setzen Sie die Zahl ein!» – er stutzte, überlegte einen Augenblick, dann sagte er: «Wären Sie mit sieben Prozent einverstanden?» Jubelnden Herzens bejahte ich sofort und bat um seine Unterschrift, die er sogleich unter das Dokument setzte. Dann fügte er noch bei, wegen seiner Miterben sollte er auf einen fixen räsonnablen Mindesterlös kommen (damals verwendete man den Ausdruck «Garantie» nicht, aber de facto handelte es sich um eine solche). Wir vereinbarten formlos den unteren Schätzwert von Tim Clarke – ich ahnte nicht, dass daraus Schwierigkeiten entstehen würden!

Bei Tisch sagte Leo Schuler, als wir mit rotem Landwein anstiessen: «Jetzt muss ich halt Christie's berichten, sie könnten am Montag nicht zum Packen kommen.» – Ich heuchelte Überraschung aber sagte nichts, wir genossen ein gutes Nachtessen.

Bevor ich über das weniger ruhmreiche Londoner Nachspiel berichte, zu dem ich kein Zutun hatte, will ich noch erzählen, dass ich auch in einem zweiten Fall mit der dem Verkäufer freigestellten Kommission Glück hatte: Wenige Tage vor seinem Tod kam Gianni Torre, der liebenswerte Mann von Dr. Andreina, mit seiner Frau ins Büro, um mit uns über den Verkauf seiner Dosensammlung zu verhandeln; auch da wusste ich, dass man gleichzeitig mit Christie's im Gespräch war. Wir waren über alle Punkte einig, und Gianni frug nach der Kommission; ich sagte: «Die kannst du bestimmen» – worauf er: «Sechs Prozent, alles inbegriffen» – und da solches eine nur um die Nebenkosten verringerte normale Händler-Kommission war, gab ich ihm die Hand, nicht ahnend, dass es Giannis letzter Händedruck sein sollte.

Doch zurück zu Schuler: zuerst erfolgte eine sehr hübsche Ausstellung der Sammlung in «Mariafeld» in den oberen Räumen, um schweizerischen Sammlern und den Mitgliedern der deutschen «Keramos» die Möglichkeit zu geben, die Sammlung zu sehen, was denn auch mit gutem Erfolg stattfand unter der Ägide von Dr. Rudolf Schnyder (Landesmuseumsdirektor Porzellan). Dann reiste die Sammlung nach London.

Schon beim Erstellen des Katalogs zeigten sich Schwierigkeiten; Tim Clarkes Schätzungen wurden als zu hoch bezeichnet, die Weihwasserkumme der Kaiserin Maria Theresia war nicht in ihrem ursprünglichen Zustand, die grossen gelben Vasen wurden als falsch, die blauen als fragwürdig bezeichnet; doch das Schlimmste sollte erst kommen: Auf dem Schutzumschlag war eine «Hausmaler»-Schale besonderer Art und von grossem Interesse als Prunkstück herausgestellt. Kurz nach Erscheinen des Katalogs meldete sich eine Kuratorin des «Grünen Gewölbes» in Dresden und verlangte die Herausgabe der Schale, sie sei nach 1945 aus den dortigen Beständen verschwunden. Jock Palmer, der nicht allzu interessierte Verantwortliche für den Verkauf der Sammlung, er war seinem Vorgänger Tim Clarke eifersüchtig und übel gesinnt, bat mich, den Einlieferer Schuler bezüglich der Schale zu konsultieren, der natürlich erklärte, ganz sicher habe sein Onkel das Stück nicht gestohlen und ganz sicher nichts über dessen möglicherweise nicht ganz lautere Provenienz gewusst, er als Erbe denke nicht daran, die Schale auszuhändigen. Statt nun, eingedenk des wahren Sachverhalts, geschickt mit Dresden zu verhandeln, zeigte Palmer der Kuratorin die kalte Schulter und liess die Sache auf sich beruhen. (Wir wussten in diesem Zeitpunkt bereits, auf Grund von Angaben einer Wohlinformierten, dass die Schale in der Nachkriegszeit im Tausch gegen Cigaretten aus Dresden weggekommen war; ob der Cigaretten*empfänger* von damals von dem Rückforderungsbegehren wusste, blieb unklar.) Von Zürich aus sah auch ich nicht durch. Heute wüsste ich, dass man verhandeln kann und muss. Da solches nicht geschah, kam die rachsüchtige Kuratorin zur Auktion und streute so viel Negatives über die Sammlung unter die Interessenten, dass zahlreiche grosse, gute Stücke angezweifelt wurden und unverkauft liegen blieben. Die Auktion wurde ein Misserfolg.

Aber zwischen Leo Schuler und mir war mittlerweile eine so gute Freundschaft gewachsen, dass er «gute Miene zum bösen Spiel» machte. Nachverkäufe, Zinsleistungen für Verzögerungen und Rücknahmen von seiten Schulers halfen zum Ausgleich. Schuler handelte nicht nur wie ein Gentleman, sondern wie ein Freund.

Das noch grösste Stück der Sammlung, ein Set von fünf weissen mit Vögeln und Blumen bemalten Vasen, eine mit Ritzdatum von 1734, blieb nach einem zweiten Fehlausruf in New York liegen. Immerhin gelang es, das Getty-Museum in Malibu zu motivieren, die Vasen als Leihgaben auszustellen; ob daraus noch ein besiegelnder Ankauf werden wird, who knows?

Nach meinem jubelnden Start lehrte mich diese Erfahrung einmal mehr, man soll den Tag nicht vor dem Abend loben!

Was ist was? Wer ist wer?
Schon ganz zu Anfang lernte ich, wie es bei Sotheby's und Christie's mit der Echtheit der angebotenen Stücke steht und welcher Verantwortung das Haus verpflichtet ist. Genaue Definitionen über zum Beispiel Authentizität eines Bildes stehen am Anfang der Bilder-Kataloge: ein Rubens ist dann über jeden Zweifel erhaben, wenn der Maler als «Sir Peter Paul Rubens» genannt ist. Eine so sichere Attribution beruht meistens nicht nur auf sichtbaren Kennzeichen wie Leinwand, Farben, Stil, Pinselstrich, Sujet und Signatur, sondern auch noch auf zweifelsfreiem Pedigree eines Bildes. Solches kann beginnen mit einem Tagebucheintrag des Künstlers, vielleicht sogar hinweisend auf einen Auftraggeber und von diesem an klare Besitzerfolge bis zum heutigen Tag. Sind schon gewisse Einschränkungen da, heisst der Maler nur noch Peter Paul Rubens (das heisst ohne Adelstitel), noch weniger bedeutet P.P.Rubens, schliesslich einfach Rubens, dann kommt Rubens-Schule, Rubens-Nachfolger und schliesslich Copie nach Rubens. Ich wiederhole noch einmal: Zu Anfang jedes einschlägigen Katalogs sind diese Nuancen erklärt, und niemand kann ernstlich behaupten, «etwas nicht gewusst zu haben». Diese Nuancierung ist deshalb so wichtig, weil Sotheby's den Sachverhalt garantiert, so wie er aus dem «Wording» ersichtlich ist. Wenn jemand innerhalb von, von Kategorie zu Kategorie verschiedener, im Katalog genannter Zeit-Limiten (Bilder anders als Juwelen und so weiter) nachweisen kann, dass das «Wording» nicht der Wahrheit entspricht, und solches beweisen kann, ist Sotheby's verpflichtet, das angefochtene Stück zurückzunehmen und dem Käufer den seinerzeit bezahlten Preis rückzuvergüten, freilich ohne Zinsen und ohne eventuelle Kursverluste (da in einzelnen Gebieten das Rückgaberecht über Jahre läuft, ist das von Bedeutung). Da andererseits ein ursprünglicher Verkäufer selten nach erfolgter Auszahlung bereit ist, erhaltenes Geld herauszurücken, liegt also dieses Risiko allein bei Sotheby's, und die daraus resultierende Sorgfaltspflicht ist für den Käufer der beste Schutz. Ich betone das alles zu Anfang dieses Kapitels so ausführlich, weil anderen Orts in keiner Weise so seriös vorgegangen wird und weil ich in allen mir bekannten Fällen effektiv des Käufers Interessen voll zu wahren vermochte.

In diesem Zusammenhang ist auch ein Wort fällig über die studierten Kunstgeschichtler, die sich als Experten bezeichnen, Zuschreibungen geben und Werte setzen, nach deren Höhe sich ihr Honorar richtet.

Nur ganz wenige sind mir begegnet, die als «über jeden Zweifel erhaben» bezeichnet werden konnten, und in wie vielen Fällen bin ich auf Gefälligkeits-Gutachten gestossen oder auf Wertsätze und Zuschreibungen, die um des Honorars willen, auf das der Experte angewiesen war, unrealistischer Phantasie angehörten.

Ein erster alter Meister wurde mir von Vettern zum Verkauf übergeben. Er war kurz zuvor für die Erbteilung über einen Zürcher Kunsthändler dem hochqualifizierten italienischen Experten Maroni vorgelegt worden. Dieser war extra nach Zürich gekommen, hatte die Tafel einer oberitalienischen Schule zugeschrieben und das Bild auf 180 000 Pfund geschätzt. Mit dem entsprechenden Honorar war er wieder abgereist. In London wurde das Bild mit einer Schätzung von 90 000 bis 120 000 Pfund in den Katalog genommen, blieb in der Folge mit 70 000 Pfund unverkauft. Nun wäre für einen Zweit-Ausruf die neue Limite normalerweise bei zwei Drittel des höchsten Gebots, also mit 50 000 Pfund angesetzt worden. Ich konnte mit Mühe erreichen, dass man in London eine Limite von 70 000 Pfund akzeptierte mit einer Schätzung von 80 000 bis 100 000 Pfund, indem ich betonte, dass die Verkäufer potentielle Kunden seien. Und siehe da, im zweiten Anlauf wurde das Bild für 90 000 Pfund verkauft, freilich immer noch die Hälfte dessen, was Professor Maroni für Steuer und Teilung gesagt hatte. Was will ich damit? Sicher kann Sotheby's sich genau so verhauen wie Professor Maroni, aber Sotheby's nimmt kein Honorar für die Schätzung (Spezialfälle ausgenommen) und Sotheby's muss jederzeit rechnen, dass man verlangt, zum genannten Schätzpreis zu verkaufen (ich meine diesen Wert als Ansatz zu nehmen, der Verkauf hängt ja ab von der Anwesenheit eines diesbezüglichen Interessenten). Professor Maroni dagegen und mit ihm alle freiberuflichen Experten müssen Gesagtes nie unter Beweis stellen, und bringt eine Auktion eine zu hohe Bewertung ans Tageslicht, sagen die Herren Experten, sie hätten nach bestem Wissen bewertet; aber von Honorar-Rückerstattung ist mir bislang nichts zu Ohren gekommen.

Der niederländische Maler Philips Wouverman ist bekannt dafür, dass auf fast jedem seiner Bilder ein weisses Pferd zu sehen ist. Ich brauchte zehn Hände, um alle Wouvermänner aufzuzählen, die mir im Verlauf meiner Tätigkeit mit weissem Pferd vorgelegt wurden und die doch keine waren. Genau wie heute ein gut verkaufender Maler von Zeitgenossen imitiert wird, so wurde Wouverman zu seinen Lebzeiten imitiert, doch solche Bilder wurden ehrlich als Werk eines andern verkauft, aber in dreihundert Jahren war der wirkliche Name längst vergessen und verloren und das einst gut verkäufliche weisse Pferd hatte aus Huber und Müller längst Wouverman gemacht. Oft fand ich dann das von uns abgelehnte Bild mit wohlklingender Attribution bei anderen Auktionatoren wieder. Einer dieser Konkurrenten haftet für gar nichts, ein anderer ist seriöser und dritten Orts beruft man sich auf Expertisen anderer Leute, wobei dem Käufer überbunden bleibt, herauszufinden, ob der angeführte Experte wirklich ernst oder *noch* ernst zu nehmen ist. In diesem Zusammenhang muss betont werden, dass, was vor fünfzig, achtzig oder zweihundert Jahren echt war, nicht immer noch heute echt ist. Das kommt daher, dass die Kenntnisse besser und die Forschung von heute in vielen Sparten mehr weiss als in früheren Zeiten, und ich musste oft erleben, dass die Chefexpertin alter Meister, Frau Carmen Gronau, Attributionen ihres eigenen Schwiegervaters nicht mehr anerkennen konnte.

Vor dreissig Jahren gab es auf der ganzen Welt noch an die tausend Rembrandts, Mitte der siebziger Jahre hat eine vom Rijksmuseum eingesetzte Kommission den Bestand echter, diskussionsloser Werke dieses Meisters auf etwa dreihundert heruntergeschraubt – aber inzwischen hat die gleiche Instanz abgelehnte Bilder wieder anerkannt, und die Zahl ist wieder im Steigen – so wird es wohl immer ein Auf und Ab für manches Bild geben, genau wie die Nachfrage für das gleiche Bild einmal stärker und einmal schwächer ist. – Bei strittigen Attributionen pflegte Peter Wilson jeweils zu sagen: «Too bad, no one of us was present, when this picture was painted.»

Apropos Auf und Ab eines Bildes: In St. Gallen bei Herrn David sahen Michel Strauss und ich ein wunderschönes grosses Porträt einer spazierenden Dame der 1860er Jahre mit ihrer kleinen Tochter. Es war signiert Corot und keinen Augenblick schien da ein Zweifel gerechtfertigt. Strauss nannte einen hohen Schätzpreis und eine adäquate Limite und wir nahmen das Bild mit. Drei Monate später erschien der Katalog und unser Corot war eines der besten Bilder, farbig abgebildet, ausführlich beschrieben und war bezeichnet als «The Property of a Gentleman», aber zur Auktion kam das Bild nicht: wenige Tage zuvor telefonierte der renommierte New Yorker Bilderhändler Paul Rosenberg, *er* hätte das Original gehabt und an einen Privaten verkauft. Das unsrige sei eine von ihm gelieferte sehr gute Copie; anfangs der vierziger Jahre war das kleine Mädchen des Bildes eine ältere Dame geworden, die Geld brauchte, aber niemand sollte etwas davon wissen. So ersetzte sie ihr Bild durch die gute Kopie, Rosenberg erhielt das Original, aber mit der Auflage, es erst nach der Dame Tod weiterzugeben; ob die Erben den Schwindel der Grossmutter entdeckten oder das Bild als echtes seine Wanderschaft bis nach St. Gallen machte? Von einer Bezahlung der uns entstandenen Unkosten für Transport, Versicherung und farbige Katalogabbildung wollte Herr David nicht nur nichts wissen, ja er versuchte sogar, uns dafür zu belangen, dass wir sein Bild öffentlich zur Kopie hatten werden lassen! Ob Herr David wirklich ein Gentleman war? Bei Sotheby's aber war man grosszügig, man vergass die Geschichte, und einige Jahre darnach übergaben Paul Rosenbergs Erben «zum Trost» die Bilder seines Nachlasses zur Auktion in London. Vorher wurden sie in Zürich in der Villa «Rosau» ausgestellt und, da in Zürich viel Interesse sich gemeldet hatte, durfte ich mit Peter Wilsons Erlaubnis eine Simultanauktion durchführen, an der zwei Bilder von Zürich aus gekauft wurden und bei vier anderen war Zürich der letzte Unterbieter. Peter Wilson war mit dem Versuch sehr zufrieden. Screenbilder im Raum und eine über Satellit laufende Telefonverbindung hatten bestens geklappt. Leider blieb es bei dieser einzigen Simultanauktion, weil die Villa «Rosau» als Lokal nicht mehr erhältlich war und ausserdem heute jeweils nur eine Auswahl der Spitzenbilder der Londoner oder New Yorker Auktionen in Zürich gezeigt wird, solche aber nicht über Simultanauktion, sondern in persönlicher, offener oder versteckter Teilnahme an Ort gekauft werden.

Aber noch zu Rembrandt eine erlebte Geschichte: einer meiner Kunden kaufte ein grosses Männerporträt, das während vieler Jahre im Rembrandtsaal des Rijksmuseums gehangen hatte, wie solches auch ausdrücklich im Katalog erwähnt war, freilich mit dem Nachsatz, dass das Bild von der oben genannten Kommission nicht mehr anerkannt werde. Erst einige Wochen nach der Auktion realisierte unser Kunde, dass das Bild kein Rembrandt, dem Meister nur *ehemals* zugeschrieben gewesen war, und wollte es zurückgeben. Ich musste ihm bedauernd erklären, dass nicht wir, sondern er den Fehler gemacht hatte, und dass wir nicht in der Lage seien, das Bild zurückzunehmen, dessen Preis übrigens dementsprechend niedrig gewesen war. Immerhin vertröstete ich ihn mit der unsicheren Aussicht, dass möglicherweise einmal bessere Zeiten für ihn kommen könnten, das Bild wieder neu beurteilt werden könnte, riet ihm aber dennoch, in Zukunft dieser Art Bilder nur zu kaufen nach ausführlichem Gespräch mit dem zuständigen Experten.

Aber so schlecht ich diesem Kunden helfen konnte, so gut konnte ich einem Kunden in Opfikon helfen: er kaufte «ein Paar kleiner Landschaften des frühen 19. Jahrhunderts», als die Bilderchen kamen, stellte sich heraus, dass sie in den Massen so voneinander abwichen, dass man sie nicht als Paar, nicht als Pendants bezeichnen konnte, die Massangaben im Katalog waren liederlich gewesen. Der Mann wurde ausbezahlt und die Bilder gingen zurück nach London.

Oder der noch heute wichtige grosse Sammler Wermann in Zürich hatte 1974 in London einen Moholy Nagy gekauft, den London für so zweifelsfrei befand, dass keine Überprüfung gemacht wurde. 1981 hatte Wermann das Bild an einen italienischen Händler weiterverkauft. Erst dessen Kunde, ein Privatmann, traute dem Bild nach kurzer Zeit nicht mehr und retournierte es als Fälschung. Als Wermann davon erfuhr und mich benachrichtigte, schlug ich vor, das Bild der in Zürich lebenden

Witwe Moholys vorzulegen. Gesagt getan, das Bild *war* falsch. London erklärte sich bereit, das Bild zurückzunehmen, obwohl mehr als die garantierten fünf Jahre verflossen waren und das Bild schon zweimal die Hand gewechselt hatte, und da das Pfund inzwischen gestiegen war, kam W. sogar ohne Verlust weg. Er ist noch heute Freund und Kunde des Hauses.

Doch nun zu einem Kapitel «Service», an dem ich am meisten Freude fand: das Rückführen «verirrter Stücke» zu ihrem Ursprung. David, damals Abteilungsleiter «Kunstgewerbe» in New York, war in dieser Hinsicht ein genau so fanatischer und darum idealer Partner. Ihm war das zum Verkauf anvertraute Stück immer so am Herzen, dass ihn Verkäufer, Käufer und Objekt primär interessierten. So rief er mich eines Tages an und frug mich, ob ich Leute kennte, die so etwa wie Khevenhüller hiessen; ich lachte und sagte «und ob ich wüsste», wer das sei, das seien die österreichischen Fürsten Khevenhüller von der herrlichen Burg Hoch-Osterwitz in Kärnten, der Name war mir so geläufig, weil wir dort gewesen waren. Also, David hatte in seiner nächsten Auktion eine herrliche grosse Tapisserie, so etwa 1580, in der Mitte das Khevenhüllersche Wappen, links davon kniend der Vater mit seinen Söhnen, rechts die Mutter mit den Töchtern, das Stück musste zurück in die Familie! In Zürich gehörte zu unseren Freunden der Graf Winfried Henckel-Donnersmarck, dessen Schwester mit dem derzeitigen Fürsten Max Khevenhüller verheiratet ist. Die Verbindung war rasch hergestellt, und der Fürst kam mit Winfried zum Mittagessen in den Club. Eine Episode aus dem Weltkrieg zwischen des Fürsten und meiner Familie war uns Nachkommen willkommen zum heutigen fröhlich-geschäftlichen Brückenschlag. Max Khevenhüller wusste von der Tapisserie, hatte sie jedoch nie gesehen. Eine interessante Geschichte hierzu ging voraus. Zur Zeit der Reformation waren die Khevenhüllers Protestanten geworden und mussten deswegen im 17. Jahrhundert Kärnten mit Hab und Gut verlassen; sie wanderten zurück in ihr Ursprungsland Franken; dort fanden sie Aufnahme bei den Grafen Giech in Thurnau, einem grossen alten Gebäudekomplex. Zwei Khevenhüllersche Töchter heirateten Giech-Söhne, und als die späteren Khevenhüllers konvertierten und heimzogen, blieb nicht nur das Familienarchiv zurück, sondern auch drei grosse alte Tapisserien: In der Inflation anfangs der 1920er Jahre brauchte Thurnau Geld, und zwei Tapisserien wurden von Giechs (die 1850 über Grossmama General Bismarcksche Vettern von uns geworden waren) an den amerikanischen Zeitungskönig Hearst verkauft. Die Khevenhüller wussten davon, aber konnten es nicht verhindern, so wenig sie nach Hearsts Tod, während des letzten Kriegs, am neuerlichen Handwechsel mittun konnten. So war wirklich jetzt im Baurau-Lac-Club ihr Tag gekommen: Fürst Max, zusammen mit anderen

Familienmitgliedern, konnte die Tapisserie erwerben und nach Hoch-Osterwitz zurückführen, derweil David auf die Rückführung einer zweiten Tapisserie hofft, die dritte ist seit der Inflation im Germanischen Museum in Nürnberg.

Service bedeutet, auch bei der Konkurrenz nach Sachen Ausschau zu halten, die der Rückführung wert sind. Bei Christie's in London war ein Paar Grisaille-Scheiben Erlach und Stettler, ich konnte Rosmarie Erlach und Barbara Stettler überreden, ihre Männer zu Weihnachten zu überraschen. Auch bei Christie's London entdeckte David von New York aus eine ganz einmalige Ansicht der Villa Rosau (heute Baur-au-Lac-Club) mit dem Hotel-Garten im Vordergrund, jetzt hängt sie in der Villa Rosau. Bei Sotheby's New York entdeckte David ein Pulverhorn aus dem 17. Jahrhundert mit dem Peyer-Wappen, jetzt zeigt es Dr. Bernhard Peyer mit Stolz seinen Besuchern. Und auch in New York wurde ein Kachelofen aus dem Nachlass Hearst eingeliefert, der noch in der Kiste war, in der er einst übers grosse Wasser gekommen war; die zum Packen verwendeten Zeitungen bewiesen, dass der Ofen nie ausgepackt worden war; David fand auf einer Mittelkachel ein bischöfliches Wappen und schickte mir eine Skizze davon. Schnell fand das Landesmuseum heraus, dass das Wappen einem Bischof von Delémont gehörte. Heute ist der Ofen als einziger von einst sechsundzwanzig Öfen des bischöflichen Schlosses im Museum der Stadt aufgebaut.

Spürsinn hatte ich von allem Anfang an nötig. Im Frühjahr 1971 kam die damalige Londoner Porzellanexpertin Kate Foster nach Zürich, um eine Porzellanauktion vorzubereiten. Es war dies die erste der später so selbstverständlich gewordenen Sweeps, in der Presse angezeigte Rundreisen, um von potentiellen Kunden Objekte für bevorstehende Auktionen zu bekommen. Dadurch, dass Zürich der Anfang der ausserhalb London stattfindenden Auktionen überhaupt war, hatten wir die Idee der Sweeps ausgeheckt, hatten aber noch keinerlei Erfahrung. So frug ich die bekannte Zürcher Porzellan-Antiquarin Frau Dr. Andreina Torre, die mit Freddy Schwarzenbach und Pia Senn befreundet war, ob sie einige Leute nennen könne, natürlich mit der nicht ganz ehrlich gemeinten Einschränkung, sie solle sich nicht etwa ihr eigenes Geschäft verderben! Sie nannte einen Herrn, wusste aber seinen Namen nicht mehr, wusste nur, dass er auf der rechten Seeseite bei Zürich irgendwo wohne, eine Hand sei etwas entstellt, er habe einen grossen Meissen-Humpen, den er möglicherweise verkaufen wolle. Er sei befreundet mit Herrn Genaro in Mailand, dem ich einen Gruss von Frau Torre sagen könne. Herr Genaro war am Telefon sehr freundlich, erinnerte sich aber nicht an den Sammler mit der Hand. In einem zweiten Anlauf fügte Frau Torre bei, der Gesuchte habe vor Jahren bei Stuker in Bern Pfau-Fayencen gekauft. Da aber Stuker mir nie einen Namen nennen würde, wandte ich mich an einen Kunsthistoriker und sagte, ein Student wolle Pfau-Fayencen studieren, er möchte doch versuchen, sich zu erinnern an jenen Zürcher Käufer, der damals in Bern eine ganze Anzahl gekauft hatte; eine Stunde später, der Historiker hatte in Bern nachgefragt, hatte ich die Zollikoner Adresse eines Herrn Stallwitz. Ich rief ihn an, vereinbarte einen Besuch und fuhr mit der Expertin hin, an der Haustüre gab mir ein freundlicher Herr eine etwas entstellte rechte Hand, er kommt noch heute regelmässig mit seiner Frau zu unseren Zürcher Auktionen als Käufer.

Spürsinn: in New York war auf einer Auktion von David ein «Bier-Seidel» mit sehr schönem buntem Reliefdekor, welches ausser Apostel-Figuren Wappen und Namen Schulenburg zeigte. David frug – ich antwortete, es gäbe deren viele, aber ich wolle versuchen. Ein Schulenburg war in Bremen Zuhörer in einer meiner Lectures (mit denen ich während zwanzig Jahren recht erfolgreich war). Über den Bremer Veranstalter, Vermögensanleger v. Witzleben, fand ich jenen damaligen Grafen Schulenburg und bat ihn um Rat; nach kurzem Überlegen meinte er, es könnte die Wolfsburger Schulenburgs betreffen. Mit Hilfe des Gotha (genealogisches Jahrbuch des Adels) fand ich einen Vertreter dieser Linie und erzählte ihm mein Anliegen. Nach einem kurzen Stillschweigen sagte er langsam: «Was, unser Krug? Wie die Amerikaner hier waren, war er eines Tages fort, wir wussten nie, wie und warum, vielleicht von jemand im Haus gegen Cigaretten getauscht, er war weg; mein alter Vater, der bald neunzig wird, hat noch oft vom Krug gesprochen, ich will ihn kaufen» – und er bekam ihn zu einem räsonnablen Preis, ein Spezialkurier brachte ihn herüber, und auf dem Geburtstagstisch des alten Herrn stand das verlorene Stück. Ein paar Monate später starb der Vater. «Der hat am besten gelebt sein Leben, der andern am meisten Freude gegeben!» habe ich zu jener Zeit von Freund Ernst Sommer auf den Weg mitbekommen.

«Der Freiherr von Stein»: in einem Arcade-Sale in New York, Schnellauktion mit Kurzkatalog ohne Abbildung, entdecke ich «Portrait of a man, XX Freiherr von Stein». David war nicht in New York, kam erst nach ein paar Tagen zurück. Im Gotha gibt's «von Stein», aber sie waren entweder neueren Adels oder schon ausgestorben, sollte der Mann nicht «vom Stein» heissen? Endlich kommt David zurück, es sind noch drei Tage bis zur Auktion. Er hatte das Bild auch schon beachtet, eilte nun aber noch einmal nachzusehen, ob es «von» oder «vom» war? Minuten später kam die Bestätigung meiner Vermutung, es war die Familie des berühmten preussischen Staatsmannes vor und nach 1807. Sein Nachlass und Erbe war bei den Grafen Kanitz in Cappenberg (Westfalen). Dort gab das Telefon keine Antwort. Fritz Hagen-Plettenberg musste herausfinden, wo Karl Kanitz war; nach einigen Stunden wusste ich, dass die Familie in Klosters im Hotel Pardenn zum Skilaufen sei. Am Abend konnte ich Kanitz dort erreichen. Meine Angaben von der Rückseite des Bildes sagten ihm nicht viel. Er werde seinen Vetter Dohna zu erreichen suchen, der wisse Bescheid. Am Morgen der Auktion wusste ich, dass der Dargestellte Komtur des Deutschen Ordens, Onkel des Staatsmanns war, von dem bisher kein Bild bekannt war. Ein Jahr zuvor sei man auf Burg Nassau an der Lahn auf mehrere Kisten gestossen, die den schriftlichen Nachlass dieses Ahnherrn enthielten und deretwegen sein Bild hochwillkommen sei. Am Nachmittag ersteigerte David den verirrten Ritter für 300 Dollar und schickte ihn herüber.

Ein spätgotischer vergoldeter Abendmahlskelch tauchte in einer Auktion von David in New York auf. Auf dem Fuss war eingraviert «Catharina v. Röbels 1656», doch datierte David den Kelch auf etwa 1520. Er bat mich, nach der Familie zu suchen. Im Gotha war die Familie seit 1950 nicht wieder aufgeführt worden; damals gab es zwei Brüder im Alter von vier und sechs Jahren, die inzwischen längst erwachsen sein mussten. Mit Hilfe der Telefonauskunft fand ich sie schliesslich als Geschäftsleute im katholischen Rheinland, es war Dienstag vor Fronleichnam. Am Telefon stiess ich auf wenig Echo, man wolle überlegen. Am andern Tag warte ich bis zum Nachmittag vergeblich auf Nachricht, dann meldet mir auf meine Rückfrage eine Sekretärin, die Herren seien des morgigen Feiertags wegen weggefahren und erst am kommenden Montag zu erreichen! Die Auktion war für Samstagmorgen angesetzt. Der Donnerstag ging vorüber. Am Freitagmorgen besucht mich der Malteser-Ordensritter der Ballei Westfalen, Baron Twickel-Havixbeck, mit seiner Frau. Er war auch seit jener Bremer Lecture ein regelmässiger Besucher, weil sein Sohn in Aegeri im Internat war und der Baron Spass daran hatte, sich mit mir über den Kunstmarkt zu unterhalten. Geschäfte haben wir nie getätigt, Twickel hat ein grosses Wasserschloss voll mit alten Holländern und anderem wertvollem Hausrat. Ich erzähle ihm meinen Kummer wegen des Kelchs und verhehle nicht meine Enttäuschung über die desinteressierten Rheinländer. «Röbels, von Röbels», sagt der Baron nachdenklich, «da gibt es noch einen aus der pommerschen Linie, der wurde 1950 im Gotha vergessen, aber wo ist der?» Worauf die Baronin: «Mit der Frau habe ich seinerzeit, lange vor ihrer Verheiratung, einen Kochkurs besucht, in einem Notizbüchlein habe ich eine alte Telefonnummer, ob die noch gilt? und ob ich das Büchel im Hotel mit dabei habe?» Nach einer halben Stunde habe ich tatsächlich die Nummer, die Frau antwortet, sagt, sie hätten im Osten alles verloren, ihr Mann sei sicher interessiert, er komme am Abend spät zurück. Da wir am Abend bei Olga Jung zum Abendessen sind, bitte ich, mich *dort* anzurufen. Der Mann ruft um zehn Uhr abends an, er sei ein kleiner Musikverleger, habe kein Geld übrig, aber den Kelch, den habe er als

Bub gesehen, ein alter Onkel habe ihn ihm in der Dorfkirche gezeigt, oh, er hätte ihn schon gern. Ich sage: «Lassen Sie mich nur machen.» Nachts erreiche ich David, er ist Feuer und Flamme, sagt, er werde schon sehen, dass der Mann ihn bekomme. Anderntags kauft er ihn bei einer Schätzung von 3000 bis 5000 Dollar für 2750 Dollar. Sotheby's-Zürich bezahlt, wir bekommen verkäufliche alte Noten von unserem Freund, und im Spätsommer nimmt er mit Tränen in den Augen den Kelch als einziges Familienandenken mit nach Hause. Später erfuhren wir, dass dieser, vermutlich während des Kriegs, von einem Russen erbeutet, an einen polnischen Antiquar verkauft und von diesem wiederum bei seiner Einwanderung nach den USA mitgebracht worden war.

Es ist nicht überraschend, dass in erster Linie verlorene oder verirrte Güter die kriegführenden Länder Deutschland und Österreich betrafen, aber auch für die Schweiz konnte ich, wie schon oben erzählt, dienen. Einige Beispiele, bei denen neben dem Spürsinn auch Taktik nötig wurde und die die Schweiz betrafen, mögen noch erzählt werden:

Während David in New York war, tauchten in einem Altmeisterkatalog zwei sehr grosse, repräsentative Porträts auf, gemalt vom berühmten französischen Meister Nicolas de Largillière. Die Dargestellten waren der Baron Guiger de Prangins (ursprünglich Giger aus St. Gallen, als Banquier in Paris zu grossem Wohlstand gekommen) und seine französische Frau. Die Bilder waren separat angeboten, als zwei Nummern, und nun komme ich zu «Taktik» im Auktionsgeschäft. Zwei grosse Porträts verkaufen sich leichter und besser einzeln. Es gibt immer Leute mit Vorliebe für Männer oder Jünglinge, andere, die Mehrzahl, interessiert mehr das holde Geschlecht; freilich kann auch der Bestimmungsort (Hotelhallen, Banken, Versicherungen) eine Rolle spielen für die Wahl des Sujets. Unser Landesmuseum musste aber die Bilder haben, und zwar beide, denn dieses Ehepaar waren ja die Besitzer von Prangins heutigem Schloss, das bald die westschweizerische Filiale des Landesmuseums beherbergen soll. Aber eben, nur wenn *beide* Bilder erworben würden, hätte die Sache wirklich Sinn. Zwei Bilder in einer Nummer sind zwar teurer als ein Bild in einer Nummer, anderseits kann es leicht sein, dass zwei Einzelausrufe zusammen mehr bringen. Kurz und gut, der verkaufende Eigentümer muss einverstanden sein, wenn zwei Nummern zusammengefasst werden, und sogar der Saal muss vor Ausruf gefragt werden. David wusste aus dem Katalog, dass die Bilder aus dem Keller des Metropolitan Museum kamen, so bat ich ihn, dort vorzusprechen und mit patriotischen Argumenten die Herzen der Direktoren zu erweichen. Es gelang. Das Landesmuseum konnte die Bilder im vereinten Ausruf zu einem akzeptablen Preis kaufen für Prangins.

Ähnlich ging es, aber noch kritischer, mit drei Bildern einer Auktion in Monte Carlo: Einmal erfuhr ich erst durch sehr späten Katalog, dass

Bilder aus dem Besitz der hochbetagten Prinzessin Broglie in Paris zum Verkauf kämen. Ihr Mann war ein Nachkomme gewesen jener Dame, die zur Zeit Ludwigs XV. aus der reichen und mächtigen Solothurner Familie Besenval v. Brunnstadt stammte. Mächtig war diese Familie geworden, weil der Vater eine polnische Gräfin, Cousine der Königin Maria Leszcynska (vermählt 1725 mit Louis XV), gefreit hatte. Die drei Bilder (über zwei Meter hoch) waren eingelassen in der Boiserie des Esszimmers des «Hôtel Broglie» auf den heutigen Tag gekommen, nun aber hatte die alte Dame sie durch Kopien ersetzt, weil nach ihrem Tod das Haus ohnehin einem ungewissen Schicksal entgegengehe, so konnte sie wenigstens aus dem Verkauf der Originalbilder einen stattlichen Betrag zu Lebzeiten erhoffen. Die Dargestellten waren die vollbusige polnische Mutter, die entzückende Tochter im Alter von zwanzig Jahren und ihr einziger, jüngerer Bruder in silberstrotzendem rosa Brokat im Alter von zwölf Jahren. Da nun dieser Knabe im Mannesalter Generalinspektor der Schweizer und der Bündner Truppen unter Ludwig XVI. und Erbauer des Palais Besenval war, das heute als schweizerische Botschaft in Paris der Eidgenossenschaft gehört, war mein erster Gedanke: Bern! Aber oh weh, zuerst wurde ich mit meinem Anliegen von Büro zu Büro gewiesen, um schliesslich vom letzten, entscheidenden Herrn lakonisch erfahren zu müssen: «Ne-nei, was tänked dr, für dettigs hei mir ke Gäld.» Ich war erschüttert, hatte ich doch im Lauf der Jahre in so mancher Schweizer Botschaft nationale Scheusslichkeiten angetroffen, ohne echte Bezugnahme zu Land oder Gebäude – und für Besenval «ke Gäld». Aber am Abend hörte ich, dass der Kanton Solothurn im Begriffe sei, mit dem staatlichen Budget von zehn Millionen das Besenval-Schloss Waldegg bei Solothurn zu restaurieren, um solches inskünftig als Repräsentationshaus zu nützen. An wen sich wenden? Es eilte, es ging um den stattlichen Betrag von über 100 000 Franken. Abends, Samstagabends, erreichte ich den grippekranken Franz Hammer, er schaltete sofort, war begeistert, auf dem Knabenbild ist die Waldegg im Hintergrund sichtbar, die Bilder *mussten* nach Solothurn. Der Katalog lag am Montagfrüh auf dem Tisch des Regierungspräsidenten, der tagende Regierungsrat beschloss, den kantonalen Denkmalpfleger nach Monte Carlo zu schicken, um die Bilder zu kaufen. Aber wieder waren die Bilder in drei Lots angeboten, und für Solothurn hatte nur der Ankauf *aller* Bilder einen Sinn. Sotheby's-Paris musste bei der alten Prinzessin vorsprechen und ihr beliebt machen, dass die Bilder in einem Los verkauft würden. Als sie hörte, dass die Bilder in die Waldegg kommen sollten, war sie begeistert und stimmte ihrerseits sofort zu. Aber der Chef des Museums der Schweizer in fremden Diensten, Monsieur Bory, wollte für Château de Penthes (Genf) à tout prix den jungen Besenval, nicht aber die Damen, ihn konnte ich nie erreichen, aber Monte Carlo hatte ein Gebot von ihm, das zuerst zurückgenommen sein musste, ehe man die Bilder in *einem* Los vereinigen konnte. Endlich, eines Abends war er zu Hause, aber seine Frau sagte: «Mon mari prend son bain», ich insistierte, nach einer halben Stunde rief er mich an, und nach vielen Worten brachte ich ihn herum, er verzichtete, nahm sein Gebot zurück, die drei herrlichen Bilder hängen in der Waldegg. Taktik und Insistenz hatten sich bewährt und halfen in den nachkommenden Monaten noch eine Reihe anderer Besenval-Porträts nach Solothurn rückzuführen.

Peter Eltz, damals Number two der Sotheby's-Niederlassung Deutschland, hatte bei dem ihm befreundeten Fürsten Fürstenberg in einer Truhe eine Tapisserie entdeckt, die seit über dreihundert Jahren kein Sonnenlicht mehr gesehen hatte und in frischesten Farben eine Wildleutegruppe um 1460 zeigte. Die Tapisserie sollte in London verkauft werden. Im Bild erkannte ich an der oberen Kante die Wappen der Auftraggeber und identifizierte sie als Andlau und Breiten-Landenberg, das erste Wappen hatte London auch erkannt, aber an mir lag es nun, den Zusammenhang zu Basel, dem Zentrum der Wildleute-Wirkerei, zu finden. 1960 wurde in Basel das 500jährige Jubiläum der Universität gefeiert, zu dem Gäste aus aller Welt kamen. Unser damaliges schönes Haus «Potsdamerhof» (gegenüber von Robert v. Hirsch) gab den Veranstaltern die Idee, dass auch bei uns für vier Ehrengäste ein Privathaus-Lunch stattfinden sollte. Und bei uns war einer der Gäste der letzte Baron Andlau, da die Universität als Gründungs-Rektor einen Herrn dieses Namens gehabt hatte. So war es für mich einfach, herauszufinden, dass unsere Tapisserie vom Bruder jenes Universitäts-Gründers stammen musste. Nun, wie die Basler zum Ankauf bringen? Wir kannten Alfred Sarasin, den Senior der Basler Privatbankiers. Ihm schlug ich vor, die Tapisserie würde an einem der kommenden Tage auf einige Stunden nach Basel gebracht, damit die Privatbankiers zusammen mit dem Museumsdirektor den Ankauf grosszügig vorzubereiten vermöchten. Er war mit dem Vorschlag einverstanden, das Datum wurde vereinbart und der Besuch so vororganisiert, dass der Zoll die Papiere schon im voraus für Ein- und Ausfuhr bereit hatte, damit kein Zeitverlust in Kauf zu nehmen wäre. Zwanzig Minuten nach der Landung des Flugzeugs war die Tapisserie schon in der Bank, die Herren kamen, waren begeistert und gaben mehr oder weniger «open credit» – der Teppich hängt im Museum am Barfüsserplatz. Taktik.

Genf
1976 konnten wir in Genf ein Büro aufmachen. Simon de Pury war nach dem Sotheby's-Kurs zuerst in London, dann in Monte Carlo eingesetzt worden, kam dann aber auf meinen Wunsch nach Genf. Zuerst arbeitete Simon von seiner Wohnung aus, dann zog es auch Nicholas Rayner nach

Genf, und im Nebengebäude des «Hôtel de Saussure», in dem unser Anwalt Pierre Sciclounoff die oberen Gemächer fürstlich bewohnte, wurde ein sehr ansprechendes kleines Büro eingerichtet und mit einer amüsanten «fête de tête» eröffnet.

Bald darnach heiratete Simon Isabelle Sloman aus England, verliess uns aber, um bei Baron Thyssen Chef-Kurator zu werden. Einer seiner letzten Ratschläge war, Genf sollte Auktionsort für Juwelen werden, Seite an Seite mit der sehr starken Konkurrenz Christie's.

Wohl hatten bis anhin die Juweliere in Kauf genommen, zwischen Genf und Zürich hin- und herpendelnd beide Auktionen «à cheval» zu besuchen, doch zeichnete sich ab, dass der bisher auch in Zürich stationierte Juwelen- und Edelsteinhandel sich definitiv nach Genf verlagerte. Genf, die traditionelle Uhren- und Juwelenstadt, ist noch heute eines der Weltzentren auf diesem Gebiet. Anderseits zeigte es sich, dass Bilder-, Kunstgewerbe- und Möbelauktionen in der Ostschweiz bessere Resultate ergeben; Christie's war mit einer Impressionisten-Auktion 1970 und einer Schweizerkunst-Auktion 1972 in Genf sehr schlecht gefahren. Es ist so, dass Genf der Markt für Luxusgüter, Zürich für «Handgewerbliches» ist.

Aber – um in Genf neben der sehr starken Konkurrenz von Christie's einen guten Anfang zu machen, bedurften wir einer *starken* Première.

Schon Jahre zuvor hatte uns Herr Laurence aus München vorgeschwärmt von herrlichen Juwelen und wichtigsten Fabergé-Stücken bei einer alten Dame in Paris.

1979 starb die geheimnisvolle Madame Loder in Paris, und auf verschiedensten Wegen buhlten wir um ihren Nachlass, zielten gleichzeitig auf die herrlichen Juwelen von Mrs. Florence Gould in Cannes; zudem zeichnete sich ab, dass die königlichen Eigentümer des herrlichen Augsburger Silbers, das Baron Westphalen, Bischof von Hildesheim, 1760 in Auftrag gegeben hatte, Willens waren, solches zu verkaufen.

Es führt zu weit, zu erzählen, wie amüsant anfänglich sich die Juwelen von Florence Gould in Zürich einfanden, Privatjet, Mittagessen im «Rüden», Bündnerfleisch, Dezaley und Emmentaler in Mengen als Reiseproviant, wie ärgerlich anderseits das Dazwischenfahren des Pariser Juweliers Reza mit späterem Prozess (den wir gewannen) sich abspielte.

Parallel dazu und viel gefährlicher lief der Lärm um die Juwelen von Madame Loder. Ein Paar herrlicher Diamant-Ohrgehänge von über 130 Karat glichen einem ähnlichen Paar, das die entthronte Shabanou von Iran auf Staatsphotos zu tragen pflegte. In Paris brachte eine Journalistin die Ohrringe ins Gerede, unsere seien die iranischen. Ihre diesbezügliche Frage hatte Nicholas Rayner mit Schulterzucken beantwortet! Drei Tage vor der Auktion verarrestierte die Genfer Behörde auf Khomeinys Geheiss *alle* teuren Juwelen der Auktion, auch die von Mrs. Gould, auf Grund der Ähnlichkeit genannter Ohrgehänge, «Eigentumsanspruch des iranischen Staates» geltend machend.

Iran war vertreten durch den Berner Anwalt Diefenbacher. Unser Anwalt Sciclounoff liess sich durch Maître Jaccoud vertreten, den eigentlichen Kampf aber hatte ich zu führen und durchzustehen. Die ganze Nacht vom 12./13. November 1980 diskutierte ich, beteuerte ich, beschwor ich, aber alle meine Argumente halfen nichts. Die Provenienz «Madame Loder», die ich aus Diskretion nur andeutungsweise nennen durfte, wurde als «Strohperson» abgetan, ich kam nicht weiter. Meine englischen Freunde schliefen eine unruhige Nacht, einzelne potente Käufer hatten am Vorabend schon ihre Abreise erwogen, ich *musste* gewinnen. Um vier Uhr morgens hatte ich eine Erleuchtung: ich erklärte Dr. Diefenbacher, ich würde das Eigentum des Iran anerkennen, da aber Khomeiny im Krieg mit Irak stünde, sei ihm sicher mit Geld besser gedient als mit Diamanten. Er habe laut Gesetz vierzehn Tage Zeit, Irans Eigentumsansprüche zu beweisen, würde ich aber die Juwelen bis dahin zurückhalten, würden sie niemals den Preis erbringen, den sie heute Abend erbringen könnten. Den Ertrag würde ich für ihn bis zum Beweistag einbehalten, falls er sein Einverständnis zum Verkauf gäbe. Er überlegte, er telefonierte mit Teheran, nach weiteren sieben Stunden hatte ich seine Unterschrift.

Ich stürmte in den grossen Saal des Hôtel des Bergues, Graham Llewellyn versteigerte gerade den ersten Teil; schon von der Türe weg verkündete mein hochgestellter Daumen meinen «Sieg». Als GDL die letzte Nummer verkauft hatte, stieg ich aufs Rostrum, drängte ihn vom Mikrophon weg und rief mit lauter Stimme «Ladies and Gentlemen, *all* Jewels will be sold tonight», wiederholte die Nachricht auf französisch – und dann rief aus dem Saal der alte Genfer Juwelen-Doyen Roger Varenne (ursprünglich aus Wien), von dem ich zuvor nie ein deutsches Wort gehört hatte, «Sagen Sie auch auf deutsch» und als ich dies getan, klatschte der ganze Saal.

«Sotheby's Première» in Genf brachte fünfzig Millionen Schweizerfranken. Dr. Diefenbacher war fortan mein Freund, aber, da «der liebe Gott auch mit Christie's ist», verkauften die Nachbarn im Schatten unserer Kämpfe, die *wirklichen* Ohrgehänge der Farah Diba, die etwas kleiner waren, ohne dass irgendein Aufsehen gewesen wäre, ich mochte es der Kaiserin im Exil von Herzen gönnen.

Vorgesetzte – Menschen
Peter Wilson, der grosse Chef, der Mann, der Sotheby's gemacht hat, drei Jahre älter, ein Kopf grösser als ich, im Wissen und Können allen weit überlegen, aber auch er ein Mensch mit Fehlern. Ich hatte es gut mit Peter, er mochte Christine und mich spontan gern, ich war der Mann

seiner Wahl und er sprach mit mir über viele und vieles, ich verehrte ihn. Christine machte hie und da den Einwand, er sei wie ein Aasgeier auf der Lauer, auch mir war er mitunter zu schnell, die Leiche war noch nicht kalt, so war er schon da. Peter lebte am Telefon, am liebsten früh am Morgen schon. Auf der Welt fürchtete Peter nur *einen* Menschen, Marianne Feilchenfeldt in Zürich, sie hatte in seinen Augen (und hat es noch) ein unübertreffliches Gedächtnis, wusste über jedes Bild, das sie einmal gesehen hatte, wie und wo es war. Im Vorzimmer von Wilson sass seine Sekretärin, die ihn anhimmelte und die alles wusste und erinnerte: Kathrine Maclean. Eine liebenswerte und äusserst diskrete Mitarbeiterin, es war gut, auch in ihrer Gunst zu stehen, und wie ich oben geschildert habe, hatte ich das Glück, schon 1969 von ihr zu Hilfe gerufen zu werden und auch geholfen zu haben. Später war Kathrine mit Lady Stuart beauftragt, die Kunst-Wiederverkäufe der englischen Eisenbahner-Gewerkschaft zu steuern. Eine Glanzidee von Wilson hatte Mitte der siebziger Jahre diese sozialistische Organisation dazu gebracht, einen bescheidenen Anteil ihres jährlichen Einkommens in *Kunst* anzulegen, dazu beraten und geführt von der bei Sotheby's ausgebildeten Anna-Maria Edelstein. Oft durfte ich bei solchen Einkäufen mithelfen, unter anderem bei Germann in Zürich eine wichtige Uhr kaufen. British Rail investierte insgesamt vierzig Millionen Pfund Sterling, von denen grosse Teile im Wiederverkauf gute Gewinne brachten. Doch zurück zu Peter. Er war nicht leicht zu berechnen in seinen oft ungerechten Sympathien und Antipathien und – er konnte nicht vergessen. 1969 war Peters «Sunnyboy» der spätere Sir Valentine Abdy, ein netter, fähiger Kerl, der gerade kurz vor Zürichs Start in Paris ein Sotheby's-Büro aufgemacht hatte und von dem ich einfach abgucken sollte. Zu diesem Zweck wurden Christine und ich zusammen mit Valentine nach Clavary eingeladen, PCWs Schloss in Südfrankreich. Wir hatten zusammen ein sehr nettes Wochenende; leider habe ich Abdy nachher nicht mehr viel gesehen, er kam noch nach Gattikon, er startete auch das Münchner Büro, aber eines Tages sprang er ab, fing in Paris auf eigene Rechnung an, war eine Zeitlang verheiratet, aber lebt glaub ich jetzt auf seinem Schloss irgendwo im Westen von England. Weiter oben sagte ich, PCW habe nicht vergessen können. Abdy hat er seinen Absprung nie verziehen. Ich blieb bei der Stange, mir hat Wilson zweimal verziehen: In den späteren siebziger Jahren begann London zu realisieren, wie wichtig Europa, sowohl als Beschaffungs- als auch als Abnehmer- und Auktionsmarkt, heranwuchs. Die Gewinne, in der Schweiz gemacht, halfen, die Verluste in Amerika und sogar in London zu decken. So suggerierten Hintermänner (Spira, Hermann und andere), man müsse die europäischen Niederlassungen unter einer starken Hand zusammenfassen. In Vorschlag kam Henry de Montebello, Bruder des gleichnamigen Chefs des

Metropolitan-Museums. Ich kannte ihn, er war mir ziemlich gleichgültig, aber meine Kollegen revoltierten: Blondeau/Paris, Behrens/München, Robineau/Florenz, Limburg-Stirum/Brüssel, Christea/Monaco und die übrigen Mitläufer kamen in «Mariafeld» zusammen. Sie beschlossen unter meiner Anführung zu meutern, gegen Montebellos Anstellung drohend zu protestieren. Wir setzten einen resoluten Schrieb auf, der besagte, dass wenn besagter Herr in besagter Funktion eingesetzt würde, wir alle von unseren Posten zurücktreten würden. Alle unterschrieben, ich (als ältester) zuvorderst. Drei Tage später wurden wir nach London zitiert. Am grossen Tisch im Boardroom sassen am oberen Ende PCW in der Mitte, zu seiner Rechten Lord Westmorland, zu seiner Linken Graham Llewellyn. Wie ein zorniger Stier setzte ich mich Wilson gegenüber ans untere Ende des langen Tisches, links und rechts von mir eng geschart meine Mit-Meuterer. Es konnte losgehen. Wilson putzte uns herunter, dass es eine Art hatte, und als er fertig war, ripostierte ich, Kopf leicht gesenkt, Oberkörper leicht vorgebeugt, Gesicht noch röter wie sonst, und auch das liess sich hören. Nach meiner Replik sagte Wilson eiskalt und schneidend – und er konnte es – «You will see». Mit nicht ganz gutem Gefühl fuhren wir alle wieder heim. Montebello aber kam nicht, er kam zu Christie's in New York, aber nur für zwei Monate.

PCW war nach diesem Vorfall unverändert herzlich und spontan mir gegenüber, aber eine Komplikation anderer Art tauchte auf. Wilson, der nie an einen Rücktritt gedacht oder geglaubt hatte, musste aus steuerlichen Gründen unerwartet seinen Rücktritt geben und England verlassen, er übersiedelte nach Clavary, oberhalb Grasse.

In London war kein rechter Nachfolger: der erste seiner Kandidaten, Peregrine Pollen, hatte in New York Wilsons Erwartungen nicht entsprochen und in London passte sein Bohème-Aussehen und seine Abneigung gegen Auktionieren nicht in die Aufgabe. Er war ein kluger und geistreicher, vager Balanceur, schwer zu fassen, aber im Grunde sehr sympathisch. Ich hatte einmal in St. Moritz einen Zusammenstoss mit ihm, aus dem eine Freundschaft wurde, die noch heute fortdauert.

Aber inzwischen war PCW in Clavary und kollidierte bald mit dem Chef der Niederlassung in Monte Carlo, und daraus sollte der zweite, viel spätere, viel schwerere Streit zwischen ihm und mir werden. Es ging um die Räumlichkeiten im «Sporting d'hiver», die nicht ausreichten. Steven Christea, Chef des Monaco-Office, schlug einen ihm nahestehenden, im Werden befindlichen Neubau in der Nähe vor, Peter Wilson wollte andererseits à tout prix, dass wir die Lokalität zweier ihm befreundeter Galeristen übernähmen. In London wurde in Wilsons Beisein unter den Direktoren, zu keinem Ende kommend, diskutiert, bis ich vorschlug, als Parteiloser einen Augenschein zu nehmen und an der nächsten Sitzung zu berichten. Mein Vorschlag wurde angenommen und

PCW glaubte sich des Sieges sicher. Ich fuhr hin, tendierte eindeutig auf Vergrösserung an Ort und Stelle, was als unmachbar dargestellt wurde, seither aber längst machbar geworden ist, und neigte *notfalls* zu Christeas Vorschlag, *keinesfalls* zu PCWs Idee. Ich referierte an der nächsten Sitzung, die Meinungen der anderen neigten sich mir zu, ich schlug vor, abzustimmen mit der Auflage, dass nach Ausfall wie auch immer, PCW sich fügen müsse, wozu dieser sich aber hart entschlossen weigerte, worauf ich einen meiner leider angeborenen Zornausbrüche bekam, den Raum donnernd verliess und die Türe zuknallte. Nach einer Weile zurückgerufen, stellte ich fest, dass die ganze Sache fallengelassen worden war, es kam wie gesagt später zu der von mir geforderten Erweiterung an Ort und Stelle. PCW und ich wichen uns aber von diesem Tag an aus und unser Verhältnis war schwer gestört. Einige Monate später, am Silvester desselben Jahres, wie aus Intuition, rief ich Clavary an, drei, vier Worte des Bedauerns genügten, die Freundschaft war wieder da, zum Glück für mich, denn dieses Gespräch war mein letztes mit PCW, ein paar Monate später starb er plötzlich. Treffend war, was sein Gegenschwäher Lord Jellicoe am Memorial-service, zu dem auch PCWs Frau gekommen war, über den Verstorbenen sagte: «That tall, elegant, aristocratic figure with that very personal pitch of voice and with that mischievous, slight smile flickering around the corners of his mouth. The auctioneer whom we mourn was the creator of the modern Sotheby's. It was he, who inspired and coaxed, nagged and negotiated, manoeuvred and moulded Sotheby's into a very great auction house. It was he, more than any other single being, who created the international art market as it exists today.»

Dieser Abschied der Firma von ihrem Grössten fand aber erst statt, nachdem der «White Knight» in der Person von A. Alfred Taubmann gefunden war. Peter Wilson hat diesen wichtigen Schritt in Sotheby's Geschichte noch erlebt, ja sogar aus der Entfernung mitgelenkt.

Doch zurück zu jenem Zeitpunkt, wo Peter Wilson unvorbereitet die Geschäftsleitung abgeben musste: Lord David Westmorland, Wilsons Vetter, war ein weiterer Nachfolge-Kandidat gewesen und auch vorübergehend in Charge genommen worden. Er war Master of the stables der Königin und konnte nie wirklich und auf länger als Chairman in Frage kommen. Besondere Momente brachten mich mit ihm in nähere Berührung: eines Abends rief mich Lady Westmorland überraschend in Mariafeld an, verzweifelt allein, der königliche Master war zu einem Staatsempfang befohlen, weggeeilt, wenige Minuten nach einem alarmierenden Anruf eines Sohnes, der nach einem schweren Autounfall im primitiven Spital von Aosta in Oberitalien lag. Unter der Türe rief Westmorland seiner Frau zu: «The only person who can help is Jürg.» Andrentags um die Mittagszeit war tatsächlich Harry Fane im Zürcher Balgrist-Spital durch die Rettungsflugwacht eingeliefert worden. Adam Schreiber operierte die komplizierten Brüche erfolgreich und die Familie war mir sehr dankbar. Bei dieser Gelegenheit erst realisierte ich, dass ich den Namen «Fane» (Stammname der Westmorland) schon vor langer Zeit einmal gehört hatte: der schöne Salis-Palast in Bondo im Bergell wurde für die erste Gräfin Salis-Bondo erbaut, die aus dem Hause Fane stammte, selbst aber nie den Wunsch ihres Mannes, ihm in die Schweiz zu folgen, erfüllt hatte.

Vom Nachfolger-Triumvirat Pollen-Westmorland-Llewellyn bleibt noch über letzteren an dieser Stelle etwas zu berichten, ich erwähnte ihn schon mehrfach, denn Graham oder kurz GDL war in all den Jahren mein bester Freund. Da die Schweiz ursprünglich der Juwelen wegen zur wichtigen Auslandniederlassung bestimmt war, war GDL logischerweise mein erster und bester Gesprächspartner. Im Gegensatz zu manchen Engländern, die ein Arbeiten, wie *wir* es kennen, nicht kannten, war GDL, einfacheren Herkommens, so erzogen wie wir Schweizer. Zuverlässig, pünktlich, unbestechlich, korrekt, fleissig, pflichtbewusst, rasch, alles traf auf ihn zu. Und wenn ich mit meinem diktatorialen stürmischen Tempo mit dem faulen England Mühe hatte, dann war Graham mein Helfer. Im Anfang schrieb ich in Telex und Memo an ihn oft, die Tradition der englischen, hinter dem Namen in Initialen stehenden Titel und Auszeichnungen imitierend, ein angefügtes D.B. (Dustblower), St.B. (Stonebreaker); er sollte die dortige Trägheit und Bequemlichkeit auf mein Schweizer Standing bringen, und er hatte Verständnis und ich hatte Erfolg. Wohl sprachen sie in London lachend vom «Swiss Dictator» und viele nannten mich kurzweg «The General», aber man zollte mir eine ganze Menge Respekt. Wenn ich telefonierte, wussten die Leute am Switchboard, dass man mich nicht konnte warten lassen, «cut» war mein harscher Befehl, und da sie andererseits von mir immer zollfreien Whisky bekamen, wenn ich nach London kam, waren diese Leute mir wohlgesinnt. Mit GDL hatte ich ein ausgezeichnetes Verstehen, er war immer der erste bei der Arbeit, ging jeden Morgen durch alle Abteilungen, war der menschlichste, sorgte für die Porter, hatte das Pensionswesen unter sich und kämpfte für Gerechtigkeit und Menschenachtung. GDL war sparsam, war genau, kontrollierte jeden Druckfehler, versuchte sogar englisch-deutsch zu katalogisieren, aber war hoffnungslos ungeeignet, eine Fremdsprache zu lernen – aber eben, wir verstanden uns. Er liebte nach Gattikon, später nach Mariafeld zu kommen, liebte Christines Küche und ein paar gute Drinks, er war so himmlisch komisch, wenn wir ihn endlich «blau» hatten, erinnerte mich in solchen Momenten an meinen Bruder Fritz. Graham kam auch einmal zum Sechseläuten mit und genoss die Reden, ohne ein Wort zu verstehen. Leider wurde er das Opfer eines unverdienten Geschehens. Hochgeachtet als Chef der Juwelen, die lange Zeit die bei weitem einträglichste Abteilung war, hochgeachtet als Oberster über der Schweiz, auch über Deutschland, Holland und anderen nichtromanischen Ländern und eben Dritter im Triumvirat, kam Graham an die Spitze der Firma in jener schwierigen Zeit, wo durch falsche Finanzpolitik Sotheby's bei einer geschäftlichen Baisse so in Schwierigkeiten geriet, dass nur ein «White Knight» das Boot über Wasser halten konnte. Nun zielten zwei amerikanische Geschäftsleute, Swid & Cogan, auf Übernahme (Takeover) hin, und es war zu befürchten, dass ihnen solches zu unser aller Unbehagen gelinge. In einem Interview machte nun der in die Enge getriebene GDL den Fehler zu sagen, er würde «blow my brains out» wenn diese Leute zum Zug kämen. Und nun wurde er in der ganzen Weltpresse, aber auch in der Firma, wegen dieses Ausdrucks in einer solchen Weise lächerlich gemacht, dass mir die Zornader schwoll. Einzig Nicholas Rayner teilte meine Ansicht, und weil niemand für GDL einstehen wollte, alle Freunde feige schwiegen, setzten wir uns hin und baten in einem gut formulierten Brief Christie's Chairman Joe Floyd (dem ich einmal gute Dienste geleistet hatte im Kampf gegen einengende Tendenzen der Genfer Behörden), *er* solle öffentlich für GDL Partei ergreifen, denn wir versprachen uns wirklich am meisten, wenn der grösste Konkurrent, nicht ein Freund, quasi sogar ein *Feind*, seine Stimme erheben würde – wir hofften auf englische Fairness. Kurz darauf waren beide Häuser in Genf. Christie's baten mich herüber und erklärten umständlich, sie verstünden unseren Wunsch und unsere Überlegung sehr gut, aber ihr Verwaltungsrat würde eine solche Demarche nicht verstehen und nicht dulden, wir möchten verstehen, es sei unmöglich, unserem Wunsch zu entsprechen. Graham selber, dem wir nach Monaten erzählten, was wir versucht hatten, war sehr ungehalten, fand es unter der Würde des Hauses Sotheby's, dass man Christie's um so etwas gebeten hatte, aber vielleicht zu innerst hat er sich doch gefreut, dass zwei Freunde etwas versuchten, auch wenn es in seinen Augen nicht das Richtige war. Leider aber ist dieser blöde Ausspruch von GDL im Raum geblieben und hat den Anfang zu einer unverdienten Kaltstellung dieses hochverdienten Mannes gegeben, die wir, falls erfolgreich, vielleicht hätten verhindern können.

1984 im Frühling teilte mir der Zürcher Bilderexperte Ralph Dosch mit, dass er austreten möchte, um sich fortan auf eigene Rechnung dem Kunsthandel zu widmen. Zwei Kandidaten, deren Name nicht genannt zu werden braucht, wurden von Michel Strauss abgelehnt. Davids jüngerer Bruder, Ully, hatte Kunstmaler werden wollen, erkannte aber, dass er als Freischaffender kaum eine Familie ernähren könnte. So hatte er sich für fünf Jahre in die Firma Robert Hafter als Allroundman verpflichtet. Nun aber wünschte er, sich zu verändern. Wir überlegten seinen Eintritt in eine Bank, doch war noch nichts entschieden. So sagte ich zu Michel Strauss, wenn die andern ihm nicht passten – ob er Ully sehen wolle? Er wollte, und so musste Ully nach Basel, zum Vorstellen bei den durchreisenden Londoner Herren Strauss und Barran. Nach nur zehnminütigem Gespräch riefen sie mich an und wünschten Ully auf den 1. September 1984 für ein Praktikum nach London. Dort war Ully schnell gern gesehen, machte Freunde, und wäre es nach der Londoner Herren Kopf gegangen, hätten sie ihn «for good» dort behalten. Ich aber brauchte ihn als Nachfolger für Ralph Dosch, der nach viermonatiger Zusammenarbeit mit Ully Ende 1985 ausschied. Ully arbeitete sich sehr schnell und gut ein – ich konnte stolz sein auf ihn, und was bald nachher kommen sollte, steht weiter unten.

Nun aber: die neue Zeit. A. Alfred Taubmann aus Chicago hatte 1982 als «White Knight» die alte englische Firma übernommen. Mir blieben nur noch einzelne Begegnungen mit dem neuen Chef in meiner Amtszeit. Anlässlich einer Gesamtorientierung, wo Mr. Taubmann sich den leitenden Angestellten vorstellte, sein Herkommen, sein Interesse an Kunst und seine Ziele erklärte, setzte er auseinander, dass, wie in allen Geschäften, ein Soll-Ziel gesteckt und erreicht werden müsse und solches von Jahr zu Jahr neu und höher sein müsse. Bei dieser Gelegenheit, als ältester als erster um meine Ansicht befragt, sagte ich: «Sotheby's lives on volonteer sellers and volonteer buyers, and furthermore on selling luxury goods, our business is not like selling bananas!» Meine Kollegen, insbesondere GDL, schauten mich erschreckt an, aber Taubmann lächelte und frug den nächsten, und Taubmanns Lächeln hatte Recht, wir standen an einer grossen Wende.

Wie ich 1969 zu Sotheby's kam ging ein altes Bonmot um, man sagte, es stamme von Christie's: «We at Christie's are gentlemen, trying to be businessmen, they at Sotheby's are businessmen, trying to be gentlemen!» Natürlich erzählten die von Sotheby's die Geschichte umgekehrt, aber ein Kern der Wahrheit war wohl in der Christie'sschen Version, denn dort waren mehr «Herren». So oder so, die volle Wahrheit war aber die, dass beide Häuser, zwar wohl bestückt mit ausgezeichneten Experten, in Sachen Geschäft zu Dilettantismus neigten. Was ich Mr. Taubmann als grosse Erkenntnis gesagt hatte, hiess nichts anderes, als dass unser Geschäft allzusehr ein Zufallsgeschäft war. Alfred Taubmann und seine Equipe haben uns während der letzten zehn Jahre gezeigt, wie sie das Geschehen in Griff bekommen wollen und es auch können. Baissen der Konjunktur haben gezeigt, dass sie auch diese erfolgreich überstehen können. Uns Alten fällt es schwer, dem neuen Trend, dem offensiven Erzwingen zu folgen, auch unter den Jungen gibt es solche, denen der neue Stil zu schaffen macht, aber wer im Boot bleibt, muss folgen.

Inzwischen näherte sich mein siebzigster Geburtstag, es wurde Zeit, einen Nachfolger für mich zu bestimmen. Ich hörte an Weihnachten durch David, dass Simon de Pury von der Firma angefragt worden war und dass er zur Rückkehr zu Sotheby's bereit sei. Alfred Taubmann spürte, dass Simon den neuen Geist gut verstünde und ihm bestens nachleben werde. Man bat mich, nach London zu kommen. Die Chefs Ainslie, Gowrie und Thompson erwarteten mich. Michael Ainslie begann, dankte, dass ich gekommen sei, und wollte gerade ausholen, mir die neue Lage zu erklären, als ich ihn unterbrach mit den Worten, ich sei im Bild, Simon übernehme meine Nachfolge, unter ihm, würde ich hoffen, könnten sie Ully für Zürich einsetzen, und ich schlüge vor, mir als Ehrenpräsident zu gestatten, weiterhin mitzuarbeiten. Sichtlich erleichtert über diesen schnellen Verlauf des Gesprächs, erhoben sich alle und drückten mir die Hand, worauf ich mich verabschiedete. Am 1. September 1986 übergab ich die Verantwortung Schweiz an Simon de Pury, unterstellte mich ihm und auch meinem tüchtigen Sohn Ully, der fortan die Verantwortung für Zürich übernehmen durfte. Vereinzelte bezweifelten die Möglichkeit eines harmonisch-kooperativen Fortgangs der Dinge, aber ich glaube sagen zu dürfen, die vergangenen zehn Jahre haben bewiesen, dass, was unmöglich *schien*, möglich ist. Und ich bin der erste, mich darüber zu freuen.

Am 17. September 1986 nahm ich zum letzten Mal an einem Boardmeeting in London teil; das Protokoll sagt:

«Julian Thompson announced that Jurg Wille would resign from the board to coincide with his retirement from his executive duties in Switzerland. He has been appointed Hon. President of Sotheby's Switzerland. Julian Thompson and all the directors expressed their very sincerest thanks for Jurg's energetic and outstanding contributions to Sotheby's International.»

1995/1996

Gehörtes

Es fing damit an, dass ich Geige spielen sollte – ich war sieben Jahre alt, die Geige eine Viertels-Geige. Eine Schwester hatte auch Geige gespielt, eine andere Klavier und Handharmonika, ein Bruder trommelte, mein Vater hatte auch Geige gespielt; anfänglich war ich stolz, aber der Stolz verflog schnell, ich kratzte mehr, denn dass ich spielte. Mama oder Grossmama sassen am Klavier und überwachten mein Üben. Aber im Musikzimmer-Salon da hingen Ahnenbilder. Ich entdeckte, dass ich ablenken konnte mit neugierigen Fragen, und ich merkte mir, was ich hörte, um anderntags den Anschluss nicht zu verpassen. Nach ein paar Jahren hiess es in einer Schnitzelbank über uns Kinder:

«Das sechste Sternchen wie geschmiert die Ahnenreihe rezitiert.

Es sorgt für der Familie Würde und trägt gefasst die schwere Bürde.»

So fing alles an: Ablenkungsmanöver *und* Neugier. Und es gab viele in der Familie, die gerne meine Neugier stillten, und ich hatte ein Gedächtnis, heute würde man sagen wie ein Computer. In der «Heimatkunde» der Primarschule die Geschichte der Stadt Zürich, die Schlachten der Eidgenossen, alle Daten wusste ich, und plötzlich waren Ahnen dabei gewesen, vielleicht hie und da nur vermutet, aber ich erfand eigentlich nichts. Die Brüder zweifelten, sagten mir nach, was ich nicht wüsste, würde ich einfach behaupten oder erfinden. Aber was ich nicht wusste, begann ich zu recherchieren. Ich sass in Bibliotheken, in den Archiven, ich schrieb Briefe an Vettern, von denen keiner gewusst hatte.

Und ich sammelte ein «Archiv», ein Archiv *aller* Vorfahren, ob auf Vaters oder auf Mutters Seite, und so entstand ein Geflecht vom Hörensagen und vom Gelesenhaben und ich erzählte; und oft sagten später unsere Kinder am sonntäglichen Mittagstisch: «Papi, verzell öppis vo früener», sie mussten Wappen lernen und die Porträts der Vorfahren versuchte ich ihnen lebendig werden zu lassen.

Heute gibt es solche, die sagen: «Schreib alles auf, so lange Zeit ist.»

Unsere Eltern und Grosseltern haben wir fast alle noch gut gekannt – nur ein Grossvater starb sechs Jahre vor der Heirat unserer Eltern. Die ältern meiner Geschwister erinnern sich *einer* Urgrossmutter noch gut, aber bei mir ist alles nur «vom Hörensagen». So will ich versuchen aufzuschreiben, was ich im Kopf habe.

Würde ich dabei wissenschaftlich mit Quellenangaben, trocken, nach Jahrzehnten gegliedert, erzählen, verlören sich die Zusammenhänge und es entstünde kein Leben. Mir sind die acht Urgrosseltern so lebendig, als ob sie noch lebten, und weil ihre Wege so verschieden sind, die einen «für», die andern «gegen», die einen hier, die andern dort, glaube ich, am besten weiterzugeben, wenn ich die vier Urgrossväter und die vier Urgrossmütter *selber* erzählen lasse. Meist lasse ich die Alten bis dahin erzählen, wo sie geheiratet haben. Was nachher kam, mögen spätere schreiben. Dass die Alten nichts einzuwenden hätten, dessen bin ich mir gewiss, weil manche von ihnen damit gerechnet haben, dass einmal von ihnen erzählt werde. Wie oft hat auch unser Vater für Familienfeste Theaterstücke gedichtet, wo wir unter dem Titel «Was sagen die Alten im Himmel?» den einen oder anderen auf die kleine Bühne holen durften. Noch eines, bevor die Vorfahren zu erzählen beginnen: Von allen acht Ahnen hat es im Mariafeld-Archiv Originalbriefe aus allen Lebensaltern. Zwei Gelehrte haben die Schriften gedeutet. Über hundert Jahre zurückliegend scheint mir dies erlaubt, und überall stimmen Deutung und Überlieferung erstaunlich gut überein. Charakterbeschreibungen des einen Ehegatten, in einem Fall des Sohns, über den anderen sind also in Erzählform gefasster Inhalt der *graphologischen* Deutung.

Das alte Haus – 650 Jahre

	Weile Wanderer, wisse, was hier, wer hier einst war.	1
	Höre, lobe den Herrn, Er allein liess es so sein!	
1346–1396	Hoch am See, in der Urzeit Fels dort oben ersteht	2
	Weinberg, Gottes zur Ehr, «Ramenschül» nennt ihn das Buch.	3
	Mönche trinken den Wein, von Cham der erntet das Korn.	4
	Schiffern bietet dort Schutz Hafen und Bogen zugleich.	5
1446–1496	Langhans Andres, ein Bauer, Haus und Hofstatt sich baut.	6
	Kaum erstanden sein Glück, Rot sich der Himmel verfärbt.	
	Bruderkrieg bringet Not und Hunger, Armut dem Land.	7
	Freunde, Brüder von einst, Feinde heut stehn sie am See.	
1546–1596	Gottshaus, neu just erbaut, doch Zwingli räumt den Altar.	8
	Langhans' Erbe drückt Not, Zinslast ihn zwingt zum Verkauf.	9
	Junker, Adel der Stadt Mandaten-Zucht gern entgehn.	10
	Escher, Luchs zubenannt, Einsiedler Amtsleut nun sind.	11
1646–1696	Äbte, Mönche und Knecht vom Kloster finsteren Walds	12
	Rasten, lachen beim Wein, ziehen nach Fahr zu ze Nacht.	
	Junker Hans Erhard sagt, das Haus sei kommlich, nicht schön.	13
	Blueschtjung stirbt er, sein Buch lustig heut uns so erzählt.	14
1746–1796	Neu das Haus und der Garten, neu wird noch zugebaut.	15
	Mitgift jetzt einem Wyss, ihm auch der Brunnen im Hof.	16
	Bald das Volk jetzt verlanget Freiheit, Recht und Gesetz,	17
	Wyss drum absteht vom Amt, Bürger statt Junker er wird.	
1846–1896	François, erster von uns, erwirbt das Haus «Mariafeld».	18
	Einziiht Geist und Kultur fröhlich zur Runde am Tisch,	19
	Baucis und Philemon gleich in hohes Alter sie gehn.	20
	Sohnskraft Wehrwillen schafft. Schweiz, dir dein Wehr neu erstellt.	
1946–1996	Sohnes Sohn, ein Soldat, die Enkelkinder vereint.	21
	Leid er träget allein, Nachwelt erst sei ihm gerecht.	22
	Söhne weiter bis heut dir dienen dankend oh Haus –	
	Ernst, bewusst sich der Pflicht, Opfer und Arbeit krönt Lohn.	23
	Weile, Wanderer, wisse, wer heut und was heut noch währt	
	Dank sei, Dank sei dem Herrn, Er allein lässt es so sein!	

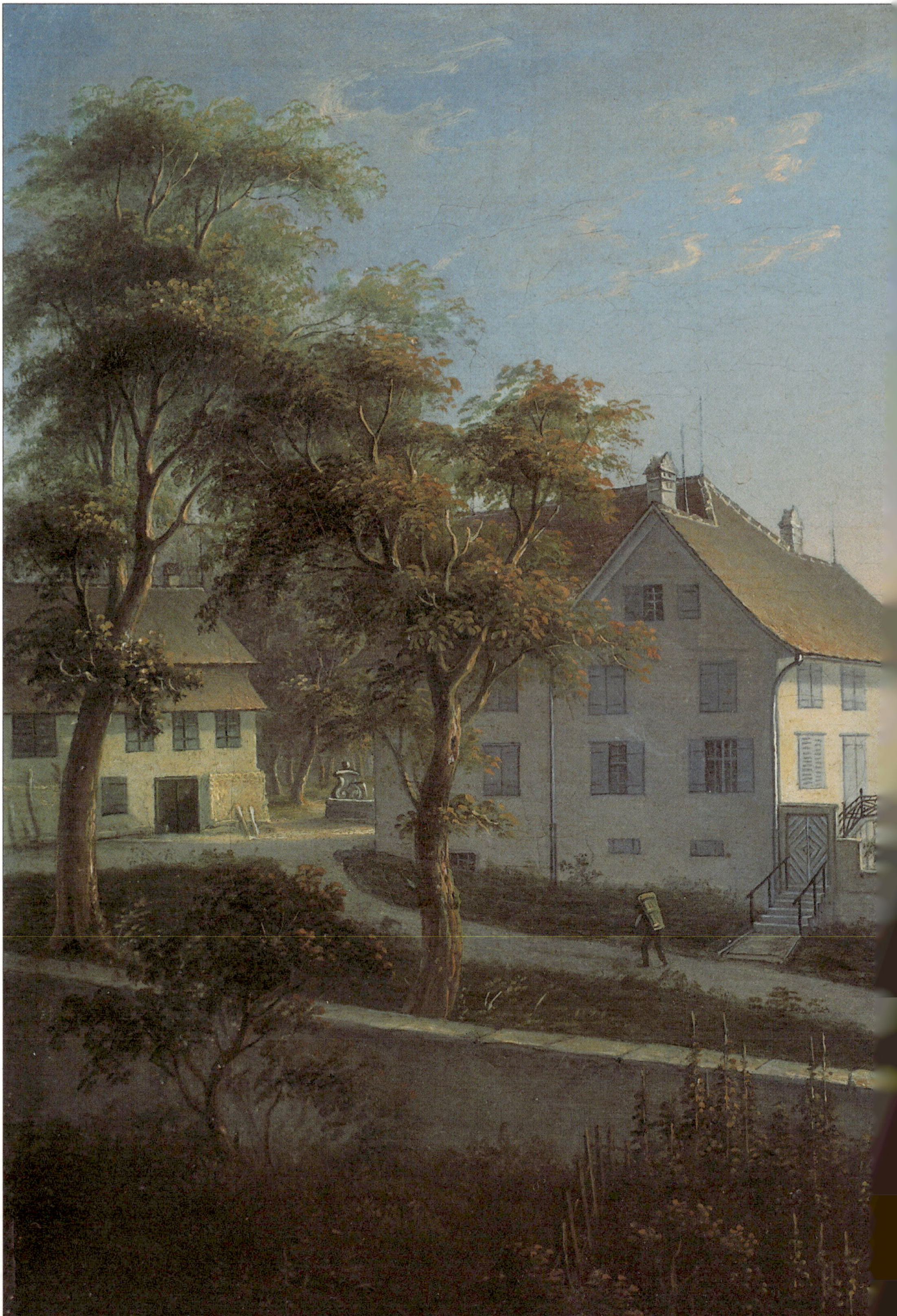

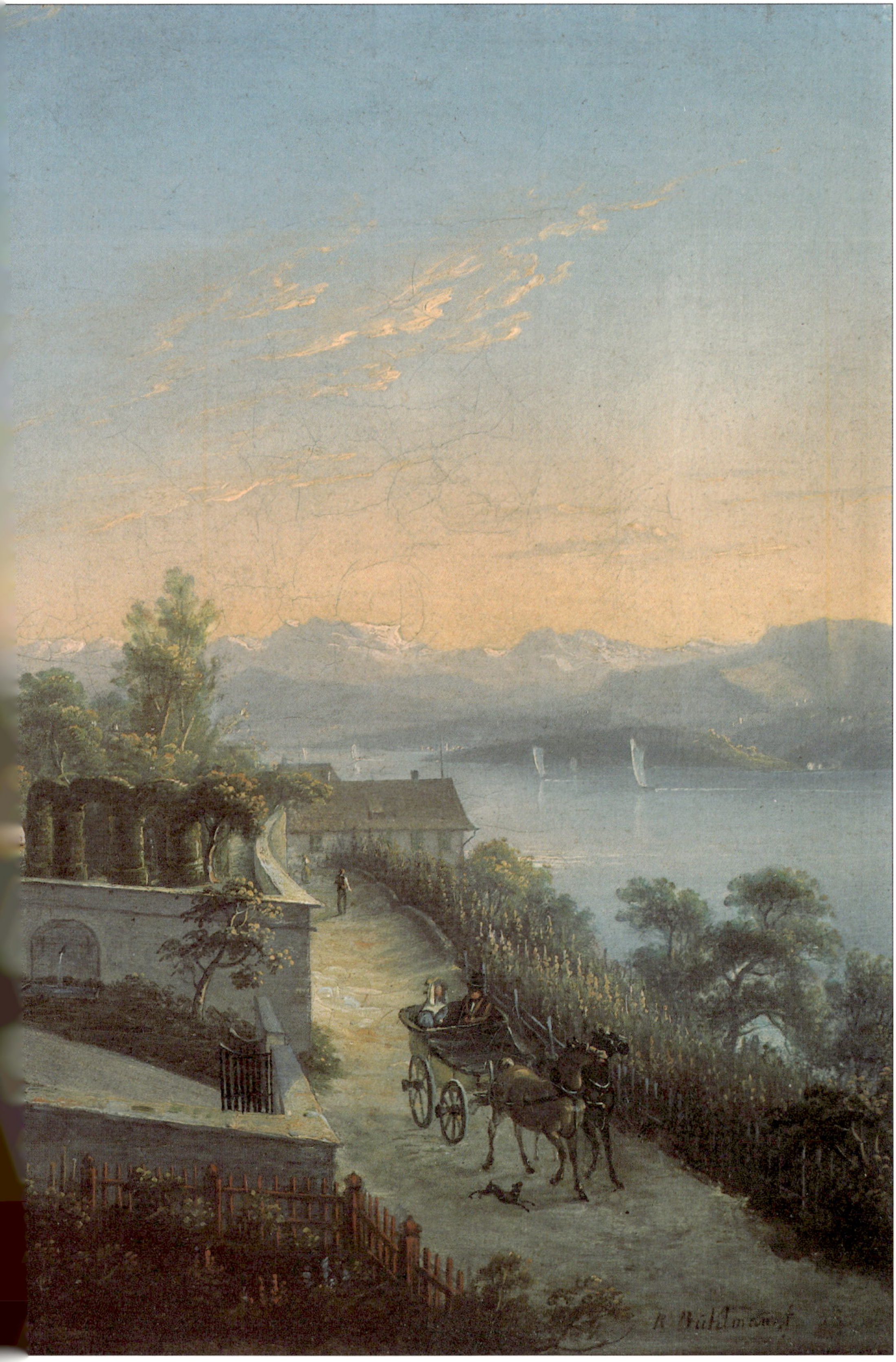

Rudolph Bühlmann, Öl auf Leinwand 1835

1   Die sechs W stehen auf dem Grabstein von Junker Hans Meiss in der Kirche von Rorbas; er starb 1628. Siehe *Herkommen* Nr. 869/986.
2   Der älteste Teil des Hauses ist die südliche Ecke; diese steht auf Felsboden, einer markanten zum See gerichteten Spitze, die von der Höhe steil abfällt.
3   Das Statutenbuch St. Felix und Regula (Grossmünster) vom Jahr 1346 sagt: «item Johannes de Wellenberg v modio tritici de vinea Ramenschül in Meilan» (Staatsarchiv Zürich).
    Aus der Kornmenge ergibt sich ein Grundbesitz von ca. 20 Hektaren.
4   Johannes v. Wellenberg wurde 1306 Expektant, 1335 Chorherr am Grossmünster und starb 1350 als Subdiacon.
    Wernher von Cham erhält am 24. Juli 1359 einen (deutschen) Erblehensbrief für sich, seine Frau Margreth und ihre gemeinsamen Kinder für «den Wingarten der gelegen ist ze Meilan an dem Swabenbach den man nennet Ramenschül, stozt oberhalb an den Swabenbach, niderthalb an Hch. Brüggelis Wingarten, einhalb an Oelzapfen Wingarten, anderthalb an die Landstrass ... samt allem so darzu gehört». Wernher war Kellerer des Stifts und stammte aus dessen wichtiger Bäckerei «im Höfli», deren Semmeln Kaiser Karl vom Turme warf, wenn er die Glocken elf Uhr läuten hört. Die Grösse des Guts wird bestätigt: es liegt oberhalb der Landstrasse, erstreckt sich von der Nadelgasse bis zum Schwabach und reicht rückwärtig in die Hänge der Frauenkammer. (Staatsarchiv Zürich)
5   Gemeint ist der grosse Schiffhafen zu St. Christophel zürichwärts, und das Bogenhaus meilenwärts vorgelagert vor dem Weingarten. – Es ist seit alter Zeit bekannt, dass hier bei Westwind eine den Seglern heimtückische Ecke ist; Schiffe, die bei verstärktem Sturm die schutzbietende Haab-Mauer nicht mehr umfahren konnten, fuhren im Bogenhaus in voller Fahrt geradeaus auf Grund.
6   Langhans Andres, reiche Bauern seit 1406 im Meiler Feld nachgewiesen.
7   1436–1450, der Alte Zürichkrieg der Innerschweizer, besonders Schwyz gegen die freie Reichsstadt Zürich.
8   1495 wird in Meilen der hochgotische Chor der Kirche eingeweiht ... bei der Grundsteinlegung wird ein «Glass mit wyn vermuret», 1525 bringt die Reformation den neuen Glauben.
9   Langhans Andres, auch Hans Anderes gen. Lang, Witwer der Elsbetha Wynmannin, Vater von fünf Kindern, schuldet einem Vetter in Thun, den Kindern seines Bruders, dem Marx Fogel (Vogel) und Junker Marx Escher insgesamt 1600 Pfund Zürcher Währung, das heisst mehr als drei Viertel des Wertes seines Grundbesitzes, so verkauft er am 21. Februar 1580 sein Gut dem Junker Escher. Dieser Junker Marx Escher v. Luchs (1547–1612) ist Gerichtsherr zu Kempten u. Werdegg, Schultheiss am Stadtgericht und XVIIIer zum Rüden.
10 Die strengen Sittenmandate Zwinglis verboten auf dem Boden der Stadt jegliches freiere Lustleben, darum beginnt bei Adel und Patriziat der Erwerb von Gütern, welche bessere Freiheit gewähren.
11 Sohn und Enkel von Junker Marx sind von 1611–1694 Zürcher Amtmänner des Klosters Einsiedeln und verwalteten dessen Grundbesitz.
12 Zum Beispiel: 1693, 21. Mey. Wie gemerkt, seynd ihrer fürstlichen Gnaden (Abt Raphael v. Gottrau) disen Abend auf Pfeffiken kommen, wo sie

auch eins und anderes zu sehen vorhatte. Nechsten Morgen celebrierte Sie früher, namen darüber ein Frühstück, gingen hernach mit ganzer Aufwart (Herr Mauritz Fleckenstein Conventual, Herr Lazarus Heinrich Cantzler, Herr Secretaire Carl Francis Kreuel, item Cämerling, Margstaller, Laquey sambt 3 Schiffmannen und 6 pferdten) in das Schiff, darin auch die Pferdt gestellt worden, liessen sich bis auf Meilen stossen, wohn Herr Amptmann Marx Escher sie ganz angelegentlich eingeladen, kehrte deret wegen bei ihm in seinem Guet genannt im Veld zu und speiste dort zu Mittag. Gesagter Herr Amptmann, welcher diese Gelegenheit schon lang gesuecht und verlangt hatte, stellte ein Fürstl. Tractation auf, neben dem kostlichsten alten Zürcher Wein, von 12, 15 und 16 Jahren, also dass der Aufwart Ihrer Fürstlichen Gnaden über selbst eigener vermeinen mehr Dampf in Kopf bekommen, als dass Sie in allem netto aufwarten möchten. Seynd gleichwohl alle mit Ehren aus dem Haus kommen. Aber als sie zu Pferdt gesessen und fortgeritten, finge mithin einer zu schwanken: und nachdem sie auf der Strass ein weniges halten müsste, und underdessen vom Pferdt gestiegen, nachgends sich mit zimmlich grosser Difficultet wider auf die Pferdt gebracht. Warum auch sie so lang gesäumbt, dass Sie zimmlich spath, gleichwol mit Glück nach Var ankamen». (Klosterarchiv Einsiedeln)

13   Junker Hans Erhard Escher (1655–1689) Beschreibung des Zürichsees, Zürich 1692 bei Joh. Rud. Simmler, S. 197.
«... in das Meiler-Feld, allwo mein Geliebter Vatter, gleich ob dem Haus zum Christophel, ein Landtgut hat, darbey ein Haus, welches, wie wolen es nicht schön, jedoch kommlich. Dises Orth ward vor altem 'Auf dem Romenscheur' genennet ... »

14   In der Einleitung von Nr. 13 wird gesagt, Jkr. Hans Erhard starb «in dem Blust seines Alters».

15   1728/29 erbaut Junker Hans Georg Escher (1691–1751) auf altem Unterbau ein neues Landhaus. Seine Frau Esther geb. Escher (vom Glas) war eine Cousine von Hs. Cd. Escher-Pestalozzi, dem Erbauer des Saals in der «Schipf» (Herrliberg), Ähnlichkeiten von Anlage und Innenausstattung lassen gleiche Handwerker vermuten.
Schon 1752/53 baut Junker Diethelm Escher (1696–1755) an den Neubau seines verstorbenen Bruders bergseits den erhöhten Saalbau: «Nicht weit darob ist das schöne und fruchtbare Meylerfeld, allwo Junker Ratsherr Diethelm Escher ein trefflich Landgut hat von vielem und kostbarem Räbgewächs, neuangelegten Gärten, nach neuer Façon erbautes Lusthaus, und ein in Felsen gehauenem Keller; das Ort ward ehemal die Romenscheur genannt.» David Herrliberger: Topographie der Eydgenossenschaft, 1754 Zürich, S. 67.

16   Junker Diethelm hinterlässt nur eine Tochter, Küngold, die 1760 den Junker David Wyss (1737–1815) heiratet, aus welchem Anlass der barocke Hofbrunnen gesetzt wird.

17   An Himmelfahrt 1795 beobachtet Jkr. David Wyss aus der oberen Stube neun Stäfner Patrioten vorbeieilen, um sich in Küsnacht eine Abschrift des «Kappeler Briefs» zu holen. Diese, sowie der «Waldmannsche Spruchbrief» wurden am 16. Mai in Stäfa gegen obrigkeitliches Verbot öffentlich

verlesen, der «Stäfner Handel» begann. 1798 dankt Bürgermeister David Wyss ab, nachdem er sich vergeblich dem Begehren der Landbevölkerung widersetzt hat. «Citoyen Wyss» verlässt Zürich und geht nach Lindau (Bodensee) ins Exil.

18   Dr. François Arnold Wille (1811–1896), unser Urgrossvater, verlässt Hamburg, wo er als Journalist für die 48er Freiheitsbewegung gekämpft hat. Aufgrund seines Auslandschweizer Heimatbriefs der Gemeinde La Sagne (Neuchâtel), wo seine Vorfahren unter dem Namen «Vuille» seit 1400 eingebürgert sind, erhält er Niederlassung im Kanton Zürich. Am 2. Juli 1851 unterschreibt er den Kaufvertrag für «Mariafeld». Das Haus trägt diesen Namen seit 1839, dem Jahr, wo Joh. Emil Ryffel von Stäfa hier ein Knabeninstitut («An establishment for young Gentlemen») eröffnet hat. Er nennt es zu Ehren seiner jungen Frau Maria Pilkington Drummond «Mariafeld». Das Institut war kein Erfolg und wurde nach 10 Jahren geschlossen.

19   Unter François und seiner Frau Eliza geb. Sloman (1809–1893) wird «Mariafeld» der Treffpunkt vieler Geistesgrössen und Kulturträger (Keller, Meyer, Mommsen, Kinkel, Herwegh, Wagner, Liszt), Adolf Frey spricht in seiner Biographie C. F. Meyers von der «Tafelrunde von Mariafeld».

20   Nachdem François 1896 – seit 45 Jahren in «Mariafeld» – stirbt, zieht sein zweiter Sohn, Ulrich (1848–1925), der spätere General, ein und beginnt hier die «Skizze einer Wehrverfassung», die als «Militärorganisation» 1907 in Kraft tritt und die Armee bis 1945 weitgehend bestimmt.

21   Ulrich Wille (1877–1959) der Jüngere, unser Vater, versammelt nach Kriegsende an die zwanzig Enkel bei sich und bietet ihnen fröhliches gesundes Dasein.

22   Unser Vater ist seit 1941 verwitwet, seit 1942 beruflich beiseite geschoben und von Zeitgenossen in seinem Denken und Verhalten irrig verurteilt.

23   1959–1970 Franz Wille als Betreuer der Erbengemeinschaft, ab 1971 Jürg und Christine Wille-Gulden als Eigentümer, Erneuerung, Aus- und Umbau.

1963 hat Jürg Wille für das «Meilemer Heimatbuch» eine ausführliche Geschichte von Mariafeld zusammengestellt, die im ganzen noch Gültigkeit hat.

Was folgt, erzählt der erste «Mariafelder», mein Urgrossvater der Linie von Vater zu Sohn. François Wille war der Vater von Grossvater General Ulrich Wille, Grossvater von Vater Korpskommandant Ulrich Wille:

Ich, Jean François Arnold Wille, kam am 20. Februar 1811 in Hamburg zur Welt als Erstgeborener von fünf Geschwistern. Mein Vater, Jacques Arnold Wille, in der Rhein-Pfalz geboren, war schon seit mehreren Jahren in Hamburg ansässig; Hamburger Bürger seit 1806, seit 1809 mit einer Hamburgerin verheiratet, übte er ohne rechte Freude das von seinem Vater ererbte Handwerk eines Uhrmachers aus, das mein Grossvater noch in seiner ursprünglichen Heimat, dem neuenburgischen Jura, erlernt hatte. Mein Vater zeigte mir einmal nicht ohne Stolz einen in französischer Sprache abgefassten grossen Heimatbrief auf Pergament, in welchem unsere ganze Abstammung bezeugt wird. Diesem Brief zufolge ist unser eigentlicher Name Vuille. Schon in der Mitte des 14. Jahrhunderts wird ein Vuilloz genannt, und dem Vernehmen nach soll dieser Name aus Vuillaume oder Guillaume, also einem Vornamen, entstanden sein, wie das bei vielen Familiennamen der Fall ist. Dem Namen Guillaume geben die Ethymologen «Willen» und «Helm» zum Ursprung, andere bringen zusätzlich Deutungen wie «pfiffig» und «schlau», auf französisch «adroit» im Gegensatz zu «maladroit». Das heimatliche Dorf La Sagne im neuenburgischen Jura hat dagegen seinen Namen aus der dortigen Landschaft bekommen: Waldgebiet mit Sumpftälern durchzogen. Die Landesherren, die Grafen von Aarberg und Neuchâtel, verliehen unseren Vorfahren Grund und Boden mit der Auflage, ihn trockenzulegen und auf diese Weise Weidland zu gewinnen. Der erste, zu dem die Stammreihe lückenlos führt, war Jehan Vuilloz (urkundlich 1436 bis 1472). Er war ein wohlhabender Bauer und versteuerte 84 Hektaren eigenes Land. Sein Sohn Jeannin ist 1495 Bürgermeister von Dorf und Talschaft; La Sagne war damals Hauptort des jurassischen Oberlandes; er stiftet 1512 die grosse Glocke der Kirche, die seinen Namen trägt.[1] Er erneuerte die Rechte auf Weiden und Wege, die in der Folge oft zu Streit mit Bauern der benachbarten Dörfer führten und um deretwillen schliesslich 1693 ein streit-finanzierender Familienfonds geschaffen wurde. (Ein ferner Vetter hat mich darauf aufmerksam gemacht, dass auch wir auf den Fonds noch heute Anrecht haben.) Zu Ende des 17. Jahrhunderts kamen, in der Folge des Edikts von Nantes, hugenottische Glaubensbrüder über die Grenze aus Frankreich. In einem alten «Journal» meines Ur-Ur-Ur-Grossvaters Henri Vuille finden sich Aufzeichnungen über die Almosen, die er als Kirchenältester den Flüchtlingen gab. Henris Enkel, der jüngere Henri und sein Bruder Isaac, sind in der Mitte der 1730er Jahre von La Sagne weggewandert in das deutsch-französische Grenzgebiet, wo sich viele Hugenotten angesiedelt hatten; beiden war der Boden infolge einer örtlichen Meuterei (gegen den vermeintlichen Verräter Montandon[2]) zu heiss geworden. Henri, mein Urgrossvater, heiratete in Zweibrücken (Pfalz) eine Hugenottin und verdiente sein Brot als Schuhmacher, Handwerk, das er von seinem Vater gelernt hatte, schickte aber, wie oben berichtet, seinen Erstgeborenen (meinen Grossvater) zurück nach dem heimatlichen La Sagne, um dort die Uhrmacherei zu erlernen, weil schweizerische Uhrmacherkunst ein besseres Auskommen versprach. Urgrossvater Henris Bruder wurde Factor der Fürstlich-Nassau'schen Porzellanmanufaktur Ottweiler, kehrte aber später nach La Sagne zurück. Meines Grossvaters Bruder, Daniel Henri, in französischen Diensten Hauptmann der Nationalgarde, holte meinen frühverwaisten Vater in den Revolutionsjahren nach Frankreich, wo er 1796 mit zwanzig Jahren in Douay an der französisch-belgischen Grenze der militärischen Freimaurer-Loge beitrat. Mein Vater war ein Charakter wie in Holz geschnitten. Kräftig in den Konturen, mehr rauh, unbiegsam, nicht leicht zu behandeln. Er neigte zu Heftigkeit, war sehr empfindlich, war, wenn herausgefordert, radikal in seiner Reaktion, aber, da es ihm an Gemüt und Intelligenz nicht fehlte, zu raschem Einlenken bereit. Leider haben seine positiven Anlagen nicht die bestmögliche Entwicklung genommen – nie vermochte er zwischen Willen und Können ein rechtes Gleichgewicht herzustellen. So blieben Erkenntnis und Wissen auf engen Raum beschränkt.

In Hamburg gehörten wir zur französisch-reformierten Kirche, wo wir alle auf französische Vornamen getauft wurden. Meine Taufpaten waren meine Grossmutter mütterlicherseits und ein ferner wohlhabender Vetter meiner Mutter, ein Baron Möller-Lilienstern, dem ich in meinen Studienjahren viel Hilfe zu verdanken hatte. Unsere Mutter, Anna Friederica Christiana Rühl, entstammte einem wohlhabenden Hamburger Bürgerhaus; ihr Vater hat mir wohl – neben meinem eigenen Vater – mein kämpferisches Temperament vererbt, das mir im Leben so oft zu schaffen gemacht hat. Ich will nur *ein* Beispiel von Grossvater Rühl erzählen: An einem Begräbnis eines Krameramtsbruders (so etwa ein Mitzünfter) war er bestimmt worden, mit drei anderen Bürgern den Sarg des Verstorbenen in die Kirche zu tragen; darüber, wo der brave Tote niederzusetzen sei, hub Rühl mitten in der Kirche einen lautstarken Streit an und rief, um seine Meinung zu rechtfertigen, sein Vater hätte «keine langen Ohren» gehabt, wofür nachher zehn Taler Busse gegen ihn verfügt wurden. Grossvater Rühl starb lange vor meiner Zeit, aber glücklicherweise war seine Frau eine herzensgute Grossmutter für uns, früh mutterlos gewordene Kinder. Ich war fünfzehn, als meine Mutter aus Gram über Vaters geschäftliches Missgeschick und seinen daraus resultierenden Hang zum Glas starb; meine jüngste Schwester war damals keine zwei Monate alt. Nach Mutters Tod wurde mein nächst-jüngerer Bruder

Louis, der mir besonders nahestand, nach Frankenthal ins Haus eines Bruders meines Vaters gegeben (die Patin von Louis war übrigens eine Schwester meines Paten Möller-Lilienstern, verheiratet an den Kriegsrat v. Wille in Kassel³). Mit Louis habe ich immer enge Verbindung gehabt; er wurde Bürgermeister von Frankenthal und hat einen Sohn Jakob.⁴ Mein Bruder Charles Pierre blieb unverheiratet. Er war Stadtgärtner in Göteborg und lebt jetzt in Berlin bei meiner jüngsten Schwester Catherine, die es zu Ansehen brachte als Frau und Mutter der

JEAN FRANÇOIS ARNOLD WILLE

bedeutenden Fabrikanten Heinrich Freese, Vater und Sohn, die Holzjalousien und Holz-Pflaster produzieren.

Über meine Jugend habe ich vor meiner Verheiratung handschriftliche Aufzeichnungen gemacht:

«Mit dem 9. Jahre wurde ich in die reformierte Kirchenschule geschickt, wo ich bis zum 11. Jahre blieb und fertig lesen, schreiben, rechnen, in einer zum Dienste in den Comptoiren des Grosshandels befähigenden Weise, samt Buchhaltung, Wechselrechnung etc. lernte, ebenso Geographie und eine ziemlich vollständige Kenntnis der Bibel erlangte. Zu Hause las ich in diesen Jahren, in dieser Hinsicht gänzlich unbeaufsichtigt, an die viertausend gewöhnliche Romane etc., mit einem Wort, zwei Leihbibliotheken vollständig durch. Mit diesen Romanen hatte ich auch einige hundert Reisebeschreibungen verschlungen und dadurch Lust zur Geographie bekommen. Ich sparte alle mir im Hause geschenkten kleinen Münzen auf und kaufte beim Antiquar alte Reisebeschreibungen und erbat mir zu Weihnacht statt alles Spielzeugs, das sonst Knaben unterhält, geographische Handbücher und Karten. Eine enge Wohnung ohne Hof und Garten in einer Strasse voll Getümmel und, wie die Mutter meinte, voll Gefahr für den Leib durch die Wagen, für die Sitten durch die Strassenjungen, liess auch kaum eine andere Unterhaltung als Lesen zu.

Eine Erbschaft von Seiten meiner mütterlichen Verwandten hatte unterdes plötzlich meinen Vater in den Stand gesetzt, seine ihm längst verhasst gewordene Uhrmacherei aufzugeben. Er legte in Gemeinschaft mit einem sachkundigen Franzosen eine Fabrik für Sortierung, Reinigung und Waschen von Schafwolle an. Unsere Wohnung ward in die Vorstadt St. Georg an den schönen Alster-See verlegt, ein grosser, schöner Garten erfüllte meine Sehnsucht nach Blumen und grünen Bäumen, die ich bisher nur aus Büchern gekannt hatte. Umgang mit wohlerzogenen, schönen und reinlich aussehenden Knaben der Nachbarschaft trat an die Stelle der bisherigen grossen Einsamkeit eines Dachfensters, an dem ich meine Romane heimlich gelesen.

Zugleich aber kam ich in eine andere Schule. Sigismund Möller, mein neuer Lehrer, war ein Mann, der, Autodidakt nach wechselvollem Schicksal, eben eine Schule anlegte; Mathematik, insbesondere die reine und auch die angewandte Mathematik, und Astronomie waren seine Lieblingswissenschaften. Er fand in mir eine leichte Fassungskraft und ein ausserordentlich starkes Gedächtnis, die er bald für Genie hielt und laut erklärte. Mir ging eine neue Welt auf. Früh morgens verliess ich oft das elterliche Haus, um erst nachts zum Schlafen heimzukehren. Mein Lehrer war *mir*, ich *ihm* alles; zwei Stunden vor der Schulzeit unterrichtete er mich in den mathematischen Wissenschaften, zu denen er und ich mich damals bestimmt glaubten. Mit meinem Lehrer hielt ich Keppler, Leibnitz, Newton, La Place und Gauss für die einzigen Geister, auf welche die Menschheit stolz sein darf, und ich glaubte mich auch prädestiniert, auf ihrer Spur zu wandeln. Täglich machte ich kleine Entdeckungen und neue Beweise für alte Lehrsätze. Mein Lehrer und Freund gab sich alle Mühe, mich zu bewegen, mich den Wissenschaften zu weihen und zu studieren, er bestärkte mich, mich dem entgegengesetzten Willen meines Vaters zu widersetzen und nicht den Mut zu verlieren.

In dieser Zeit geschah, was die gegebenen Warnungen meiner Mutter vorausgesehen: Der französische Sozius meines Vaters hatte ihn betrogen, und das ererbte Vermögen war wieder dahin. Meine Mutter war vor Gram gestorben, eh dass sich äusserlich dies fühlbar machen konnte; allein nach ihrem Tode beschleunigte das aufsichtslose Hauswesen den Ruin unseres Hauses, so dass nicht ein Jahr nach ihrem Tode ich auf mich selbst angewiesen war.

Mein Lehrer Möller, selbst Familienvater und ohne Mittel, eilte mit einer von mir verfassten ‹Übersicht der astronomischen Geographie› zum Doktor der Theologie und Senior des Hamburger Ministeriums Willerding und zum Direktor der Gelehrtenschule, dem berühmten Dr. Gurlitt. Ich erhielt die Hälfte des Schulgeldes erlassen, die andere Hälfte verdiente ich mit Unterrichten kleiner Kinder, bediente Schreiber usw. in französischer und deutscher Orthographie usw., mit diesem Erwerb musste ich meine Kleidung bestreiten, während meine alte Grossmutter mir Wohnung und Essen gab. Im Latein hatte Möller mich nur so weit gebracht, dass ich, über 16 Jahre alt, nach Quarta kam, während der Professor der Mathematik mich in seiner Wissenschaft reif zur Universität erklärte. Die Zeit, welche mir die Bemühung, in klassischen Studien das Versäumte nachzuholen und das Stundengeben liessen, ward grösstenteils der französischen Sprache und Literatur gewidmet, die mich so entschieden anzog, dass ich die klassische Literatur des Jahrhunderts Ludwigs XIV. eher kannte als die klassische deutsche Literatur.

Hipp, Müller und Calenberg waren auf der Hamburger Gelehrtenschule meine Lehrer. Auf dem akademischen Gymnasium – auf welches ich nach einem sehr rühmlich bestandenen Examen überging – hörte ich Geschichte der Philosophie, Mathematik, Ästhetik und Moralphilosophie, Juvenalis, Aristophanes Ranae und die kleinen Propheten, so gut diese Dinge gelehrt wurden, mit ziemlichem Fleisse. Nach einem Jahre, zugebracht auf dem Hamburger Gymnasio academico, bezog ich Michaelis 1831 die Universität Göttingen.

Unterdes war in meinem Innern eine vollständige Revolution vorgegangen. War bisher die Mathematik meine Lieblingswissenschaft, für welche ich alles andere verachtet hatte, und Voltaire mein Lieblingsschriftsteller gewesen, so mussten diese gänzlich in den Schatten treten, als ich erst mit dem 19. Jahre Schiller, Goethe, Jean Paul kennenlernte und zugleich die bis dahin durch mein einsames Leben zurückgedrängten Mächte des Gemütes erwachten; so hoch ich die Mathematik gestellt, so unbedingt ich die französische Literatur des 17. und 18. Jahrhunderts und die französische Philosophie verehrt hatte, so weit warf ich sie jetzt weg, vollendete mich in der Richtung der Romantiker und bald waren statt Voltaire, Montaigne, Condillac, Novalis, Heinroth, Friedrich v. Meyer-Frankfurt, Passavant (über Magnetismus) usw. meine Meister, ohne dass ich zum Beispiel von Kant ein Wort gelesen hatte. Die theologischen Fragen beschäftigten mich mit ihrem ganzen Ernst, und mit der Absicht, Theologie zu studieren, bezog ich die Hochschule. Beiläufig will ich hier bemerken, dass, während meine theologisch-philosophischen Ansichten mehrfache Wandlungen erlitten, ich in meinen Ansichten über Gemeinwesen und dessen Entwicklung nie eine Reaktion erlitten habe, nur Entwicklung einmal angenommener Ansichten und deren Fortbildung zu dem, was man Charakter nennt.

Als ich nun als Studiosus Theologiae die Universität bezog, lag mir aber die praktische Laufbahn als Pfarrer unendlich fern. Die Theologie war mir damals Philosophie, und, wollte ich mich über die höchsten Fragen in den Hörsälen der Weisen unterrichten, wählte ich, im Widerwillen gegen jede praktisch-bürgerliche Richtung, wie die des Advokaten oder Arztes, die Theologie. Ich belegte aber auch bei dem eleganten Mathematiker Thibault, bei Ewald und dem Philosophen Schultz. In mein zweites Göttingen-Jahr fiel das bekannte Hambacher-Fest im Mai 1832. Adolf Böhemann hatte mich zur Teilnahme aufgefordert. An die

30 000 begeisterter studentischer Burschenschafter trafen sich auf der Feste an der Weinstrasse, vereint mit polnischen Flüchtlingen der Novemberrevolution von 1830 gegen den Zaren und enttäuschten Demokraten der fehlgeschlagenen französischen Juli-Revolution des gleichen Jahres. Unter der schwarz-rot-goldenen Fahne erging hier zum ersten Mal der vieltausendfache Ruf nach einem bahnbrechenden freien einzigen Deutschland, das mit den Demokraten aller Nachbarländer ein Gegengewicht schaffen sollte gegen die Auswirkungen der zaristischen ‹Heiligen Allianz›.

In meinen Studien fand ich mich derweil in dem, was ich unkundigerweise erwartet hatte, so getäuscht, dass die Anziehung eines Knaben und Jünglings für das ‹äussere Studentenleben›, das damals in Göttingen so vollständig wie nirgends im Schwange stehende Verbindungs- und Duellwesen, mich sehr schnell in andere Bahnen führte. Gut sichtbare Narben im Gesichte waren neben den inneren Gründen äussere Gründe, welche mich veranlassten, mit meinen Vormündern über die Änderung meiner Studien und Vertauschung der Theologie mit der Jurisprudenz zu reden, doch konnten sie sich in Rücksicht auf mein geringes Vermögen, das, von der Grossmutter und andern ererbt, für meine Studien kaum hinreichte, nicht zu einem Einverständnis entschliessen; diese Ungewissheit war mir eine willkommene Entschuldigung, mich ganz dem mir so neuen äusseren Studentenleben so sehr hinzugeben, bis schliesslich eine durch eine gegenseitige Verrufserklärung herbeigeführte Verbindungsuntersuchung veranlasste, dass ich das ‹Consilium abeundi› erhielt.

Am 16. Juli 1833 erhielten Otto v. Bismarck-Schönhausen, einige andere Mitglieder des Seniorenconvents und ich hierzu Mitteilung, zugleich mit der Aufforderung, Göttingen innerhalb 48 Stunden zu verlassen. Jakob Grimm, der eine der berühmten Brüder, amtete damals als Bibliothekar und frug uns nach entliehenen Büchern, worauf wir guten Gewissens antworten konnten, *nie* einen Schweinslederband berührt zu haben! Bismarck und ich fuhren unter dem Jubel der blumenwerfenden Kommilitonen in offener Kalesche aus Göttingen ab und wandten uns nach Jena, wo wir gleich nach Ankunft ‹ankontrahiert› wurden. Bismarck und ich waren aber mit der geforderten Stichwaffe, dem sogenannten ‹Pariser› nicht vertraut – dennoch stellte ich mich sofort und wurde schwer verwundet.⁵ Jena war somit auch kein Ort längeren Verbleibens.

So ward ich Michaelis (29. September 1833) in Kiel immatrikuliert, hatte dort aber sogleich in den ersten Wochen eine nach meinen damaligen Grundsätzen unabweisbare Pflicht zu erfüllen und einen Freund in einem Pistolenduell sekundieren müssen. Er fiel, und es erfolgte eine Untersuchung, die sich in Folge eines Disputs zwischen dem Dekan und dem Professor der Chirurgie über die absolute Tödlichkeit der Wunde und die Langsamkeit des Gerichts über zwei Jahre hinzog, während welcher ich alle Wochen das Urteil erwartete, weder auf einen längeren Aufenthalt in Kiel rechnen, noch es verlassen durfte. Ich habe hier ausser einem Kollegium des berühmten Claus Harms, Doktor der Theologie und Probst, dessen Predigten ich fast regelmässig hörte, nur Prof. Michelsen's historische oder staatsrechtliche Vorlesungen ziemlich häufig frequentiert.

November 1835 traf endlich das Urteil ein, das mich sechs Monate auf der dänischen Festung Nyborg auf der Insel Fühnen am Belte zubringen liess. Einige mathematische Bücher und die philosophischen Werke Kants und Herbarts und die Erlernung der englischen Sprache bildeten hier meine Hauptbeschäftigung neben der Poesie, welche in dieser Haft mich mehr wie jemals anzog.

Im Mai 1836 kehrte ich endlich wieder nach Hamburg zurück und hatte die Aufgabe, mich und meinen altersschwachen, mittellosen Vater zu ernähren – ich arbeitete zuerst am kritischen Teil der ‹Literarischen und kritischen Blätter der Börsenhalle›. 1837 ward mir der englische Artikel der ‹Hamburger Neuen Zeitung› angetragen, während der bekannte Schriftsteller Dr. Ludolf Wienbarg den französischen und ein älterer Jurist den deutschen Artikel redigierte. Wienbarg und ich ersetzten diesen bald in seinen Funktionen. 1838 musste Wienbarg jedoch abtreten und es folgten ihm bis 1839 mehrere Doctores juris bis mir 1840 die gesamte Redaktion dieses Blattes übertragen wurde. 1841 übernahm ich zusätzlich die von Uffo Horn projektierte ‹Zeit›, ein politisches Wochenblatt, das ich 1842 mit der ‹Neuen Zeitung› verschmolz.

Am 5. Mai 1842, dem Himmelfahrtstag, brach in Hamburg die grosse, schnell um sich greifende Feuersbrunst aus. Ich war in Altona, als ich hörte, dass der Nicolaikirchturm dicht über meiner Wohnung brenne. Ich eilte zurück; mein guter Hauswirt hatte meine Kleider mit den seinen gerettet – freilich wurden sie wenige Stunden später drei Strassen weiter drüben dennoch von den Flammen erfasst. Alle meine so mühsam gesammelten Bücher und Papiere waren in meiner Wohnung geblieben und gingen verloren, weil ich der vom Turm herabfallenden Balken und Steine wegen nicht mehr zur Wohnung konnte. Nur die alten Familienpapiere und die Tagebücher meiner frühesten Jugend in der Wohnung meines alten Vaters blieben verschont. Als Franz Liszt von dem grossen Unglück und dem Elend der vielen Obdachlosen hörte, suchte er sofort durch Wohltätigkeitskonzerte Mittel für Hamburg zu mobilisieren. Von da datiert unsere aufrichtige Freundschaft, die ihren Fortgang fand dadurch, dass wir uns beide für die sozial-politischen Warnungen Saint-Simons begeisterten, die Liszt, durch mich ins Deutsche übersetzt, in Ungarn propagieren wollte. Seit 1842 ist er Hofkapellmeister in Weimar und wir bewahren freundschaftliche Verbindung, obwohl mir Politik näher steht als Musik. Bezüglich letzterer bin ich durchaus vernachlässigt von der Natur. Ich bin froh, dass Mozart und Rossini und Schubert mich entzücken und rühren können.»

Ich führte derweil die Redaktion der «Neuen Zeitung» mit einer selbst von Freund und Feind anerkannten Festigkeit bis zum April 1843, wo infolge Konkurses des Eigentümers dessen Bruder Eigentümer der Zeitung ward, und ich ausschlug, mit ihm die Redaktion zu führen. Michaelis desselben Jahres übernahm ich daher die Redaktion des «Wandsbeker Intelligenzblattes», um in diesem kleinen Lokalblatte ein unabhängiges, insbesondere auf die Hamburger öffentlichen Zustände wirkendes Organ zu gründen, und nach einem Jahr wurde mir zusätzlich der Artikel «Frankreich und Spanien» der Hamburger Handelszeitung «Börsenhalle» übertragen. Schon längst hatte ich die Universität verlassen, schon seit Jahren führte ich den Doktortitel, aber ein Diplom einer Universität fehlte noch. Sechsundzwanzig Narben von Schuss-, Hieb- und Stichwunden erinnerten an die bewegten Jahre – veranlassten Heinrich Heine, als ich ihm 1843 vorgestellt wurde, zu sagen: «Ja, man hat mir in Paris gesagt, wenn Sie in Hamburg einen Mann antreffen, dessen blasses Gesicht ganz von roten Narben geteilt ist, so ist es Wille» – worauf ich lächelnd antwortete: «Leider ist mein Gesicht noch immer ein Stammbuch, nur nicht der Freunde, sondern der Feinde.»[6] Aber neben diesen Spuren meiner Studentenzeit hatte ich mir ein gehöriges Allgemeinwissen auf allen Gebieten, sei es Theologie, Medizin, Mathematik, Philosophie oder Literatur, zusammengesammelt, das mich befähigt hatte, die Klinge mit der Feder zu vertauschen und unter anderen hat Hoffmann v. Fallersleben[7] meine Redaktionsarbeit gerühmt und anerkannt. – Im Februar 1845 holte ich mir schliesslich das Doktordiplom der Universität Jena.

Schon 1839 hatte mich der mit mir seit Göttingen befreundete Dr. Henry Sloman ins Haus seines Onkels, des Reeders Robert Miles Sloman, eingeführt, wo ich der Tochter des Hauses, meiner späteren Frau, Eliza (sprich Eleisa) Sloman, vorgestellt wurde. Schon bei dieser ersten Begegnung entdeckten wir viel Gemeinsames in unserem Denken und Streben, spürten eine überraschende Zusammengehörigkeit, doch Welten des verschiedenen Herkommens schienen uns zu trennen. Die Opposition von Elizas Eltern insbesondere, aber auch mein Wunsch nach völliger Freiheit und Ungebundenheit waren Hindernisse, die sich nur im Lauf langer sechs Jahre überwinden liessen, und erst Elizas mutiger Vorschlag, mich aus meiner überlebten Burschenherrlichkeit «an Land zu ziehen», gab mir den Mut zur Ehe. 1845 heirateten wir. Eliza war zwei Jahre älter als ich, der damals 34 Jahre alt war. Ihr Wesen zu schildern ist nicht einfach: eine Frau mit starken Gefühlen, leidenschaftlich, beschaulich, in eigenem starkem Selbstvertrauen ruhend. Haus und Kinder waren ihr selbstverständliche, nie vernachlässigte Pflichten, aber ihre Kraft reichte weit darüber hinaus, zog sie zu Gleichgesinnten im Wunsch, sich mitzuteilen, voller Kraft zum Idealen, Erhabenen, tiefe Liebe empfindend und voll verschenkend, im Erleben ursprünglich, aus der Natur geschöpft, oft jedoch von ihrer eigenen Phantasie geblendet, nicht immer klar Sein und Schein trennend, musisch, nicht nur aufgeschlossen, sondern selber begabt, jugendlich beweglich – eine *überreiche* Natur.

Doch jetzt genug des Erzählens von mir und den Meinen. Ich habe mir vorgenommen, nur das zu erzählen, was ich allein, auf mich gestellt erlebt habe. Was nach 1845 folgte, der Traum eines demokratischen Deutschlands, der Kampf um Schleswig-Holstein, mein kurzes Mittun in der Frankfurter Paulskirche, meine «Literarisch-kritischen Blätter» dieser Jahre, schliesslich der Entschluss, 1851 in der Schweiz, der Heimat meiner Familie, Demokratie und freie Verfassung zu suchen, wofür ich bis anhin gewirkt, erleben zu wollen, wie das, was ich gewollt habe, sich in der Ausübung darstellt, möge ein anderer berichten.

Kein geringerer als Conrad Ferdinand Meyer hat sich anerboten, die Stürme, Ernten und Missernten meiner Mannesjahre – kurz die bewegte Geschichte meines späteren Lebens aufzuzeichnen – ich überlasse *ihm* das Erzählen.[8]

Dem ersten Erzähler folgt seine Frau, also meine Urgrossmutter Wille, Mutter von General Wille und Grossmutter meines Vaters:

Ich, *Gundalena Elizabeth Sloman*, wurde am 9. März 1809 in Itzehoe in Holstein, damals Dänemark zugehörig, als zweite Tochter meiner Eltern geboren. Nach einer Schwester meines Vaters wurde ich Eliza genannt. Meine ältere Schwester Mary und die mir nächst-jüngere Diana heirateten später Thomas Carr respektive Henry Walrond Edye, beide nach Hamburg eingwanderte Engländer. Drei Jahre nach mir wurde endlich der Stammhalter Robert Miles[9] geboren, der mit und nach meinem Vater unsere Reederei gewaltig ausbauen sollte. Ihm folgte schliesslich, sechs Jahre später, unsere Jüngste, Harriet, die später den Baron Erwin Bissing heiratete. Meine geliebten Eltern haben ein hohes Alter erreicht, so weiss ich vieles über sie und ihre Altvordern zu erzählen. Auch meines Vaters Mutter und meiner Mutter Vater habe ich als junges Mädchen noch gut gekannt. Vater war geborener Engländer, war mit seinen Eltern und Geschwistern 1791 nach Hamburg gekommen; Vater war damals sieben und sein Bruder William dreizehn Jahre alt. Grossvaters Familie, die Slomans also, stammten, so weit man weiss, aus Yarmouth, einer grösseren Stadt der englischen Ostküste nördlich von London. Grossvater

William war nach dem Continent ausgewandert, um in Hamburg eine Schiffsreederei aufzubauen, starb aber schon 1800. Mein Vater musste in der Folge als Sechzehnjähriger die Geschäftsführung in Hamburg antreten, während sein Bruder William sich in London als Partner etablierte.

Grossmutter Sloman, geborene Miles, war eine stolze Engländerin aus Norfolk. Sie erzählte uns viel aus ihrer Jugend, von ihren Eltern und Grosseltern. Ihr Grossvater, William Miles, hatte zu den Anhängern Bonnie Prince Charlie Stuarts gehört und endete mit ihnen am Galgen. Für die wohlhabende Mary Palgrave war verständlicherweise der Sohn eines Gehängten, den sie im Haus ihres Vaters als dessen Gehilfen kennen und lieben gelernt hatte, zwar der Mann ihrer Herzenswahl, aber keineswegs ein Mann nach ihres Vaters Wahl. So kam es, dass Grossmama über ihre eigenen Eltern erzählen konnte, dass sie eines jener liebenden Paare Englands gewesen waren, welche zur «Heirat vor Zeugen» nach Schottland durchgebrannt waren. In der Nacht ihrer Mündigkeit ritt die entschlossene Mary heimlich von ihres Vaters Haus los, holte sich den Geliebten und ritt mit ihm über die schottische Grenze, erklärte dem ersten ehrbaren Mann «Wir sind Eheleute, Mann und Weib», womit damals eine Ehe rechtsgültig wurde. Ich erinnere nicht, ob dieser erste Zeuge der berühmte «Schmid von Gretna Green» oder ob es ein anderer Zeuge war. – Grossmama pflegte auch von sich selbst zu erzählen, wie *sie* den Mann ihres Herzens, eben William Sloman, zuerst im Traum gesehen und wenige Tage später an einer im Traum gesehenen roten Weste in der Yarmouther St. Nicolas Kirche erkannt habe und es so zur glücklichen Ehe gekommen sei; sie strich jeden Abend liebevoll über die Weste ihres verstorbenen Mannes, die auf dem Stuhl neben ihrem Bett bereitgelegt war.

Aber jetzt zu meinen Eltern, denn auch deren Sich-Finden war alles andere als alltäglich. Als Napoleon Hamburg seinem Reich einverleibte und das alte römisch-deutsche Kaiserreich zu Ende brachte, das feindliche England aber über das napoleonische Europa die Continentalsperre verhängt hatte, war eines englischen Reeders Geschäftstätigkeit in Hamburg verunmöglicht. So blieb Robert Sloman nur der Ausweg, seine Tätigkeit über die Grenze ins neutrale Dänemark zu verlegen. Auf das Hafenstädtchen Tönning fiel seine Wahl, sich als englischer Konsul zu etablieren. Die Aufsicht über den Hafen führte dort der königliche Navigationsexaminator und Lotsinspektor Hinrich Brarens, ein Friese von der benachbarten Insel Föhr. So fügte sich des 23jährigen Engländers Begegnung mit Lena, der 22jährigen Tocher des «Commandeurs». Sie war in Oldsum auf Föhr als Älteste zur Welt gekommen, hörte dort auf den Namen Jung-Göntje. Ihr folgten zwei Brüder und eine Schwester.

Vater Brarens, mein Grossvater, entstammte einer alten Walfischfänger-Familie der Insel Föhr, der Sippe jener tapferen Männer, die jedes Jahr auf viele Monate hinaus ins Weltmeer fuhren, im Walfischfang ein Auskommen zu suchen, allzu oft aber den Wellentod fern der Heimat erlitten. Auf der Insel habe ich selber den Grabstein eines Ahnherrn gefunden: Martin Flor, Grossmutters Grossvater, 1680 geboren, hat, so sagt die Inschrift, 147 ½ Walfische erjagt (den halben wohl zusammen mit einem andern Jäger). Auch Grossvater Brarens war als Zwölfjähriger erstmals

GUNDALENA ELIZABETH SLOMAN

mit seinem Vater zur See gefahren, hatte dann an die zwanzig Jahre vom Walfischfang, anschliessend von der Kauffahrtei gelebt, bis er schliesslich 1799 (als Mama fünfzehn Jahre alt war) vom dänischen König als Lotsinspekteur und Navigationsexaminator nach Tönning aufs Festland berufen wurde. 3500 Seeleute wurden von ihm geprüft, und seine Bücher über praktische Seemanns- und Schiffskunde wurden massgebend. Auch auf den Bau von Hafenanlagen der Nordsee hatte er grossen Einfluss. Ich habe Grossvater noch gut gekannt, er starb als ich sechzehn Jahre alt war; ich bewahre ein kleines Handbüchlein seiner im Alter verfassten «Lebensweisheiten».[10]

Grossmama, Grossvaters erste Frau, habe ich nicht mehr gekannt, sie starb, als ich zwei Monate alt war. Sie hatte den Wegzug von Föhr nie ganz verwunden und lebte in Tönning mit stillem Heimweh im Herzen. Auch die Ihren waren Seefahrer gewesen, ihre Mutter stammte aus der stolzen Familie Flor, der einzigen der Insel, die schon seit 600 Jahren einen eigentlichen Familiennamen geführt hatte. Richard de Flor, der Falkenmeister des Hohenstaufenkaisers Friedrichs II., hatte auf Sizilien und in Apulien gedient, war später aber in die Heimat zurückgekehrt – von ihm stammte Grossmutters Mutter, wie schon erwähnt.

Ein Jahr nach Grossmutters Tod hat Grossvater Brarens sich wieder verheiratet mit einer viel jüngeren Pastoren-Tochter, die Grossmutter gepflegt und von ihr zur Nachfolge bestimmt war. Sie war lieb zu uns, und wir mochten sie wie eine eigene Grossmutter, nur war sie uns etwas zu «heilig». Hinter Mamas Rücken lächelten wir über Grossmutters fromme Briefe auf grünem Papier und nannten sie heimlich die «Betmaschine».

Als mein Vater diese Friesenfamilie kennenlernte und Tochter Lena ihm begegnete, war es Liebe auf den ersten Blick, scheuen Blicks zwar, mit niedergeschlagenen Augen – denn zwei sehr verschiedene Welten standen sich gegenüber. Der Engländer Sloman kam vorerst nur auf arbeitserfüllte Tage aus Hamburg in sein dänisches Kontor, hin und wieder begleitet von seiner Schwester Hannah, die zwischen dem Bruder und Lena vermittelte. Still reifte in den jungen Herzen der Entschluss für ein Leben zu zweit. Ein Ereignis im Sommer 1806 sollte die Entscheidung bringen: Lenas Bruder, Christian Brarens, dänischer Offizier, hatte «gejeut», war schwer verschuldet; in seiner Not war er im Begriff, ein ihm ans Herz gewachsenes Föhrer-Mädchen, das ein Kind von ihm erwartete, zu verlassen und, um des Geldes willen, sich einer reichen Mulattin von der Insel St. Thomas «zu verkaufen», nur um seine grossen Spielschulden bezahlen zu können, ehe der Skandal ruchbar würde. Die Eltern wussten nur von dem bösen Plan mit der Mulattin, nicht aber die wahren Zusammenhänge, die hatte Christian allein seiner Schwester anvertraut. Nach durchwachter Nacht lief Lena anderntags von zu Hause fort die Hamburger Strasse hinaus, dem angekündigten Robert entgegen, mutig entschlossen, dem Bruder zuliebe ihr eigenes Glück aufs Spiel zu setzen. Von Ferne sah sie den nahenden Reiter, wartete still am Wegrand und trat ihm schliesslich in den Weg, ihn tapfer um Hilfe zu bitten. Sloman, überwältigt von der Grösse ihres mutigen Herzens, versprach sofort die Mittel zu beschaffen, und in der gleichen Nacht bat er um die Hand des geliebten Mädchens; zu Beginn der Weihnachtszeit 1806 wurde in Tönning Hochzeit gehalten.

Lena, meine Mama, hatte fleissig und ganz ordentlich englisch gelernt, so nahm denn die strenge Mutter Sloman am Stubbenhuk/Ecke Vorsetzen[11] in Hamburg die Schwiegertochter mit viel Herzlichkeit auf, zeigte ihr englisch-hamburgisches Hauswesen, damit der geliebte Sohn es so haben sollte, wie *sie* es ihm bisher bereitet hatte.

Meine älteste Schwester Maria, um zwei Jahre älter als ich, war noch in Hamburg geboren, wurde aber mit den Eltern zwei Monate vor meiner Geburt von den Franzosen aus Hamburg ausgewiesen. Auch Grossmama und die Tanten nahmen mit uns Zuflucht im dänischen Itzehoe in Holstein, wo mein Vater eine Ölmühle gekauft hatte. Es folgten Jahre des Leids und der Erniedrigung, die ihren Höhepunkt erreichte, als mein Vater, einige Monate nach der Geburt meiner Schwester Diana 1811, durch die Intrige eines abgewiesenen irischen Verehrers meiner Tante Betsy denunziert, von den Franzosen schuldlos verhaftet und nach Hamburg verbracht wurde. Durch die Hilfe der bekannten, schöngeistigen Senatorin Westphalen und die Aufopferung von Mama und Tante

Betsy, die, sich selbst erniedrigend, den französischen Kommandeur um Gnade anflehten, wurde Papa nach Monaten freigelassen, rechtzeitig, um sich im Sommer 1812 über die Geburt seines Stammhalters Robert zu freuen.

Erst nach Napoleons Niederlage kehrten wir für immer nach Hamburg zurück, wo Papa sich mit ganzer Kraft seiner Reederei, seinem gewaltigen Lebenswerk, zuwenden konnte. 1818 schenkte Mama noch, wie schon erwähnt, meiner jüngsten Schwester Harriet, unser aller Sonnenschein, das Leben.

Vater war sehr musikalisch, spielte wunderschön Geige, hatte auch einen herrlichen Tenor, den er gerne hören liess. Papa liebte die Abende und Sonntage im Kreis der Seinen. Unser glückliches, unbeschwertes Familienleben war im Winter in der Stadt, im Sommer draussen in Pöseldorf. Auch wir Mädchen sangen und spielten Klavier. Schönstes war es für Vater, an stillen Tagen zu Hause zu musizieren. Musik bedeutete uns allen viel.

Das musische Elternhaus brachte es mit sich, dass Sommer und Winter viele Gäste ein und aus gingen – auf zahlreichen Reisen der Eltern nach Paris, London, Rom und in die Schweiz begleiteten Harriet und ich die Eltern. In Paris tanzten wir zu Chopin und Liszt' vierhändigem Spiel, in Berlin lud Ludmilla Assing uns in ihren Kreis, wo wir auch Bettina v. Arnim kennenlernten. In Paris knüpfte ich Verbindung an mit Ludwig Börne, dessen radikaler Liberalismus die Literatur nur noch im Dienst des politischen Fortschritts wissen wollte. Und Jahre später war es auf einer Reise mit den Eltern, dass ich 1843 in Dresden Richard Wagner zum ersten Mal begegnete und von seiner starken geniehaften Persönlichkeit beeindruckt wurde.

Das Jahr 1830 brachte uns die Flüchtlinge der fracassierten polnischen Revolution gegen den Zaren Nikolaus I. ins Haus – mein Herz schlug für die Freiheit der Menschen. Emile Bariatinsky, polnischer Flüchtling russischer Abstammung, trat in mein Leben – ich war 24, als ich ihn in Helgoland kennenlernte. Er war Maler, ein feuriger Freiheitskämpfer, seiner Heimat beraubt – *sein* Kampf wurde der meine. Bald gehörte ihm auch mein Herz – aber in den Augen meines Vaters sah ich Trauer, er misstraute dem Fremden. – «Flucht nach England», flüsterte dieser – aber meine Liebe zum Vater bewahrte mich, ihm zu folgen. – Lediglich Emiles Briefe, sein Bild, seine Porträts der Eltern, Harriets und meiner selbst bleiben mir. Mein ihm geweihtes Freiheitslied vom «Sang des fremden Sängers» hatte Chopins Herz bewegt, er wollte von mir eine Dichtung vertonen...[12] In meinen späteren Büchern «Felicitas» ist meine Liebe um Emile bewahrt, aber mein Vater hatte Recht gehabt, eine zurückgelassene Frau in Polen... eine *englische* Eliza ist an meiner Statt das Opfer der Bigamie des polnischen Grafen geworden... aber sie war Waise, hatte keinen Vater mit dem stummen Liebesblick, wie ich, der mich, Gott sei dank, bewahrt hatte, zu tun wie sie.

Meinem Erstling, eben dem «Sang des fremden Sängers», folgte ein Jahr später ein Bändchen «Dichtungen». Ich war literarisch und politisch interessiert, ich hatte viel von der Welt gesehen, ich dichtete und schrieb und suchten Gleichgesinnte, meine engere Familie dachte und handelte wie Kaufherren es tun – einer war die Ausnahme: Henry Brarens Sloman, Sohn von Vaters Bruder John und Mamas jüngerer Schwester Göntje. Henry war Akademiker, Advokat und Schriftsteller, ein neuzeitlicher Liberaler. Im Umgang mit ihm begegnete ich 1839 François Wille, der mich sogleich interessierte in seiner leidenschaftlichen Kämpferart und seinem geistvollen Journalismus; in der Verwandtschaft solchen Gefühls verstanden wir uns. Aber auch hier waren Schranken zu überwinden – mein Vater wusste um Willes «wildes Leben», wusste um eine «Liaison mit einem Frauenzimmer», wollte seine Zustimmung zu einer Ehe nicht geben! Ich gehe hinweg über die sechs Jahre, die vorüberzogen, ehe François Wille und ich zu dem Entschluss kamen, miteinander durchs Leben zu gehen; endlich waren auch meine Eltern einverstanden. Am 24. Mai 1845 heirateten wir.

François Wille ist ein ganz aussergewöhnlicher Mann, von grossem geistigem Format, auf allen Lebensgebieten interessiert, ein ausgezeichneter Beobachter, Erzähler und Debattierer, kritisch Für und Wider abwägend, allem auf den Grund gehend, oft Mängel an Menschen oder einer Sache schneller erkennend als deren Vorzüge, nur selten unbeschwert fröhlich, weil zu viel ihn unentwegt beschäftigt, korrekt und wahrheitsliebend, aber empfindlich, oft streitbaren Temperaments, Realist aus Erfahrung und Wissen, nur seiner eigenen Überzeugung verpflichtet, aber sofort belehrbar, wenn ihm eine andere Meinung besser einleuchtet. Sein ausgeprägtes Selbstgefühl sucht Anerkennung; Kunst, Kultur, Humanität sind ihm höchste Werte, Güte des Herzens und sein ausgeprägter Gerechtigkeitssinn schaffen immer wieder Ausgleich, wo seine grosse Offenheit, sein heftiges Temperament verletzen kann... «ein Mensch mit seinem Widerspruch».

Nach unserer Hochzeit wohnten wir am Baumwall 2, neben Papas Geschäftshaus. Dort kam am 23. Februar 1846 unser erster Sohn zur Welt, er heisst nach seinen beiden Grossvätern Arnold Robert.[13] Am 15. April 1848 folgte ihm Conrad Ulrich Sigmund – Ulrich zu Ehren Ulrichs v. Hutten, nach François' Ansicht der erste wahre Journalist und somit Willes Ideal, Conrad nach einem reisebiographischen, nur zum Teil veröffentlichten Epos von mir, Sigmund dem Helden der germanischen Sagenwelt zur Erinnerung.

In jenen ersten Jahren unserer Ehe war François ungemein engagiert in der Sache eines demokratischen Deutschlands – darüber ist schon viel erzählt worden, auch darüber, wie es schliesslich zu unserer Umsiedlung nach der Heimat seiner Familie, der Schweiz, kam.

So will ich mich beschränken auf ein paar abschliessende Worte. Wir sind glücklich in unserem «Mariafeld», wo ich mich mit Begeisterung und Freude einlebe, Land und Leute liebevoll verstehen lerne. Mit Hamburg, insbesondere meinen Eltern und Schwestern, lasse ich die briefliche Verbindung lebendig bleiben, schon nach einem Jahr durch Reisen der Eltern zu uns und von uns nach Hamburg ergänzt. Meine 70jährige Mama kam mehrmals im eigenen Wagen von Hamburg nach Mariafeld, auch mein Vater und die Schwestern; selber ging ich nahezu alljährlich auf ein paar Monate nach Hamburg – nach dem Tod der Eltern aber verlor sich die Verbindung mehr und mehr.

Mein Glück am Werden meiner Söhne bekrönt mein schönes Leben und erfüllt mich mit Dankbarkeit.

Der Erzähler an dritter Stelle ist der Vater der Frau von General Wille, verstorben, als seine Tochter ein neunjähriges Mädchen war; so hat der Erzähler weder einen Schwiegersohn noch Enkel gekannt:

Ich, *Friedrich Wilhelm v. Bismarck*, bin am 28. Juli 1783 zu Windheim in Westphalen zur Welt gekommen als fünftes Kind meines Vaters Heinrich Christian und meiner Mutter Clara Luise, geborene Spanuth aus Windheim. Zwei meiner älteren Brüder verstarben im Kindesalter, doch blieben mir der neun Jahre ältere Bruder Johann Ludwig, genannt Louis, und eine ältere Schwester Gottliebe. Drei Jahre nach mir hatten meine Eltern noch ein Töchterlein, an dessen Geburt ich meine geliebte Mutter verlor. Ich wurde in der Familie stets Fritz genannt. Unser Vater war ein Bismarck der berühmten Altmärker Adelsfamilie, aus der Heimat jedoch nicht ohne Ursache verstossen. Seine Erzählungen berichteten uns Kindern romantisch-traurige Zusammenhänge, deren er sich nicht gerne erinnerte, denn von seinem eigenen Vater konnte er nicht ohne Bitterkeit sprechen. Carl-Ludolph v. Bismarck-Schönhausen, 1700 in der Mark geboren, jüngerer Bruder des Stammeserben August Friedrich,[14] hatte sich in die schöne Tochter des Hof- und Leibarztes seines Königs verliebt. Friedrich Wilhelm I., Preussens Soldatenkönig, strenger Hüter seines Offizierskorps, kannte bekanntlich für niemanden, am wenigsten für seinen eigenen Sohn, den späteren grossen Friedrich, Ausnahmen oder Pardon. Fünf Jahre waren es erst seit der Hinrichtung Hans-Hermann Kattes. So konnte auch Carl-Ludolph nicht mit einem «Consens», das heisst der Zustimmung des Königs für eine Ehe mit der schönen Bürgerstochter, rechnen. Gegen den Willen ihres eigenen Vaters, und dessen eigene Person gefährdend, überredete Bismarck die schöne Sophie Charlotte Senff, sich ihm heimlich antrauen zu lassen.

Feldprediger Bruno gab dem Paar den Segen im Kirchlein von Cladow an der Havel bei Potsdam, wo Carl Christian Senff, Dr. medici, Hofrat und Leibmedicus, Erb-Lehens- & Gerichtsherr, das alte schöne Herrenhaus besass. Wohl muss die Ehe geheim geblieben sein, Carl-Ludolph gehörte der Escadron «Gens d'armes» an und erfreute sich des Königs besonderen Wohlwollens. Doch als nach zwei Jahren ein Sohn Heinrich Christian, mein Vater, geboren wurde, muss Nachricht durchgedrungen sein. Eltern und Kind flohen vor dem königlichen Zorn ausser Landes ins Hannöversche. Der König entliess den treubewährten und bei den königlichen Damen so beliebten und geistvollen Medicus und bedrohte den unbötigen Bismarck durch dessen eigene Brüder, liess ihn aber gleichzeitig wissen, dass ihm im Falle seiner reuigen Heimkehr ein Regimentskommando sicher sei. Und jetzt: Mutter und Kind im Stich lassend, kehrte mein treuloser Grossvater nach Preussen zurück... ja, er liess sich schon nach wenigen Monaten die ihm vom König angeordnete Gräfin Charlotte v. Katte antrauen, aber der Himmel vergass meinem Grossvater seinen Treuebruch nicht: nur eine unverheiratet gebliebene Tochter überlebte ihn, alle andern Kinder dieser Ehe starben ohne Nachkommen vor ihm. Des Soldatenkönigs hartes Wort: «Nicht räsonnieren, Order parieren» hatte nur scheinbar gesiegt.

Meine verlassene Grossmutter kehrte mit ihrem kleinen Sohn zu ihrem Vater nach Cladow zurück, wo sie jedoch schon nach einem Jahr, 1738, «an gebrochenem Herzen» starb, wie meinem Vater erzählt wurde und ich in einer Aufzeichnung eines Bruders der unglücklichen Grossmutter bestätigt fand.[15]

Mein Vater, nicht lehensberechtigt, weil nicht «ebenbürtig», hatte keine Zukunft in Preussen. So verbrachte ihn der sorgende Grossvater Carl Christian Senff schon in jungen Jahren zur Schule ins hannöversche Kloster Loccum – wo wir ihn denn auch als alten Mann begraben haben. Aber von seinem Vater hatte er Soldatenblut, so meldete er sich beim Ausbruch des Siebenjährigen Kriegs beim hannöverschen Husarenregiment Graf Luckner und machte als Fähnrich 1757 die Winterkampagne am Niederrhein mit. Bei einer weitausgreifenden Patrouille von französischen Reitern verfolgt, wurden die Eisnägel der Pferde stumpf und erschwerten das Vorwärtskommen. In einem Buschwerk versteckt, schlug einer seiner Leute neue Eisnägel ein, derweil mein Vater durch den Trompeter Signal blasen liess und mit lauter Stimme rief «von Luckner heraus» – das half – die Lucknerschen waren bei den Franzosen so gefürchtet, dass diese kehrt machten und mein Vater und seine Leute der Gefangennahme entgingen. Bei einem späteren Gefecht bekam Vater eine Kugel ins Ellbogengelenk, die eine dauernde Steifheit des rechten Arms und damit seine Kriegsuntauglichkeit mit sich brachte, doch wurde ihm im Kalenbergischen Landregiment eine Wachtmeister- und später eine Leutnants-Stelle zuerkannt. 1773 endlich fand mein Vater in Clara Margarethe Luise Spanuth, vom grossen Kellereihof zu Windheim (bei Loccum) eine liebende Frau. Meine Mutter starb als ich drei Jahre alt war.

Mit zwölfeinhalb Jahren, zu Weihnachten 1795, wurde ich konfirmiert und trat sodann als Cadett in die «Ecole militaire» in Hannover und nach vier Monaten ins 14. leichte Infanterie-Regiment ein, wo ich 1801 Offizier wurde. Als Napoleon 1803 das englisch-deutsche Königreich Hannover eroberte, löste er das ganze Truppenkorps auf.

FRIEDRICH WILHELM V. BISMARCK

Ein Teil ging nach England und bildete dort die «Kings German Legion», ein zweiter Teil wurde vom damaligen Grossherzog von Frankfurt, Dalberg, übernommen und der letzte, dem mein Bruder Louis und ich angehörten, ging an den regierenden Herzog von Nassau-Usingen nach Wiesbaden-Biebrich – Louis als Oberst, ich als Garde-Leutnant und Hofjunker. Schon nach kurzer Zeit wurde Louis zum Hofmarschall des Fürsten ernannt und durch ihn kam auch ich zur Hoftafel. Des Fürsten ältere Töchter waren verheiratet, die eine an den Markgrafen Friedrich von Baden, die zweite an den Fürsten August Christian von Anhalt-Cöthen. Die dritte, Lieblingstochter des Fürsten, Auguste Amalie, damals 25, sass zur Linken ihres Vaters. Bei Tisch beachtete sie mich, ich erwiderte und – es war Liebe auf den ersten Blick. Wo aber sollte das hinführen?! Ich ein kleiner Leutnant, kaum zwanzig, zwar aus alter Familie, aber ohne Titel und ohne Geld; sie eine geistreiche interessante Prinzessin aus regierendem Stand – und einem Prinzen von Hessen-Homburg zur Ehe versprochen?! Nur die wenigsten wussten, was sich anbahnte – am besorgtesten war mein Bruder Louis, der die Aussichtslosigkeit unseres Tuns erkannte. An einem schwülen Sommerabend war ein Hoffest auf dem Jagdschloss Platte oberhalb Wiesbaden. Anlass war die bevorstehende Vermählung der Prinzessin Auguste mit dem ungeliebten Prinzen. Während die Gesellschaft tanzte, führte mich mein Bruder hinter das Haus zu einer bereitstehenden Kalesche, hob mich hinein, umarmte mich und sagte: «In deinem Alter, wo die kritische Vernunft noch ihre Autorität nicht hat, gibt es nur eingebildetes Unglück; bleib deiner Bestimmung als Soldat getreu, denn Mars regiert wirklich die Welt!» Der

Wagen rollte fort; ich ging über Hamburg und Dänemark nach England, wurde dem 4. Regiment der Deutschen Legion zugeteilt. Mit diesem nach dem Continent beordert, um dem Corsen-Kaiser entgegenzutreten, wurde unser Schiff abgetrieben und in Wagerongen auf ein Riff geworfen. Ich blieb mit ein paar Mann auf dem sinkenden Schiff, konnte uns aber noch retten. Zurück in England wurden wir daraufhin nach Irland verlegt, wo ich einen unser Regiment beleidigenden Capitän v. Quernheim beim Duell niederstreckte, nachdem ich ihm freiwillig den ersten Schuss gelassen hatte. Das Militärgericht sprach mich jedoch «not guilty», gab mich frei und am 13. Mai 1807 landete ich wieder auf dem Continent.

Mit der Prinzessin meines Herzens gingen geheime Briefe in diesen Jahren hin und her – ich wusste, dass sie dem hessischen Prinzen nicht angehört hatte und dass ihre Eltern endlich ihrem flehentlichen Bitten auf Auflösung dieser Ehe stattgegeben hatten.

Als ich 1807 endgültig aus England an den Rhein zurückkam, gab auch der herzogliche Vater seine Zustimmung zu einer geheim zu haltenden Ehe,[16] ja, er verwendete sich sogar, seinem «geheimen Schwiegersohn» den Eintritt ins österreichische oder württembergische Reiterkorps zu ermöglichen. Da das Angebot des Königs von Württemberg dem des Erzherzogs Carl vorzuziehen war, trat ich denn als Oberleutnant bei den württembergischen «Chevaux-légers» ein, wurde aber schon nach sechs Monaten zum Rittmeister befördert.

Ich stand mit meiner Truppe in Esslingen bei Ludwigsburg – einige Male konnte ich meine Frau auf Stunden besuchen. Am Hof wussten nur die herzogliche, sowie meine Familie und eine Kammerfrau meiner Frau von unserer Heirat – für alle andern war ich der jüngere Bruder des Hofmarschalls. So verging für uns das friedliche Jahr 1808 – Napoleon war in Spanien und Italien auf den Schlachtfeldern. Das Frühjahr 1809 aber brachte uns den Krieg gegen Österreich. Die Rheinbundarmee, zu der auch die Württemberger zählten, begann den Vormarsch gegen Österreich. Am 1. Mai bildete meine Escadron die Spitze der Vorwache der Armee des Generals Massena. Bei Riedau am Oberinn war Bivouac befohlen, wir hatten zu sichern. Als wir aus einem Wald herausritten, stiessen wir auf ein feindliches Jägerbataillon im Anmarsch. Mit dem Ruf: «Marsch, Marsch» blies ich zum Angriff, des Feindes zahlenmässige Überlegenheit gering achtend. Schon nach wenigen Augenblicken brach mein Pferd, von drei Kugeln getroffen, zusammen. Ich suchte mich mit blanker Waffe der auf mich eindringenden Jäger zu erwehren. Oberleutnant v. Brücken verwundet, Leutnant v. Riedt gefallen, die Schwadron wich in Unordnung zurück – in diesem Augenblick sprengte der Unteroffizier Seifferheld mit dem Ausruf «unser Rittmeister» mir kühn zu Hilfe, sein Beispiel wirkte, die Schwadron folgte, in einem

Augenblick war ich frei und das feindliche Bataillon in die Flucht geschlagen.

Die Begebenheit wurde gemeldet; aus den Händen des Kaisers Napoleon erhielt ich im Schlosse zu Enz das Ritterkreuz der Ehrenlegion, nachdem Massena mich vorgestellt hatte mit den Worten: «Voilà, un jeune Officier allemand qui donne beaucoup d'espérance»; am Hof in Biebrich aber wurde wenige Tage später im Beisein meiner geheimen Frau das Armeebulletin vorgelesen: «Le capitaine de l'état major Bismarck conduisit si vivement cette attaque, quoi qu'il ait eu son cheval tué sous lui, qu'un très petit nombre d'Autrichiens échappa.»

Ich habe Jahre später in einer Vorlesung über die Taktik der Reiterei gesagt: «Die Charakteristik der Tapferkeit besteht darin, nie zu überlegen, wenn Ehre und Pflicht auf dem Spiele stehen.»

Das verhängnisvolle Jahr 1812 rief auch mich nach Russland. Allen Gefechten und Schlachten des 3. Armeecorps unter Marschall Ney, allen kritischen Märschen unter Brigadegeneral Beurmann diente meine Schwadron als Spitze der Vorwache. Ich hätte den Rückzug im Winter über die Beresina nicht überlebt ohne meinen treuen Diener Georg – haltet seinen Namen in Ehren. Alles was ich dort erlebte, findet sich, oft abgedruckt, in den Briefen an meine Frau. Von bösem Nervenfieber gequält, kam ich schliesslich zurück nach der Heimat, und nur wenig Zeit blieb bis zum Krieg in Sachsen. Vom König mit dem Commando des 1. Chevaux-légers-Regiments betraut, führte ich dieses zur schweren Schlacht bei Bautzen, am 20./21. Mai 1813; vier Tage später in Schlesien, in einem Vorpostengefecht, wurde ich oberhalb des Knies von einer Kugel getroffen, die ich mir ausschneiden liess. In der Schlacht bei Leipzig schliesslich wurden unsere Truppen vernichtet und aufgelöst – ich mit dreissig anderen Offizieren gefangen – bald aber frei und anfangs November nach Hause entlassen, weil mein König dem Rheinbund, dem Kaiser hatte absagen müssen.

Ich übergehe den 1814er Krieg im Elsass, wo ich als Chef des Generalstabs der Reiter-Division des Prinzen Adam diente – übergehe den ersten Einzug in Paris. Nach Napoleons Rückkehr im März 1815 war mein letztes Gefecht der Durchbruch unserer Reiter-Division durch die französische Schlachtlinie bei Mundolsheim wieder im Elsass, wo die Reiter, zu vieren über die steinerne Brücke galoppierend, die feindliche Artillerie und Reiterei stürmten, zusammenhieben und zerstreuten – dieses Gefecht blieb tatsächlich das letzte meines Lebens.

In der Heimat zurück, ernannte König Friedrich mich zum Grafen seines Königreichs, dies wenige Wochen nach dem Tod meines noch immer geheimen herzoglichen Schwiegervaters – sicher hätte ihm diese Auszeichnung Genugtuung gegeben. Den nachfolgenden Friedenssommer 1816 verlebte ich, endlich anerkannt, mit meiner Frau zusammen am

Rhein bei der nun verwitweten Herzogin. Und als im darauffolgenden Frühjahr der badische Schwager meiner Frau starb, forderte die Markgräfin ihre Schwester auf, mit mir zusammen zu ihr zu ziehen. Es folgten stille, schöne Jahre in Carlsruhe; ich widmete mich der Schriftstellerei; brachte meine Erfahrung der Reiterei-Führung und -Formationen in einer «Reuter-Bibliothek» in Druck und fand Beachtung und Anerkennung auch im In- und Ausland.

Leider blieben unserer Ehe Kinder versagt – auch keine der Schwestern meiner Frau hatte Kinder. So entschloss ich mich zur Adoption des ältesten minorennen Sohnes meines frühverstorbenen Bruders, der seinen herzoglichen Herrn nur um wenige Tage überlebt hatte, und mich überhaupt seiner Witwe und Kinder anzunehmen.

Als 1829 auch die Markgräfin ihre Augen schloss, zogen Auguste und ich in das von ihr ererbte neuzeitlich helle Palais an Carlsruhes Stadtrand. Meine Bismarckschen Neffen und Nichten, auch zwei Töchter meiner jüngeren Schwester Frau v. Mülmann brachten heiteres Leben, Tanz und Musik ins Haus. Am örtlichen Theater war viel Gutes im Angebot – es waren glückliche Jahre. Besonders nahe stand mir meine blonde Nichte Auguste, die später den Herrn v. Thüngen heiratete – sie war mir wie ein eigenes Kind, war auch eine begabte Malerin. Rückblickend erinnere ich mich lächelnd meiner unschuldigen Freude auch an den Schönen von Theater und Gesellschaft – wohl hatte ich in aller Gewissheit meines ehelichen Glücks Freude am männlichen Gefallen.[17]

Der König hatte mich zu seinem Gesandten an den Höfen Carlsruhe, Hannover, Berlin und Dresden ernannt unter Beibehaltung des Divisionskommandos der Reiterei im Range eines Generalleutnants. Der russische Kaiser und der dänische König beauftragten mich, ihre Reiterei nach meinen Ideen zu reorganisieren. Jedes Jahr brachten die Sommermonate zahlreiche Reisen. So besuchte ich auch meine Verwandten Bismarck in Schönhausen (dessen Ankauf ich 1834 übrigens erwog). Dort auch hörte ich aus deren Sicht die Geschichte der Vorfahren, wurde mit grossen Ehren empfangen, Sohn des einst nicht anerkannten Vaters. Als in Schönhausen die Rede auf meine bevorstehende Russlandreise (1835) kam, erzählten die Vettern, dass ich nicht der erste sei, der unseren Namen dort ins Licht rücke: ein Vetter meines Grossvaters war hundert Jahre früher durch seine mit dem Grafen Johannes Ernst Biron verheiratete Schwester Gouverneur von Riga und Livland gewesen, beim Tod der Zarin Anna jedoch auf zehn Jahre mit Biron nach Sibirien verbannt worden. Unter der Zarin Elisabeth aber zu neuen Ehren gerufen, er war schliesslich als oberster Kommandant der russischen Südarmee in der Ukraine gestorben. – Meine Stellung, mein Stand und meine schönen Pferde gefielen den ländlichen Vettern. – Ich will nicht leugnen, dass mir solche Begegnungen wohltaten; ich war wie jeder Mann stolz auf meine beruflichen Erfolge, und meine vielen Orden taten das Ihre dazu. Oh, wie oft hätte ich in meinem Leben voll Glanz und Verwöhnung mir gewünscht, meinen Vater unter den Lebenden zu haben – ihn, der Erniedrigung und Entbehrung hatte erleben müssen! An meinen zahlreichen Porträts aber war ich meist unschuldig, zu denen drängte mich meine Frau, meiner vielen dienstlichen Absenzen wegen.[18]

Die Neffen und Nichten heirateten – nur zwei kamen noch nach Carlsruhe – Auguste aber liebte Gesellschaft, brauchte besonders während meiner Reisen anregenden Austausch. So war ich nicht überrascht, als die Prinzessin im Frühsommer 1842, als ich von meiner Dienstreise zurückkam, mir den Vorschlag machte, zwei junge Nichten ihrer ersten Kammerfrau ins Haus zu rufen. Meine freudige Zusage kaum abwartend, kamen eines Morgens die zwei jungen Kandidatinnen am Carlstor an: Mina und Amalie Thibaut, übrigens auch Nichten der uns befreundeten Baronin August v. Berstett hier in Carlsruhe. Die Prinzessin besuchte alljährlich die Kur in Wildbad und war glücklich, von den zwei angenehmen Gesellschafterinnen begleitet zu werden; Mina war die energische, etwas ältere, schaffige Natur, Amalie das sehr schöne stillfromme und kluge Mädchen, das der Prinzessin geistige Gesellschaft bot. In dieser Zeit drängte meine Frau mich immer wieder, meine Lebenserinnerungen niederzuschreiben, in denen auch sie nicht zu kurz kommen wollte. So arbeitete ich an meinen «Aufzeichnungen».

Ein harter Schlag traf jedoch uns alle am Neujahrstag 1844, als meine Frau durch einen Schlaganfall rechtsseitig gelähmt wurde. Noch blieben ihr und uns zwei Jahre geistiger Anteilnahme und Klarheit, doch machte ihr die Behinderung seelisch sehr zu schaffen. Im Sommer 1846, begleitet von mir, ihrer Gesellschafterin Amalie und ihren Damen, suchte sie wiederum Linderung in Wildbad, doch trat nach wenigen Tagen eine Verschlechterung ein und am Morgen des 17. Juli, in meinen Armen sterbend, in grosser Liebe mir verbunden, von mir und Amalie Abschied nehmend, sagte Auguste: «Amalie, verlassen Sie den Grafen nicht!»

Schwere kunstvolle Kupfer-Särge für Auguste und mich wurden gefertigt – ich wollte neben ihr, der letzten ihres Stammes, in der Gruft der Usinger Kirche ruhn, wohin ich die teure Verblichene in feierlichem Staatsbegräbnis begleitete, ich ahnte damals nicht, dass ein zweites Leben meiner noch wartete.

Alles kam anders; ich hatte noch im Frühjahr vor Augustens Tod meine «Aufzeichnungen» den Meinen vorgelesen, in denen aber so gut wie gar keine selbstbiographischen Abschnitte enthalten sind. Die Prinzessin war enttäuscht; so sehr sie mein politisches Urteil teilte, auch sie glühende Anhängerin des Corsen-Kaisers, ihr war ihre Lebensgeschichte zu kurz gekommen. Maria Dalberg, meine anwesende Nichte, versprach ein zweites, mehr biographisches Buch zu schreiben. Die

«Aufzeichnungen», welche ein Jahr später 1847 im Druck erschienen,[19] erweckten den Zorn meines Herrn, des nach Russland verschwägerten württembergischen Königs Wilhelm. Er konnte mir meine Kritik an den fürstlichen Gegnern Napoleons und meine unveränderte Bewunderung für «meinen» Kaiser nicht verzeihen. Ich wurde kurzerhand meines Amtes und meiner Würden verlustig erklärt. In Ungnade war mein Verbleib im Carlsruher Palais peinlich und störend, daher zog ich fort nach Constanz, an das andere Ende des Grossherzogtums! Ich verkaufte das Palais Nassau an den Grossherzog und kaufte in Constanz dasjenige des verstorbenen Baron Mainau und nahm Abschied von der Vergangenheit.

Doch Constanz sollte nicht ein Ende sein; es wurde ein Neuanfang: Schon im nachfolgenden Frühjahr, um die aufständischen 48er Revolutionäre niederzuzwingen, rief der Grossherzog seine Soldaten und mit ihnen alle meine männlichen Bedienten unter die Fahne; vereinsamt, jedoch der Zustimmung meiner geliebten Verstorbenen gewiss, bat ich den Baron Berstett, für mich um die Hand seiner Nichte, der jungen schönen Amalie Thibaut anzuhalten. Am 5. April 1848 wurden wir in Steinbach bei Baden-Baden getraut. Jahre neuen Glücks, gekrönt durch zwei goldige Kinder, die meine Frau mir schenkte, hatten ihren Anfang genommen. Neue Freunde: der liberale Bistumsverweser Freiherr v. Wessenberg, die Malerin Maria Ellenrieder, der benachbarte Graf Langenstein wurden Paten der Kinder und Freunde im täglichen Umgang, wie auch aus Meersburg Annette v. Droste-Hülshoff und ihre Schwester v. Lassberg, aus dem thurgauischen Steinegg der skurrile Bernhard Zeerleder, sodann Reisen nach Zürich, nach Ragaz, in die Meerbäder, Besuche bei den Nichten Thüngen und Giech und viel Kontakt mit der Familie meiner Frau beglückten mein Alter.

Ein letztes, beinahe humoristisches Ereignis möge diese Aufzeichnungen beschliessen: 1856, als August sieben, Clara fünf Jahre alt waren, brachte eine ausländische Zeitung eine verfrühte Meldung meines Hinschieds. Anderntags schon erschien mein Adoptivsohn erster Ehe, mit dem ich mich entzweit hatte, in der Halle meines Landhauses am «Salzberg», wo ich zu seiner Überraschung oben an der Treppe stand; er kam, meine Kinder um ihr Erbe zu bringen, weil ich, wie mein Grossvater, ohne königlichen Consens geheiratet hatte und somit Ehe und Kinder anfechtbar waren. Aber er hatte seine Rechnung ohne den alten Reiter gemacht: sofort trat ich aus dem württembergischen Staatsverband aus, wurde badischer Bürger, brauchte keinen Consens mehr und – heiratete im Beisein der Kinder im Constanzer Münster zum zweiten Mal meine geliebte Amalie – und damit endet mein Erzählen über mich.

Zum Abschluss will ich noch versuchen, den Charakter, besser gesagt, die Persönlichkeit meiner beiden Gemahlinnen zu schildern:

Auguste Nassau war gleichzeitig eine sehr gescheite wie auch eine stark gefühlsbetonte Frau, fähig zu innigster menschlicher Verbundenheit, natürlich und überzeugend lebend, uneingeschränkt durch sie umgebende Formen, voll Kraft und Selbstdisziplin, ein Beispiel menschlicher Reife und klaren Urteils, bedeutender gesellschaftlicher Mittelpunkt von grosser Anziehungskraft, begeisternd und faszinierend, zugleich ansprechbar für das Schöne und Edle, für Literatur und Kunst, voller weitgespannter Bildungsinteressen.

Amalie Thibaut: Als ich sie kennenlernte, war sie, wie berichtet, ein schönes tugendhaftes, eher stilles Mädchen – aber nach dem Tod meiner ersten Frau und vermehrt noch seit unserer Heirat habe ich mit Freuden erlebt, wie aus dem jungen Mädchen eine starke Frau wurde. Überragende seelische Antriebskraft gepaart mit einer besonders gesunden, ja robusten Konstitution verhelfen ihr zu Intensität, Dynamik und beachtlichem Leistungstempo. Praktisch veranlagt in allen Dingen des Alltags, starken Willens, getragen von innerer und äusserer Bestimmtheit, zuversichtlich, optimistisch und lebensbejahend. Ich könnte meine kleinen Kinder keiner besseren Hand anvertrauen und weiss, deren Erziehung ist in Strenge und Güte gleicherweise gelenkt. So gütig Amalie sich mir gegenüber verhält, so stark und dominierend wird sie – einmal auf sich selbst gestellt – den Aufgaben des Lebens gewachsen sein.

Die vierte Erzählerin ist meine zweite Urgrossmutter auf Vaters Seite, Mutter meiner Grossmutter Wille. Sie hat mich noch im Kinderwagen besichtigt. Sie erlebte von 1856 bis 1914 sechs Kriege, in denen Angehörige ihre Pflicht erfüllten. Ihr Schwiegersohn, mein Grossvater General, stand ihr besonders nahe. Sie wohnte von 1896 bis 1918 in Mariafeld:

Julie Amalie Thibaut war mein Name als ich am 4. Juli 1824 als achtes Kind meiner Eltern in Steinbach bei Baden-Baden zur Welt kam. Mein Vater Franz Xaver Aloys war schon bald fünfzig Jahre alt, meine Mutter dagegen erst einunddreissig. Vater war in der erzbischöflichen Verwaltung angestellt und wechselte öfters den Arbeitsort, allerdings lag alles in der näheren Umgebung von Baden-Baden: Moos, Steinbach, Gernsbach. So hatte mein Vater auch meine Mutter in einem der nahegelegenen Stifte beziehungsweise Klöster kennengelernt – im Spass erzählte sie jeweils: «Ich bin Eurem Vater zuliebe über die Klostermauer gesprungen.» Sie war damals einundzwanzig Jahre alt und ahnte wohl nicht, dass sie dreizehn Kinder haben würde, doch darüber später. – Oft wurden wir Kinder gefragt, woher wir denn diesen französisch klingenden Familiennamen hätten, und wenn wir Vater frugen, wusste er auch keine rechte Antwort. Erst nach meiner Heirat machte mich einmal ein Professor darauf aufmerksam, dass auch die berühmte Jungfrau von

Orleans mit Familiennamen Thibaut hiess (er zeigte mir das bei Schiller). Vater wusste nur, dass sein Urgrossvater Joseph als junger Mann aus Saarburg in den französischen Vogesen nach Ettlingen gekommen sei als Küchenmeister der Markgräfin Sybilla Augusta von Baden. Er habe dann seine Kunst so sehr zum Gefallen seiner Herrin ausgeübt, dass er schon bald zum Amtsbürgermeister der Stadt ernannt wurde, später den Gasthof zum Hirschen erwarb und im Alter von 66 Jahren verstorben sei. Seine Söhne und Enkel heirateten badische Mädchen der Umgebung, waren Wirte, Bäcker oder wählten verwandte Berufe. Mein Vater hatte neun Geschwister, aber nur der älteste, Dekan Franz Joseph, und Sonnenwirt Carl Anton erreichten das Mannesalter. Der Zweitgenannte hatte übrigens einen Sohn, dreizehn Jahre älter als ich, der es als Revolutionär, aber auch als Ettlinger Bürgermeister zu Berühmtheit brachte. Da mein Vater aber schon früh von Ettlingen weggezogen war, hatten wir mit seiner Familie kaum Verbindung, im Gegensatz zu Mutters Sippe in Steinbach.

Meine Mutter Maria Richardis war die zweite Tochter des Steinbacher Bürgermeisters und «Stern»-Wirts Joseph Carl Anton Mayer; diese Grosseltern habe ich noch in sehr liebender Erinnerung, erreichten sie doch beide ein hohes Alter. Von Grossvater Mayer wussten wir viele lustige Geschichten, er war ein rechtes Original. Er behauptete, sehr vornehmer Abstammung zu sein, nämlich Nachkomme eines Schweizer Rittergeschlechts der «Meyer von Windeck», sesshaft in der Gegend von Glarus. Grossvater schrieb alles sorgfältig auf, meine Verwandten Berstett haben die Dokumente aufbewahrt, ich glaube aber, Grossvater hat da ziemlich phantasiert. Besonders lustig aber ist die wahre Anekdote der Heirat von Grossvaters Tochter Julie, von der ich meinen ersten Namen habe und die auch meine Patin war. In Grossvaters «Stern»-Stube sass eines schönen Nachmittags ein älterer Offizier der Garnison Rastatt in weisser Uniform und trank ein Schöpplein nach dem andern; seine Augen folgten jeder Bewegung der jungen Bürgermeisterstochter, die die Gäste bediente. Nachdem der stille Herr endlich Mut gefasst hatte, ging er in die Nebenstube zum «Stern»-Wirt und stellte sich vor als Baron August v. Berstett, Bruder des grossherzoglichen Ministers in Carlsruhe. Grossvater Mayer sah den Baron fragend an und nun nahm dieser seinen ganzen Mut zusammen und hielt an um die Hand des schönen Töchterleins, das ihn bedient hatte. Grossvater schüttelte den Kopf – wohl in erster Linie des Altersunterschiedes wegen, der Brautwerber war schon 55 und das Mädchen knappe 22 –, begründete, dass seine Tochter, in ihren Kreisen heiratend, immer «die Erste» wäre, am Hof aber «die Letzte» sein würde – tröstend, lächelnd fügte er bei: «Da müsste schon der Grossherzog persönlich als Brautwerber kommen!» Wie gross aber war Grossvaters Staunen, als nach zwei Tagen schon der

Grossherzog Ludwig mit dem Bruder seines Ministers, eben dem Baron August v. Berstett, dem alten Hagestolz, im offenen Landauer beim «Stern» vorfuhr. Der «Stern»-Wirt lenkte ein. Die 22jährige Tante Julie heiratete den 55jährigen Baron und sie lebten lange und glücklich.

Doch zurück zu den lieben Grosseltern Mayer. Grossvater war ein stolzer Mann, Bürgermeister und Gastwirt und er hatte auch oft in der örtlichen Politik das Sagen. Grossmutter dagegen war eine stille Frau, sie hat uns lange im Leben begleitet, wurde sie doch 83 Jahre alt. Sie

JULIE AMALIE THIBAUT

und der Grossvater waren beide in Steinbach geboren, aufgewachsen und sind auch da beerdigt. Ihre Porträts hingen bei meinen Eltern, und an jedem Neujahrstag denke ich an den Grossvater, dessen Geburtstag immer am 1. Januar fröhlich gefeiert wurde. Mama Richardis war der Grosseltern zweite Tochter.

Nun aber zu uns Jungen. Wie ich schon zu Anfang sagte, hatten die Eltern dreizehn Kinder, nicht alle natürlich erlebten das Erwachsenenalter, aber ich erinnere mich mit Freude an unsere grosse fröhliche Kinderschar, die später freilich so weit auseinandergezogen wurde. – Mein Vater schrieb einmal zur Zeit meiner Heirat, er habe Söhne in *allen* Erdteilen. Das Elternhaus war schlicht, der Alltag einfach, denn mein Vater als Verwalter des Erzbischofs hatte nur ein kleines Einkommen, und aus dem Steinbacher «Stern» kam zwar schon immer Hilfe, aber kein Goldstrom.

Mein ältester Bruder Carl war zehn Jahre älter als ich, ging schon früh von zu Hause fort und lebte viele Jahre in St. Petersburg in unglücklicher Ehe – seine Frau war verschwenderisch und er hatte leider einen Hang zur Flasche –, später ging er allein nach Amerika und praktiziert jetzt sogar als Arzt in Kansas.

Mein Bruder Emil ging als Achtzehnjähriger in französische Dienste, in die bekannte Fremdenlegion. Er hat sich dort bewährt und gut gehalten, wurde Offizier, war vorgeschlagen zum Ritterkreuz der Ehrenlegion, fiel aber wenige Wochen vor der Auszeichnung im russischen Krieg vor Sebastopol – er war verlobt mit einer hübschen Französin, hatte sich in Algier ein Landgut erspart und freute sich so auf die

Heimkehr vom Kriegsschauplatz. Armer Emil, ich habe ihm sehr nachgeweint.

Emils jüngerer Bruder Eduard, acht Jahre älter als ich, auch er nicht ein Spielkamerad meiner Jugend, blieb in der Heimat und brachte es als Bierbrauer in Rastatt zu Ansehen. Mit diesen Verwandten haben wir ständig Verbindung.

Und jetzt komme ich endlich zu uns Mädchen: Mina, Anna und mir. Wir waren ständig zusammen und hatten viel Freiheit und Spass. Im Sommer durften wir barfuss zum Gänsehüten – wie stachen die Stoppeln der abgeernteten Felder –, im Winter durften wir am Wald zum Schlitteln. Mina war immer verantwortlich; sie war ja vier Jahre älter als ich, aber wir verstanden uns von Kindheit an besonders gut, sie war mir fast ein wenig ein Mütterlein, denn Mama hatte doch alle Hände voll zu tun, die vielen Bubenhosen in Ordnung zu halten und für uns alle zu kochen und zu waschen. Vater kam meist erst am Abend zurück, so war viel auf Mamas Schultern. Anna, die zwischen Mina und mir war, stand mir etwas weniger nahe, denn im späteren Leben hatten Mina und ich mehr gemeinsam, darüber später. – Aber nicht nur Spielen und Gänsehüten waren unsere Aufgaben, nach uns kamen noch drei Buben und ein Mädel, die zu betreuen waren. Ida war sechs Jahre jünger als ich, die Buben Max und Fritz kamen sogar sieben beziehungsweise acht Jahre nach mir. Nur Julius, zwei Jahre jünger als ich, war mir echt nahe und auch im Herzen verwandt – wir glichen einander und waren uns auch im Wesen ähnlich.

Doch auf die unbeschwerte Jugend der vielen Kinder zwischen Gernsbach und Steinbach vor den Toren des vornehmen Baden-Baden sollte ein unerwarteter Schatten fallen. Böse Kräfte hatten meinen Vater beim Erzbischof angeschwärzt, Fehler in seiner Arbeit, ja sogar Unehrlichkeit sagten ihm diese bösen Mäuler nach. Als ich erst zwölf Jahre, unser Jüngstes zwei Jahre alt war, wurde mein Vater aus heiterem Himmel entlassen und mit einer ganz kleinen Rente abgefunden – meines Vaters Rechtfertigungsprozess sollte zwölf Jahre dauern, 1848 erst entschied der Richter zu seinen Gunsten und rehabilitierte ihn. Doch in der Zwischenzeit, was haben die lieben Eltern gelitten und gebangt um unser tägliches Brot.

In der badischen Hauptstadt Carlsruhe lebte in ihrem Palais vor dem Carls-Tor die Prinzessin Auguste von Nassau. Sie und ihre einige Jahre zuvor verstorbene Schwester Christiane Luise, Markgräfin Friedrich von Baden, waren im ganzen Land als Wohltäterinnen bekannt. Die Prinzessin war verheiratet mit einem General und Diplomaten, dem Grafen Friedrich v. Bismar(c)k. Bei diesen vornehmen Herrschaften diente, schon seit diese das Palais am Carls-Tor bezogen hatten, die verwitwete älteste Schwester unserer Mutter, Helene Rudolphi, als persönliche Kammerfrau der Prinzessin Auguste. Über sie und unsere Tante Berstett erfuhr diese hohe Frau vom Leid, das über uns hereingebrochen war, und ihr gütiges Herz nahm sich sofort unserer Not an, schickte Mittel und Hilfen aller Art zu meiner Mutter. Doch, es sollte noch mehr sein. Als nach einigen Jahren die Prinzessin – sie stand im 64. Lebensjahr – vermehrter Pflege und Unterhaltung bedurfte, liess sie meine Schwester Mina und mich nach Carlsruhe kommen, unserer ältlichen Tante beizustehen. Tante Helene war zwar nur ein Jahr älter als unsere Mutter, aber sie war weniger kräftig, und so war sie froh, durch uns Hilfe im Dienst zu bekommen. Wir wurden neu eingekleidet und traten an die Stelle der mehrheitlich verheirateten Neffen und Nichten des Grafen, die bis anhin das Palais mit Jugend belebt hatten.

Die Prinzessin war ausserordentlich gütig zu uns, auch der Graf, doch war er noch viel unterwegs; war er in Carlsruhe, war er uns wohlgesinnt, wenn schon seine Art rauher und härter war. Mina widmete sich mehr der praktischen Seite unserer Aufgaben, während ich in erster Linie der verehrten Prinzessin Gesellschaft zu leisten hatte durch Vorlesen, Musizieren und Gespräche, um ihr die Zeit zu verkürzen.

Die Ehe der Prinzessin war kinderlos geblieben. Der Graf hatte deshalb den ältesten Sohn seines frühverstorbenen Bruders adoptiert. Er war noch unverheiratet, war Offizier in Nassau und kam an Urlaubstagen herüber. Seinen Blicken merkte ich an, dass er mein Äusseres angenehm fand, und auch seinem Vater schien ich angenehm zu sein. Nach zwei Jahren – die arme Prinzessin war inzwischen durch einen Schlaganfall rechtsseitig gelähmt und entsprechend mehr auf Minas und meine Dienste angewiesen – liess der Graf den ortsbekannten Porträtisten Wagner kommen und durch ihn die Prinzessin porträtieren. Als das sehr lebendige Porträt der Verehrten fertig war – der Graf war gerade auf Reisen – forderte die Prinzessin mich auf, auch für ein Porträt zu sitzen, doch erst drei Jahre später sollte mein Porträt zur Ausführung kommen.

Der Gesundheitszustand der Prinzessin war stationär, geistig war sie unverändert, doch die körperliche Behinderung machte ihr seelisch schwer zu schaffen. Im Juni 1846 heiratete Mina den Apotheker Knecht in Baden-Baden und verliess den Dienst. So blieb ich allein mit Gesellschaft und Pflege der Prinzessin betraut. Anfang Juli des gleichen Jahres fuhr die Kranke mit dem Grafen, mir und weiteren Bediensteten nach Wildbad, um, wie alljährlich, Erholung und Linderung zu suchen, doch schon nach wenigen Tagen verschlimmerte sich überraschend der Zustand der verehrten Kranken. Am 16. Juli in der Früh entschlief die geliebte Prinzessin in den Armen des Grafen, nicht ohne mir Abschied nehmend gesagt zu haben: «Amélie, verlassen Sie den Grafen nicht!»

Ein Jahr nach dem Tod der Prinzessin Auguste erschienen des Grafen «Aufzeichnungen» – deren Inhalt dem Vernehmen nach seinen Herrn, den König von Württemberg, verärgerten. Es kam zu Bismarcks Verabschiedung und in der Folge zum Wohnsitzwechsel von Carlsruhe nach Constanz. Vom Personal der Prinzessin gingen nur meine Tante Rudolphi und ich mit. Aber in der Kleinstadt am Bodensee, wo niemand das Wieso und Warum wusste, kommentierten böse Mäuler bald die «Anwesenheit eines hübschen jüngeren Mädchens» im Haus des Grafen – nach wenigen Wochen zog ich es vor, zu meinen Eltern heimzukehren.

Das Jahr 48 brachte die Unruhen der Berliner Märzrevolution auch nach Baden – mein Vetter Philipp in Ettlingen, mit dem wir zwar keinen Kontakt hatten, war bekanntlich einer der Rädelsführer. In Constanz sah sich der Graf seiner männlichen, zum Wehrdienst einberufenen Haus- und Stallangestellten beraubt. Allein mit meiner ältlichen Tante als Haushälterin zurückgeblieben, fühlte sich der Graf vereinsamt und unglücklich. Der letzten Worte der verewigten Prinzessin eingedenk, entschloss sich Bismarck nun durch den Baron Berstett, meinen Onkel, um meine Hand anzuhalten. Mein Zögern wegen Standes- und Altersunterschied wusste Berstett aus dem Weg zu räumen mit dem Hinweis auf seine eigene, trotz Alters- und Standesunterschied sehr glückliche Ehe mit Tante Julie. Nach zwei Tagen sandte der Baron mein Ja-Wort nach Constanz und schon am 5. April wurde ich in der Steinbacher Kirche dem Grafen angetraut.

Die Meinen waren alle meines Entschlusses ungewiss, hatten sie doch den Grafen nur als gestrengen Herrn des Hauses, Wohltäter unserer Familie gekannt – sie konnten sich nicht denken, dass ich an seiner Seite glücklich sein würde. Aber des Himmels Lenken half mir, dem Grafen ein neues Glück und später zwei seit Jahren ersehnte eigene Kinder zu schenken.

So sind es mit Bismarck Jahre innigster Liebe, ohne geringste Trübung, gegenseitiger Hingabe und liebenden Bestrebens, den andern glücklich zu sehen.

Bismarck ist es auch, der ständig in meiner Familie zu helfen weiss. Er zeigt immer grosse Verehrung für Mama Richardis und begegnet ihr mit besonderem Respekt und grosser Aufmerksamkeit. Meinem geliebten Bruder Julius verhalf er zur Auswanderung nach Amerika, wo dieser dann auch als Holzhändler erfolgreich, glücklich verheiratet und Vater mehrerer Kinder ist. Max ist auch übers Wasser, bringt es aber nicht auf einen grünen Zweig – es fehlt ihm das Zeug dazu, während Fritz, kaum drüben, sich zur amerikanischen Armee gemeldet hat.[20]

Ida, meine jüngste Schwester, heiratete den österreichischen Major Ludwig Zaborsky v. Zabor aus der Garnison Rastatt, mit dem Bismarck sich immer gern unterhält.

Bismarck ist nun schon hoch in den 70 und ich freue mich, ihm Stütze und liebende Gattin zu sein. Seine ganze Freude sind die Kinder, und für sie will ich versuchen, des Vaters Charakter und Persönlichkeit zu schildern, denn wer weiss, wie lange sie ihn noch haben werden.

Ich habe meinen verehrten Bismarck erst richtig kennengelernt, seitdem wir verheiratet sind – aber aus den vielen Erzählungen der hochseligen Prinzessin weiss ich doch auch vieles über sein Wesen in der Jugend. Schon als junger Mann zeigte er eine ausgesprochen starke Persönlichkeit mit straff gesteuerter Willens-, Lern- und Leistungsdisziplin, zu der, nicht als Gegensatz, sondern bereichernd, musisch-künstlerische Ansprechbarkeit in hohem Masse sich paarte. Bismarck war immer menschlich integer, gerecht wie kaum ein zweiter, ohne Egoismus, Eigennutz oder gar Eitelkeit. Er konnte hartnäckig sein im Verfolgen dessen, das er für richtig hielt, aber auch in seiner eigenwilligen Ziel-Suche und Ziel-Strebigkeit blieb er immer mitteilsam, liess seine Umgebung an seinem Erleben und seinen Gefühlen Anteil nehmen.

Auch in meiner Zeit blieb Bismarcks männliche Stärke und Disziplin mir leuchtendes Beispiel, wenn schon in diesen Jahren manches, was früher dem Fernerstehenden als Härte erscheinen mochte, von grosser menschlicher Wärme überdeckt wurde. Eine grosse Reife und Sicherheit erwuchs ihm aus dem Erlebten in Beruf und Familie. Echte grosse Freude am Leben mit den Kindern bestärkt die feine Seite seines warmen Herzens. Möge sein Wesen in Kindern und Enkeln weiterleben!"[21]

Jetzt ist der erste Urgrossvater im Mutterstamm an der Reihe, mit anderen Worten, der väterliche Grossvater meiner Mutter Inez Wille geborene Rieter. Über ihn läuft die erste Verbindung zum heutigen «Museum Rietberg» in Zürich:

Adolph Rieter, am 23. März 1817 in Winterthur geboren, zweiter Sohn, drittes Kind meiner Eltern Heinrich und Verena Henrika (Henriette) Rieter-Sulzer. Meine Eltern bewohnten das «Rothaus» an der mittleren Marktgasse; hinter uns war die zweitürmige Stadtkirche – zu dieser bildete das Haus einen rückseitigen Innenhof mit einem Portal auf die untere Kirchgasse. Ausser uns wohnte im Haus noch meine verwitwete Grossmutter mit den unverheirateten Söhnen Ruedi und Berni. Die Tanten waren verheiratet. Die Männer der Familie, das heisst mein Vater und seine Brüder, waren Gesellschafter im Baumwollhandel «Rieter Gebrüder und Greuter zum Rothaus, Baumwolltücher & Baumwoll-Indiennes & Mouchoirs bleus etc.», der Firma, wie sie ihnen der frühverstorbene Grossvater Hans Jakob Rieter hinterlassen hatte. Dieser hatte 1796 Bernhard Greuter in die Gesellschaft Gebr. Rieter & Comp. aufgenommen, da dieser die Geheimnisse der Indigo-Färberei kannte.[22]

Da Grossmama Rieter im Haus wohnte, als wir Kinder waren, waren wir an Winterabenden beim Einnachten oft bei ihr, und sie erzählte uns, was sie wusste, was sie erlebt hatte und was sie bekümmerte. Über die Anfänge der Rieters in Winterthur wusste niemand so recht Bescheid. Es hiess, nach der Reformation sei ein vormaliger Chorherr Johannes v. Riet der erste bekannte Vorfahr gewesen. Er sei zum neuen Glauben übergetreten, habe geheiratet und so den Stamm Rieter begründet. Andere meinten, die Familie sei zugewandert, vielleicht sogar aus Nürnberg, wo es eine mächtige Patrizierfamilie unseres Namens gab, die sich «Rieter v. Kornburg, Kalbensteinberg u. Harrlach» nannte, die jetzt freilich ausgestorben ist, Geschäftsfreunde meines Vaters haben uns sogar zwei Medaillen und einen Kupferstich solcher Rieters mitgebracht, aber ein echter Zusammenhang zwischen unserem ersten urkundlichen Leonhard Rieter und dem Chorherrn Johannes v. Riet ist viel wahrscheinlicher als zu den Nürnbergern oder anderen Zugewanderten.

Grossvaters Grossvater, das heisst mein Ur-Urgrossvater, war in Winterthur Kupferschmied und Bleicher, sein Sohn dann war Färber «zur blauen Hand», ein Beruf, dem wir mit Abweichungen bis heute treu geblieben sind.

Grossvater Rieter hatte, jung verheiratet, zuerst in Zürich gewohnt an einer Strasse in Ausser-Stadelhofen am Mühlebach, das Haus steht noch heute. 1796 etablierte er sich im «Rothaus», das sein vorverstorbener Bruder Bernhard von der Familie Schellenberg erworben hatte. Er assoziierte sich, wie erwähnt, mit Greuter. Sein Geschäft entwickelte sich gut, und alljährlich fuhr er für die Firma auf die grossen Messen, die bedruckten Rottücher, mehrheitlich zum Export nach Indien (Indiennes) bestimmt, dem internationalen Handel zu verkaufen. Erst mein Vater und dessen Bruder Berni bereisten selber den Fernen Osten, doch darüber später. Auch 1811 fuhr also Grossvater Jakob zur Frühjahrs-Messe nach Frankfurt, zusammen mit Rudolf Hanhart aus Zürich. Dort trafen sie zusammen mit dem bekannten Direktor Daniel Bodmer der Zürcher Seidenfirma «Conrad Muralt und Söhne». Nach Abschluss der Messe besprach sich Grossvater mit Bodmer bezüglich der Rückreise. Bodmer hatte so gute Geschäfte gemacht, dass er beschloss, die Nacht noch in Frankfurt zu bleiben und erst anderntags zu reisen. Grossvater aber verabschiedete sich und fuhr mit Hanhart noch in der gleichen Nacht in der Diligence über Heidelberg Richtung Heimat, um möglichst bald an die Arbeit zurückkehren zu können. So wurde der arme Grossvater an der Bergstrasse im Spessartwald das Opfer eines Räuber-Überfalls, wie sie damals in der Zeit der napoleonischen Kriegswirren häufig waren. Die Räuber hatten es, so ergab nachher die Untersuchung, auf den reichen Herrn Bodmer abgesehen! Hanhart stellte sich sofort scheintot, überlebte und konnte nachher über das traurige Geschehen berichten. Mein

Vater, 21jährig, ältester der Familie, eilte nach Heidelberg, kam aber nur noch rechtzeitig zur Beerdigung seines geliebten Vaters; die Feier fand in der dortigen Peters-Kirche statt, und Grossvater erhielt einen Grabstein im Vorhof der Kirche.[23]

Bald nach der schrecklichen Tat konnten die Mörder jedoch gefasst werden; sie gehörten zur Schar des allseits gefürchteten, berüchtigten Schinderhannes, ohne dass dieser in jener Nacht dabeigewesen war. Der Anführer jener Nacht trug unter den Seinen den Decknamen «der schwarze Peter» und im Gefängnis haben diese Gauner, während sie auf ihre Aburteilung warteten, jenes Kartenspiel erfunden, das wir später spielen lernten und welches man «Schwarz-Peter» nennt. Ich habe das Spiel nie spielen mögen, erst unsere Kinder haben mit ihren Kameraden sich über den grauenvollen Ursprung hinwegzusetzen vermocht.

ADOLPH RIETER

Mein Vater musste nun sofort seines verunglückten Vaters Stelle in der Firma übernehmen, von Grossmutter und von Grossvaters Bruder, Onkel Johannes Rieter-Vögeli, unterstützt. Grossmutter selber war auch eine Winterthurerin; ihr Vater und ihr Grossvater waren bekannte Zinngiesser namens Graf. Auf den Schränken im Haus gab es noch Kannen mit der Punze dieser Vorfahren. Grossmutters Onkel, das heisst der Bruder ihres Vaters, war der berühmte Porträtmaler Anton Graf(f) 1736–1813. Von ihm gibt es bei uns eine Anzahl Ölbilder und auch sogenannte Silberstift-Zeichnungen. Dass dieser Onkel sich ein zweites «f» zulegte, stammt aus der Zeit, wo er Hofmaler am sächsischen Hof in Dresden war und die dortigen Notabeln meine Grosstante mit «Frau Gräfin» begrüssten! Als Anton Graff in späteren Jahren von Dresden nach Winterthur kam, wohnte er zumeist im «Rothaus», denn Grossmama war ihm eine sehr liebe Nichte, Grossmama Rieter-Graf war auch uns eine besonders liebevolle Grossmutter, die viel Zeit für uns Kinder des Hauses hatte. Sie selber hatte keine Geschwister.

Nun zur Familie meiner Mutter: Die Sulzer sind eine uralte noble Winterthurer Familie, wobei «unsere Linie» die noblere, die andere, von der grossen Maschinenfabrik, die tüchtigere war. Mein Grossvater Joh. Heinr. Sulzer-Ziegler (in zweiter Ehe Sulzer-Sulzer) war Buchhändler.

Er wohnte um die Ecke von der Marktgasse in dem schönen Haus «zum goldenen Trauben», wo mich als Bub die Stuckdecken des vorigen Jahrhunderts faszinierten; solche gab es nicht im «Rothaus». Ich erinnere mich noch an den Grossvater, ich kam gerade in die Schule, als er starb. Die Grossmutter scheint eine sehr musikalische feine Frau gewesen zu sein, starb aber schon, als meine Mutter noch unverheiratet zu Hause lebte. Grossvater Sulzer war ein weitgereister Mann, der durch seine Tätigkeit viele interessante Leute kannte. Er war, wie seine Frau, sehr musikalisch, war Präsident des hiesigen Musik-Kollegiums zur Zeit, als Carl Maria von Weber in Winterthur war. Sein Vater war Stadtarzt von Winterthur gewesen (übrigens auch sein Schwiegervater Ziegler war ein bekannter Arzt), aber von der Mutter hatte er den Sinn für Kunst und schönes Bauen ererbt, stammte sie doch aus den herrlichen Daller-Häusern an der Kirchgasse in Bischofszell. So war er besonders glücklich, als ihm seine erste Frau das Haus «zum goldenen Trauben» in die Ehe brachte und er es als Wohn- und Geschäftshaus nutzen konnte. Ein Bruder von Grossvater Stadtarzt Sulzer war übrigens der berühmte Winterthurer Fächermaler «Soulzer au Rossignol». Grossvater Sulzer hatte nach dem frühen Tod seiner Frau zur zweiten Gemahlin eine jüngere Nichte geholt. So kam es, dass meine Mutter zur Halbschwester die Frau des ersten schweizerischen Bundespräsidenten Jonas Furrer hatte. Wir hatten mit ihr nicht viel Kontakt, wir wussten nur, dass die Tante ererbtes schönes Winterthurer Silber einschmelzen liess, um in Bern mit einem silbernen Lavabo Staat zu machen! Von Mamas richtigen Schwestern hatte eine den bekannten Zürcher Historienmaler Ludwig Vogel geheiratet, die andere wurde die Mutter meines Vetters und jüngeren Geschäftspartners Theodor Ziegler.

Doch zurück zu den Rieters im «Rothaus»: Bei meiner Grossmutter wohnten, wie erwähnt, zwei ledige Oheime Rudolf und Bernhard Rieter, auch Partner in der Firma Rieter & Greuter. Onkel Berni kam weit in der Welt herum; in den 1840er Jahren war er für die Firma über Griechenland, Ägypten, Indien bis nach China auf Verkaufsreise gegangen. Seine interessanten und ausführlichen Reiseberichte von dort und aus Indien wurden zu Hause mit grossem Interesse vorgelesen. Als der Onkel nach über zwei Jahren zurückkam, brachte er vielerlei Andenken, vornehmlich Malereien auf chinesischem Reispapier mit. In späteren Jahren lebte er oft länger bei meinem Bruder in Triest. Jetzt, im Alter, von Winterthur aus, fährt er fast täglich an den Rheinfall nach Dachsen. Der Fluss verbindet ihn mit der fernen Welt.

Da mein Vater und seine Brüder noch rüstig waren, als wir drei Brüder ins Mannesalter kamen, beschlossen wir Söhne, eigene Wege zu gehen: Mein Bruder Henri, zwei Jahre älter als ich, zog weg von Winterthur und etablierte sich in Triest, wo er sich ein grosses Import- und

Exportgeschäft aufbaute, von wo aus er auch tätig ist für die väterliche Firma Rieter & Greuter. Henri steht in grossem Ansehen in Triest, führt ein elegantes grosses Haus mit vielen Angestellten, selbst der Kaiser Franz Joseph und Kaiserin Elisabeth haben seinem Haus die Ehre erwiesen, obschon Henri mit dem Erzfeind der Österreicher, Garibaldi, befreundet ist. Man sagt mir, er möchte Garibaldis Sohn zum Tochtermann haben. Auch der bekannte Baron Lesseps, der den Suezkanal erbaut, gehört zu Henris guten Bekannten. Henri soll zur Eröffnung des Kanals eingeladen sein. Im Osten der Stadt hat Henri ein grosses Landwirtschaftsgut in Pali – wenn Onkel Berni dort ist, verwaltet er für Henri einen Teil der Ländereien. Henri ist mit einer St. Gallerin verheiratet, Albertine Rittmeyer, die sich auch mit meiner Frau gut versteht. Sie steht dem eleganten Hauswesen vor, hat sich in Triest gut eingewöhnt. Eine Insel in der Adria, Brioni, gehört auch zu Henris grossem Besitztum, er ist natürlich auch Schweizer Consul in dieser wichtigen Hafenstadt, durch die unendliche Tonnen an Waren deutscher, österreichischer und schweizerischer Provenienz alljährlich hin und her bewegt werden. So ist Henri auch auf die Idee gekommen anzuregen, dass in Winterthur eine internationale Handelsbank – die «Bank in Winterthur» – gegründet werde.[24] Seine Initiative ist auf guten Boden gefallen. Ich bedaure oft, dass die Entfernung meinen Bruder und mich so wenig zusammenkommen lässt. Natürlich kommt er hin und wieder herauf oder wir von Winterthur und Zürich besuchen ihn. Selbst meine Mama hat 1853 die Mühe nicht gescheut, die lange Reise nach Triest und über den Splügen zurück im Wagen zu unternehmen. – Aber eben, der Bruder, dem ich am meisten verbunden bin, ist am weitesten fort von mir. Henri ist übrigens ein sehr guter Reiter und Schütze, sein Leben im Ausland hat ihn von uns allen am meisten zum Grandseigneur werden lassen. Aber es ist viel Gesindel um ihn herum – düstere Geschäftsleute aller Provenienzen, und hie und da haben wir hier das Gefühl, das ganze Triest sei ein rechtes Pulverfass – pourvu que cela dure! Henri hat leider keinen Sohn, seine oft kränkliche Frau hat ihm nur eine Tochter geschenkt.[25]

Recht das Gegenteil von Bruder Henri ist mein jüngster Bruder Rudolf – der nie für lange aus der Vaterstadt gegangen ist. Auch er hat sich 1855 ein eigenes Geschäft aufgebaut, nämlich die Eisengiesserei St. Georgen in Töss. Wir haben aus seiner Giesserei schöne schwere Bänke im Garten stehen – teils mit zierlichen Engelein im Biedermeierstil, teils mit Imitationen von Farrenkraut. Rudolf ist mit einer Cousine meiner Frau verheiratet, die aber eine delikate Gesundheit hat. Rudolf wohnt mit seinen drei Töchterlein ebenfalls im «Rothaus».[26]

Nun zurück zu mir selbst, dem mittleren von uns Brüdern. Ich blieb bei der Branche des väterlichen Geschäfts, holte mir ab 1836 in Frankreich und England während drei Jahren das nötige Rüstzeug des Exportgeschäfts und der Fremdsprachen, liebäugelte damals auch damit, eine englische Frau nach Winterthur zu bringen, denn ich konnte mir kein Glück mit einer «Marktgässlerin» vorstellen.

Nach meiner Heimkehr gründete ich mit Heinrich Ziegler, meinem Vetter über Mama, eine eigene Rotfärber-Firma, die wir Rieter-Ziegler nannten. In der Schweiz beschränkten wir uns auf das Färben zugekaufter Handelsware. Die Färbereien waren in Neftenbach, Richterswil und Glarus, die Nachfrage nach Indiennes war enorm und unser Geschäft ungeheuer profitabel – wohl weil durch gute Musterung unsere Produkte besonders gefragt waren. Auszeichnungen auf der Weltausstellung in Paris 1864 brachten uns Ehrenmedaillen und internationale Beachtung.

1852 hatte Johann Heinrich Staub aus Zürich im Württembergischen, in Kuchen, eine Baumwollweberei grossen Stils[27] aufgebaut, starb aber schon nach zwei Jahren. Da sein Sohn Arnold sich wenige Jahre später mit der Tochter des Winterthurer Spinnerei-Grossindustriellen Eduard Bühler verheiratet hatte und so zum Schwager meines Vetters und Partners Theodor Ziegler wurde, entschlossen Ziegler und ich uns zum Einstieg in diese grosse neue Industrie. Staub war nicht nur ein bahnbrechender Industrieller, sondern auch ein äusserst sozial denkender und planender Chef seiner Arbeiter. 1867 wurde die Firma an der Weltausstellung in Paris mit der Goldenen Medaille des grossen Preises ausgezeichnet für vorbildliche Arbeiterfürsorge[28] und Staub selber zum Ritter der französischen Ehrenlegion ernannt. Napoleon III. plante auf der Rückreise von seinem Treffen mit Kaiser Franz Joseph in Ischl einen Besuch der Arbeiterhäuser in Kuchen. Doch musste der Besuch aus innenpolitischen Gründen – mögliche Verärgerung Preussens – unterbleiben, der Kaiser verlieh Staub das rote Band der Ehrenlegion auf dem Bahnsteig des nahegelegenen Geisslingen an der Steige. Ich erwähne das alles, um die Bedeutung unserer dortigen erfolgreichen Industrien, an denen wir beteiligt waren, ins rechte Licht zu rücken. Leider stiegen dem guten Staub die Ehren in den Kopf. Er führte das Leben eines Grandseigneurs, jagte mit dem Adel der Umgebung, was ihm den Spottnamen «Marquis de la Poussière» eintrug. Unsere Gewinne vertrugen seine Extravaganzen denn auch nicht immer, und schliesslich musste ich die Führung übernehmen.

Doch nun zurück zu uns nach Winterthur.

Meine liebe Frau, von der ich später berichten werde, war in Winterthur nur teilweise glücklich – sie sehnte sich nach einer grösseren Welt, Eleganz und Anregung. In erster Linie ihr zuliebe, aber auch aus geschäftlichen Gründen, plante ich daher, mit der Familie nach Zürich überzusiedeln. 1865 fallierte das edle Bankhaus Schulthess im «Rechberg» infolge verunglückter Bahnfinanzierungen, und Herr v. Schulthess-Thurneysen musste sich entschliessen, das herrliche Rokoko-Haus am Zürcher Hirschengraben zum Verkauf auszuschreiben. Ich bewarb mich als Käufer, stiess aber auf das Konkurrenzangebot meines Vetters, Staatsschreiber Vogel-Hotz, der soeben durch seine Frau, eine jener legendären Kunzischen Erbinnen,[29] zu grossem Wohlstand gekommen war. Ich hatte 400 000 Franken geboten, nun überbot Arnold Vogel, sichtlich verärgert, mein Angebot um 50 000 Franken. Ich verzichtete, er bekam das Haus, aber ich hatte einen Vetter verloren – er verkehrte fortan nicht mehr mit uns. Den enttäuschten Augen meiner Frau sah ich an, dass Zürich noch immer ihr Wunsch war. Durch den Architekten Zeugheer, der meinem Vetter Theodor Ziegler in Winterthur die «Warteck» erbaut hatte, wo auch die Bureaux von Rieter-Ziegler domiziliert waren, hörte ich von schönstem Bauland am linken Zürichsee-Ufer in der Enge vom «Venedigli» seeaufwärtsgehend. Ich sicherte mir drei Hektaren, das heisst den ganzen Streifen zwischen Seestrasse und Ufer, und bat Professor Gottfried Semper um Pläne für eine grosszügige Villa im neuen Stil. Aber kaum war das Haus geplant, kam die Hiobsbotschaft einer linksufrigen Bahnlinie, dem Seeufer entlang nach Thalwil führend, mich dabei des unmittelbaren Seeanstosses beraubend! Ich musste auch diesen Plan ad acta legen. Sechs Jahre schon waren seit dem missglückten Kaufversuch am «Rechberg» vorüber, als sich eine ganz unerwartete Opportunität zeigte, die sich als die glücklichste erweisen sollte: Der reiche deutsche Seidenkaufmann Otto Wesendonck will seine herrliche Säulenvilla in der Enge möglichst schnell und nicht allzu teuer verkaufen! Ich hatte durch den Siebziger Krieg nicht verloren, im Gegenteil, die Fabriken warfen gute Gewinne ab. Wesendonck und ich waren schnell einig – er verkaufte mir nicht nur sein Haus, sondern auch grosse Teile des wertvollen Mobiliars und Inventars. Im Frühling 1872 zogen wir nach Zürich, und es gelang mir, sogar den Besitz in schnellem Zugriff so zu erweitern, dass vor der Stadt ein eigentlicher Grossbesitz, von der alten Seestrasse bis zur Sihl hinunterreichend, mit Park und grosser Landwirtschaft entstand.

Doch jetzt lasst mein Erzählen zurückgreifen zum Jahr 1845, wo ich am 9. September in Dinhard die schönste neunzehnjährige Halb-Winterthurerin als meine geliebte Frau heimführen durfte: Maria Ida Rothpletz. Wieso ich die junge Dame aus einer Aarauer Familie eine Halb-Winterthurerin nenne, wird sie selber erzählen: Wie ich schon einmal sagte, eine «Winterthurerin aus der Marktgasse» konnte ich mir als Ehegespons nach meinen Frankreich- und Englandjahren nicht vorstellen – so war ich überglücklich, in Ida Rothpletz ein wunderhübsches Mädchen voll Geist, Temperament, Kultur und Gewandtheit, voll gesunden Selbstvertrauens kennen und lieben lernen zu dürfen. Voll Phantasie, voll jugendlichem Überschwang gepaart mit Reife und Überlegenheit, spürte man ihr an, dass der Umgang mit ihrem kultivierten Grossvater, dem Oberamtmann Steiner, sie mehr geformt als das Elternhaus, wo der Schatten der früh verstorbenen Mutter und das Leiden des Vaters echte Fröhlichkeit nur selten hatten durchbrechen lassen. Sie ist voller Tatendrang, liebt Reisen, liebt es, fremde Menschen kennenzulernen, nimmt mitplanenden Anteil an meinem Tun, welches mir darum willkommen ist, weil ihr Urteil ungemein klar und präzis ist – ja, es macht mir Spass, mich oft von ihrem Tatendrang leiten zu lassen. Wenn sie nur verschont bleibt, vom Vater ererbtes «schweres Blut» an sich zu erleben – es wäre ein Jammer!

Die Erzählende ist, der Reihe folgend, die Mutter des Vaters unserer Mutter Inez Wille-Rieter. Sie starb wenige Tage vor ihrem einzigen Sohn in der heutigen «Parkvilla-Rieter», die auch zum Museum Rietberg gehört:

Nun will ich von mir erzählen – es ist schon gesagt worden, ich bin eine Halb-Winterthurerin, ja, sogar nur eine Halb-Zürcherin: *Maria Ida Rothpletz*, am 4. Februar 1826 in Winterthur geboren, der Heimat meiner Mutter. Mein Vater Carl Friedrich Rothpletz entstammte jedoch einer Aarauer Familie, die ums Jahr 1400 aus Villingen im Schwarzwald nach Aarau gekommen ist. Ursprünglich soll die Familie adligen Standes gewesen sein unter dem Namen «Pletz von Rothenstein», doch Genaues darüber wusste mein Vater nicht zu berichten. Er war mit Recht nur stolz auf seinen Urgrossvater Abraham Rothpletz, der es als Seidenherr und Hauptmann in französischen Diensten Mitte des 18. Jahrhunderts zu grossem Ansehen und Wohlstand gebracht hatte. Er baute sich nach seiner Rückkehr in die Schweiz das prächtige Palais «zum goldenen Löwen» vor den Mauern der Stadt, das leider schon *vor* meiner Zeit aus der Familie kam – es wurde zuerst ein edles Gasthaus und dann 1803 Sitz der neugebildeten aargauischen Regierung. Mein Vater hat mir einmal in der oberen Vorhalle seines Urgrossvaters Porträtmedaillon in Stucco gezeigt. Im 18. Jahrhundert waren übrigens drei Rothpletz-Vettern Schultheissen der Stadt Aarau und der Name des «goldenen Löwen» weist hin auf das Wappentier der Familie. Vaters Grossvater, Johann Heinrich, war in hohem Ansehen als Obmann der Chorrichter, Ratsherr und Landmajor. Vaters Vater endlich, meinen Grossvater, habe ich noch erlebt: ich war sieben Jahre alt, als er starb. In seiner Jugend war er Schüler des bekannten Pfeffel-Instituts in Colmar, später der Carl-Ludwigs-Akademie in Stuttgart, war dann als junger Mann leidenschaftlicher Anhänger der Ideen der französischen Revolution und kam während der Helvetik als Finanzminister zu bedeutender Position, war 1803 Abgesandter zur Consulta nach Paris, wo ihm der grosse Napoleon einen zierlichen Degen schenkte[30] und ihn zum Mitglied der Regierungs-

Commission ernannte. Grossvater war zweifellos der eigentliche Gründer des Kantons Aargau, dem er später bis kurz vor seinem Tod als Regierungsrat diente. Meine Grossmutter Maria Catharina geborene Bürki habe ich nicht mehr gekannt, sie starb jung, schon dreizehn Jahre vor meiner Geburt. Dennoch hat mein Vater mir manches erzählt über die Familie seiner Mutter. Urgrossvater Johann Bürki war nämlich im alten Bern ein rechter Parvenu gewesen. Er hatte durch Alkohol-Destillation ein riesengrosses Vermögen angehäuft,

MARIA IDA ROTHPLETZ

war gerade noch vor dem Ende des alten Bern in den Rat gewählt und als Burger angenommen worden. Meine Grossmutter war die älteste, ihre drei jüngeren Schwestern halfen vornehmen Bern-Burgern «redorer leur blazon» während die Brüder sich als Kunstsammler und Mäzene profilierten. Die früheren Rothpletz-Frauen kamen aus der Aarauer Schultheissen-Familie Hunziker oder der Burgdorfer Stadtaristokratie Fankhauser, während meine Urgrossmutter geborene Senn aus dem Sennenhof in Zofingen meinem Vater half, meine Mutter zu finden, war doch auch letztere Enkelin einer Senn aus Zofingen, und somit seine Cousine dritten Grades.

Nun aber zu meiner Mutter, die ich nie gekannt habe; sie starb vier Wochen nach meiner Geburt, doch aus dem Erzählen ihres Vaters ist mir Mama so vertraut, als ob ich sie gekannt hätte. Sie war eine geborene Steiner aus Winterthur, ältere Tochter des hochangesehenen Arztes und Oberamtmanns Carl Emanuel Steiner, der mir während Jahren der liebste Verwandte war. Die Steiner sind ein uraltes Ratsgeschlecht der Stadt und hat solches manchen höchst originellen Bürger in seinen Reihen: So war der Urgrossvater von Grosspapa Oberamtmann ein so einmaliger Mann, dass man von ihm noch in meiner Jugendzeit erzählte, obwohl schon 150 Jahre seit seinem Tod vorbeigegangen waren. Er hiess Melchior, lebte im 17. Jahrhundert, erbte von seinem Vater und Grossvater einen gutgehenden Salzhandel, vermochte diesen dann zu einem Monopol so auszubauen, dass die ganze Schweiz, Süddeutschland und Österreich bis ins Tirol fest in seiner Hand waren. Doch der Zorn der Zürcher Regierung gegen diesen unabhängigen Grossunternehmer wartete auf die Gelegenheit, Steiner zu entmachten. Als er vorübergehend in geschäftlichen Schwierigkeiten war, trieb ihn die Zürcher Stadtregierung in Konkurs und zog Schloss Schwandegg und seine übrigen Güter an sich; Steiner ging «ausser Land», gründete im Toggenburg eine Gold- und Silberdrahtfabrik und brachte es zu neuem Wohlstand, starb schliesslich verfeindet und verbittert im Streit auch mit den Seinen – er hatte sich unter anderem standhaft geweigert, im Toggenburg aus Geschäftsvorteil katholisch zu werden – im «Spital» in Zürich. – Seine Nachkommen standen jedoch unangefochten in der Vaterstadt in hohem Ansehen, ja der Grossvater von Grosspapa Oberamtmann heiratete eine adlige Tochter der Breiten-Landenberg, jenes wichtigen Rittergeschlechts, zu dem der heldenhafte Frischhans gehört hatte, der im alten Zürichkrieg Schloss Greifensee gegen die Eidgenossen verteidigte und trotz zugesicherten freien Abzugs mit seinen Mannen auf der Blutmatte von Nänikon hingerichtet worden war. –

Aber nun zu meinem eigenen, geliebten Grossvater. Er war Arzt, war in Jena während seiner Studienjahre mit Schiller, Herder und Wieland bekannt, in späteren Jahren mit dem Arzt und Erweckungstheologen des Goethe-Kreises J. H. Jung-Stilling eng befreundet gewesen. Grossvater Oberamtmann war schon in jungen Jahren seines edlen Charakters und seiner grossen Geistesgaben wegen ein weitherum verehrter und beliebter Philanthrop. Er starb ein Jahr nach meiner Verheiratung, und ich habe so sehr um ihn geweint, dass mir daraus ein mehrjähriges Augenleiden erwuchs.

Mein Vater hat drei Jahre nach dem frühen Tod meiner Mutter wieder eine Winterthurerin aus Mamas Bekanntenkreis geheiratet. Solange er aber allein war, war ich als Kleinkind bei den Grosseltern Steiner. Als aus Vaters zweiter Ehe dann zwei Töchter und ein Sohn meine Halbgeschwister wurden, war ich vermehrt im väterlichen Haus in Aarau. Mein Vater war aargauischer Staatsschreiber, hatte seine Arbeit also im «goldenen Löwen», den sein Urgrossvater erbaut hatte, wohnte aber in einem behäbigen alten Haus an der Milchgasse beim Obertor. Im Militär bekleidete er den Rang eines Stabsmajors. Aber mein armer Vater hatte ein schweres Dasein, litt er doch unter überaus häufigen schwersten Kopfschmerzen, die man damals durch angesetzte Blutegel zu mildern suchte. Aber Vaters unglückliche Neigung zu Depressionen, verbunden mit den körperlichen Schmerzen, trieben ihn, als ich kaum sechzehn Jahre alt war, zum Suizid. Seine Frau kehrte mit ihren Kindern nach Winterthur zurück, während ich schon wenig später zur Ausbildung ins Ausland verbracht wurde. 1843 fand ich in Mannheim Aufnahme bei einer Tochter von Jung-Stilling, im gleichen Kreis, der 25 Jahre früher schon in Karlsruhe meine Mutter zur Ausbildung aufgenommen hatte. Anschliessend war ich in Kreuznach, um schliesslich 1844 in Vevey am Genfersee meine Kenntnisse des Französischen zu verbessern. Immer wieder durfte ich in das grossväterliche Haus «zur Hoffnung» an der Winterthurer Marktgasse zurückkommen, wo allerdings eine Grossmutter schon seit meiner Kindheit fehlte. Dank meines Grossvaters Fürsorge ging mir aber in meiner Erziehung und Ausbildung nichts ab, und treue Helferinnen im Haus brachten mir bei, was ein junges Frauenzimmer zur Führung eines gehobenen Hausstandes zu wissen brauchte. Grossvater tat auch viel für meine Bildung, ich wurde in Literatur und Kunst unterrichtet, wohl mit besonderem Gewicht auf deutsche Kultur, mehr denn als auf welsche oder englische, obschon ich in beiden Sprachen gut zu Hause war. Die Familien Ziegler und Sulzer (Familien meiner späteren Schwiegermutter) waren dagegen stark nach Frankreich orientiert, in der «Hoffnung» aber galt die deutsche Kultur am höchsten.

Als ich damals aus dem Ausland nach Winterthur zurückkehrte, gab es mehrere junge Männer, die nach mir Ausschau hielten. Ich war, was man hübsch nennen könnte, aber ich war eher schüchtern und durch den Umgang mit einem Grossvater vielleicht für jüngere Männer nicht die erste, die man suchte.

An der Marktgasse, schräg gegenüber der «Hoffnung», war das «Rothaus» der Familie Rieter. Der älteste Sohn lebte dem Vernehmen nach in Triest, aber der zweite Sohn, Adolph, war nach mehreren Jahren Ausbildung in Frankreich und England zurückgekehrt. Ich weiss nicht mehr, wo wir zwei uns begegneten – schnell gewannen sein lebhaftes Temperament und seine Gewandtheit meine Aufmerksamkeit. Adolph hatte ein ausgeprägtes Talent, Kontakt zu finden. Spontan, gutherzig und gutgläubig, gewann er mein Vertrauen und eroberte mein Herz, und da er eine Frau suchte, die über die Landesgrenzen hinaus empfand – hatte er doch einmal überlegt, eine englische Frau zu wählen –, fiel seine Wahl auf mich. Bei meinem Grossvater Steiner hielt er, in Ermangelung eines Vaters, um meine Hand an. Grossvater war sofort angetan von der Begeisterungsfähigkeit, der Weitgereistheit und so gewonnenen Reife wie auch von den hohen persönlichen und beruflichen Ambitionen des Bewerbers. Ich war glücklich, in dem starken Mann mit weichem, anhänglich-feinem Herzen einen selbstverständlichen Führungsanspruch zu verspüren, der mir Sicherheit in meinem elternlosen Dasein versprach. Am 9. September 1845 heirateten wir in dem Landkirchlein Dinhard im Norden von Winterthur, und dieser Tag sollte der Beginn einer besonders glücklichen Ehe sein, die nur durch den frühen Tod meines geliebten Mannes nach 37 Jahren ein vorzeitiges Ende fand. Adolph liebte und verwöhnte mich in höchstem Masse. Jeden Wunsch las er mir von den Lippen und alles, was *Vater* Rieter *seiner* Frau an Liebe zuwenig gezeigt hatte, vervielfachte der Sohn an mir. Schönste Toiletten, elegantestes Hauswesen, Pferde und Equipagen, Schmuck, Reisen,

Kuraufenthalte und ein gastfreies Haus. Alles vermochte Adolph mir in seiner Grosszügigkeit und dank seiner grossen geschäftlichen Erfolge zu geben. Unsere Hochzeitsreise brachte mich zum ersten Mal auf mehrere Wochen durch ganz Italien, Florenz, Rom, Neapel, Venedig und schliesslich Triest zu Adolphs Bruder Henri. Meine Liebe zu Dürer und anderen deutschen Künstlern blieb unangefochten, trotz der herrlichen Eindrücke in Italien – auch als wir 20 Jahre später noch einmal mehrere Wochen in Italien waren. Der Umgang mit meinem geistreichen Berliner Schwager Lipke, Mann meiner Halbschwester Caroline,[31] und mit meinem ebenso interessanten späteren Schwiegersohn Ernst v. d. Burg (der auch aus Norddeutschland stammt),[32] dann auch mit meinem Vetter Divisionär Rothpletz (dessen Mutter und Frau aus Deutschland kommen) haben meine Neigung zum deutschen Geistesleben, das ich schon von meinem Grossvater und meiner Jugend her hatte, bestärkt und wachgehalten. Ich stand damit in Winterthur und auch anfänglich in Zürich recht alleine, die ganzen Geschäftsherren huldigten dem «second Empire», bis es erlosch.

Jetzt, im Älterwerden, spüre ich, dass meines Vaters «schweres Blut» auch mir zu schaffen macht – so schliesse ich hier.

Der siebente Erzähler ist Mamas Grossvater auf Mutters Seite, den sie als Kind noch oft und gerne auf dem strengen Kontor an der Bärengasse in Zürich besucht hat; also der Vater von Berta Rieter geborene Bodmer, unserer geliebten Zürcher Grossmutter:

Henri Bodmer, eigentlich bin ich Johann Heinrich getauft, aber man nennt mich von Kindheit an immer einfach Henri, weil es so viele Heinriche gibt in unserer Familie. Mein Vater und mein Grossvater hiessen so, aber auch in anderen Zweigen der Familie gab es Vettern und Onkel dieses Namens. Die wurden oft «Heiri» genannt, so bin ich ganz froh, Henri zu sein, das ist auch die Form, die sich französisch und englisch verwenden lässt. Aber der «Heinrichstag», der 12. Juli, ist auch mir ein wichtiger Namenstag. Von alters her wird er bei uns gefeiert und immer werden an diesem Tag die ersten neuen Kartoffeln und die ersten jungen Bohnen aufgetischt. Man nannte das bei meinen Eltern einen «Hüürepeiss».

Ich bin am 7. Juni 1812 geboren im Haus zum «Windegg» am Fröschengraben.[33] Soviel ich weiss, ist das Haus im Jahr 1700 von meinem Ur-Ur-Ur-Grossvater gekauft worden. Er ist auch der Begründer unseres Seidengeschäfts. Viele andere Familien hier in Zürich sind uralt eingesessen oder aus der Umgebung zugewandert. Wir sind eigentlich Fremde, sogenannte Walser, das heisst ursprünglich aus dem Süden. In unserer Bürgerakte von 1543 heisst es, dass wir aus Alagna/Valsesia (Valle di Campo) kommen. Es gibt dort einen Weiler Bodmen, der von deutschsprachigen Walsern besiedelt war und uns wohl den Namen gegeben hat. So erklärt sich auch, dass wir als Protestanten nach dem wichtigen Handelsort der protestantischen Schweiz strebten. Bis 1700 waren wir Steinmetzen (zum Teil auch Tuchscherer) und unser Wappen ist nichts anderes als ein Steinmetzzeichen. Als Bub lehrte mich meine Mutter, dass man durch Verbinden der Arme des Zeichens ein Boot zeichnen könne, und sagte lachend, das sei aber nur, um sich das Zeichen besser zu merken, und habe mit unserem Namen nichts zu tun. –

HENRI BODMER

Meine Taufe war im St. Peter, wo wir kirchgenössig waren, wie überhaupt fast alle Vorfahren seit allem Anfang in der «minderen Stadt», das heisst links der Limmat, Wohnung und Gewerbe hatten.

Durch den Eintritt in die Seidenbranche gehörten wir, wie mehrere Familien dieses Stadtteils, nun zum internationalen Handel. Zürich war nach der Reformation recht eigentlich zu einer Seidenstadt geworden. Garne und Gewebe passierten, aus Italien, besonders aus Bergamo kommend, teils zur Verarbeitung, teils zur Fertigung, teils nur zur Durchleitung über Zürich nach den Niederlanden und dem Reich. Die Transportwege führten über den Julier zu Land und zu Wasser nach Zürich und weiter nach Basel und von dort den Rhein hinunter. Die grössten und ersten der Seidenherren waren die Muralt, Orelli und Werdmüller, alle auf unserer Stadtseite – der «Seidenhof» als markantester Zeuge unserer Branche. Auf der anderen Stadtseite erinnere ich mich nur der Beschtelutzen (Pestalozzi) und einiger kleiner Seidenherren. Die Zuzüger, im 16. Jahrhundert aus dem Süden kommend, hatten den Seidenhandel nach Zürich gebracht; die hiesigen Werdmüller aber, reich gewordene Müller, schalteten sich frühzeitig als Finanzierer ein und kamen so sogar an die Spitze der Seidenherren. Dass unsere Familie sich, südlichen Herkommens eingedenk, ab 1700 auch zu den Seidenherren gesellte, hat sich gelohnt. Die Firma Christoph Bodmer im «Windegg» fabrizierte im vorigen Jahrhundert herrliche Brochés in allen möglichen Mustern und Farben für Damentoiletten und Herrengilets. Sie liess diese von Heimwebern auf dem Land aus zugeliefertem Material weben und verkaufte sie teils an Ort, teils auf der grossen Messe in Frankfurt, zu der die Väter alljährlich zweimal fuhren. Der eigentliche Aufschwung der Familie kam, als mein Grossvater die Tochter von Martin Muralt-Muralt an der Sihl heiratete und dessen Firma zu Blüte und Ansehen brachte. «Hans Conrad Muralt & Söhne», von Grossvaters Vorgängern recht vernachlässigt, rangierte weit hinten in der Liste der Zürcher Seidenhäuser. Als Grossvater von 1787 an die Firma allein führte, begann aber ein steiler Aufstieg, und nach zwanzig Jahren stand die Firma an der Spitze von Zürichs Seidenhäusern.

Grossvater Bodmer-Muralt hatte ausser der schönen Tochter Regula (die Salomon Escher im Wollenhof heiratete) drei tüchtige Söhne: Direktor Daniel, meinen Onkel an der Sihl, Martin, meinen Onkel im «Windegg», und als jüngsten, fast zwanzig Jahre jünger als Regula, meinen Vater. Alle drei Brüder heirateten Jungfern aus der Familie Escher vom Glas und alle drei Brüder blieben dem Seidengeschäft treu. Während der älteste «Hans Conrad Muralt und Söhne an der Sihl», der zweite «Christoph Bodmer im Windegg» weiterführten, blieb mein Vater nach dem Tod seines Vaters mit zwei Fünfteln beteiligt an der «Sihl», wo ihm die Leitung der mit der «Sihl» fusionierten Tochter-Firma Hans Conrad Finsler übertragen war. Als meine viel älteren Vettern, die Söhne von Onkel Daniel, heranwuchsen, war es 1828 Zeit, dass mein Vater sich trennte und unter Mitnahme der Finsler-Firma auf eigene Rechnung diese in «Heinrich Bodmer zur Arch» umbenannte. Dieser Name war folgerichtig insofern, als mein Vater zehn Jahre früher die Ziegler-Gossweiler'schen Häuser «Arch» und «Weltkugel» an der Bärengasse erworben hatte.

Nun lasst mich hier, wo wir von der «Arch» sprechen, einiges einschieben, bevor ich von Vaters und meiner Firma weitererzähle.

Die Grosseltern an der Sihl habe ich nicht mehr gekannt. Grossmama starb lange vor meiner Eltern Heirat, weil eben Vater so viel jünger war als seine Geschwister. Die Tanten aber wussten statt der Grossmutter zu erzählen, dass über die Muralten wichtige Zürcher zu unseren Vorfahren gehörten. So soll der berühmte Ritter Rüdiger Manesse, der ums Jahr 1300 gelebt und die Sammlung ritterlicher Minnelieder angelegt hat, ein direkter Vorfahre von Grossmama gewesen sein. Johann Jakob Bodmer im oberen Schönenberg, der ja mit uns nicht verwandt ist, weil er ein sogenannter «Plettli-Bodmer» ist (seine Ahnen sind keine Walser, stammen aus dem Allgäu und haben im Wappen drei grüne Blättchen auf weissem Grund), eben dieser sehr berühmte Namensvetter, den auch Herr Goethe mehrmals besuchte, der hat die Manesse-Liedersammlung vor nicht ganz hundert Jahren als erster wieder ans Licht gebracht. Aber zwischen Grossmama und dem fernen Ritter sind zu nennen auch die mächtigen Röists, von denen einer zur Reformationszeit Bürgermeister von Zürich war. Dieser war dem Titel nach Kommandant der Schweizergarde des Papstes. Aber da er seines Amtes wegen nicht in Rom, sondern in Zürich sein musste, schickte er seinen Sohn als Stellvertreter – Lieutenant – nach Rom. Dieser und seine Zürcher Gardisten gingen in Rom vergessen, als Zürich 1525 von Staats wegen zum neuen Glauben wechselte. Erst Jahre später erinnerte man sich ihrer und schrieb dem «Lieutenanten», er solle schleunigst heimkommen, als Zürcher Protestant. Aus Rom aber kam die Antwort, der neue Glaube sei ihm recht, doch nur der Papst könne die Gardisten des geleisteten Eides entbinden, und wie da so hin und her geschrieben wurde, verging die Zeit und der protestantische Röist musste im Sacco di Roma sein Leben lassen für den Papst. Er ist bis heute der einzige Gardekommandant, der gefallen ist.[34] Wenn man uns Kindern an längeren Abenden im Winter solche Geschichten erzählte, hatte mein Vater zwar nicht viel übrig für unser Wiedererzählen, fügte höchstens murmelnd bei: «Si non e vero e ben trovato».

Nur eine sehr traurige und eindrückliche Geschichte war ihm wichtig, persönlich weiterzugeben: Als ich zu Ostern 1827 zur Communion, das heisst zum heiligen Abendmahl, im St.Peter zugelassen werden sollte, liess mein Vater mich eines Abends in sein Kontor kommen und, während ich sitzen musste, erzählte er – auf und ab gehend – sichtlich aufgewühlt eine uralte Sache aus unserer Familie: Die Mutter des ersten Bodmer im «Windegg», Gründer der Firma Christoph Bodmer, hiess Susanna Hess. Ihr Vater war ein einflussreicher Ratsherr jener Zeit. Als junges Mädchen von sechzehn Jahren versprach sich Susanna heimlich dem Pfarrvikar Johannes Süder zur Ehe. Am Sonntag zu Ostern 1632, wo der Verlobte am Abendmahl den Weinkelch zu kredenzen hatte, soll er dem geliebten Mädchen über den Kelch zugenickt haben. Das wurde beobachtet, der Vikar wurde verzeigt, im «Wellenberg» eingekerkert und am 26. Juni enthauptet, trotz der Proteste von Antistes Breitinger. – Als Vater geendet hatte, schwieg er, schaute mir lange in die Augen und sagte dann leise: «Dänk immer dra» – und dann schickte er mich hinauf. – Zehn Jahre blieb das Mädchen allein, bis schliesslich der um sieben Jahre jüngere Waise Heinrich Bodmer am Münsterhof um ihre Hand bat. Der Jüngste aber aus dieser Ehe, deren Anfang so überschattet gewesen war, wurde zum Begründer des Aufstiegs unserer Familie. – Dieses Ereignis aus unserer Vorgeschichte ist wohl das einzige, von dem ich mit Sicherheit erinnere, dass der Vater es mir ans Herz gelegt. Sonst gab es bei ihm nicht viele Worte ausser dem Geschäftlichen. Er war ein treuer Diener seines Berufs, aber Erzählen oder gar Musizieren oder sonstige Unterhaltung lagen ihm nicht. Was ich erzählt habe über unser Herkommen und über die früheren Vorfahren, das habe ich von den Tanten im Windegg und an der Sihl als Bub gehört.

Viel lebendiger waren aber Überlieferungen und Verbindungen mit meiner mütterlichen Familie, den Escher vom «Felsenhof» und der

«Schipf» in Herrliberg. Grossvater Escher, der Freihauptmann, hatte seine Tätigkeit auch in einem Seidengeschäft, nämlich der Escher'schen Kreppfabrik im «Seidenhof», ganz in der Nähe, beim Rennwegtor. Dieses Geschäft betrieb er zusammen mit seinem älteren Bruder und einem Vetter, aber zu meiner Zeit, das heisst nach 1812, war Grossvaters ganzes Interesse und Kapital schon in dem noch jungen Geschäft seines Sohnes, meines Onkels Caspar Escher, Mechanische Spinnerei Escher Wyss an der Limmat, genannt «Neumühle» (die inzwischen für Zürich so bedeutend geworden ist). Grossvater hatte einen etwa fünfzehn Jahre jüngeren Bruder aus Urgrossvater Eschers zweiter Ehe, das war der uns allen so besonders werte und sehr verehrte Hans Conrad Escher von der Linth. Als Schulbub war ich besonders stolz, dass er mein Götti, das heisst mein Taufpate, war. Wir alle waren glücklich, mit diesem berühmten Mitbürger so nahe verwandt zu sein. Grossvater «Freihauptmann» verstand sich sehr gut mit diesem Bruder, und Götti Conrad war viel in der «Schipf», wenn wir dort zu Besuch waren.

Leider starb mein Grossvater schon, als ich erst siebenjährig war, aber Grossmutter hat mir von ihm auch viel erzählt. Er war ein grosser, schöner Mann, war weit gereis, hatte in der Jugend Sizilien und Italien, Frankreich und Deutschland bereist, wohl in erster Linie seiner beruflichen Ausbildung wegen, aber daneben suchte er reichlich künstlerische Kontakte, kannte in Rom den Zürcher Maler Füssli (der sich in London Fuseli nannte), besuchte in Faney Herrn Voltaire und freute sich in späteren Jahren über den Besuch von Herrn Goethe in der «Schipf». Dieses schöne Landgut hatte Grossvater in jungen Jahren von seinem Vetter käuflich übernommen. Grossmama erzählte mir oft, mit welcher Freude sie sich ihres Einzugs in die «Schipf» erinnerte, war doch ihr *mütterlicher* Grossvater Werdmüller einst Vorbesitzer der Eschers gewesen. Sie erzählte überhaupt voll Stolz über ihre mütterlichen Werdmüller-Vorfahren, bei denen in zwei Stämmen Herren der «Schipf» erscheinen – auch der wilde General von der Au[35] war ein Vorfahr, von dem sie erzählte. Ihr *Vater* stammte aus der Bürgermeister-Dynastie der Landolt im «Felsenhof», und der lustige Landvogt Salomon,[36] von dem man so viel zu erzählen wusste, war ihr Vetter z'dritte Chinde, über den mochte sie viel lachen. –

Aber, obwohl Grossmama Freihauptmann, wie wir sie hie und da nannten, auf ihre eigene Abkunft so stolz war, kam die Escher-Familie ihres Mannes in ihren abendlichen Erzählungen nicht zu kurz. Die höchste Ehrerbietung galt dem «Pater patriae», dem Bürgermeister Heinrich Escher, der von seiner Frau Regula geborene Werdmüller zwölf erwachsene und gut verheiratete Söhne und Töchter hatte, von denen die halbe Stadt abstammt, wie auch ihr eigener Mann den Bürgermeister durch Vater und Mutter zum Urgrossvater hatte. Über dreissig Jahre war er

Bürgermeister gewesen, aber der besondere Stolz auf diesen Ahnherrn beruhte auf folgendem Ereignis: wegen eines Zehntenanspruchs Zürichs gegenüber dem französischen Stift Annecy (bei Genf) war Escher nach Paris auf Vorsprache delegiert, aber von Ludwig XIV. nicht angehört worden; vor seiner verärgerten Abreise überbrachte man ihm aber auftrags des Königs eine doppelte goldene Kette mit dessen Porträtmedaille. Escher jedoch wies das Geschenk zurück mit den Worten: «Da wir die Ehre nicht haben konnten, den grossen König und also das Urbild (der Medaille) selbst zu sehen, müssen wir uns auch die Abbildung desselben und jedes Geschenk verbitten!» Der Bericht über solch mutig-stolzes Wort ihres Bürgermeisters eilte dem Heimkehrenden voraus und als er den Toren der Heimatstadt entgegenritt, überraschten ihn die Bürger zu Pferd und zu Fuss mit einem wahrhaft triumphalen Willkomm.

Gingen wir als Kinder andererseits am schönen Waisenhaus über dem Limmatufer vorbei, mussten wir wissen, dass die Stadt diesen Bau Grossvater Eschers Onkel, dem Oberst im blauen Rock mit dem französischen Orden verdankte; den grössten Eindruck aber machte mir Grossmama Eschers Bericht über meines Paten Conrad Eschers (v. d. Linth) politische Haltung, die mir für mein ganzes Leben zum Vorbild geworden: als 1798 die Berner ein dringendes Hilfegesuch nach Zürich und über Zürich an die Innerschweizer Kantone richteten, um Zuzug im Kampf gegen die anmarschierende französische Revolutions-Armee, wurde im Rathaus pro und contra debattiert. Escher war vehement gegen Entsendung eines Zuzugs und bewies in beredten Worten, dass die Lage ohnehin längst hoffnungslos sei. Zu Ende der Diskussion unterlag jedoch Escher in der Abstimmung mit seinem Votum, und somit sollte der Berner Notruf ohne Verzug nach Stans zur Weiterleitung an die andern Kantone gebracht werden – aber keiner meldete sich in der gefährlichen Zeit, den Botendienst zu tun – keiner, ausser: dem Götti, der so sich als selbstloser Bürger und Patriot dem Entscheid der Mehrheit «durch die Tat» unterzog; in 24 Stunden lief er im Eilmarsch den Weg nach Stans und zurück. Als meine Mutter mir diese vorbildliche Tat des Onkels erzählte, schwor ich mir, mein Leben lang seiner würdig sein zu wollen.

Mamas Schwager, Mann ihrer älteren Schwester Regula, war «Onkel Hofrat», Johann Caspar Horner, der im «Fröschengraben» wohnte. Wenn am Sonntag Familientag war und wir bei ihm, oder im Felsenhof oder bei uns zusammenkamen, erzählte er mir von seiner interessanten Reise um die Welt, die er mit Herrn v. Krusenstern vor meiner Geburt im Auftrag des russischen Zaren gemacht hatte. Jetzt war er an unserem «Carolinum» Mathematikprofessor. Er war ein bedeutender Physiker und Astronom, war ein Vorkämpfer für die internationale Vereinheitlichung der Gewichte und Masse. Leider starb er kurz nach meiner Abreise nach Amerika, wohin er mir noch gute Ratschläge mitgegeben hatte.

Eine tägliche Erinnerung an den freien künstlerischen Geist von Mamas Familie bekamen wir, als Papa sich durch seinen Schwager Caspar Escher ein Sommerhaus bauen liess. Er hatte schon 1820 in der Enge das frühere Sommerhäuschen der Künstlergesellschaft mit Umschwung erworben, weiteres Land dazugekauft und dann eben nach Onkel Eschers Plänen ein klassizistisches Säulenhaus erbauen lassen. Onkel Escher, der berühmte Industriepionier des Textilmaschinenbaus, der mit Banquier Junker Salomon Wyss die Neumühle unter der Ragion Escher Wyss ins Leben rief und sehr erfolgreich leitete – hatte in der Jugend in Rom Architektur studiert. Seine Zürcher Bauten, das «Belvoir» in der Enge, die «Hauptwache» am Rathaus, das «Casino» am Hirschengraben und der «Schönenhof» an der Rämistrasse zeigen alle das gleiche edelausgewogene Formgefühl, wie der liebe «Freudenberg», nach dem ich in Amerika so oft Sehnsucht hatte, wenn schon dort zahlreiche Landhäuser der Oberschicht im Stil Eschers Bauten vergleichbar sind, aber alle nur als Holzbauten. Das Vorgängerhaus, das «Freudenbergli», oder, wie wir sagten, «de chlii Freudeberg», wurde an den Fuss des Rebhügels versetzt und dient als Sommerhaus für Kinder und Enkel der lieben Eltern.

Aber jetzt genug über die Vorväter, jetzt will ich von mir selbst erzählen. Mit vierzehn kam ich aus der Schule ins Kontor meines Vaters. Ich war der älteste, so war es selbstverständlich, dass ich seine rechte Hand und später vermutlich sein Nachfolger im Geschäft würde. Ich hatte kaum das Nötigste vom Kaufmännischen erlernt, war im Französischen und Englischen leidlich zu Hause, als in der Firma ein ganz grosser grundsätzlicher Wechsel eintrat. Mein Vater hatte, wie schon erzählt, 1828 – ich war sechzehn Jahre alt – unter der Ragion «Heinrich Bodmer zur Arch» Seidenstoff-Fabrikation und Rohseiden-Handel auf eigene Rechnung begonnen. Nun brachte einer seiner Mitarbeiter, Pierre Dufour aus Lyon gebürtig, eines Tages ein aus Holland stammendes kleines feinmaschiges Gewebemuster aus starkem Rohseidenfaden mit; es war in Dreherbindung so gewebt, dass sich je zwei Kettfäden nach jedem Schusseintrag verschlingen, wodurch kleine quadratische Öffnungen entstehen, die den Müllern das Sieben des Mehls dahin ermöglichen, dass die rundlichen Mehlkörnchen durchlaufen, die länglichen Kleieteile dagegen zurückbleiben. Dieses Sieben des Mehls wurde mit «Beuteln» bezeichnet, das Gewebe hiess Beuteltuch. Mein Vater erkannte die sich abzeichnende Möglichkeit einer Grossproduktion für das Müller-Gewerbe, erkannte aber auch sofort, was es bedeutete, mit einem *technischen* Gewebe aus der launischen Mode auszusteigen; aber er wollte der erste und Alleinige werden. Zum Weben mussten schwere Stühle in kühlen, feuchten Räumen gefunden werden. Im St. Gallischen und im Appenzell fanden sich geeignete ehemalige Leinen-Weber und innerhalb von vier Jahren war ein so sicheres Produktionspotential geschaffen, dass ich, aus Lyon zurückgerufen, von meinem Vater nach Amerika abgeordnet wurde, dort den Markt zu erobern. Ich packte meine Siebensachen, nahm Abschied und schiffte mich am 2. August 1834 auf dem Segler «Charlemagne» in Le Havre ein. Sturm, böser Sturm, brach unseren Mast, zerriss unsere Segel, aber wir landeten dennoch mit Glück im Hafen von New York am 3. September. Wohl hatte mein Vater beim Abschied gesagt, ich führe auf unbestimmte Zeit – aber dass es acht Jahre werden würden, das ahnte keiner von uns. Ich hatte gute Einführungen zu den Seidenhäusern in New York, und mit meinem Englisch war es auch nicht schlecht bestellt – damals sprach man allerdings noch in weiten Kreisen, besonders des europäischen Importhandels, deutsch –, ich machte meinen Weg. Schon bald konnte ich beträchtliche Orders nach Zürich schicken, Bodmers Beuteltuch machte schnell die Runde als beste Qualität, und nach drei Jahren gehörte der Markt mir und die Preise liessen eine beachtliche Marge. Da in der alten Welt die Erfolge ebenfalls so waren, dass «Heinrich Bodmer zur Arch» immer mehr sich der Spitze der Zürcher Handelshäuser näherte, ermächtigte mich mein Vater, die sich häufenden Gewinne in der neuesten Form anzulegen: den amerikanischen Eisenbahnen! «Heinrich Bodmer» war die erste Zürcher Firma, die über eine eigene Niederlassung in New York verfügte, und ich war glücklich in dieser neuen Welt. Als ein amerikanischer Freund mir riet, die amerikanische Staatsangehörigkeit zu erwerben, zögerte ich keinen Augenblick. 1837 starb in London mein Bruder Hans im blühenden Alter von 22 Jahren, und so blieb nur noch wenig Hoffnung, dass ich nicht mit meinem jüngeren Bruder, Albert, dem Vater als Geschäftsnachfolger in Zürich folgen würde. Mir aber hätte New York gefallen.

Mit Zürich hatte ich mit dem Vater natürlich regelmässige Geschäftskorrespondenz, mit Mama und den Schwestern schrieben wir uns über Persönliches. Jenny war inzwischen mit Oberst Eduard Ziegler im benachbarten Pelikan, Sohn des verehrten Generals, verheiratet und hatte schon mehrere Kinder. Louise schrieb mir, wer, wo mit wem versprochen sei, und ich spürte jedesmal, dass sie mich heimlocken wollte. Dann war ja auch bei meinen Eltern noch ein kleines Mädchen, ein «Nahewiseli», auf die Welt gekommen, das ich noch nicht einmal gesehen hatte.

1842, nach acht Jahren also, bedeutete mir Vater, er rechne mit meiner Heimkehr. Das Geschäft in New York müsse von meiner Anwesenheit unabhängig werden. So reiste ich zurück. Als ich ankam, war ich ein durchaus heiratsfähiger Dreissiger – meine Schwestern, Frau Ziegler an der Spitze, suchten mich für alle jungen Damen unseres Stadtteils zu interessieren. Die Escher und Werdmüller, die Muralt und Orelli – es war ja doch einfach üblich, dass man nicht «über die Grenze», respektive die Limmat, schaute, und ich lachte innerlich im Gedanken darüber, dass ich eine Amerikanerin hätte heimbringen können! Schliesslich holte mein Vetter vom «Felsenhof», Gustav Albert Escher, eine Engländerin, Mary Kennedy, zur Frau, und die Zürcher hatten sich damit abfinden müssen. Aber vorerst hatte ich keine Zeit auf Brautschau zu verlieren; es galt, genau wie in der neuen Welt, in Europa unser Beuteltuch-Monopol auszubauen und zu festigen. Die Produktion in Thal und Heiden musste vermehrt, feste Vertretungen in ganz Europa organisiert und besucht werden – denn wir waren nicht ohne Konkurrenz. Aber das Bodmer-Tuch blieb das beste.

Die Vettern von der Sihl scheuten sich derweil nicht, ihren Wohlstand zu zeigen. Martin baute sich ein stolzes Palais am Talacker, das er «Sihlgarten» nannte, wohl im Andenken an das Stammhaus seiner Firma, die Sihl lag keineswegs nahe bei seinem Haus. Heinrich baute sich ein Stadthaus an der Sihlporte und als Landhaus die prächtige «Seeburg» im äusseren Riesbach. Sie zeigten sich kunstfreudig wie der Onkel im «Windegg» und sammelten schönen Hausrat und schöne Bilder – die «Arch» war bescheiden neben den anderen – aber dafür stand unsere Firma in der Rangliste weit vorn.

An der letzten 1845er März-Redoute im Casino waren unsere Nachbarn Hirzel-Usteri vom «Neuenhof» am Paradeplatz mit einer wunderschönen Nichte gewesen. – Ein unverheirateter junger Onkel, es war Hermann Hirzel, den ich aus dem Seidengeschäft kannte – er gehörte zu «Conrad Pestaluz u. Söhne» – chaproniterte die Schöne. Ihm gegenüber deutete ich meine Neugier nach der jungen Demoiselle an und erfuhr, sie sei die Tochter seines Patrons und Schwagers, des verwitweten Direktor Pestaluz am Riesbacher Kreuz. Am andern Morgen ritt ich früh über die Münsterbrücke und Stadelhofen hinaus nach dem inneren Riesbach und schaute mir den schönen Landsitz an, wo das Mädchen von gestern abend wohnen sollte. Das Haus war prächtig und gepflegt, erinnerte in manchem an unseren «Freudenberg» – und von einem Gärtner erfuhr ich, dass es «Schönbühl» heisse. Aber die Schöne war nicht am Fenster. Von nun an ritt ich fast täglich hinüber und mein Kommen wurde beobachtet, ja, nach einiger Zeit hatte ich das Gefühl, ich war erwartet. Aber Mademoiselle Pestaluz war gut behütet von ihrer Grossmutter, der würdigen Ratsherrin Hirzel, die seit dem frühen Tod der Mutter das Haus führte. Der April war schon vorüber, im Mai war die Schöne in Basel, und meine Freunde aus der Seidenbranche wussten von einem dortigen Verehrer zu berichten, und im Juni bis in den Juli war ihr Vater in Paris an der internationalen Post-Konferenz – glücklicherweise vertrieb mir das Geschäft die Wartezeit. – Endlich war der Vater zurück. Endlich, am 4. August, fasste ich Mut und bat meine Angebetete um die Erlaubnis, sie zu besuchen. Gleichentags kam jedoch vom Vater Pestalozzi die Antwort, *er* werde mich anderntags um elf Uhr empfangen. Statt meiner ging nun aber von unserer Seite mein *Vater*, und ich sass derweil unruhig im Kontor, doch die Väter verstanden sich. Tags darauf schon kam Vater Pestalozzi zum Gegenbesuch in den «Freudenberg» und wieder am nächsten Abend ging ich zum Besuch in den «Schönbühl». Während ich dort war, brach über unser werdendes Glück schweres Leid, das eine Hochzeit auf Monate hinausschieben sollte: meine Schwester Louise, mit Heinrich Pestalozzi jung verheiratet, starb in Horgen an der Totgeburt eines ersten Kindes; während meines Besuches im «Schönbühl» kam die Nachricht. Wie tief beeindruckte dieses Leid zweier Liebenden uns, die wir im Begriff standen, uns fürs Leben zu vereinen! Am 20. Oktober 1845 erst erhielten wir in der neuen Kirche Riesbach, dem «Neumünster», den Segen der Kirche, Segen und Glückwünsche der Eltern, Geschwister und Freunde und standen so am Beginn einer herrlichen Ehe, so glücklich, dass ich Euch allerschnellstens das strahlende Wesen meiner geliebten Henriette schildern will:

Dieses Zürcher Mädchen ist so völlig anders als alle hier – es klingt zwar erstaunlich, aber sie ist so unkompliziert, so «patent», so sicher und klar, wie ich die jungen Damen der «neuen Welt» kennengelernt habe. Nicht dass man sie einfach eine Amerikanerin nennen könnte – nein, aber es ist wie ein frischer Wind, jedesmal wenn sie ins Zimmer kommt. Fröhlich, direkt, hie und da fast zu direkt, aber weil alles aus einem grossen Herzen kommt, kann man ihr nichts verübeln. Elegant, ohne dass ihr das Äusserliche zuviel bedeuten würde, ist sie doch innerlich so sicher, dass ihr die äussere Erscheinung geradezu selbstverständlich ist. So lebensbejahend ist sie, dass ich oft an ihr Stütze und Hilfe habe, wenn Enttäuschung und Ärger Schatten in mein Leben bringen. Wenn aber einmal Ärger in *ihren* Umkreis, Enttäuschung in *ihrem* Lebensweg sich zeigen, dann stampft und schimpft sie heraus, dass ich Mühe habe, nicht zu lachen. «Oh, du herrliche Henriette, ist es das italienische Blut deiner Vorväter, ist es die freie Luft deines Vaterhauses, was dich so einmalig, so beglückend, so erfrischend sein lässt?»

Die letzte in der Reihe, die temperamentvollste, Mamas mütterliche Grossmutter, von den Enkeln, dem Zeitgeist folgend aber auch ihrem Wesen gerecht, liebevoll «Granny» genannt, die jugendliche Mutter unserer frühverwitweten Grossmama Rieter – lassen wir sie erzählen:

Am 31. Juli 1825, einem Sonntag, gebar im Haus «zum Meerfräuli» an der Untern Zäune in Zürich Frau Sara geborene Hirzel ein zweites

Mädchen, ein gesundes Kind, das die Namen *Elisabeth Henriette Pestalozzi* an der Taufe in der Predigerkirche bekommen sollte. Das war ich. Natürlich hatte mein Vater auf einen Buben gehofft, war doch schon ein Mädchen, Sara Maria, drei Jahre vor mir zur Welt gekommen und Vaters älterer Bruder, Onkel Caspar – wir durften Unggle Chäpper sagen –, der hatte einen Sohn. Und nun starb auch noch mein Schwesterlein, ein Engelsgeschöpfchen, mit sechs Jahren, von uns innigst beweint. Schwer traf der Tod von Sarli die liebenden Eltern; ich selber habe sehr wenig Erinnerung mehr, sah nur immer das Bild von Sara mit dem Büsi auf den Knien, das mein Vater hatte malen lassen. So war es denn eine Riesenfreude, als Mama zwei Jahre nach Sarlis Tod einem neuen Schwesterchen, Marie, das Leben schenkte. Angesichts von Mamas zarter Gesundheit war es ein wahres Geschenk, dass ich noch ein Geschwister bekommen durfte, und ich sehe noch das schmucke Trachtenmädchen, das mit dem «Freudemaie» die Kunde von Maries Geburt in der Stadt verbreitete.

Aber eben, es war wieder ein Mädchen, und schon nach wenigen Jahren zeigte es sich, dass Marie ein stilles, feinfühliges, liebenswertes Wesen hatte, das besonders meinen Vater beglückte. Ich hatte eine «wildere» Veranlagung und suchte immer unbewusst den fehlenden Buben zu ersetzen. Ich neigte zu Streichen, musste oft von meinem Vater streng ermahnt werden, denn auch mit der kindlichen Wahrheit nahm ich es nicht zu genau. Ich hatte einfach mehr Temperament als andere Mädchen und fand eigentlich nur bei meiner mütterlichen Grossmutter volles Verständnis; sie hatte selber vier Buben allein erzogen, war ihrerseits zwar verwöhntes Einzelkind gewesen, hatte aber, in ihrem Leben auf sich selbst gestellt, sich bewähren müssen.

Mein Vater, Hans Conrad Pestaluz – man sagte damals Beschtelutz – und erst mit der neuen Zeit griff die Familie auf ihren angestammten italienischen Namen Pestalozzi zurück – mein geliebter Vater also, war ein vielseitiger und bedeutender Mann, der mir im Leben viel zu geben wusste. Er war stolz auf die vornehme Herkunft seiner Familie aus Chiavenna, zu deutsch Cleven, oder noch genauer ursprünglich aus Gravedona am Comersee südlich von Chiavenna. Dort gehörte sie zum ghibellinischen Adel und erscheint erstmals ums Jahr 1200. In den Kämpfen der Ghibellinen und Guelfen verzogen sich die Pestalozzis landeinwärts nach Chiavenna, dem Schlüsselpunkt (Chiave), Zugang zu den Pässen nach der Schweiz, dem Splügen, Septimer und Maloja. Ich durfte meinen Vater als junges Mädchen mehrmals auf seinen Geschäftsreisen nach Bergamo begleiten, wo ihm ein namhaftes Seidengeschäft gehörte. Auf solchen Reisen fuhr er hin und wieder über Chiavenna, wo er auch gerne übernachtete. Dann zeigte er mir voll Stolz die Häuser und Palazzi der Familie, erklärte mir, dass die Schlüssel links und rechts des Löwen in unserem Wappen die Schlüssel der Stadttore seien, die an die Bedeutung der Familie als Zollvögte erinnern. Prächtige Portale und Täferzimmer mit bekrönten Wappen gefielen uns besonders. Vater erzählte bei solchen Besuchen, dass sein Ur-Ur-Ur-Ur-Ur-Ur-Grossvater Anton als Dreizehnjähriger im Jahre 1550 nach Zürich zur kaufmännischen Ausbildung gekommen und dann hier geblieben sei. Er gehörte also – obwohl protestantischen Glaubens – nicht zu den fünf Jahre später nachgekommenen Glaubensflüchtlingen aus Locarno, den Orelli, Muralt und

ELISABETH HENRIETTE PESTALOZZI

Pebia (Bebie), aber sicher hat auch er den Zürcher Religionsfrieden den schwelenden Glaubensauseinandersetzungen seiner alten Heimat vorgezogen. Er heiratete bald – in dritter Ehe – eine Muralt, von der wir abstammen. Stammvater Anton etablierte sich im Hause zum «Brünneli» an der Froschaugasse, wo ich noch als Kind nach fast 300 Jahren ein- und ausgehen durfte, wohnte dort doch mein lieber, damals 90jähriger Urgrossvater, zu dem ich gerne vom «Meerfräuli» aus meine Eltern begleitete. Nach Urgrossvaters Tod wohnten seine Nachkommen schon seit langem in anderen Häusern, und niemand wollte in das dunkle Gässlein zügeln, so wurde damals das alte Haus verkauft.

Alle Vorfahren lebten vom Seidenhandel. Mein Vater hatte als jüngerer Sohn gehofft, eigene Wege gehen zu können. Er war ein sehr guter Maler, hatte schon früh sich autodidaktisch ausgebildet, besuchte Kunstausstellungen, interessierte sich auch sehr für Literatur und Musik und hätte gerne studiert. Als junger Mann war er zwar auf väterliche Weisung in Frankreich und in Italien, um die Sprache und die Grundkenntnisse des Seidengeschäftes zu erlernen, doch jede freie Minute nutzte er zu künstlerischen und geistigen Interessen. Alle Klassiker der Antike, aber auch die damals Neuen, besonders Schiller, daneben Chateaubriand, Montesquieu und andere, fesselten ihn und regten seinen Geist an. Eine enge Freundschaft band sein junges Herz an eine begabte italienische Malerin, Bianca Milesi, die ihn auch porträtierte; aber er wusste, dass seine Mutter eine Ehe mit einer katholischen Künstlerin zutiefst verletzen würde. – Papa und Bianca vermochten aber aus der Jugendliebe eine lebenslange Freundschaft edelster Prägung zu erhalten. Bianca besuchte uns, noch zu Lebzeiten von Mama, im «Schönbühl». –

Nach Zürich zurückgekehrt, den geliebten Eltern von neuem nahe, vertiefte Papa sich ins Seidengeschäft, um schliesslich – seinen älteren Bruder an kaufmännischem Können weit überragend – ganz in der väterlichen Firma aufzugehen.

Papa war ein gut aussehender, temperamentvoller Mann im besten Heiratsalter – den manche Mutter der grossen Stadt (das heisst des rechten Limmatufers) sich zum Eidam wünschte. An Soiréen und musikalischen Réunions im Stockar'schen Berg oder am nahegelegenen Neumarkt traf er die Schönen, bis sein Herz sich feurig der ältesten Tochter des Ratsherrn Hirzel «im Rech» zuwandte. In einem seidenen Atlastäschchen bewahre ich noch die Brautbriefe der Eltern in ehrfürchtigem Andenken. 1821 heirateten Conrad Pestalozzi und Sara Hirzel.

Bevor ich über die Eltern erzähle, noch einiges aus der Geschichte ihrer Eltern und Voreltern.

Über Papas Herkommen habe ich schon erzählt, ohne jedoch seinen guten Vater, meinen Grossvater, der noch meine Heirat und meinen ersten Sohn erlebte, zu erwähnen. Caspar Pestaluz im «Meerfräuli» hatte neben seinem Geschäft der Vaterstadt in öffentlichen Ämtern als Stadtrat und Oberrichter gedient. Er war mir ein vertrauter, liebenswerter und gemütlicher Grossvater im besten Sinne. Seine Frau, Grossmama Elisabeth, geborene Scheuchzer, war meinem Vater eine besonders nahestehende, geliebte und verehrte Mutter, deren Tod er lange beweinte. Ich habe Grossmama, von der ich meinen ersten Vornamen habe, nur als Kind erlebt; für uns aber wirkte sie als stille, immer sehr blasse Grossmutter, bei der wir Kinder uns sehr im Zaum halten mussten. Wir wussten, dass Grossmama sehr feiner Abkunft war, ja, Vater sagte einmal, ihr Stammbaum reiche bis zu Karl, dem Grossen Kaiser, den wir am Grossmünsterturm bestaunten – oh, wie oft haben wir versucht, pünktlich unter dem Turm zu stehen, weil es hiess, wenn der Kaiser die 11-Uhr-Glocken höre, werfe er uns Weggli hinunter. – Sehr beeindruckt hat mich auch als Kind Grossmamas Erzählung vom grossen Bergsturz am Rossberg 1806. Grossmama war damals in Arth am Zugersee in einem Gasthof in den Ferien gewesen. Am Mittag des Bergsturzes (2. September 1806) sei sie zum Spazieren gegen Goldau auf der Landstrasse gewesen, aber, der stechenden Sonne wegen, in den Gasthof zurückgewandert, um ihren Sonnenschirm zu holen. Dank dieses Umstands sei sie den donnernden Steinmassen nicht zum Opfer gefallen! – Wie oft habe ich in späteren Jahren dieser göttlichen Fügung gedenken müssen, wenn wir durch jene Gegend fuhren. – Bei den Grosseltern im «Meerfräuli», im unteren Stock, war es immer viel ernster als bei Grossmama im «Rech», wo die jungen Onkel um Grossmama Ratsherr für Betrieb sorgten.

Als ich zehn Jahre alt war, starb die Grossmama «Beschtelutz», und ich konnte kaum mehr schlafen, nachdem ich am Morgen den Vater mit der «Leidbitterin» gesehen hatte – in der Schule lernte ich dann, dass man sie das «Liichehuen» nenne!

Ganz anders war die Familie von Mama, da war alles Politik, und Politik hat mich von Kind an interessiert. Es fing schon damit an, dass Mama zum Beispiel erzählte, dass sie als Wickelkind 1798 in der Wiege gelegen habe, als die französische Revolutionsarmee in Zürich eingedrungen sei. Eine Soldatenfrau sei ins «Rech» gekommen und habe kurzerhand ihr Kind an Mamas Statt in die Wiege und Mama auf den Boden daneben gelegt. Bei solchem Erzählen aus der erniedrigenden Franzosenzeit ging Mama hie und da an ihren Nähtisch, nahm ihr «Emigrette», spielte damit und sagte leise

> *çaira,[37] çaira, çaira ça*
> *Gäld isch besser als Assignat*
> *Assignat isch Lumpegäld*
> *D'Patriote ziend is Fäld*
> *Ohni Strümpf und ohni Schue*
> *Laufed si dem Tüüfel zue*
>
> *çaira, çaira, çaira ça*
> *Gäld isch besser als Assignat*
> *Gäll Du, Muetter, s'isch kei Sünd*
> *Wänn mer çaira, çaira singt*
> *çaira, çaira mues mr singe*
> *Wänn me wott d'Franzose zwinge...*

dazu schnurrte das Rädchen im Takt auf und nieder. Und dann endete sie ihr Erzählen mit leichtem Triumph: Aber 1815, als Kaiser Franz von Österreich nach dem Sieg der Alliierten über Napoleon von Paris kommend in der «Krone» am Hirschengraben (dem heutigen «Rechberg») durch Landammann Jkr. Reinhard ein Konzert offeriert bekam, da habe *sie* als Siebzehnjährige eine «Klavierpièce» vorspielen dürfen.

Mamas Grossvater und Vater Hirzel hatten beide als Magistraten der Stadt Zürich gedient; der erste als Seckelmeister, der zweite als Ratsherr, beziehungsweise Staatsrat. Besonders der Erstgenannte wurde durch die Zeit nach der französischen Revolution schwer getroffen; Napoleon liess den Urgrossvater zusammen mit vier anderen Reaktionären auf der Festung Aarburg während vieler Monate internieren (glücklicherweise hatten sie dort einen guten Mundschenk, den von Napoleon beorderten Neuenburger «Aufpasser» de Luze, von dem wir später die guten Bordeauxweine bezogen). Aus jener Zeit stammt übrigens unsere Familienfreundschaft mit den Reding in Schwyz, da Landammann

Aloys zu den Mitgefangenen gehörte. Ich habe Grosspapa Seckelmeister nicht mehr gekannt, er starb als ich zwei Jahre alt war, glücklich und mit der Welt zufrieden, schien es doch, als sei die alte Zeit restauriert.

Grosspapa Ratsherr dagegen traf schon nach weiteren zwei Jahren ein tragisches Schicksal: Sehr intelligent und pflichtbewusst in seinen Ämtern, verlor er – ohne eigene Schuld – das grosse Vermögen seiner Frau in dem Finslerschen Bankkrach 1829, und da Grosspapa zu Schwermut neigte, verschwand er, wohl auch den politischen antikonservativen Wechsel von 1830 vorausahnend, an einem grauen Novembertag aus der Stadt und wurde erst nach zehn Tagen auf der Uetliberg Hochwacht tot aufgefunden. Zuerst hatte man vermutet, er habe sich ein Leid angetan, die Untersuchung aber ergab, dass er an Erschöpfung gestorben war. Ich war damals vier Jahre alt und brauchte lange, um zu verstehen, dass der Grossvater nie wieder kommen würde. «Grossmama Ratsherr», wie wir sie immer nannten, war eine frohgemute, tapfere, herrliche Frau. Als dieser schwere Schlag sie traf, war nur Mama verheiratet, für eine zweite ledige Tochter und vier ledige Söhne, der jüngste fast in meinem Alter, musste gesorgt werden. Glücklicherweise war damals mein erfolgreicher Vater schon in der Lage, die pekuniäre und menschliche Hilfe für die ins Leid gestürzte Familie seiner Frau zu übernehmen. Auch Urgrossmama Ott, Grossmama Ratsherrs Mutter, hatte einen Teil des grossen Ott'schen Vermögens gerettet und zog nun ins «Rech», um den dortigen Haushalt mitzufinanzieren. Ich habe sie noch gut in Erinnerung, war ich doch zwölf Jahre alt, als sie starb. Meine Mama war ihre Lieblingsenkelin, hatte auch von ihr den schönen Vornamen Sara bekommen. Ich war stolz auf diese Grossmama, die als junge Frau eine grosse Schönheit gewesen war, deren Porträt bei uns hing. Sie war die älteste Tochter gewesen von Heinrich Kilchsperger, Lavaters Freund und letztem Bürgermeister des Ancien régime. Er und sein Amtskollege Junker David Wyss d. Ä. trugen die Verantwortung für die Auseinandersetzung mit der von den Stäfnern angeführten aufrührerischen Landbevölkerung. Von Grosspapa Bürgermeister hörte ich immer, dass er der einlenkende, christlich und mitmenschlich denkende Magistrat gewesen war; er war ja auch als Sohn eines Pfarrers von Stäfa dazu geboren. – Über seine Frau, sagte man mir, gehe von mir bis weit zurück die sogenannte «Mutterlinie» und ende von Mutter zu Mutter mit einer Ulmer Patrizierin um 1400.

Doch jetzt genug von den Alten, jetzt will ich von mir und meiner Jugend erzählen. Ich hatte ein herrliches Elternhaus, lebendig durch die vielen interessanten Menschen, mit denen mein «moderner» Vater Umgang hatte. Wie ich schon oben schilderte, war Papa musisch veranlagt, wozu ihn auch Mama ständig anregte. Mama sang sehr schön, spielte sehr gut Klavier und ging mit meinem Vater, solange es ihr die Gesundheit erlaubte, oft ins Konzert und Theater. – Papa war leidenschaftlicher Freimaurer, hatte viele Freunde aus anderen alten Familien, die wie er «den Staub der Jahrhunderte» mieden, wie er noch im «Baugarten» florierte, wo sich die Feinde der neuen Zeit trafen. Papas starker christlicher Glaube und die menschenverpflichtenden Ideale der Maurer ergänzten sich zu einem harmonischen Eifer und Feuer, voll Pflichtgefühl gegenüber dem Nächsten. Auf allen Gebieten diente Vater als Initiant, sei es der Künstlergesellschaft, der Bank in Zürich, der Eisenbahn, dem Postwesen oder dem Industrieverein, sowie andern neuzeitlichen Institutionen, zuletzt noch dem Krankenasyl Neumünster. Daneben war er einer der erfolgreichen Seidenherren seiner Zeit.

Ich kam mit sieben Jahren in die Töchterschule im «Napf» und freute mich besonders über meine Kamerädlein, sie bedeuteten mir mehr als das Rechnen und Schreiben, aber immer wieder ermahnte mich mein Vater, Hand- und Schularbeiten gewissenhaft zu erfüllen. Musik ja, dazu hatte ich Lust und spürte Mamas Blut in meinen Adern. Aber Papa war sehr genau, und wenn ich trotzte, gab er nicht nach.

Als ich zwölf Jahre alt war, durfte ich zum Beispiel Grosspapa P., Mama und Grossmama Ratsherr zum ersten Mal ins Appenzellerland nach Stein begleiten, wo die Grossen zur Molkenkur gingen. Papa, der oft und gut dichtete, machte mir ein Verslein für die Reise, das ich seither in meiner kleinen Bibel aufbewahre. Papas liebevolle Erziehung kommt so gut zum Ausdruck in diesen Zeilen:

an m. l. Tochter Henriette

Willst Du als Tochter wohl behandelt sein
Betrag als Tochter sittsam Dich und fein
Sey nicht im Ton, Gebärd' noch kleines Kind
Mach nicht ob jeder Lehre einen Grind;
Vertragsam sey und folgsam, wie's geziemt
Nicht gleich ob jeder Kleinigkeit verstimmt
Nimm Dich zusammen, wenn ein Schmerzlein naht
Der Schmerz enthält oft reiche Freudensaat,
Blick auf Erwachsene, auf die Mutter gern
Sie werde Morgen- Dir und Abendstern
und lern auch gerne, Kenntnis sammle ein,
Dann sollst als Tochter *Du behandelt seyn!*

Zwölf Jahre war ich alt, und nun sollte ich nicht mehr das fröhliche Jettchen sein?! Sollte «Tochter» sein?! Als ich den Vers der Grossmama Ratsherr in Stein heimlich vorlas, lachte sie und tröstete mich – aber beeindruckt blieb ich doch.

Vater blieb derweil in Zürich, denn das neue Haus vor den Stadttoren verlangte seine Präsenz. Schon seit zwei Jahren baute der Baumeister

Stadler unter Papas Anleitung dicht unter dem «Kreuzbühl» ein geräumiges elegantes Haus, dem Papa den Namen «Schönbühl» gab. Auf seinen vielen Reisen nach Italien hatte er den Stil der oberitalienischen Villen von Palladio schätzen gelernt und in dieser Art etwa wollte er sein Haus auf der leichten Anhöhe nahe beim alten Kreuzkirchlein entstehen sehen. Noch fehlte manches und noch fehlen die neuen Möbel aus Paris, aber bis zum kommenden Frühjahr sollte alles soweit sein. Und wirklich, am 5. April 1838 zogen wir hinaus – mein Herz jubelte über den grossen Garten mit den vielen Wegen, den jungen Bäumen, dem Springbrunnen im unteren Garten und den herrlichen Gemüsebeeten dahinter. Da war mir der längere Schulweg kein Kummer, und auf dem Heimweg rannte ich mehr, als ich lief – nur ein Kummer war, dass die liebe, liebe Grossmama Ratsherr im «Rech» halt nicht mehr grad um die Ecke lebte. – Das schöne Haus gefiel mir ganz besonders – jetzt machten auch wir «e Gattig» und nicht nur die Seidenherren in Basel, in Como und Bergamo. Überall war mehr Pracht als im puritanischen Zürich – aber der «Schönbühl», *der* war jetzt eine Ausnahme.

Papa machte viele Wanderungen mit uns, er ging gerne auch mit seinen Freunden aus der Stadt, und oft wanderten sie weit, bis nach Uster oder sogar Wädenswil zu den Verwandten im Schloss – regelmässig auch nach Veltheim bei Winterthur, wo Mamas Schwester Henriette – meine Gotte – als Pfarrfrau wohnte. Ihr Mann hiess auch Hirzel, er war aber nur weit verwandt mit Mama. Tante Pfarrer machte eine berühmt gute Torte, die bei uns weiterlebt als «Pfarrhaustorte»; apropos, Tante Pfarrer hatte zum zweiten Namen das für Zürich ganz ungewohnte katholische Aloysia, zu Ehren von Landammann Aloys von Reding, Grosspapa Seckelmeisters Freund, wie ich schon erzählte. – Noch eine lustige Erinnerung: so zart und «pring» unsere liebe Mama war, so stattlich wurde Tante Pfarrer, *so* stattlich, dass wenn sie nach Zürich fuhr, sie nicht ausstieg, sondern meist im Wagen sitzend die Besuchten zu sich in den Wagen bat.

Ja, die Gesundheit der armen Mama. Trotz der guten Pflege durch unsere treue Josephine, trotz ständiger Kontrollen durch die Ärzte, besonders Mamas Vetter Dr. Rahn-Escher – ich sah auf Papas Gesicht die grosse Sorge um Mama. Ich war noch zu jung, als dass mit mir viel gesprochen wurde, aber ich spürte, dass ein unheilbares Leiden unser Glück im «Schönbühl» überschattete. In meinem letzten Schuljahr im Sommer 1840 reiste ich mit Mama auf mehrere Wochen nach Bad Kreuznach am Rhein. So schön es dort war, und so gut der Aufenthalt Mama auch Linderung brachte, die erhoffte Heilung blieb aus. Als ich zu Weihnachten aus der Schule kam, beschlossen die Eltern, mich auf ein Jahr in das Herrenhuter Töchter-Pensionat Montmirail bei Neuchâtel zu geben – eine Zeit, an die ich mein Leben lang voll Freude und Dank zurückdenke. Aber als ich heimkam, war Mamas Krankheit weiter fortgeschritten. Grossmama Ratsherr war inzwischen zu uns gezogen, um Papa und Josephine in der Pflege zu helfen – ich war froh, andern Mamas Pflege überlassen zu können, denn mich zog es hinaus, ich war voll Lebensfreude, war dankbar, wenn ich zu Freunden nach Basel durfte, lernte englische und deutsche Literatur und durfte auf meine ersten Bälle gehen. Ich merkte, dass junge Herren auf mich achteten und mir den Hof machten – aber ich wusste selber, dass ich noch zu jung war. Als ich achtzehn war, erlosch schliesslich Mamas Lebenslicht still und ohne Klage. Mama war klar geblieben bis zum Tod – sie hatte noch dem Vater ans Herz gelegt, bald wieder zu heiraten, hatte ihm sogar diesbezüglich Vorschläge gemacht, hatte von uns allen gefasst Abschied genommen. Vaters Leid war unermesslich – und ich war schlechte Trösterin, am besten war die gefasste Ruhe und Kraft von Grossmama Ratsherr, die uns allen half, und meine kleine Schwester Marie[38] schlang ihre Ärmchen um Papas Hals. – Mit Grossmama waren ins Haus gezogen die ledigen Brüder von Mama, Onkel Chäpper (Caspar), Hermann und Louis. Während die ersten beiden bei Papa im Seidengeschäft waren, war Louis, der fast mein Alter hatte, noch in Lyon in der Ausbildung. Die jungen Onkel führten mich nach dem Trauerjahr aus. Zwar hatte in Basel ein junger B. bei meinem Vater schon beinahe um meine Hand angehalten, aber ich wollte nicht von Zürich fort, so gern ich Vaters Basler Seidenfreunde im Ramsteiner- und Hohenfirsten-Hof hatte. Endlich, im Frühjahr 1845, auf der letzten Redoute, begegneten sich mein Blick und der Blick dessen, der acht Monate später mein über alles geliebter Mann Henri Bodmer werden sollte.

Sein klares, lauteres Wesen, seine grosse Güte, seine Herzlichkeit stehen in einem eigenartigen Kontrast zur Strenge seines vom Vater geprägten Elternhauses. Fein, sensibel, musisch, oft sogar fast romantisch im Wesen, ist ihm die nüchtern-geschäftliche Welt des Vaters Pflicht und Alltag – aber die Sonntage bei den Nächsten im «Schönbühl», im «Felsenhof» und «Pelikan» bedeuten ihm mehr – er liebt die Harmonie des Umgangs mit Gleichgesinnten, denen er grosses Zutrauen entgegenbringt und sich der Mitmenschlichkeit erfreut. Die Freiheit, die er in Amerika so sehr geliebt und nur ungern dem Willen des Vaters geopfert, hat ihm wohl am besten zugesagt. Aber seine Güte weist ihm klar den Weg in den Fussstapfen des Vaters. Ich frage mich oft, ob er sein Wesen vom Grossvater Escher, dem «Freihauptmann», ererbt – seine Mutter meint, Ähnlichkeiten zwischen Henri und ihrem Vater zu erkennen, während ja Henris Schwester Jenny Ziegler im «Pelikan»[39] viel Bodmerischer ist als er. Was ist es für mich ein Glück, neben diesem kultivierten und edlen Manne durchs Leben gehen zu dürfen.

Epilog
Nun haben sie alle ihr Leben und Herkommen erzählt – was soll's? Ich habe versucht, Lebensbilder nebeneinander zu stellen, Zeitbilder aus verschiedenen Stätten und verschiedenen Ständen. Und dennoch sind sie voneinander im Grunde nur wenig verschieden. Es waren glückliche Ehen und glückliche Elternhäuser, weil alle darnach strebten, glücklich zu machen, um glücklich zu sein. So ist in aller Verschiedenheit viel Gemeinsames in diesen acht Lebenswegen, und meine Geschwister und ich tragen in uns das Erbe der Alten, der eine mehr vom einen, der andere mehr vom anderen – aber es erfüllt uns alle Dankbarkeit und Verpflichtung, weiterzugeben, was wir bekommen. Das Niedergeschriebene aber möge den nach uns Kommenden zeigen, wie reich das Leben war und noch immer sein kann, dem der versteht, es zu nützen. Und sicher gilt für uns wie für die Alten, dass

> *Der hat am besten gelebt sein Leben,*
> *Der andern am meisten Freude gegeben.*

Anmerkungen
Wo JW steht, sind diese vom Aufzeichner. Die Nummern 17–19 sind Anmerkungen des betreffenden Erzählers.

1 JW: Grosse Glocke von 1512 in der Kirche La Sagne; ein Kreuz auf vierstufigem Sockel mit Weinranken überwachsen auf der Vorderseite mit umlaufendem Schriftband in gotischen Lettern: I. H. S. MARIA MILCCCC ET XII SANCTA KATHERINA PATRONA NOSTRA SANCTA ANNA ORA PRO NOBIS SANCTA NICOLAE SANCTA BARBARA. JEHAN VUILLE. A. P. G. D. P. D. C. (Amen pax gratia a Deo per Dominum Christum; Jehan vermutlich latinisiert für Jeannin).

2 JW: Bekanntlich war nach dem Tod der Duchesse de Nemours (Juni 1707) die direkte Erbfolge erloschen. Nach fünfmonatigen Verhandlungen wählte das Tribunal der Stände aus den verschiedenen Oranien-versippten Prätendenten den König von Preussen zum Fürsten von Neuenburg, weil er: Protestant, am weitesten weg und der Höchstbietende war! 1734 jedoch tauchte ein bankrotter französischer Marquis Louis de Nesle an der Grenze bei La Brévine auf, um seinerseits Hoheitsansprüche geltend zu machen, wurde aber schon nach wenigen Tagen wieder aus dem Land vertrieben. Einer seiner lokalen Sympathisanten, Major Théodore Montandon von La Brévine, wurde vom König zwar zur Rechenschaft gezogen, aber schon im Herbst 1734 begnadigt und in vollen Ehren belassen. Im Juli 1735 sollte in La Sagne das dortige Milizbataillon zu 3 Companien zur alljährlichen Inspektion antreten; vorgesehen war, dass die Inspektion durch den soeben beförderten Major Olivier-Jean Petit-Matile von La Sagne durchgeführt würde – aber zu aller Überraschung tauchte besagter Major Montandon als beauftragter Inspektor auf. Die Sagnarden aber weigerten sich, dem «Verräter-Major» zu gehorchen, meuterten, schossen und verletzten schliesslich den fliehenden Montandon so, dass er wenige Monate später starb. Die Untersuchung zog sich bis ins Jahr 1736 hin, unter anderen wurde Jean Jacques Vuille arrestiert, le régent d'école Isaac Vuille sollte nach Valangin ins Gefängnis wegen aufrührerischer Reden und Handlungen.

3 JW: Das zufällige, über François' *Mutter* gewordene Zusammenkommen der geadelten hessischen Familie Wille *deutscher* Herkunft – zu deren bürgerlichem Zweig der berühmte Kupferstecher Ludwigs XV., Johann Georg Wille, gehörte – mit unserer Familie hat auf unsere definitive deutsche Schreibweise wie auch auf zeitweilige Adelsprätentionen Einfluss gehabt; es gibt im Archiv Mariafeld ein Notizbuch von François' Vater mit dem Besitzvermerk «Jacques-Arnold de Wuille».

4 JW: Jakob Wille war später Geheimrat und Oberbibliothekar zu Heidelberg, beteiligt 1888 an der Rückführung der «Manessischen Liederhandschrift», die durch Ludwig XIV. 1688 als Kriegsbeute nach Paris verbracht worden war; Jakob Willes Nachkommen Gunzert und Wille halten noch mit uns Verbindung.

5 JW: Als Wille 1863 den nunmehrigen preussischen Minister und späteren Reichskanzler besuchte, stellte dieser W. seiner Frau vor mit den Worten: «Johanna, als ich diesen Herrn vor 30 Jahren zum letzten Mal sah, hatte er sich gerade dreimal durch den Leib stechen lassen.»

6 JW: Heinrich Heine, «Wintermärchen», Caput XXIII/4;
«Da war der Wille, dessen Gesicht
Ein Stammbuch, worin mit Hieben
Die akademischen Feinde sich
Recht leserlich eingeschrieben.»

7	JW: H.v.F. «Mein Leben», Hannover 1863, Bd. 3, Seite 223.
8	JW: siehe C.F. Meyer, Gesamtausgabe BD. 15, S. 765, Benteli 1985, es kam nie zur Ausführung dieser auch im Briefwechsel C.F.M./F.W. erwähnten Biographie. Eliza Wille hat in ihrem Roman «Johannes Olaf» 1872 ihres Mannes Wesen skizziert, hat 1887 in ihren «Erinnerungen an Richard Wagner» manches über François' Leben berichtet. Ferner schildert Adolf Frey in seiner Biographie von C.F. Meyer in der «Tafelrunde von Mariafeld» François Willes Wesen und Kreis. Noch mehr ist in Carl Helblings «Mariafeld» 1951 in anschaulichster Weise festgehalten.
9	JW: Von ihm stammte Mary Lavater-Sloman. – Die Reederei Robt. M. Sloman feierte 1993 ihr 200jähriges Bestehen. Sie wird heute geleitet von Nachkommen von Diana Edye und Nachkommen von Robert Miles jr. unter den Namen Edye bzw. Reincke.
10	JW: «Gedanken über die Frage: Was sind wir Menschen? Was wissen wir?» Altona/Tönning, 1818.
11	JW: Heute «Commercial», von Slomans 1791 erworben; 1830, beim Ankauf von Baumwall 1–3, verkauft.
12	JW: Eliza in «Fünfzehn Briefe von Richard Wagner», 4. Auflage, Zürich 1983, S. 51: «ich meinte, dieses wäre zu gering für ihn».
13	JW: Als Landwirt siedelte er sich 1874 am Untersee in Rickelshausen bei Radolfzell an; seine Nachkommen v. Bothmer, Ahlers und Brandi sind uns liebe Vettern.
14	JW: August Friedrich (1695–1742) war der Urgrossvater des Fürsten & Reichskanzlers Otto v. Bismarck.
15	JW: Carl Ludwig Senff, geboren 13. Dezember 1715, Aufzeichnung 1748/1772.
16	JW: Am 7. Mai 1807 fand in Frankfurt die Heirat statt.
17	Im März 1824 schrieb ich zum Beispiel im «Stuttgarter Morgenblatt» begeistert über die Schauspielerin Caroline Bauer, die jetzt als Gräfin Plater in der Schweiz lebt – oder ein anderes Beispiel: nicht von ungefähr bekam ich von Auguste Thüngen den Übernamen «der Kussonkel».
18	Das grosse Porträt, das Maler Stirnbrand 1818 von mir malte, zeigt mich in einer Ritter-Rüstung. Wir wohnten in jenem Sommer mit der Markgräfin Christiane Luise, Augustens Schwester, im Schloss Eberstein bei Baden-Baden, wo solche Rüstungen im Waffensaal standen. Mein Gedanke war, ein Bild zu bekommen, frei von wechselnden Uniform-Moden. Als ich das fertige Bild vor mir sah, zeigte meine Heldenbrust so viel freien Platz, dass ich im Lauf der Jahre alle später erhaltenen Orden heimlich nachsetzen liess! – Solche Scherze machten mir oft Feinde – der selber eitle Varnhagen van Ense in Berlin soll böse über mich gelästert, mich «einen eitlen Schönling» genannt haben, «der den Weibern gefiel». – All das findet sich natürlich nicht in meinen gedruckten «Aufzeichnungen», auch nicht in dem Buch meiner Nichte Dalberg-Mülmann über die Prinzessin – nur hier kann ich frei heraus alles erzählen.
19	Maria Feodora, Freifrau von Dalberg geb. Freiin v. Mülmann (Tochter meiner jüngsten Schwester) «Aus dem Leben einer deutschen Fürstin», Carlsruhe 1847 bei Nöldeke erschienen. / Zu meinen «Aufzeichnungen», die auch 1847 bei Nöldeke erschienen, habe ich noch einen zweiten Teil verfasst, den meine Nachkommen veröffentlichen können.

Nach dem Erscheinen beider Bücher fanden diese im Oktober und Dezember 1847 im fernen Hamburg in den dortigen «Literarischen und kritischen Blättern» eines mir gänzlich unbekannten Dr. François Arnold Wille ausführlichste und schmeichelhafteste Besprechung.

20 JW: Fritz diente im Sezessionskrieg als Oberst bei den Truppen der Nordstaaten mit Auszeichnung.

21 JW: Das graphologische Gutachten Bismarck trifft auffallend auf unseren lieben Vater, Ulrich Wille Sohn (1877–1959), zu.

22 JW: Ein auch verwendeter Firmenname sagt mehr aus: «Gebrüder Grüter und Rieter, Cattun- & Chaconatdruckerei in Islikon, nebst Rotfärberei in Frauenfeld, Bureau zum Rothen Haus in Winterthur, 99 am Markt» – der Greuterhof in Islikon ist heute noch ein sehenswerter Bau, während das «Rothaus» leider 1905 einem Neubau weichen musste.

23 JW: Noch heute steht der schöne klassizistische Stein, restauriert dank Verena Heck-Rieter.

24 JW: Die heutige Schweizerische Bankgesellschaft.

25 JW: Emma Rieter heiratete nicht den Sohn von Garibaldi, sondern den Pfarrer Johannes Gujer von Wermatswil, deren Sohn Samuel als Kunstgeschichtler einige Berühmtheit erlangte; seine und seiner Schwester Hanna Schaetti Nachkommen sind uns liebe Vettern.

26 JW: Eines dieser Töchterlein wurde Tante Jenny Meÿer-Rieter, Grossmutter unserer Vettern v. Planta.

27 JW: Bei Urgrossvater Rieters Tod 1882 hatte die «Süddeutsche Baumwoll-Industrie» (wie sie nunmehr hiess) 884 Webstühle und 57 372 Spindeln, 300 Arbeitstage pro Jahr, tägliche Arbeitszeit 12 Stunden, Stundenlohn 13,5 Pfennige.

28 JW: Onkel Fritz Rieter-Wieland errichtete seinerseits 1969 eine Rieter-Stiftung zu Gunsten der Arbeiter in Kuchen.

29 JW: Der Zürcher Oberländer Spinnerkönig Heinrich Kunz, 1793–1859, hinterliess seinen Schwestern, beziehungsweise deren Nachkommen, ein für damalige Verhältnisse enormes Vermögen. Er hatte in der Ostschweiz 2000 Arbeiter an 150 000 Spindeln beschäftigt.

30 JW: Dieser Degen vererbte sich an Frau Fauler-Rothpletz in Freiburg i. Br., wurde dort 1945 von französischen Besatzungssoldaten beschlagnahmt, im Weggehen aber zerbrochen in den Garten geworfen – der Stummel ist in «Mariafeld» – Ironie der Weltgeschichte!

31 JW: Mutter und Grossmutter der Verwandten v. Tirpitz und v. Hassell.

32 JW: Vater, Gross- beziehungsweise Urgrossvater der Eulenburg und Heisenberg.

33 JW: Da, wo heute der «Leuenhof» (Grieder) steht.

34 JW: So von Onkel Fritz Rieter aus der Überlieferung erzählt; die katholische Geschichtsschreibung und auch andere sagen, Röist sei bei seinem Tod noch immer Katholik gewesen.

35 JW: Siehe Conrad Ferdinand Meyer: «Der Schuss von der Kanzel».

36 JW: Siehe Gottfried Keller: «Der Landvogt von Greifensee».

37 JW: çaira = ça ira, «Emigrette» = heutiges Jo-Jo, damals das Spiel der emigrierten französischen Aristokraten.

38 JW: Marie Pestalozzi heiratete 1850 Edmond Bourgeois von Corcelettes (VD) und wurde zur Ahnfrau der de Bros und de Stoutz.

39 JW: Ur-Ur-Grossmutter der Burkhard, Ryffel und Largiader.

Herkommen

70 Jahre Neugier und Recherche

W. W. W. W. W. W.   *Weile, Wanderer, wisse, wer wir waren*

Grabplatte Jkr. Hans Meiss
1628 Kirche Rorbas
s. Nr. 869/986

Die Lebensdaten sind nach Möglichkeit den Kirchenbüchern entnommen; für Geburt ist entweder das wirkliche Geburtsdatum oder ein Taufeintrag, bei Heiraten mitunter der Verkündtag, beim Tod, wo das Datum fehlt, da und dort das Begräbnis- oder Abkünddatum eingesetzt. Der Einfachheit halber ist aber auf die Angabe von Kirchgemeinde oder eben Präzisierung der Einträge verzichtet worden.

Proband, Nachkommen, Geschwister

1. WILLE, Sigismund Conrad Ulrich *Jürg*
   * Zürich 17.2.1916, Dr. iur. 1939, Instruktionsoffizier 1939–1949, zuletzt Hauptmann im Generalstab; Textil-Ingenieur 1949–1969 i. Fa. Robt. Schwarzenbach, Thalwil, Quito, Weil a/Rhein; 1969–1986 Gründer und Generaldirektor des Auktionshauses Sotheby's-Schweiz, 1986–1996 Ehrenpräsident, Bürger von La Sagne (Neuchâtel), Zürich und Meilen, Erbe von «Mariafeld»
   ∞ Meilen 14.9.1950 mit GULDEN, *Christine* Ellinor Leontine, * Mannheim 8.5.1930, Malerin, Absolventin der Malakademien Mannheim und Quito, Studentin der Textilingenieurschule Krefeld, Abt. Stoffmusterentwurf, Tochter des Heinz-Edgar Gulden, Textilindustrieller in Mannheim und der Leontine Emilie Elisabeth geb. Busch

   Kinder: *Inez* Maria Christina, * Quito 20.7.1952, Lehrerin
   ∞ Andrea Vito Picenoni, Dr. iur., Bankdirektor, von Bondo

   Johann *David* Ulrich, * Quito 18.9.1954, Kunstexperte
   ∞ Fatma Zeynep Turkkan, aus New York und Istanbul

   Ulrich (Ully) Christoph Andreas, * Quito 14.5.1957, Kunstexperte
   ∞ Marie Lejon, aus Goeteborg

   Franz Christian *Alexander*, * Zürich 13.6.1965, † Gattikon 27.5.1970

   Geschwister: *Elisabeth* Inez Bertha Clara, * Zürich 4.3.1903
   ∞ Heinrich Ernst Albers-Schönberg, Dr. phil. Chemiker, aus Hamburg

   Amalie Henriette Bertha *Jutta*, Dr. phil., * Zürich 4.6.1905, † Bethel-Bielefeld 21.1.1985
   ∞ Friedrich Ernst Karl Albrecht v. Bodelschwingh, Pastor, Anstaltsleiter von Bethel, aus Westphalen

   Gundalena Inez Eliza Ida, Dr. phil., * Zürich 30.11.1908
   ∞ Carl-Friedrich Frhr. v. Weizsäcker, Prof. d. Philosophie, Physiker, aus Württemberg

   Franz Ulrich Friedrich August, Dr. iur., * Zürich 18.7.1910, Oberst i. Gst., Rechtsanwalt
   ∞ Ida *(Dinah)* Lydia Caroline Künzli, von Aadorf (ZH)

   Friedrich *(Fritz)* Wilhelm Heinrich Ulrich, Dr. iur., * Zürich 1.11.1912, Instruktionsoffizier der Leichten Truppen, zuletzt Korpskommandant und Kdt. d. Alpenkorps
   ∞ *Martina* Esther Antoinette v. Erlach, von Bern

Eltern

2. WILLE, *Ulrich* Georg Robert Sigmund, Dr. iur., * Thun 12.10.1877, † Meilen 14.2.1959, Instruktionsoffizier, Oberstkorpskommandant, Ausbildungschef der Armee, Erbe von «Mariafeld»
   ∞ Zürich 22.5.1902

3. RIETER, *Inez* Ida Bertha, * Zürich 29.11.1879, † Meilen 22.10.1941

Grosseltern

4. WILLE, Conrad *Ulrich* Sigmund, Dr. iur., * Hamburg 5.4.1848, † Meilen 31.1.1925, Instruktionsoffizier, Prof. der Militärwissenschaften, General und Oberbefehlshaber der Armee 1914–1918, 1890 Bürger von Zürich ehrenhalber, 1915 Ehrenbürger von Meilen, Erbe von «Mariafeld»
∞ Konstanz 15.5.1872

5. v. BISMARCK, Constanze Maria Amalia *Clara*, Gräfin, * Konstanz 11.12.1851, † Horgen 23.1.1946

6. RIETER, Carl *Friedrich* Adolph, * Winterthur 15.11.1849, † Kairo 27.3.1896, Oblt. d. Inf., Textilindustrieller, Kaufherr i. Fa. Rieter-Ziegler, Zürich, z. «Rietberg»
∞ Zürich 28.5.1878

7. BODMER, *Bertha*, * Zürich 18.6.1857, † Zürich 30.8.1938

Urgrosseltern

8. WILLE, Jean *François* Arnold, Dr. phil., * Hamburg 20.2.1811, † Meilen 7.1.1896, Journalist, Bürger von La Sagne (Neuchâtel), bis 1865 auch Bürger von Hamburg, seit 1851 Gutsherr auf «Mariafeld»
∞ Hamburg 24.5.1845

9. SLOMAN, Gundalena Elizabeth *(Eliza)* * Itzehoe 9.3.1809, † Meilen 22.12.1893, Schriftstellerin

10. v. BISMARCK, *Friedrich* Wilhelm, Graf, * Windheim 28.7.1783, † Konstanz 18.6.1860, Kgl. Württemberg. Generalleutnant d. Kav., Gesandter, Militär-Schriftsteller, Träger zahlreicher Orden
∞ Steinbach 5.4.1848

11. THIBAUT, Julie *Amalie*, * Steinbach 4.7.1824, † Meilen 3.9.1918

12. RIETER, *Adolph*, * Winterthur 23.3.1817, † Zürich 13.9.1882, Textilindustrieller, Kaufherr i. Fa. Rieter-Ziegler in Winterthur und Zürich, z. «Rietberg»
∞ Dinhard 9.9.1845

13. ROTHPLETZ, *Ida* Maria, * Winterthur 4.2.1826, † 13.3.1896

14. BODMER, Johann Heinrich *(Henri)*, * Zürich 7.6.1812, † Zürich 22.4.1885, Oblt. d. Inf., Seidenkaufherr z. «Arch» und z. «Freudenberg», XIIer zum Schaaf
∞ Zürich 20.10.1845

15. PESTALOZZI, Elisabeth *Henriette*, * Zürich 31.7.1825, † 3.2.1906

Voreltern, 5. Generation

16. WILLE, *Jacques* Arnold, * Frankenthal 26.5.1776, † Hamburg 21.8.1845, Uhrmacher und Kaufmann in Hamburg, Bürger von La Sagne (Neuchâtel), seit 1806 auch Bürger von Hamburg
∞ Hamburg 9.9.1809

17. RÜHL, Anna Friederica *Christiana*, * Hamburg 27.9.1786, † Hamburg 6.2.1826

18. SLOMAN, *Robert* Miles, * Gr. Yarmouth 23.10.1783, † Hamburg 2.1.1867, Reeder i. Fa. Robt. M. Sloman am Baumwall
∞ Tönning 16.12.1806

19. BRARENS, Jung Göntje *(Gundalena),* * Oldsum (Föhr) 12.7.1784, † Hamburg 28.5.1870
20. v. BISMARCK, *Heinrich* Christian, * Cladow ... 1737, † Loccum 14.2.1804, Kgl. Hannöv. Ltn.
    ∞ Windheim 23.2.1773
21. SPANUTH, *Clara* Margaretha Catharina Luise, * Windheim 23.10.1746, † Windheim 24.6.1787
22. THIBAUT, *Franz* Xaver Aloys, * Ettlingen 1.2.1776, † Rastatt 18.3.1867, Erzbischfl. Stiftsverwalter
    ∞ Moos 30.12.1812
23. MAYER, Maria *Richardis,* * Steinbach 13.9.1791, † Konstanz 13.11.1867
24. RIETER, Johann *Heinrich,* * Zürich 17.11.1790, † Winterthur 18.4.1870, Kaufmann i. Fa. Gebr. Rieter & Greuter z. «Rothaus»
    ∞ Winterthur 19.10.1813
25. SULZER, Verena *Henrika,* * Winterthur 13.10.1793, † Winterthur 23.1.1867
26. ROTHPLETZ, Carl *Friedrich,* * Aarau 1.6.1796, † Aarau 13.3.1842, Stabsmajor und aargauischer Staatsschreiber
    ∞ Winterthur 20.4.1825
27. STEINER, *Caroline,* * Winterthur 23.4.1797, † Winterthur 10.3.1826
28. BODMER, Johann *Heinrich,* * Zürich 20.9.1786, † Zürich 2.6.1873, Seidenkaufherr, zur «Arch» und z. «Freudenberg»
    ∞ Kloten 10.2.1811
29. ESCHER, *Luise,* * Zürich 4.1.1794, † Zürich 10.8.1859
30. PESTALOZZI, Hans *Conrad,* * Zürich 20.3.1793, † Zürich 4.7.1860, Seidenkaufherr i. Fa. Cd. Pestaluz & Söhne, Regierungsrat, z. «Schönbühl»
    ∞ Zürich 13.11.1821
31. HIRZEL, *Sara* Elisabeth, * Zürich 28.3.1798, † Zürich 5.1.1843

Voreltern, 6. Generation

32. WILLE, (Wuille) Joseph François, * Zweibrücken 1.9.1745, † Frankenthal «avant la revolution», Stadtuhrmacher z. Neustadt und Frankenthal, Bürger von La Sagne (Neuchâtel)
    ∞ Frankenthal 3.5.1773
33. SCHWARZ, Sophie Margaretha, * Grünstadt 15.2.1739, † Frankenthal 27.6.1800
34. RÜHL, Johann Dietrich, * Hamburg 29.8.1751, † Hamburg 25.4.1800, Wirt zu St. Georg, später Leinenhändler
    ∞ Hamburg 23.11.1785
35. MITTAG, Margaretha Elisabeth, * Hamburg 13.9.1761, † Hamburg 22.4.1829
36. SLOMAN, William, * Gr. Yarmouth 22.4.1744, † Hamburg 11.11.1800, Reeder in Hamburg am Baumwall
    ∞ Yarmouth 31.10.1773
37. MILES, Maria Margaretha, * ... 1749, † Hamburg 22.1.1828
38. BRARENS, Hinrich, * Oldsum (Föhr) 1.9.1751, † Tönning 4.8.1825, Walfischjäger, dän. Navigationsexaminator in Tönning, Dänemark
    ∞ Oldsum 22.1.1773
39. FRÜDDEN, Thur, * Oldsum 25.3.1751, † Tönning 21.5.1809

40. v. Bismarck, Carl Ludolph, * Schönhausen 13.2.1700, † Uenglingen 17.9.1760, Kgl. Preuss. Oberstlt., Herr a. Uenglingen, Bindfelde, Schönebeck
∞ Cladow 14.5.1735, gesch. 1737
41. Senff, Sophie Elisabeth, * Cladow 4.2.1710, † Cladow 26.11.1738
42. Spanuth, Heinrich Ludwig, * Windheim, Weser 21.12.1710,
† Windheim ... 1772, Erbe des Kellereihofs zu Windheim, Westphalen
∞ Windheim 2.2.1736
43. Heepke, Clara Eva * Schlüsselburg, Weser ... 1719, † Windheim 30.7.1794
44. Thibault, Franz Joseph Philipp Adam Valentin, * Ettlingen 18.4.1741,
† Ettlingen 7.7.1781, Bäckermeister z. Ettlingen in Baden
∞ Ettlingen 7.5.1770
45. Ruckenbrod, Franziska, * Ettlingen 3.2.1751, † Ettlingen 1.1.1805
46. Mayer, Joseph Anton, * Steinbach 1.1.1761, † Steinbach 13.6.1845,
Wirt z. Stern, Bürgermeister zu Steinbach in Baden
∞ Steinbach 17.8.1789
47. Droll, Sabina, * Steinbach 28.3.1773, † Steinbach 15.8.1855
48. Rieter, Johann Jakob, * Winterthur 13.8.1766, † Heidelberg 6.3.1811,
Kaufmann z. «Rothaus» i. Fa. Gebr. Rieter & Greuter
∞ Winterthur 13.9.1789
49. Graf, Anna Catharina, * Winterthur 24.5.1767, † Winterthur 26.1.1846
50. Sulzer, Johann Heinrich, * Winterthur 5.5.1765, † Winterthur 25.3.1823,
Buchhändler, Mitglied d. kl. Rats, Kantonsrat, i. «goldenen Trauben»
∞ Winterthur 8.8.1790
51. Ziegler, Anna Magdalena, * Winterthur 19.4.1770, † Winterthur 27.2.1809
52. Rothpletz, Johann Heinrich, * Aarau 14.9.1766, † Teinach 31.8.1833,
Helvetischer Finanzminister, Regierungsrat d. Kantons Aargau
∞ Burgdorf 11.1.1788
53. Bürki, Maria Catharina, * Burgdorf 4.11.1768, † Aarau 18.3.1813
54. Steiner, Carl Emanuel, Dr. med., * Winterthur 21.11.1771, † 13.3.1846,
Oberamtmann, z. «Hoffnung»
∞ Winterthur 6.1.1793
55. Blum, Ursula, * Winterthur 23.5.1773, † Winterthur 7.12.1832
56. Bodmer, Heinrich, * Zürich 5.12.1742, † Zürich 1.3.1814, XIIer z. Schneidern, Hauptmann, Seidenherr i. Fa. Cd. Muralt & Söhne, «a. d. Sihl»
∞ Felten 28.4.1765
57. v. Muralt, Anna, * Zürich 25.2.1747, † Zürich 16.5.1803
58. Escher, Johannes, * Zürich 23.3.1754, † Zürich 10.9.1819,
Seidenherr, Spitalpfleger, Freihauptmann, XIIer z. Meisen, des Rats 1803,
z. «Felsenhof» und z. «Schipf» in Herrliberg
∞ Zürich 1.9.1774
59. Landolt, Anna Barbara, * Zürich 12.10.1753, † Zürich 28.3.1829
60. Pestaluz, Johann Caspar, * Zürich 4.6.1770, † Zürich 28.6.1849,
Seidenherr, Stetrichter, Oberrichter, des Rats, z. «Meerfräuli»
∞ Altstetten 30.1.1791
61. Scheuchzer, Elisabeth, * Zürich 3.1.1770, † Zürich 28.10.1835
62. Hirzel, Johann Jakob, * Zürich 26.3.1770, † Uetliberg 9./22.11.1829,
Ratsherr, Staatsrat, z. «Rech», ∞ Zürich 6.4.1794
63. Ott, Anna Barbara, * Zürich 26.12.1774, † Zürich 4.4.1858

Voreltern, 7. Generation

64. VUILLE, Henri, *La Sagne 8.10.1714, † Zweibrücken 24.10.1760, Schuhmachermeister, Grundbesitzer in Zweibrücken, Bürger von La Sagne (Neuchâtel)
    ∞ Zweibrücken ... 1.1741
65. BOUCHON, Marie/Suzanne Madeleine, *Ernstweiler 13.1.1715, † Zweibrücken 21.12.1756
66. SCHWARZ, Johann, *Harxheim (Zell) 20.4.1705, † Grünstadt 27.3.1752, Drechslermeister in Harxheim, später Grünstadt
    ∞ Grünstadt 1.8.1728
67. STRIEBY, Justina Barbara, *Grünstadt 23.9.1711, † ...
68. RÜHL, Johann Georg, *Marnitz (Prignitz) 25.6.1711, † Hamburg 18.12.1795, Handelsgärtner und Bürger in Hamburg
    ∞ Hamburg 5.4.1743
69. SIVERS, Gertrud Catharina, *Hamburg 19.12.1711, † Hamburg 20.12.1783
70. MITTAG, Christian Heinrich, *Hamburg 3.9.1724, † Hamburg ... 1759, Krameramtsbruder
    ∞ Hamburg 18.9.1760, geschieden 1768
71. ECKBERG, Rebecca Catharina, *Hamburg 21.12.1739, † Hamburg 11.4.1807
72. SLOMAN, Robert, *Gr. Yarmouth 14.4.1717, † Gr. Yarmouth 3.3.1771
    ∞ Gr. Yarmouth 5.6.1742
73. EVANS, Sarah, *Gr. Yarmouth 9.11.1701, † Gr. Yarmouth 23.11.1782
74. MILES, John, *... 1712, † Burgh Castle 25.10.1799, Gentleman, Farmer in Burgh Castle (Norfolk)
    ∞ 1740 (Scotland)
75. PALGRAVE, Maria Margaret, *... 1720, † Burgh Castle 21.2.1807
76. HINRICHSEN, Brar, *Oldsum 22.10.1719, † Oldsum 14.12.1794, Commandant a. d. Insel Föhr
    ∞ Oldsum 9.10.1746
77. JAPPEN, Jung Gundel, *Oldsum 16. u. Trin. 1724, † Oldsum 19.2.1805
78. FRÜDDEN, Früdd Jung, *Oldsum 11.3.1714, † ...
    ∞ Oldsum 9.4.1741
79. FLOR, Gundel, *Oldsum 26.2.1716, † Oldsum 2.6.1799 (?)
80. v. BISMARCK, August, *Schönhausen 15.5.1666, † Schönhausen 18.6.1732, Landrat d. Altmark, Herr a. Schönhausen, ½ Briest, Fischbeck; Uenglingen, Schönbeck, Bindfeld, Damersleben, Karchlin, erwirbt Külz; Kniephof, Schmelzdorf
    ∞ Schönhausen 24.4.1694
81. v. KATTE, Dorothea Sophie, *Halle a. S. 20.6.1669, † Schönhausen 23.4.1719, Halbschwester des GFM. Hans v. K.
82. SENFF, Carl Christian, Dr. med., *... 1635, † Cladow 31.10.1769, Kgl. Preuss. Hofrat und Leibmedicus, Herr a. Cladow und Struvenberg
    ∞ ...
83. HAESELER, Elisabeth
84. SPANUTH, Franz Dietrich, *Windheim 1672, † ..., Erbe d. Kellereihofs Windheim (Westphalen)
    ∞ Windheim 16.12.1706

85. LESSEMANN, Catharina Elisabeth, * ..., † ...
86. HEEPKE (HEBCKE, HÖPCKE), Arnold Dietrich, * ..., † ...6.1742/3.1743, Freisasse auf Burgmannshof Schlüsselburg, Emonitor der Klencke'schen Güter
∞ ...
87. RIGISIUS, Clara Catharina, * ...3.1690, † Schlüsselburg 25.3.1763
88. THIBAUTH, Carl Joseph Anton, * Ettlingen 17.12.1709, † Ettlingen 11.12.1754
∞ Ettlingen 27.6.1740
89. WACKER, Maria Barbara, * Ettlingen 9.9.1721, † Ettlingen 10.4.1767
90. RUCKENBROD, Franz Joseph, * Ettlingen 20.4.1726, † Ettlingen 26.6.1767, Bäckermeister in Ettlingen
∞ Ettlingen 19.8.1748
91. FRIES, Maria Barbara, * Ettlingen 21.3.1727, † Ettlingen 24.2.1783
92. MEIER, Johann Georg, * Steinbach 17.3.1720, † Steinbach 5.4.1811, Küfermeister in Neuweier
∞ Steinbach 21.2.1746
93. HIMMEL, Maria Eva, * Neuweier 16.12.1724, † ...
94. DROLL, Cornel, * Steinbach 15.8.1737, † ..., Bürger und Bauer z. Steinbach
∞ Steinbach 3.2.1756
95. DROLL, Maria Anna, * ..., † ...
96. RIETER, Heinrich, * Winterthur 24.9.1724, † Winterthur 11.2.1804, Obmann d. Färber, z. «blauen Hand»
∞ Winterthur 1.7.1753
97. MÜLLER, Maria, * Thayngen 21.3.1734, † Winterthur 4.4.1784
98. GRAF, Hans Rudolph, * Winterthur 26.3.1741, † Winterthur 8.5.1796, Obmann d. Zinngiesser
∞ Veltheim 29.4.1764
99. BÜCHI, Anna Catharina, * Veltheim 10.9.1747, † Winterthur 1.3.1806
100. SULZER, Johann Heinrich, Dr. med., * Winterthur 18.9.1735, † Winterthur 14.8.1814, d. gr. Rats, z. «Adler»
∞ Winterthur 8.7.1764
101. DALLER, Elisabeth, * Bischofszell 26.3.1744, † Winterthur 26.3.1791
102. ZIEGLER, Heinrich, Dr. med., * Winterthur 23.3.1738, † Winterthur 4.11.1818, d. gr. Rats, Schulpräsident, z. «goldenen Trauben»
∞ Winterthur 4.6.1769
103. BIEDERMANN, Verena, * Winterthur 31.1.1734, † Winterthur 3.8.1801
104. ROTHPLETZ, Johann Heinrich, * Aarau 6.9.1739, † Aarau 13.2.1790, Landmajor, d. Rats, Chorrichter-Obmann
∞ Burgdorf ... 1765
105. FANKHAUSER, Magdalena, * Burgdorf 23.6.1743, † Aarau 31.3.1811
106. BÜRKI, Johannes, * Burgdorf 30.1.1739, † Bern 4.4.1814, Landwirt z. «Brunnen», später Destillateur, Gutsbesitzer in Oberdiessbach, Hauptmann d. Bern. Milizen, 1793 Bern-Burger
∞ Burgdorf 22.5.1767
107. INGOLD, Maria, * Burgdorf 6.1.1752, † Bern 3.9.1828
108. STEINER, Melchior, * Winterthur 19.1.1738, † Winterthur 1.2.1784, z. «Hoffnung»
∞ Winterthur 5.5.1765
109. SENN, Susanna Catharina, * Zofingen 1.1.1744, † Winterthur 11.4.1806

110. BLUM, Hans Conrad, *Winterthur 16.6.1732, † Winterthur 27.10.1793,
v. D. M., Pfarrer und Provisor
∞ Winterthur 29.6.1766
111. REINHART, Anna Barbara, *Winterthur 25.5.1738, † Winterthur 1.6.1823
112. BODMER, Leonhard, *Zürich 23.10.1718, † Zürich 10.7.1785,
Seidenherr, XIIer z. Schneidern, d. Rats 1750–1783, z. «Windegg»
∞ Zürich 13.2.1742
113. ESCHER, Anna Regula, *Zürich 26.5.1723, † Zürich 26.8.1800
114. v. MURALT, Martin, *Zürich 30.10.1714, † Zürich 20.1.1789,
Seidenherr i. Fa. Hs. Conrad Muralt & Söhne a. d. Sihl, XIIer z. Saffran,
d. Rats 1757–1784
∞ Kilchberg 16.2.1740
115. v. MURALT, Regula, *Zürich 14.1.1709, † Zürich 27.2.1768
116. ESCHER, Hans Caspar, *Zürich 6.7.1729, † Kefikon 22.10.1805,
Gerichtsherr z. Kefikon und Islikon, Constaffelherr und d. gr. Rats 1774,
Obervogt z. Regensdorf 1775, Stallherr, d. kl. Rats 1778,
Präsdt. d. Familienkuratel, i. «Seidenhof»
∞ Gachlingen 9.4.1752
117. ESCHER, Anna Elisabetha, *Zürich 27.5.1732, † Zürich 24.3.1758
118. LANDOLT, Hans Heinrich, *Zürich 1.6.1726, † Zürich 6.10.1762, 1756 XIIer
z. Schneidern, Assessor Synodi 1759, Landvogt der unt. freien Ämter 1762
∞ Wollishofen 11.6.1752
119. WERDMÜLLER, Anna, *Zürich 25.5.1733, † Zürich 14.1.1793
120. PESTALUZ, Johann Conrad, *Zürich 21.4.1745, † Zürich 11.1.1838,
Seidenherr, Hauptmann i. Höngger Quartier, XIIer z. Saffran 1793, z. «Brünneli»,
ältester Bürger d. Stadt
∞ Erlenbach 17.7.1768
121. HIRZEL, Anna, *Zürich 30.4.1745, † Zürich 9.4.1823
122. SCHEUCHZER, Johann Jakob, *Knonau 21.3.1738, † Zürich 26.7.1779,
Rechenschreiber, XIIer z. Schuhmachern, d. Rats
∞ Baden 12.1.1762
123. v. MURALT, Elisabeth, *Zürich 22.3.1731, † Zürich 10.11.1779
124. HIRZEL, Johann Caspar, *Zürich 18.11.1746, † Zürich 30.12.1827, Landschreiber
1768, XIIer z. Weggen 1775, d. Rats, Landvogt z. Baden 1778, Gesandter, Seckelmeister 1794, Senator 1801, n. Aarburg deportiert 1802, z. «Rech»
∞ Kyburg 30.1.1769
125. ESCHER, Anna Magdalena, *Zürich 12.5.1751, † Zürich 28.5.1789
126. OTT, Hans Rudolf, *Zürich 22.9.1751, † Zürich 6.4.1823, XIIer z. Saffran 1783,
Direktor 1788, Bezirksrichter 1803, Salzverwalter 1804
∞ Zürich 12.9.1773
127. KILCHSPERGER, Sara, *Zürich 27.5.1755, † Zürich 15.6.1837

Voreltern, 8. Generation

128. VUILLE, Joseph, *La Sagne 5.1.1690, † La Sagne 30.1.1749,
Schuhmachermeister, Bauer und Bürger in La Sagne
∞ La Sagne 2.2.1714

129. VUILLE, Suzanne, * La Sagne 23.3.1690, † La Sagne 13.6.1764
130. BOUCHON, François, * Courcelles 5.11.1685, † Zweibrücken nach 1749, Hutmacher in Zweibrücken, «kann wenig teutsch reden»
∞ ... vor 1709
131. VERY, Catherine, * Courcelles 2.1.1686, † Ernstweiler 4.3.1749
132. SCHWARZ, Johannes, * ..., † ...,
Gerichtsschreiber zu Oberflörsheim (Oberamt Alzey)
∞ ...
133. KLEIN, Maria Barbara, * ..., † ...
134. STRYBI, Johann Michael, * ..., † ..., Bürger und Dreher in Grünstadt
∞ ...
135. DEUCHERT, Anna Maria Ursula, * Edenkoben 30.11.1684, † Grünstadt 29.6.1761
136. RÜHL, Stephan, * ..., † ...
∞ ...
137. NN
138. SIEVERS, Johann, * ..., † ..., Gelbgiesser i. Operngang i. Hamburg
∞ ...
139. HÄCKEL, Anna Catharina, * ..., † ...
140. MITTAG, Paul Nicholaus, * ..., † ..., Krameramtsbruder 1716
∞ Hamburg 26.9.1719
141. CARSTENS, Anna Maria, * Hamburg 25.12.1697, † ... 1729 (?)
∞ ...
142. ECKBERG, Isaac, * ..., † ..., Perruquier i. d. Reichenstrasse
∞ Hamburg 19.5.1737
143. WIETZENDORFF, Margaretha, * ..., † ...
(Witwe von Jürgen Heinsen, Perruquier, Bürger 1733)
144. SLOMAN, William, * Gr. Yarmouth 20.7.1682, † ...
∞ Gr. Yarmouth 12.9.1708
145. THRINNEL, Mary, * ..., † ...
146. EVANS, Thomas, * ..., † ...
∞ ...
147. NN Elizabeth, * ..., † ...
148. MILES, William, * ..., † ... ca. 1746, urkundlich 1738/39
∞ ...
149. NN
150. PALGRAVE, Robert, * Burgh (Suffolk) 10.6.1684, † Gr. Yarmouth 24.12.1737, i. Coltinhall + Yarmouth
∞ ...
151. BACON, Hannah, * ..., † ... Gr. Yarmouth 19.9.1727
152. BOHN, Hinrich, * Oldsum 11.5.1679, † Oldsum ... nach 1723
∞ Oldsum ... 1.1718
153. BRAREN, Kerrin J. Nahmen, * Oldsum 24.3.1678, † ...
154. JÜRGENS, Jap, * Oldsum 14.8.1692, † Oldsum 22. n. Trin. 1771
∞ Oldsum 17.1.1720
155. FLOR, Jung Elin, * Oldsum 22. n. Trin. 1698, † Oldsum ... 1750
156. FRÜDDE, Jung Früdde Jürgen, * Oldsum 12.8.1678, † ...
∞ 4. Dom. n. Eph. 1707

157.	FRÜDDEN, Thur, * Oldsum 12.1.1679, † ...
158.	FLOR, Martin, * Oldsum 29.1.1680, † ..., war 31 Jahre Capitän, fing 147,5 Walfische ∞ Oldsum 2. Dom. n. Epiph. 1706
159.	OLUFS, Ing, * Dunsum ... 1675, † ...
160.	v. BISMARCK, August, * Schönhausen 13.2.1611, † Schönhausen 2.2.1670, Kurbrandenbg. Hptm. u. Hptm. d. Veste Peitz, Herr a. Schönhausen, Fischbeck, Damersleben und ½ Briest ∞ III. Tangermünde 15.6.1664
161.	v. MÖLLENDORF, Fredise (Friederike) Sophie, * Tangermünde 13.2.1644, † Schönhausen 9.11.1698
162.	v. KATTE, Hans, * Wust 16.6.1633, † Wust 24.1.1684, Erzbfl. Magdeburg. Hofrat, dann Landrat, Amtshptm. z. Jerichow und Sandau, Sachs. Coburg. Hofmarschall, Herr a. Wust, Scharlibbe, Mahlitz, Göttlin und Camern ∞ I. ... 15.8.1666
163.	v. WITZLEBEN, Dorothea Catharina, * ... 1639, † 22.9.1671
164.	SENFF, Samuel, * ..., † Stolp 7.9.1688, Pastor zu Stolp in Meissen ∞ ...
165.	LAURENTIN, Maria Salomea, * Dresden ... 1632, † ...
166.–167.	NN
168.	SPANUTH, Hermann Dietrich, * 1651, † 1698, Erbe des Kellereihofs zu Windheim ∞ ...
169.	NN
170.	LESSEMANN, Georg Christoph, * ..., † ..., Pastor zu Beckedorst ∞ ...
171.–175.	NN
176.	THIBEAUT, Joseph, * Sarrebourg (Lothringen) ... 1679, † Ettlingen 16.8.1745 ∞ ...
177.	... Maria Clara, * ..., † ...
178.	WACKER, Philipp Adam, * ..., † Ettlingen 9.11.1762, Kaufmann und Ratsherr in Ettlingen (Baden) ∞ Ettlingen 4.9.1719
179.	STEIN, Maria Barbara, * Ettlingen 15.3.1700, † Ettlingen 11.7.1752
180.	RUCKENBROD, Johann Michael, * Ettlingen 23.12.1707, † Ettlingen 6.2.1767, Müller in Ettlingen ∞ Ettlingen 22.5.1724
181.	EYSELIN, Maria Catharina, * Ettlingen 10.3.1700, † Ettlingen 29.12.1772
182.	FRIES, Johann, * Ettlingen 18.4.1697, † ..., Schul-Lehrer ∞ Ettlingen 24.4.1724
183.	MITSCHELE, Anna Maria Barbara, * Ettlingen 3.4.1701, † ...
184.	MAYER, Johann Jakob, * ..., † Steinbach 5.3.1759, aus Malspach, Bürger z. Steinbach (Baden) ∞ Steinbach 10.11.1705
185.	ECKERLE, Anna Maria, * Steinbach ... ca. 1684, † Steinbach 15.10.1724
186.	HIMMEL, Cornel, * ..., † ..., Wirt und Küfermeister zu Neuweier ∞ Steinbach 16.11.1723

187. HÖRTH, Anna Maria, *..., † Steinbach 9.3.1751
188. TROLL, Cornel, *..., † ..., Bürger und Wirt in Weitenung
    ∞ Steinbach 24.4.1725
189. WALTER, Anna Maria, *..., † Steinbach 10.4.1754
190. DROLL, Johann, *..., † ...
    ∞ ...
191. NN
192. RIETER, Heinrich, *Winterthur 19.10.1683, † Winterthur 8.8.1734,
    Kupferschmied und Bleicher, d. gr. Rats
    ∞ Winterthur 29.6.1721
193. SULZER, Küngolt, *Winterthur 11.12.1692, † Winterthur 6.5.1753
194. MÜLLER, Bernhartin, *Thayngen 19.4.1708, † Thayngen 1.11.1740
    ∞ Thayngen 27.9.1729
195. HANHART, Maria, *Diessenhofen 17.3.1709, † Thayngen 27.5.1782
196. GRAF, Hans Ulrich, *Winterthur 10.10.1697, † Winterthur 29.6.1767,
    Zinngiesser
    ∞ Bassersdorf 12.8.1727
197. BOLLER, Anna Barbara, *Zürich 21.11.1697, † Winterthur 13.9.1744
198. BÜCHI, Hans Jakob, *Dätwil 2.11.1710, † Veltheim 26.2.1764,
    Hauptmann, Substitut d. Kyburger Kanzlei in Winterthur
    ∞ Andelfingen 6.9.1740
199. MEYER, Anna Barbara, *Winterthur 11.3.1720, † ...
200. SULZER, Johann Heinrich, *Winterthur 3.6.1709, † Winterthur 8.5.1776,
    Rechenherr und d. Rats, z. «Adler»
    ∞ Winterthur 26.10.1734
201. SULZER, Maria Ursula, *Winterthur 4.3.1711, † Winterthur 3.3.1787
202. DALLER, Hans Jakob, *Bischofszell 8.9.1713, † Bischofszell 7.10.1784,
    Kaufherr und d. Rats i. Bischofszell, erbaut ein Haus in der Kirchgasse
    ∞ Bischofszell 27.11.1742
203. WELTER, Susanna, *Hauptwil 29.9.1719, † Bischofszell 1.8.1745
204. ZIEGLER, David, *Winterthur 5.9.1690, † Winterthur 23.12.1764,
    Weissgerber, z. «Sonnenberg»
    ∞ Winterthur 4.8.1732
205. ZIEGLER, Elisabeth, *Winterthur 15.1.1688, † Winterthur 20.6.1745
206. BIEDERMANN, Hans Rudolf, *Winterthur 3.9.1693, † Winterthur 22.4.1771,
    Chirurgus, i. «goldenen Trauben» und i. «Talgut», Neftenbach
    ∞ Winterthur 8.8.1730
207. SULZER, Anna, *Winterthur 10.5.1710, † Winterthur 5.4.1772
208. ROTHPLETZ, Abraham, *Aarau 17.6.1708, † Aarau 11.3.1765,
    Seidenherr, Hptm. in kgl. franz. Diensten, Erbauer d. «Goldenen Löwen»
    ∞ Aarau 11.8.1708
209. HUNZIKER, Maria Salomé, *Aarau 31.1.1707, † 13.11.1752
210. FANKHAUSER, Johannes, *Burgdorf 24.8.1713, † Burgdorf 23.2.1779,
    Notar und Venner i. Burgdorf
    ∞ Hindelbank 2.3.1737
211. SENN, Susanna Maria, *... ca. 1710, † Burgdorf 11.5.1774
212. BÜRKI, Samuel, *... ca. 1700, † ... 1773, Landwirt und Obmann d. Chorgerichts
    i. Bucholterberg, ∞ ...

213.	BÜRKI, Catharina, * ..., † ...
214.	INGOLD, Joseph, * Herzogenbuchsee 12.2.1730, † ... 1785, Landwirt in Inkwil
	∞ Herzogenbuchsee 10.7.1750
215.	ANDEREGG, Elisabeth, * Oberbipp 8.4.1731, † ...
216.	STEINER, Melchior, * Winterthur 5.6.1707, † Winterthur 28.2.1762,
	Rittmeister, Stadtschreiber, d. Rats, z. «Hoffnung»
	∞ Winterthur 10.4.1731
217.	v. BREITEN-LANDENBERG, Anna Catharina, * ... 1709 (?), † Wnterthur 15.6.1742
218.	SENN, Johann Adam, * Zofingen 5.10.1701, † Zofingen 21.9.1752,
	Ratsherr i. Zofingen, i. «Sennenhof»
	∞ Bleienbach 5.5.1726
219.	FANKHAUSER, Susanna Magdalena, * Burgdorf 13.3.1705, † Zofingen 1.8.1760
220.	BLUM, Melchior, * Winterthur 6.5.1703, † Winterthur 24.9.1761,
	Gürtler, z. d. «Drei Blumen»
	∞ Winterthur 2.9.1731
221.	FRIES, Anna Barbara, * Zürich 6.3.1709, † Winterthur 27.2.1735
222.	REINHART, Jakob, * Winterthur 9.2.1703, † Winterthur 18.7.1784,
	Schirmvogt und Ratsherr, z. «Goldenen Schwan»
	∞ Winterthur 5.11.1736
223.	HEGNER, Judith, * Winterthur 2.4.1711, † Winterthur 11.12.1768
224.	BODMER, Hans Caspar, * Zürich 25.1.1691, † 10.4.1748,
	Seidenfabrikant, XIIer z. Schneidern, d. Rats 1729, z. «Windegg»
	∞ Zürich 21.6.1716
225.	HESS, Susanna, * Zürich 29.7.1696, † Zürich 2.8.1732
226.	ESCHER, Hans Heinrich, * Zürich 16.8.1688, † Zürich 8.2.1747,
	Gerichtsherr z. Kefikon und Islikon, XIIer z. Meise, Zunftmeister, Statthalter,
	Direktor d. Kaufmannschaft, Schildner z. Schneggen, a. d. gr. Hofstatt,
	später i. «Seidenhof», ab 1743 a. d. «Schipf» (Herrliberg)
	∞ Berg a. I. 14.6.1711
227.	WERDMÜLLER, Barbara, * Zürich 24.11.1690, † Zürich 28.7.1729
228.	v. MURALT, Daniel, * Zürich 1.4.1683, † Zürich 29.3.1770,
	d. Rats v. d. Saffran 1737–1769, Beisitzer i. Kaufm. Direktorium i. «Schmittenhaus»
	∞ Zürich 9.9.1710
229.	LAVATER, Regula, * Zürich 10.9.1692, † Zürich 26.3.1749
230.	v. MURALT, Johann Conrad, * Zürich 20.1.1687, † Zürich 22.3.1747,
	Zunftmeister z. Saffran 1726, Statthalter 1731, Obervogt i. Neuamt,
	Präsident d. Kaufm. Direktoriums 1741
	∞ Altstetten 23.11.1706
231.	ESCHER, Regula, * Zürich 30.10.1688, † Zürich 29.7.1715
232.	= 226.
233.	= 227.
234.	ESCHER, Hans Heinrich, * Zürich 12.10.1692, † Zürich 26.5.1750, Landschreiber
	i. Altstetten 1718, Stadtschreiber 1735, Landvogt v. Kyburg 1741, i. «Kratz»
	∞ Zürich 16.6.1716
235.	HOFMEISTER, Anna Dorothea, * Zürich 28.12.1697, † Zürich 23.4.1784
236.	LANDOLT, Hans Caspar, * Zürich 17.9.1702, † Zürich 18.12.1781, XIIer z. Schnei-
	dern 1732, Schultheiss 1737, Obervogt i. Meilen 1743 d. geheimen Rats 1753,
	Bürgermeister 1762, i. «Felsenhof», ∞ Zürich 22.7.1725

237. WERDMÜLLER, Anna, * Zürich 7.3.1706, † Zürich 6.10.1730
238. WERDMÜLLER, Philipp Heinrich, * Zürich 6.1.1689, † Zürich 4.9.1762, Gerichtsherr zu Elgg, Hauptmann i. franz. Diensten
∞ Zürich 7.12.1728
239. (v.) SCHNEEBERGER, Anna Cleophea, * Zürich 26.5.1694, † Zürich 4.8.1751
240. PESTALUZ, Johann Heinrich, * Zürich 6.6.1714, † Bergamo 13.7.1760, Rohseidenhändler z. «Brünneli» und in Bergamo
∞ Zürich 16.7.1743
241. v. ORELLI, Regula, * Zürich 15.4.1719, † Zürich 25.8.1779
242. HIRZEL, Johann Caspar, * Zürich 26.9.1719, † Zürich 14.2.1807, d. Rats ab d. Saffran 1742, Tuchherr, Hptm. i. Höngger Quartier, z. «Laterne», ältester Bürger der Stadt
∞ Wipkingen 13.10.1744
243. HIRZEL, Anna Catharina, * Zürich 7.10.1725, † Zürich 27.8.1748
244. SCHEUCHZER, Hans Jakob, * Zürich 24.1.1699, † Zürich 2.1.1761, d. Rats ab d. Schuhmacher 1731, Landvogt z. Knonau 1733, zu Meilen 1745, Zunftmeister 1745, Statthalter 1751
∞ Zürich 20.2.1720
245. FRIES, Küngolt, * Zürich 4.8.1700, † Zürich 27.3.1762
246. v. MURALT, Caspar, * Zürich 2.11.1690, † i. d. Limmat ertrunken 20.4.1744, Freihauptmann 1713, Constaffelherr und d. Rats 1726, Landvogt i. Rheintal 1731, Stadthauptmann 1740
∞ Affoltern b. Zürich 12.1.1712
247. LANDOLT, Elisabeth, * Zürich 5.2.1693, † Zürich 14.8.1741
248. HIRZEL, Johann Jakob, * Zürich 27.9.1710, † Zürich 6.3.1783, Stadtschreiber 1753, Landvogt z. Kyburg 1759, d. Rats 1771, Seckelmeister 1778, beim «Rech»
∞ Zürich 14.12.1732
249. SPÖNDLI, Susanna, * Zürich 31.12.1710, † Zürich 4.10.1766
250. ESCHER, Johann Caspar, * Zürich 9.12.1717, † Zürich 15.9.1770, XIIer z. Schuhmachern und d. Rats 1756, beim «Pfauen»
∞ Herrliberg 8.3.1740
251. LAVATER, Anna Magdalena, * Zürich 11.7.1717, † Zürich 30.12.1781
252. OTT, Johann Conrad, * Zürich 13.2.1714, † Zürich 27.12.1783, XIIer z. Saffran 1753, Zunftmeister 1762, Obervogt z. Rümlang 1762–1774, Generalinspecteur der Infanterie 1769–1782
∞ Zürich 28.8.1740
253. LAVATER, Regula, * Zürich 9.3.1720, † Zürich 11.11.1787
254. KILCHSPERGER, Johann Heinrich, * Stäfa 5.5.1726, † Zürich 29.5.1805, XIIer z. Widder 1756, Direktor 1757, Seckelmeister 1778, Bürgermeister 1785, Oberster d. Stadtpanners 1795, beim «Kropf», baute die «Hintere Schipf» neu (heute «Mariahalde», Erlenbach)
∞ Altstetten 20.1.1754
255. ULRICH, Anna Barbara, * Zürich 18.4.1731, † Zürich 6.6.1803

Voreltern, 9. Generation

256.	VUILLE, Henri, *La Sagne ... ca. 1652, † La Sagne 25.2.1713, Bauer und Bürger in La Sagne ∞ La Sagne ca. 1676
257.	MATILE, Marie, *La Sagne ..., † La Sagne ...
258.	VUILLE, Isaac, *La Sagne ... ca. 1660, † La Sagne 29.3.1709/15.10.1710, Bauer und Bürger in La Sagne ∞ La Sagne ...
259.	VUILLEUMIER, Jeanne, *La Sagne ..., † La Sagne ...
260.	BOUCHON, Jean, *Metz 5.9.1645, † < 1714, Tanneur à Courcelles ∞ Metz 13.10.1675
261.	PELTRE, Anne, *Metz 21.8.1649
262.	VERY, David, *Courcelles ...8.1642, † 1712 ∞ Courcelles, 23.3.1681
263.	BALLON, Marie, *..., † > 1712
264.-269.	NN
270.	DEUCHERT, Johannes, *..., † 1697/98, Bürger und Webermeister zu Edenkoben ∞ Edenkoben Dom. Palm. 1683
271.	TREMMEL, Anna Maria
272.-279.	NN
280.	MITTAG, Nicolaus, *Hamburg 2.7.1652, † ..., Procurator in Hamburg 1677 ∞ Hamburg aufgeb. 1.4.1678
281.	BECKERS, Catharina, *Hamburg 18.6.1658, † ...
282.	CARSTENS, Christopher ∞ Hamburg aufgeb. 14. n.Trin. 1678
283.	MOLLER, Jancke (auch Möllers, Janken)
284.-285.	NN
286.	WIETZENDORFF, Christian
287.	NN
288.	SLOMAN, Robert ∞ Gr. Yarmouth 3.10.1681
289.	WARMSLEY, Mary
290.-299.	NN
300.	PALGRAVE, William, *Pulham 20.11.1651, † Burgh 10.3.1701/02, Reverend, Rector zu Burgh ∞
301.	... Sarah
302.	BACON, John
303.	NN
304.	HINRICHSEN, Boh, *Oldsum ... 1636, † Oldsum 6.9.1718 ∞ Oldsum ... 1664
305.	JAPEN, Sissel, *Oldsum 1640, † ...
306.	NAHMENS, Brar, *Oldsum 13.1.1633, † ... 1710 ∞
307.	BRAREN, Ose, *..., † ... 16.6.1682
308.	RÖRDEN, Jürgen, *Oldsum ... 1655, † ... 16.3.1721 ∞ Oldsum 1677

309. KETELS, Gunnel, * Oldsum ... 1656, † ...
310. FLOR, Jacob, * Oldsum ... 1672, † ..., Commandeur
∞ Oldsum 17.11.1697
311. RÖHRDE, Jung Gundel, * Amrum ... 1673, † ...
312. = 308
313. = 309
314. FRÜDDE, Ocken, * ... 1635, † ... 17.12.1687, Schmiedemeister
∞ ...
315. PETERS, Jung Thur, * ... 1635, † ... 1719
316. FLOR, Johann, * Norddorf 6.3.1641, † Oldsum 6.8.1685
∞ ... 1669
317. OCKEN, Elen, * Oldsum 10.1.1650, † Oldsum 14.5.1736
318. NORDEN, Oluf, * ..., † Dunsum 25.7.1709
∞ ...
319. RICKMERS, Ing, * ..., † ... 1695
320. v. BISMARCK, Valentin, * Schönhausen ... 1580, † Schönhausen 12.4.1620, Herr a. Schönhausen, Fischbeck und ½ Briest
∞ Schönhausen ... 1607
321. v. D. ASSEBURG, Bertha, * Neindorf 21.12.1581, † Stendal 5.3.1642
322. v. MÖLLENDORF, Friedrich, * Hohengöhren 17.3.1622, † Hohengöhren 24.9.1683, Herr a. Hohengöhren, Wudicke und Schönfeld
∞ ...
323. v. SALDERN, Ursula Sabina, * Plattenburg 15.4.1630, † Hohengöhren 4.6.1688
324. v. KATTE, Heinrich Christoph, * 5.1.1604, † Wittenberg, 30.10.1665, 1638, Erzbfl. Magdeburg. Geh. Rat, Hauptmann zu Ziesar, Herr a. Wust, Scharlibbe, Mahlitz, Göttlin und Camern
∞ ...
325. v. KATTE, Ursula Sophie, * Vieritz 26.8.1611, † Ziesar 27.2.1670
326. v. WITZLEBEN, Hans Ernst, * Liebenstein 1598, † Gerstungen 19.11.1660, Weimar. Oberjägermeister, Herr a. Liebenstein und Gerstungen
∞ Eisenbach 6.4.1629
327. v. CORNBERG, Anna Sabina, * ... 5.1607, † Gerstungen 3.10.1629
328.–329. NN
330. LAURENTIN, ..., * ..., † ...,
Dr. theol. Oberhofprediger und Oberkonsistorialrat z. Dresden
∞ ...
331.–335. NN
336. SPANUTH, Dietrich, * Windheim ... 1615, † Windheim 9.3.1658, Vogt, Leutnant, Erbe a. d. Kellereihof z. Windheim
∞ ...
337.–355. NN
356. WACKER, Johann Rudolf, * ..., † ..., civis et aedilis z. Weingarten / Durlach
∞ ...
357. NN
358. STEIN, Johann Jakob, * ..., † Ettlingen 3.1.1738,
consul et praefectus z. Ettlingen
∞ Ettlingen 22.11.1694
359. KÖHLER, Anna Maria, * ..., † Ettlingen 21.8.1726

360. RUCKENBROD, Joseph Jakob, *..., † Ettlingen 8.2.1713, Oberstadtmüller i. Ettlingen
∞ ...
361. ... Maria Juliana
362. EYSELIN, Friedrich, *..., † Ettlingen 26.8.1739, Metzgermeister
∞ Ettlingen 17.2.1699
363. SCHILDKNECHT, Anna Barbara, *..., † Ettlingen 23.6.1749
364. FRIES, Bartholomäus, *..., † Ettlingen 9.3.1709, Leinenweber und Senator
∞ ...
365. ... Anna Maria, *..., † Ettlingen 3.3.1714
366. MITSCHELE, Melchior, *..., † Ettlingen 15.4.1731, Bader
∞ ...
367. ... Anna Maria, *..., † Ettlingen 13.8.1736
368. MAYER, Georg, *..., † ... aus Malspach
∞ ...
369. NN
370. ECKERLE, Gregor, *..., † ... i. Steinbach
∞ ...
371. NN
372. HIMMEL, Nikolaus, *..., † ..., Webermeister zu Neuweier
373. NN
374. HERTH, Johann Wilhelm, *..., † ..., Bürger in Neuweier, bekannt f. vorzüglichen Wein
∞ ...
375.–377. NN
378. WALTER, Martin, *..., † ..., Bürger in Umweg
∞ ...
379.–383. NN
384. RIETER, Heinrich, *Winterthur 28.7.1652, † Winterthur, 1.9.1719, d. kl. und d. gr. Rats
∞ Winterthur 13.11.1679
385. SULZER, Catharina, *Winterthur 5.4.1661, † Winterthur 15.6.1721
386. SULZER, Elias, *Winterthur 25.8.1661, † Ermatingen 7.7.1737, Pfarrer in der Pfalz, später in Ermatingen
∞ Winterthur 23.7.1683
387. HANHART, Anna Catharina, *Winterthur 21.1.1666, † Winterthur 3.8.1694
388. MÜLLER, Georg, *..., † ..., Vogt
∞ ... 5.2.1705
389. SPENGLER, Elisabeth, ..., † ..., aus Schaffhausen
390. HANHART, Hans Jakob, *Diessenhofen 11.12.1677, † Diessenhofen 9.2.1754, Metzger und Ratsherr z. Diessenhofen
∞ Diessenhofen 22.2.1705
391. MÜLLER, Anna Barbara, *Diessenhofen 24.12.1683, † Diessenhofen 24.10.1756
392. GRAF, Antonius, *Winterthur 22.6.1662, † Winterthur 26.5.1726, Zinngiesser, Obmann a. unteren Tor
∞ Winterthur 4.11.1695
393. SCHELLENBERG, Veritas, *Winterthur 1.6.1671, † Winterthur 23.5.1751

394. BOLLER, Hans Rudolf, *Zürich 29.1.1661, † ... 1725, Pfarrer zu Brütten 1695
∞ Zürich 26.9.1695
395. WIRZ, Susanna, *Zürich ... 1672, † Zürich 19.2.1723
396. BÜCHI, Adam, *Dättwil 27.5.1683, † ... vor 1716, Schneider
∞ Andelfingen 15.4.1704
397. RÜEGG, Anna Barbara von Zürich
398. MEYER, Jakob, *Winterthur 5.10.1684, † Winterthur 16.7.1762, Metzger
∞ Winterthur 1.12.1709
399. HEGNER, Elsbeth, *Winterthur 27.5.1677, † Winterthur 16.1.1735
400. SULZER, Hans Heinrich, Dr. med., *Winterthur 4.1.1680, † Winterthur 1.8.1762, z. «Adler»
∞ Winterthur 27.3.1707
401. SULZER, Anna Magdalena, *Winterthur 16.10.1688, † Winterthur 13.12.1716
402. SULZER, Hans Jakob, *Winterthur 9.3.1679, † Winterthur 21.11.1751, Oberstrichter, z. «Grünenberg»
∞ Winterthur 28.8.1702
403. IM THURN, Maria Ursula, *Schaffhausen 19.2.1679, † Winterthur 11.7.1762
404. DALLER, Johannes Georg, *Bischofszell 17.2.1684, † Bischofszell 28.12.1741, Kauf- und Handelsherr
∞ Bischofszell 6.12.1712
405. BRUNSCHWILER, Elisabeth, *Schocherswil 11.7.1689, † Bischofszell 25.9.1749
406. WELTER, Hans Ulrich, *Bischofszell 23.3.1691, † ...
∞ Bischofszell 12.10.1717
407. BODENMANN, Anna Catharina, *Bischofszell 6.6.1694, † ...
408. ZIEGLER, Paul, *Winterthur ... 1664, † Winterthur 27.7.1707, Metzger, Wirt z. «Ochsen» i. Wallisellen
∞ Winterthur 19.6.1685
409. FORRER, Catharina, *Winterthur 10.6.1666, † Winterthur 27.2.1729
410. ZIEGLER, Hans Heinrich, *Winterthur 31.8.1680, † Winterthur 7.2.1760, Metzger und Wirt z. «Widder»
∞ Winterthur 24.3.1708
411. ZIEGLER, Elisabeth, *Winterthur 15...1688, † Winterthur 4.8.1720
412. BIEDERMANN, Jakob, *Winterthur 16.1.1657, † Winterthur 15.3.1698, Markt-Krämer, z. «Greifen», später z. «Insel»
∞ Andelfingen 15.7.1684
413. PEYER, Elisabeth, *Schaffhausen 19.6.1664, † Winterthur 18.1.1733
414. SULZER, Elias, *Winterthur 25.8.1661, † Ermatingen 7.7.1737, Pfarrer zu Ermatingen
∞ Winterthur 29.4.1695
415. KÜNZLI, Verena, *Winterthur 26.1.1672, † Ermatingen 5.9.1734
416. ROTHPLETZ, Abraham, *Aarau ... 6.1680, † Aarau 18.3.1741, Pfarrer und Dekan
∞ ...
417. FRANK, Anna, *Aarau 6.5.1683, † 22.2.1748
418. HUNZIKER, Hans Heinrich, *Aarau 27.2.1670, † Aarau 25.2.1738, Schultheiss von Aarau
∞ ca. 1705
419. SCHMUZIGER, Susanna Elisabeth, *Aarau 10.6.1688, † Aarau 29.7.1731

420.   FANKHAUSER, Johannes, *Burgdorf ... 12.1666, † Burgdorf 4.8.1746,
       Venner, 1710–1743 in franz. Diensten, Major i. 2.Villmergerkrieg, erhielt vom
       Berner Rat einen goldenen Becher für seine Verdienste
       ∞ ...
421.   RUBIN, Magdalena, *Thun ... 1673, † Burgdorf ... 1745
422.   SENN, Hans Adam, *Zofingen 7.4.1678, † Zofingen 25.8.1749,
       Schultheiss in Zofingen, Erbauer des neuen «Sennenhofs»
       ∞ Zofingen ... 12.1699
423.   SUTER, Susanna, *Zofingen 21.11.1680, † ... 1722
424.–427. NN
428.   INGOLD, Hans, *Herzogenbuchsee 3.9.1699, † ...
       ∞ Herzogenbuchsee 29.3.1726
429.   ROTH, Maria
430.   AN DER EGG, Hans Jakob, *..., † ...
       ∞ ...
431.   MEYER, Elsbeth
432.   STEINER, Emanuel, *Winterthur 27.5.1666, † Winterthur 17.5.1730,
       Teilhaber an der Goldfarb, z. «Hoffnung»
       ∞ Winterthur 31.10.1699
433.   HANHART, Anna, *Winterthur 29.12.1670, † Winterthur 5.10.1727
434.   v. BREITEN-LANDENBERG, Wolf-Dietrich, *... 1655, † ...2.1733,
       auf Salenstein (Untersee)
       ∞ ... 14.1.1696
435.   (v.) ESCHER, Anna Margaretha, *Zürich ... 1674, † Zürich 12.12.1756
436.   = 422
437.   = 423
438.   = 420
439.   = 421
440.   BLUM, Hans Conrad, *Winterthur 1.12.1669, † Winterthur 3.6.1742,
       Gürtler, kauft 1700 d. Haus «zu den 3 Blumen»
       ∞ Winterthur 27.11.1693
441.   STEINER, Elsbeth, *Winterthur ... 1664, † Winterthur 2.9.1730
442.   FRIES, Salomon, *Zürich 23.9.1688, † Zürich 4.8.1753,
       Zünfter z. Meisen, Hauptmann, sesshaft zu Wil i. Rafzerfeld
       ∞ Glattfelden 15.5.1708
443.   AMBERG, Anna Barbara, *Glattfelden 18.10.1685, † Wil (ZH) 15.3.1751
444.   REINHART, Hans Heinrich, *Winterthur 31.7.1660, † Winterthur 20.7.1729,
       Ratsherr und Stadtrichter, z. «goldenen Schwan»
       ∞ Winterthur 10.8.1696
445.   KUSTER, Elsbeth, *Winterthur 18.8.1673, † Winterthur 27.4.1711
446.   HEGNER, Hans Heinrich, Dr. med., *Winterthur 1.10.1680, † Winterthur
       12.1.1734, Stadtphysicus, z. «oberen Apotheke»
       ∞ Winterthur 21.8.1702
447.   HEGNER, Barbara, *Winterthur 8.8.1679, † Winterthur 16.3.1766
448.   BODMER, Christoph, *Zürich 20.5.1658, † Zürich 14.12.1722,
       Ratsherr, Gründer des Seidenhauses Christoph Bodmer im Windegg,
       erwirbt das Haus «Windegg» am Fröschengraben
       ∞ Altstetten 8.1.1689

449. GREUTER, Elisabeth, * Zürich 3.12.1668, † Zürich 8.8.1702
450. HESS, Johann Heinrich, * Zürich 24.12.1669, † Bozen 20.12.1697,
Zünfter z. Widder
∞ Zürich 31.7.1694
451. CUNZ, Anna Magdalena, * St. Gallen 29.4.1668, † Zürich 17.3.1733
452. ESCHER, Johannes, * Zürich 11.5.1664, † Zürich 14.5.1728,
XIIer zur Meise, im «gelben Seidenhof»
∞ Zürich 10.3.1686
453. v. MURALT, Dorothea, * Zürich 1.5.1659, † Zürich 17.4.1738
454. WERDMÜLLER, Johann Heinrich, * Zürich 28.9.1665, † Zürich 20.7.1690,
im «alten Seidenhof»
∞ Zürich 18.6.1689
455. WIRZ, Barbara, * Zürich, 6.10.1667, † Zürich 24.6.1738
456. v. MURALT, Martin, * Zürich 15.11.1646, † Zürich 2.1.1712,
Handelsherr zum «Schmittenhaus»
∞ Zürich 23.11.1674
457. PESTALUZ, Anna, * Zürich 22.7.1649, † Zürich 27.10.1730
458. LAVATER, Hans Conrad, * Zürich 28.11.1652, † Zürich 16.5.1707,
des Rats freier Wahl ab rotem Löwen, Landvogt i. Wädenswil,
1706 Landvogt gen Lauis
∞ Zürich 3.1.1682
459. ESCHER, Cleophea, * Zürich 14.4.1659, † Zürich 22.7.1723
460. v. MURALT, Johannes, * Zürich 2.11.1665, † Zürich 14.7.1726,
Statthalter und Gerichtsherr zu Oetlishausen
∞ Zürich 24.10.1685
461. HARTMANN, Barbara, * Zürich 20.1.1667, † Zürich 6.8.1690
462. ESCHER, Hans Conrad, * Zürich 11.4.1653, † Zürich 2.1.1702,
des Rats, Obervogt zu Stäfa, beim «Pfauen»
∞ Altstetten 3.6.1673
463. SCHAUFELBERGER, Anna, * Zürich 20.3.1653, † Zürich 11.4.1727
464. = 452
465. = 453
466. = 454
467. = 455
468. ESCHER, Hans Rudolf, * Zürich 27.6.1662, † 15.4.1721,
Schultheiss, im «Kratz», erhielt 1689 von König William III. von England einen
Brillantring im Wert von 600 Thalern
∞ Zürich 8.12.1684
469. LOCHER, Dorothea, * Zürich 29.12.1664, † Zürich 19.8.1730
470. HOFMEISTER, Johannes, * ... 1669, † Zürich 16.3.1740,
Zunftmeister z. Weggen, Obervogt z. Eglisau, Bürgermeister
∞ Zürich 14.11.1696
471. HOLZHALB, Regula, * Zürich 22.8.1667, † Zürich 5.7.1744
472. LANDOLT, Hans Heinrich, * Zürich 27.1.1676, † Zürich 16.12.1752,
Zunftmeister z. Schaaf, Cavallerie-Major, Tierherr, Oberstjägermeister im
«Felsenhof»
∞ Zürich 20.10.1686
473. HESS, Dorothea, * Zürich 25.3.1680, † Zürich 3.10.1737

474. WERDMÜLLER, Hans Conrad, * Zürich 17.10.1682, † Zürich 7.12.1730,
Rittmeister, Obervogt z. Birmensdorf, später z. Meilen, auf «Bocken»
∞ Zürich 12.5.1705
475. MEYER, Dorothea, * Zürich 22.1.1685, † Zürich 21.12.1733
(aus der Weggen-Linie)
476. WERDMÜLLER, Heinrich, * Zürich 29.3.1653, † Negroponte 20.6.1688,
Leutnant i. franz. Diensten, Obristwachtmeister in venezianischen Diensten,
Hauptmann
∞ Strassburg i.E. 10.6.1678
477. JOHAM v. MÜNDOLSHEIM, Eva Salomé, * Strassburg ..., † Zürich 22.11.1722
478. SCHNEEBERGER, Hans Georg, * Zürich 6.8.1660, † ... 1694, Junker
∞ Zürich 26.8.1688
479. v. ULM, Anna Barbara, * Zürich ..., † Zürich 26.5.1738
480. PESTALUZ, Johann Conrad, * Zürich 12.7.1660, † Zürich 25.5.1745,
Seidenherr beim «Brünneli»
∞ Zürich 1.8.1706
481. BULLINGER, Cleophea, * Zürich 17.2.1678, † Zürich 8.8.1743
482. v. ORELLI, Hans Conrad, * Zürich 6.10.1686, † Zürich 1.9.1760,
Seidenherr im «Spiegel», Hauptmann
∞ Zürich 20.6.1713
483. OTT, Cleophea, * Zürich 31.10.1689, † Zürich 13.11.1757
484. HIRZEL, Hans Caspar, * Zürich 16.11.1680, † Zürich 13.6.1745,
Zünfter z. Saffran, Hauptmann, Rechenherr, Amtmann z. Winterthur
∞ Altstetten 21.11.1702
485. HOFMEISTER, Anna, * Zürich 13.7.1686, † Zürich 6.10.1767
486. HIRZEL, Hans Heinrich, * Zürich 15.8.1697, † Zürich 20.7.1745, Zunftmeister
z. Schuhmachern, Obervogt z. Stäfa, Rechenherr, Stetrichter, «hinter Zäunen»
∞ Zürich 20.10.1720
487. HOFMEISTER, Ursula, * Zürich 24.9.1695, † Zürich 29.5.1757
488. SCHEUCHZER, Johannes, * ... 1664, † Zürich 10.8.1727,
Zunftmeister und Landvogt z. Greifensee
∞ Zürich 18.7.1693
489. HOLZHALB, Emerentiana, * ... 1656, † Zürich 11.12.1746
490. FRIES, Heinrich, * Zürich 15.3.1668, † Zürich 8.12.1735,
Zunftmeister z. Zimmerleuten, Landvogt z. Knonau
∞ Zürich 15.5.1694
491. (v.) ESCHER, Anna Barbara, * Zürich 13.11.1664, † Zürich 23.1.1706
492. v. MURALT, Hans Rudolf * Zürich 30.1.1654, † Zürich 20.4.1707,
Hauptmann und Seidenherr «a. d. Sihl»
∞ Bassersdorf 13.12.1681
493. (v.) MEISS, Maria, * ... 1663, † Zürich 18.1.1729 (von Wülflingen)
494. LANDOLT, Matthias, * Zürich 14.3.1647, † Zürich 2.2.1694,
Zünfter z. Schneidern, des Rats
∞ Altstetten 14.8.1683
495. LOCHER, Regula, * Zürich 16.8.1660, † Zürich 5.2.1699
496. HIRZEL, Johann Jakob, * Zürich 12.9.1685, † Zürich 10.9.1754,
Seckelmeister, beim «Rech»
∞ Zürich 17.1.1708

497.	HOFMEISTER, Emerentiana, * Zürich 7.1.1688, † Zürich 8.5.1719
498.	SPÖNDLIN, Hans Rudolph, * Zürich 25.12.1670, † Zürich 16.2.1748, des Rats ab dem roten Löwen, Amtmann gen Töss ∞ Zürich 5.12.1706
499.	HOLZHALB, Cleophea, * Zürich 22.1.1671, † Zürich 17.12.1733
500.	ESCHER, Hans Conrad, * Zürich 10.2.1687, † Zürich 15.7.1756, des Rats, Obervogt z. Meilen ∞ Zürich 20.6.1713
501.	PESTALUZ, Anna Barbara, * Zürich 3.10.1692, † Zürich 10.1.1780
502.	LAVATER, Ludwig, * Zürich 4.10.1690, † Zürich 22.4.1760, Amtmann z. Winterthur, XIIer z. Gerwe, z. «roten Adler» ∞ Zürich 21.7.1716
503.	ESCHER, Elisabeth, * Zürich 15.7.1695, † Zürich 11.7.1717 (Kindbett)
504.	OTT, Hans Conrad, * Zürich 19.12.1684, † Zürich 22.5.1752, an der «Torgass», XIIer z. Saffran, Zunftpfleger ∞ Zürich 29.6.1706
505.	LAVATER, Regula, * Zürich 3.7.1686, † Zürich 4.7.1764
506.	LAVATER, Hans Rudolph, Dr. med., * Zürich 23.1.1695, † Zürich 3.5.1761, Constaffelherr 1758–1761, a. d. «Kirchgass» ∞ Altstetten 13.10.1716
507.	HOFMEISTER, Catharina, * Zürich 14.11.1693, † Zürich 27.1.1757
508.	KILCHSPERGER, Johannes, * Zürich 9.10.1681, † Stäfa 17.2.1745, Pfarrer in Wipkingen, später in Stäfa ∞ Zürich 20.2.1724
509.	HESS, Anna Maria, * Zürich 18.5.1692, † Zürich 28.6.1750
510.	ULRICH, Hans Caspar, * Lufingen 1.7.1693, † Zürich 31.12.1766, Präsident d. Kaufm. Direktoriums, Obervogt z. Erlenbach, Stallherr, Seidenherr «z. Kropf» ∞ Lufingen 13.6.1724
511.	(v.) SCHNEEBERGER, Anna Barbara, * Zürich 13.12.1697, † Zürich 19.12.1737

VORELTERN, 10. (U. Z. T. 11.) GENERATION

512.	VUILLE, Henri, * La Sagne ... 1618/19, † La Sagne avant 20.5.1699, paysan et conseiller à La Sagne, fils de Guillaume V. ∞ I. vers 1648
513.	MATTHEY-PRÉVÔT, Sara, * La Sagne ..., † La Sagne avant 28.5.1687, fille de Guillaume M.-P. et de Judith Guillaume
514.	MATILE, Jean, * La Sagne ..., † La Sagne ..., paysan à La Sagne, fils d'Abraham M. ∞ vers 1648
515.	JEANRICHARD DIT BRESSEL, Elisabeth, * La Sagne ..., † ..., fille de David J. d. B.
516.	VUILLE, Bendith, * La Sagne ..., † La Sagne avant 29.3.1709, paysan, justicier et ancien de l'eglise à La Sagne, fils de Guillaume V. ∞ vers le 24 mars 1648
517.	CONVERT, Elisabeth, d'Auvernier et de La Sagne, fille de Louis C. et Judith Perret

518.   VUILLEUMIER, Jean Jacques, * La Sagne ..., † La Sagne avant 1689,
         paysan à La Sagne, demeurant à la Corbatière, fils de Guillaume V.
         ∞ vers 1643
519.   SANDOZ, Susanne du Locle
520.   BOUCHON, Abraham, * Metz 11.5.1622, † ...,
         fils d'Abraham B. et de Elisabeth Beler
         ∞ Metz 18.5.1641
521.   BARTHELEMY, Elisabeth, * Metz 13.7.1623, † ...
522.   PELTRE, Jean, * Metz 15.12.1610, † Metz 28.6.1667,
         fils de Jean P. et de Sarah Regnard
         ∞ Metz 13.4.1637
523.   BOUCHON, Anne, * Metz 18.4.1621, † ...,
         fille de Jean B. et de Ruth Belleau
524.   WIRY, Mangin, * ..., † < 1673,
         boulanger à Courcelles, fils de Jean W. et de Madeleine Jully
         ∞ Courcelles 28.11.1640
525.   BRACONNIER, Judith, * ..., † > 1675, fille de Jacques B. et de Anne François
526.   BALLON, Abraham, * < 1609, † 11.3.1677,
         cordonnier à Courcelles, fils de Abraham B. et de Babou Vigy
         ∞ Courcelles 23.10.1645
527.   HURLIN, Judith, * 26.10.1597, † < 1670, fille de Jean Moyse H.
528.-539. NN
540.   DEUCHERT, Sebastian, * ..., † ..., Leinenweber zu Edenkoben (Pfalz)
         ∞ ...
541.   NN
542.   TREMMEL, Johannes, * ..., † ..., Küfermeister zu Edenkoben
543.-559. NN
560.   MITTAG, Leopold, * ..., † ...,
         1648 Procurator, wohnt in der Wallstrasse
         ∞ Hamburg 1649
561.   SIECK, Susanna, * ..., † 8.2.1648,
         Witwe des Notar publ. und Protonotar Georg Steinhäuser (∞ 28.10.1639)
         Tochter von Eggeling S. und Elisabeth Röver (∞ 16.6.1618)
562.   BECKER, Cordt, * Hamburg 10.5.1622, † Hamburg vor 18.6.1658
         ∞ Hamburg Jubilate 1644
563.   BETCHEN, Agneta * ..., † ...
564.-599. NN
600.   PALGRAVE, Robert, * Pullham 22.7.1619, † Pullham 15.8.1659,
         Sohn von William P. (1566-1657) und Elisabeth Randoll
         ∞ ...
601.   ... Ellen, * ..., † ...
602.-607. NN
608.   OLUFS, Hinrich, * Oldsum ... 1595, † ...
         ∞ Oldsum ... 1625
609.   ... Marret, * Oldsum um 1600, † ...
610.   PETERSEN, Jap, * Oldsum ... 1609, † Oldsum 2.12.1679
         ∞ Oldsum 1632
611.   JÜRGENS, Jung Jng, * Oldsum ... 1610, † Oldsum 14.2.1681

612.	GADMERS, Nahmen, * Oldsum ... 1600, † Oldsum 11.8.1680, Sohn von Gadmer Oufsten † 1638 u. Wehn † 1635 ∞ ...
613.-615.	NN
616.	FRÜDDEN, Rörd Jung, * Oldsum ... 1624, † Oldsum 18.10.1705, Sohn von Jung Früdde Rowerts, * 1590, ∞ 1615 Jung Thur Matzen, * 1590 ∞ Oldsum 1654
617.	JAPPEN, Jung, * ... 1635, † ... 1657, Tochter von Jap Peters (1609-1679) und Jung Jng Jürgens (1610-1681)
618.	OLUFS, Ketel, * Oldsum ... 1625, † Oldsum 1.3.1685, Sohn von Olufs Ketel (1588-1636) und Jung Jng Rörden (1590-n. 1676) ∞ Oldsum ... 1665
619.	OCKEN, Jung Elin, * Oldsum ... 1630, † Oldsum 1.3.1715, Tochter von Ocke Knutzen (1600-1670), dieser Sohn von Knudt Oldis, Landvogt i. Oldsum, und Marret Hofarcken (1606-...)
620.	FLOR, Jakob, * Norddorf ... 1633, † Oldsum ... 1672, Commandeur, Sohn von 630/631 ∞ Oldsum ... 1670
621.	EHLEN, Junger, * ..., † ...
622.	RICKMERS, Jung Rörd, * ... 1640, † ... 30.8.1715, Sohn von Rickmers Pagen (1610-1678) und Thur Ocken (1615-1694) ∞ ... 1665
623.	OLUFS, Jung Gundel, * ... 1640, † ... 2.6.1680, Tochter von Oluf Olufs i. Dunsum
624.	= 614
625.	= 615
626.	= 616
627.	= 617
628.	GILLEFS, Och, * ... 1605, † Oldsum 16.4.1694 ∞ ...
629.	BRAREN, Thur, * ... 1608, † ... 1678
630.	JOLMEN, Peter, * ... 1595, † ... 1643 ∞ ... 1625
631.	MATSEN, Jung, * ... 1605, † ... 1654
632.	FLOR, Martin, * Bredstedt ... 1596, † ... Amrum 15.9.1686, Pastor 1636-1686, Sohn von Matthias F. 1555-1624, Seefahrer und Kaufmann, (Nachkomme von Richard de Flor, Falconnier, † 1268 b. Tagliacozza, und Jesa Pauls (1558-1602) ∞ ...
633.	VOLKERTS, Popp, * ... 1605, † ... 1654
634.	KNUTSEN, Ocke, * Oldsum ... 1600, † ... ∞ ...
635.	HARKEN, Marrel, * ... 1605, † ...
636.	FRÜDDEN, Nordl, * ..., † Dunsum ... 1687 ∞ ...
637.	... Moldi, * ..., † ...
638.	PAYEN, Rickmer, * ... 1610, † Dunsum vor 1678 ∞ ...
639.	OCKEN, Thur, * ... 1615, † ... 3.10.1694

640. v. BISMARCK, Ludolph, * Burgstall ... 1541, † Schönhausen 12.10.1590,
      Rittmeister, Herr a. Schönhausen, Sohn d. Friedrich v. B., Herrn a. Schönhausen,
      Crevese z. Briest u. d. Anna v. Wenckstern a. d. H. Lengen-Wische
      ∞ Isenschnibbe 1580
641. v. ALVENSLEBEN, Sophie, * Isenschnibbe 7.7.1560, † Dretzel 17.9.1635,
      Tochter d. Valentin v. A., Herrn a. Isenschnibbe u. d. Anna v. Veltheim
      a. d. H. Bartensleben
642. v. d. ASSEBURG, August, * Ampfurt 18.1.1545, † Neindorf 6.8.1604,
      Braunschweig. Rat, Herr a. Falkenstein etc., Sohn d. Johann v. d. A.,
      Herrn a. Falkenstein u. d. Clara v. Cramm a. d. H. Elbau
      ∞ Neindorf 1577
643. v. VELTHEIM, Gertrud, * ..., † ...
644. v. MÖLLENDORF, Tietze, * um 1570, † ... 1632,
      Domherr z. Magdeburg, Sohn d. Hans v. M. a. Hohengöhnen, Wendicke,
      Schönfeld u. d. Anna v. Platho a. d. H. Grabau
      ∞ ...
645. v. BODENDYK, Rita, * ..., † ...,
      Tochter d. Ostwald v. B., a. Schnege u. d. Rita v. d. Schulenburg a. d. H. Berendorff
646. v. SALDERN, Bernhard, * Plattenburg 8.9.1548, † Saldern 15.12.1635,
      Sohn d. Siegfried v. S., a. Saldern, Wismark, Plattenburg u. d. Lucia v. d. Knesebeck
      ∞ ... 2.6.1606
647. v. d. SCHULENBURG, Agnes, * ... 6.8.1578, † ... 19.4.1626,
      Tochter d. Werner v. d. S., a. Bayendorff u. d. Bertha Sophie v. Bartensleben
      a. d. H. Wolfsburg
648. v. KATTE, Hans, * Wust 1570, † daselbst 1622,
      Herr a. Wust, Sohn d. Friedrich v. K., Herrn a. Wust u. d. Anna v. Wutenau
      ∞ ... vor 1600
649. v. WARNSTEDT, Ottilia, * Wustrow um 1575, † ... nach 1632,
      Tochter d. Balthasar v. W., a. Westenau u. d. Catharina v. Wetzdorff
650. v. KATTE, Melchior, * Vieritz um 1560, † Altklitschen 22.6.1622,
      a. Vieritz, Zolchow u. Klitscher, Sohn d. Balthasar v. K. a. Alt u. Neu Klitzke,
      Vieritz u. Zolchau u. d. Ursula v. Treskau a. d. H. Myloor
      ∞ Blankensee 8.1.1590
651. v. THÜMEN, Ursula, * ... um 1568, † ... 1634,
      Tochter d. Cuno v. Th. a. Blankensee u. d. Dorothea v. Ramin a. d. H. Ramin
652. v. WITZLEBEN, Ernst Friedrich, * Liebenstein um 1570, † Gräffnau 16.3.1653,
      Herr a. Liebenstein und Gräffnau, Sohn d. Curt Veit v. W. a. Liebenstein und
      Greifenau u. d. Catharina v. Utterodt a. d. H. Scharffenberg
      ∞ ... vor 1598
653. v. SEEBACH, Magdalena, * Opperhausen um 1576, † ... kurz n. d. 22.6.1669,
      Tochter d. Hs. Georg d. Ä. v. S. a. Oppershausen Cremer Forst u. d. Dorothea
      v. Dieskau a. d. H. Finsterwalde
654. v. CRONBERG, Philipp Wilhelm, * Cassel 24.6.1553, † Richelsdorf 30.6.16...,
      Hessen-Casselscher Geh. Rat, Cammerpräsident, a. Auburg, Hafe und Richelsdorff, Sohn Wilhelms IV. «dem Weisen» Landgrafen v. Hessen-Cassel u. d. Catharina v. Wallenstein a. d. H. Tattenbach
      ∞ ... 1602

655. v. BOINEBURG, Christina, *... um 1583, † ... nach 1632,
a.d.H. Kleinensee, Tochter d. Melchior Rudolph v. B. a. Kleinensee u. d. Anna v. Hudda a.d.H. Landsridden
656.–671. NN
672. SPANUTH, Johan, *Wiedensahl 26.2.1589, † Windheim ... 1647,
Vogt z. Windheim, Sohn d. Tönnies (* ca. 1539, † 1611) Hauptmann, u. d. Gesche Bernewald
∞ Windheim 19.5.1611
673. WENNECKER, Anna, *..., † ...
674.–715. NN
716. STEIN, Bartholomäus, *..., † ..., Bürger z. Baden-Baden
∞ ...
717. NN
718. KÖHLER, Johann Adam, *..., † ..., Bürger z. Ettlingen
719.–723. NN
724. ENSELE, Christoph, *..., † ..., Bürger in Burbach
∞ ...
725. NN
726. SCHILDKNECHT, Johann Martin, *..., † ..., Bürger z. Ettlingen
∞ ...
727. ... Anna Maria, *..., † Ettlingen 4.4.1707
728.–767. NN
768. RIETER, Heinrich, *Winterthur 20.6.1623, † daselbst 3.8.1670, Kupferschmied, Tuchbleicher, Zunftmeister, Grossrat, Bibliothekar, Sohn d. Hans R. (1596–1649) Kupferschmied und Tuchbleicher u. d. Elisabeth Burri (1587–1661)
∞ Winterthur, 29.4.1650
769. ERNST, Elisabeth, *Winterthur 21.7.1629, † daselbst 24.8.1700,
Tochter d. Heinrich E. u. d. Maria Hafner
770. SULZER, Joachim, *Winterthur 30.6.1626, † daselbst 22.1.1665, Goldschmied,
Sohn d. Hs. Rudolph S. (1590–1646), z. Ochsen u. d. Elsbetha Häsli († 1652)
∞ Bischofszell ...
771. GÜTTINGER, Ursula, *Bischofszell 25.10.1633, † Winterthur 13.11.1676,
Tochter d. Peter Güttinger, Bauherrn z. Bischofszell u. d. Anna Rietmann
772. SULZER, Hans Jakob, *Winterthur 25.11.1636, † daselbst 20.8.1665,
Maler, Sohn d. Hans Jakob S. (1605–1659) u. d. Ursula Ziegler v. Zürich
∞ Winterthur 17.10.1658
773. BLUM, Küngolt, *Winterthur 1.5.1629, † daselbst 28.7.1695,
Tochter d. Elias B. u. d. Veritas Maurer
774. HANHART, Hans Ulrich, Dr. med., *Steckborn ... 1639, † Winterthur 10.10.1676,
Bürger z. Winterthur 1658, Bibliothekar
∞ Winterthur 25.10.1658
775. SULZER, Anna, *Winterthur 14.10.1639, † daselbst 3.12.1719,
Tochter d. Hans Ulrich S. (1614–1639) u. d. Maria Egli (1615–1680)
776.–779. NN
780. HANHART, Hans Ulrich, *Diessenhofen 15.12.1649, † daselbst 17.10.1720,
Metzger z. Diessenhofen, Sohn d. Hans Hch. H. (1604–1670) Metzger und Gerichtsmitglied i. Diessenhofen u. d. Anna Sigg v. Winterthur
∞ Diessenhofen 5.6.1670

781. RUCH, Maria, * ... 1647 (?), † Diessenhofen 2.2.1724
782. MÜLLER, Hans Rudolf, * Diessenhofen 14.10.1655, † daselbst 9.1.1724,
      Barbier und Adlerwirt z. Diessenhofen, Sohn d. Jonas M., Sattler und Adlerwirt
      u. d. Anna Koch
      ∞ Diessenhofen 21.1.1683
783. KÜCHLI, Margreth, * Diessenhofen 8.9.1661, † daselbst 7.11.1727,
      Tochter d. Lienhard K. u. d. Barbara Müller
784. GRAF, Antonius, * Winterthur 23.9.1617, † daselbst 17.1.1686,
      Sohn d. Hans Heinrich G. (1583–1634) u. d. Ursula Ziegler (1577–1646)
      ∞ Winterthur 31.5.1641
785. HEGNER, Elsbeth, * Winterthur 25.7.1619, † daselbst 29.1.1671,
      Tochter v. Hans H. (1595/7–1668) u. d. Maria Schönweiler (...–1630)
786. SCHELLENBERG, David, * Winterthur 17.11.1644, † daselbst 10.6.1680,
      Bäcker, Sohn d. Heinrich S. (1611–1655) u. d. Maria Geuschel (1619–1681)
      ∞ Winterthur 17.5.1669
787. GOLDSCHMID, Veritas, * Winterthur 14.5.1648, † 18.6.1713,
      Tochter v. Hans Jakob G. (1619–1691) u. d. Barbara Blum (1633–1688)
788. BOLLER, Hans Conrad, * Zürich 5.8.1629, † ...,
      Sohn d. Christoph B. Goldschmid u. d. Esther Hottinger
      ∞ Zürich 17.10.1659
789. BOLLER, Maria
790. WIRZ, Hans Conrad, * Zürich 27.8.1631, † daselbst 30.11.1682,
      Pfarrer i. Uitikon, Richterswil, Zürich-Predigern, zugleich Bauherr, Eherichter u.
      erster Archidiakon am Grossmünster, Sohn d. Hans Conrad W. u. d. Anna Riet-
      mann
      ∞ Zürich 17.1.1660
791. HOLZHALB, Ursula, * Zürich 27.5.1629, † Zürich 2.4.1704,
      Tochter d. Hans H. (1601–1664) u. d. Anna Leemann († 1674)
792. BÜCHI, Hans Jagli (Jakob), * ..., † ..., von Dätwil (Andelfingen)
      ∞ Andelfingen 13.11.1673
793. BRUNNER, Barbara, * ..., † ...
794.–795. NN
796. MEYER, Hans Jakob, * Winterthur 1.3.1655, † daselbst 11.3.1731,
      Sohn d. Heinrich M. (1625–1679) u. d. Ursula Sulzer (1630–1670)
      ∞ Winterthur 4.9.1680
797. KYM, Elsbeth, * Dinhard ..., † Winterthur 25.2.1717
798. HEGNER, Conrad, * Winterthur 3.10.1650, † Maastricht 2.5.1697,
      Sohn d. Jakob H. (1627–1678) u. d. Elsbeth Forrer (1628–1690)
      ∞ Winterthur 20.3.1671
799. WERDMÜLLER, Barbara, * Zürich 17.7.1653, † Winterthur 20.4.1690,
      Tochter v. Hans Jacob W. (1633–1665) u. d. Barbara Hirzel (1636–1718),
      Schwester v. Generalmajor Hans Felix W., Stifter d. Fideikommiss Elgg
800. SULZER, Hans Heinrich, * Winterthur 15.9.1643, † daselbst 4.3.1688,
      Ratsherr und Umgeldschreiber, Sohn d. Heinrich S. (1618–1686), Metzger,
      Schultheiss, u. d. Maria Egli (1615–1680), Bruder von 775
      ∞ Winterthur 9.12.1678
801. SCHELLENBERG, Verena, * Winterthur 21.8.1657, † daselbst 12.3.1730,
      Tochter d. Jakob S. u. d. Elsbetha Hegner

802. SULZER, Heinrich, *Winterthur 16.10.1638, † daselbst 21.5.1719,
Ratsherr, Richter, Baumeister, Statthalter, z. «Adler», Sohn d. Hans Ulrich S.
(1596–1666), Grossrat und Gerichtsherr, u. d. Susanna Hegner (1597–1665)
∞ Winterthur 29.3.1680

803. MEYER, Anna Magdalena, *Gottlieben 4.3.1644, † Winterthur 8.10.1730,
Witwe d. Apothekers Künzli, «von alt bewährter Rechtschaffenheit und
Biederkeit»

804. SULZER, Antonius, *Winterthur 1.5.1640, † daselbst 20.9.1697, «Prinz», Ratsherr,
Siechenpfleger, Sohn d. Heinrich S. (1609–1653) u. d. Elsbetha Künzli († 1643)
∞ Winterthur 23.10.1665

805. FORRER, Verena, *Winterthur 9.8.1644, † daselbst 3.9.1701,
Tochter d. Baumeisters Jörg F. u. d. Anna Widler

806. IM THURN, Hans Conrad, *Schaffhausen 15.1.1646, † daselbst 11.5.1709,
Junker, Sohn d. Jkr. Hans Friedrich I.T. (1610–1681) u. d. Elisabeth Ringk
v. Wildenberg (1611–1659)
∞ Schaffhausen 1669

807. PEYER, Susanna, *Schaffhausen 29.8.1647, † daselbst 14.1.1704,
Tochter d. Laurenz P. (1625–1661) u. d. Barbara geb. Peyer (1629–1652)

808. DALLER, Hans Jakob, *Bischofszell 12.4.1655, † daselbst 3.2.1732,
Handelsherr in Leinen
∞ Bischofszell 14.8.1677

809. MÖRIKOFER, Anna Margaretha, *Frauenfeld … 1651, † Bischofszell 22.7.1690

810. BRÜSCHWEILER (sic!), Jakob, *St. Gallen 24.7.1660, † daselbst 30.10.1733
∞ St. Gallen 9.6.1689

811. ZOLLIKOFER, Maria Elisabetha, *St. Gallen 22.7.1660, † Bischofszell
13.4.1727 (?), Tochter v. David Z. (1631–1695) u. d. Elisabeth Högger (1630–1698)

812. WELSER, Hans Ulrich, *Bischofszell 24.1.1648, † daselbst 3.7.1717, Scribor
z. Hauptwil
∞ Hauptwil 14.5.1682

813. KRAMER, Rahel, *… ca. 1657, † Bischofszell 1.7.1704 von Märstetten

814. BODENMANN, Ulrich, *Urnäsch 16.6.1661, † …, Sohn d. Jag B. u. d. Anna
Rohner
∞ …

815. METTLER, Regina, *… 9.8.1663, † …, Tochter d. Ulrich M. u. d. Anna Schmid

816. ZIEGLER, Hans Georg (Jürg), *Winterthur 20.12.1625, † daselbst 3.12.1686,
Wirt z. Ochsen, Grossrat, Sohn d. Joh. Jakob Z. gen. Lüthy (1585–1659) Grossrat
u. d. Regula Bosshard (1595–1672)
∞ … 1663

817. FRISCHING, Maria (aus Bern), *…, † Winterthur … 1672

818. FORRER, Gebhart, *Winterthur 24.7.1625, † daselbst 18.6.1679,
Sohn d. Gerhard F. (1574–1661) u. d. Barbara Goldschmid (1587–1651)
∞ Winterthur 20.2.1660

819. ZIN(N)INGER, Katharina, *Winterthur 5.2.1626, † daselbst 24.11.1698,
Tochter d. Hans Jakob Z. (1595–1636) u. d. Katharina Sporrer (1595–1675)

820. ZIEGLER, Jakob, *Winterthur 18.9.1653, † daselbst 8.10.1719,
Metzger a. d. Metzgergasse, Sohn d. Hs. Heinr. Z. (1624–1685) u. d. Susanna
Sulzer (1626–1699)
∞ Winterthur 29.7.1678

821. HEGNER, Küngold, *Winterthur 2.11.1658, † daselbst 13.3.1698,
Tochter v. Hs. Heinr. H. (1611-1694) u. d. Elisabeth Hegner (1631-1695)
822. ZIEGLER, Johannes, *Winterthur 8.9.1654, † daselbst 5.11.1719,
Sohn d. Hs. Jakob Z. (1624-1679) u. d. Ursula Blum (1621-1664)
∞ Winterthur 26.4.1680
823. RIETER, Elsbeth, *Winterthur 12.12.1658, † daselbst 28.7.1690,
Tochter v. Heinrich R. (1624-1670) u. d. Elsbeth Ernst (1629-1700)
824. BIEDERMANN, Hans Rudolph, *Winterthur 22.5.1625, † daselbst 18.2.1670,
z. «Goldenen Trauben», Sohn d. Jakob B. (1586-1655) Stadtrichter, Salzmann,
z. «Greiffen» u. d. Sara Steiner
∞ Winterthur 13.5.1650
825. HEGNER, Beatrix, *Winterthur 21.6.1629, † daselbst 15.11.1690,
Tochter d. Heinrich H. (1602-1665) u. d. Anna Hegner (...-1670)
826. PEYER, Heinrich, *Schaffhausen 8.3.1621, † daselbst 11.3.1690,
Sohn d. Hans Conrad P. (1594-1642) u. d. Juditha geb. Peyer (1593-1659)
∞ Schaffhausen 28.8.1643
827. v. WALDKIRCH, Cleophea, *Schaffhausen 4.6.1626, † daselbst 17.6.1707,
Tochter v. Albrecht v. W. (1598-1640) u. d. Sabina Im Thurm (1603-...)
828. = 770
829. = 771
830. KÜNZLI, Hans Conrad, *Winterthur 25.8.1648, † daselbst 14.11.1698,
Sohn d. Jakob K. (1621-1688) u. d. Elsbeth Rahn (1624-1670)
∞ Winterthur 25.8.1667
831. HEGNER, Küngolt, *Winterthur 17.1.1646, † daselbst 21.7.1716,
Tochter v. Joh. Huldr. H. (1599-1665) u. d. Verena Hirsch (1611-1671)
832. ROTHPLETZ, Johann Jakob, *... 1655, † ... 1705,
Pfarrherr z. Gentenschwil und Kirchberg, Sohn d. Hans Jörg R. (1626-...)
u. d. Barbara Düll aus Brugg
∞ ...
833. KOHLER, Anna Maria, *..., † ...
834. FRANK, Hans Jörg, *Aarau 26.6.1653, † daselbst 5.12.1709,
des Rats, Sohn d. Burkhart F. u. d. Anna Baumann
∞ Aarau 6.9.1673
835. FRICKER, Susanna, *..., † Aarau 6.5.1725
836. HUNZIKER, Gabriel, *Aarau ... 1636, † daselbst 20.1.1695,
Sohn d. Hans Heinrich H. (1591-1656), Adlerwirt, Schultheiss, Hauptmann
b. Villmergen, u. d. Susanna Schmuziger (1607-1638/9), Bruder v. 899
∞ ca. 1668
837. WYDLER, Dorothea, *..., † ...,
Tochter d. Hans Friedrich W., Pfarrherr u. d. Dorothea Sündisberger
838. SCHMUZIGER, Jonas, *..., † ...
∞ ...
839. STEINEGGER, Susanna Margaretha, *..., † ...
840. FANKHAUSER, Johann, *... 1645, † Burgdorf 26.2.1706,
Salz- und Weinhändler, Grossweibel, Unterspitalvogt, Siechenvogt, Sohn
d. Jacob F., Bürgermeister, Erbauer d. «Grosshauses» a. Kronenplatz
u. d. Maria Jenner (aus Bern)
∞ ... 1645

841. ANNELER, ..., *..., † ..., aus Thun
842. RUBIN, Jakob, *... 1619, † ... 1708, Seckelmeister,
Venner etc., «der reichste Thuner», Sohn d. Peter R. u. d. Verena Z'moos
∞ ... 1646
843. HARTSCHI, Anna, *..., † ... 1701, Tochter d. Hans H., «des Einäugers»
844. SENN, Hans Adam, *Zofingen 20.9.1639, † daselbst 14.8.1699,
Posamenter, z. «Sennenhof»
∞ ...
845. HÄNZI, Susanna, *..., † ... 1721 (?) aus Bern
846. SUTER, Johannes, *Zofingen 10.9.1648, † daselbst 2.11.1722,
Schultheiss in Zofingen, Sohn d. Moritz S.
∞ ...
847. STEINEGGER, Susanna, *Zofingen 24.8.1647, † ...
848.–855. NN
856. INGOLD, Ulli, *..., † ...
∞ ...
857. REISER, Elsbeth, *..., † ...
858.–863. NN
864. STEINER, Melchior, *Winterthur 28.5.1630, † ... 1690, Salzherr und Fabrikant,
Sohn d. Hans St. (1599–1671) Schultheiss u. d. Catharina Meyer (1605–1653)
∞ Winterthur 24.5.1647
865. SULZER, Margaretha, *Winterthur 18.6.1630, † Basel 14.1.1670,
Tochter v. Hans Jörg S. (1594–1659) des Rats u. d. Esther Rietmann (...–1650)
866. = 772
867. = 773
868. v. BREITEN-LANDENBERG, Hartmann Friedrich I., *... 1617, † ... 1677,
Herr auf Salenstein
∞ Rorbas 26.8.1645
869. (v.) MEISS ZU TEUFEN, Dorothea, *... 1623, † ... 1694,
Tochter d. Jkr. Hans M. (1585–1628) u. d. Catharina v. Ulm († 1658)
870. ESCHER, Hans Hartmann, *... 1626, † Zürich 12.4.1693,
Junker, 1680 Landvogt z. Greifensee, Obervogt z. Laufen, Sohn d. Jkr. Gerold
(1592–1674) u. d. Magdalena v. Schönau (...–1658)
∞ Zürich 18.4.1669
871. (v.) ESCHER, Anna Magdalena, *Zürich 16.1.1646, † Zürich 10.4.1729,
Tochter d. Jkr. Hans (1616–1696) z. Wellenberg u. d. Margaretha v. Ulm (1637–1667)
872. = 844
873. = 845
874. = 846
875. = 847
876. = 840
877. = 841
878. = 842
879. = 843
880. BLUM, Johannes, *Winterthur 21.8.1633, † daselbst 17.3.1689, Bruder von 773
∞ Winterthur 17.8.1665
881. VÖGELI, Elsbeth, *Hüttlingen 20.7.1646, † ..., Tochter d. Hans Conrad V.
u. d. Catharina Dermelin

882. = 862
883. = 863
884. FRIES, Johann Heinrich, *Wil 18.8.1644, † daselbst 20.1.1727,
Hauptmann, Untervogt z. Wil i. Rafzerfeld, Sohn d. Heinrich F. u. d. Margaretha
Wirtenberger
∞ Wil 13.12.1681
885. SCHMID, Elisabetha, *Eglisau 22.7.1647, † Wil 20.3.1711,
Tochter v. Hans S. u. d. Verena Keiser
886. AMBERG, Hans, *Glattfelden 11.3.1656, † daselbst 21.4.1733,
Cornet, Richter und Seckelmeister, Sohn d. Stephan A. u. d. Elisabeth Schwarber
∞ Glattfelden 20.1.1680
887. LANDERT, Barbara, *Glattfelden 22.1.1660, † daselbst 24.2.1719, Tochter
d. Hans Heinrich L. (1628-1694) u. d. Anna Schmid von Eglisau (1630-1675)
888. REINHART, Hans Heinrich, *Winterthur 25.5.1621, † daselbst 6.8.1668,
V. D. M., Ludimoderator, Sohn d. Lorenz R. (1575-1632) u. d. Verena Meyer
∞ Winterthur 25.5.1650
889. EHRAT, Regula, *Winterthur 22.7.1624, † daselbst 29.6.1673,
Tochter v. Hs. Jakob E. (1584-1635) u. d. Regula Wohnlich (...-1662)
890. KUSTER, Hans Jakob, *Winterthur 7.12.1640, † daselbst 4.3.1681, Schneider am
Rindermarkt, Sohn d. Jakob K. (1616-1643) u. d. Elsbeth Kuster (1612-...)
∞ Winterthur 17.1.1671
891. HÄSLI, Clara, *Zürich 20.6.1650, † Winterthur 27.8.1730 (als Frau Geilinger)
892. HEGNER, Hans Heinrich, Dr. med., *Winterthur 20.11.1646, † daselbst
17.8.1696, obere Apotheke, untersuchte das «Lörlibad», Sohn d. Hs. Rudolf H.
(1603-1656) u. d. Judith Benker (...-1685)
∞ Winterthur 25.3.1677
893. SULZER, Elsbeth, *Winterthur 24.2.1649, † daselbst 18.11.1711,
Tochter v. Hans Rudolf S. (1624-1664), z. Ochsen, Tuchmann, des Rats,
u. d. Regula Engelfried (1624-1704) Tochter d. Landschreibers u. Hauptmann
Engelfried i. Regensberg u. d. Margaretha Ziegler T.
894. HEGNER, Hans Conrad, *Winterthur 28.1.1653, † daselbst 26.10.1724,
Sohn d. Jakob H. (1615-1682) u. d. Elsbeth Schellenberg (1614-1681)
∞ Winterthur 19.4.1675
895. KÜNZLI, Barbara, *Winterthur 20.5.1654, † daselbst 16.9.1691, Schwester von 830
896. BODMER, Heinrich, *Zürich 23.2.1623, † daselbst 4.9.1691,
Tuchherr, Steinmeister, Zünfter z. Schaaf, Sohn des Hans Rudolf B. (1581-1629)
Tuchherr, 1602 Zünfter z. Schaaf, u. d. Anna Barbara Schwyzer (1590-1637)
∞ Zürich 25.4.1642
897. HESS, Susanna, *Zürich 27.10.1616, † daselbst 19.10.1690,
Tochter des Hans Jakob H. (1584-1656), Tuchherr a. d. Badergass, 1628 XIIer
z. Schaaf, 1652 Ratsherr, u. d. Regula Haller (1595-16..), Tochter des Hans
Felix H. u. d. Elisabeth Vogler
898. GREUTERT, Leonhard, *Zürich 31.1.1643, † daselbst 12.1.1733,
Zunftmeister z. Meisen, Obervogt, Sohn des Hans G. (1618-1681), Sattler und
Wirt z. Storchen, 1664 Zunftmeister z. Meisen, Amtmann z. Kappel, Rechenherr,
u. d. Elisabeth Forrer a. Winterthur (1606-1655)
∞ Zürich 19.5.1663
899. HUNZIKER, Küngolt, *Aarau 25.9.1632, † Zürich vor 8.5.1698, Schwester v. 836

900. HESS, Hans Heinrich, * Zürich 22.6.1644, † daselbst 16.11.1704,
des Rats, Salzhausschreiber, z. «blauen Lilie», Sohn des Heinrich H. (1604–1672),
XIIer z. Saffran, des Rats, Rechenherr z. «weissen Lilie», u. d. Elisabetha Lochmann (1608–1650), Tochter des Caspar L. u. d. Magdalena Escher (Luchs)
∞ Zürich 16.11.1668

901. ESCHER (Glas), Susanna, * Zürich 15.6.1648, † daselbst 6.4.1711, Tochter v. 904/905

902. CUNZ, Caspar, * St. Gallen 25.2.1622, † daselbst 7.12.1681,
Ratsherr, Zunftmeister und Seckelmeister i. St. Gallen, Sohn des David C. (1592–1664), des Rats, Zunftmeister, Schaffner z. St. Catharina, 1652 Bürgermeister, u. d. Ursula Vonwiller (1582–1647)
∞ St. Gallen 23.4.1644

903. HÖGGER, Judith, * St. Gallen 13.1.1625, † daselbst 30.10.1690, Tochter des
Sebastian H. (1592–1643), Windwächter, u. d. Elisabetha Gsell (1604–1665)

904. ESCHER (Glas), Heinrich, * Zürich 27.1.1626, † daselbst 20.4.1710,
Bürgermeister, Obmann d. Schildner z. Schneggen, z. «Silberschmid» u. z. «Roten Turm», Sohn des Hans Conrad E. (1598–1659), XIIer z. Meisen, Schultheiss
a. Stadtgericht z. «Weissen Wind» a. d. Stüssihofstatt, (Sohn des Hans Conrad E. b. Seckel u. d. Elisabeth Fels) u. d. Cleophea Küenzli (1609–1663), (Tochter des Schultheiss z. Winterthur Hans Heinrich K. u. d. Elisabeth Hegner)
∞ Zürich 27.1.1645

905. WERDMÜLLER, Regula, * Zürich 30.12.1625, † daselbst 7.12.1698,
Tochter des Hans Jakob W. (1586–1636), XIIer z. Meisen, Rechenherr, Eisenhändler i. gr. Reichtum, z. «Panter» u. z. «Roten Turm», u. d. Susanna Rahn (1591–1657)

906. v. MURALT, Cornelius, Dr. med., * Zürich 17.6.1619, † 27.5.1662,
Seidenherr «a. d. Sihl», Zünfter z. Saffran, Sohn des Johannes v. M. (1577–1645),
Bruder v. 912 u. 920
∞ Zürich 20.9.1647

907. HÄFELI, Regula, * Zürich 30.11.1628, † daselbst 13.4.1689,
Tochter des Heinrich H. (1603–1658), Kupferschmied, Zunftpfleger z. Schmiden,
(Sohn des Heinrich H. u. d. Elisabeth Däniker) u. d. Verena Heiz (1606–1629),
(Tochter des Ratsschreibers Ludwig H.)

908. WERDMÜLLER, Hans Rudolf, * Zürich 4.9.1634, † 17.10.1680,
XIIer z. Meisen, z. «alten Seidenhof», Sohn des Hans Rudolf W. (1614–1677),
Kaiserl. General-Feldmarschall-Leutnant, besass das Gut a. d. Au – «Schuss von der Kanzel» – u. d. Anna Margaretha Reinhard (1599–1672)
∞ Zürich 18.11.1656

909. WERDMÜLLER, Anna Magdalena gen. Margreth, * Zürich 3.11.1639, † daselbst
27.6.1694, Tochter des Hans Conrad W. (1610–1682), Ratsherr, Schultheiss,
gen. «Ratsherr Mönch», Ratsherr u. freier Wahl, Obervogt z. Bülach, u. d.
Margaretha Keller (Steinbock) (1623–...)

910. WIRZ, Hans Heinrich, * Zürich 5.12.1637, † daselbst ... 1693,
Junker, Sohn des Hans Rudolf W. (1598–1671), Fähnrich b. «weissen Adler»,
u. d. Catharina Bürkli
∞ Zürich 14.3.1664

911. HARTMANN, Barbara, * Zürich 26.4.1640, † daselbst 3.12.1702, Tochter des Hans
Conrad H. (1609–1693), Seidenherr, XIIer z. Saffran, reichster und ältester Bürger, z. «Steinböckli» a. Rindermarkt, u. d. Barbara Meyer (Weggen) (1612–1692)

912.   v. MURALT, Johannes Melchior, * Zürich ... 1614, † daselbst 14.11.1686,
       Seidenherr «a. d. Sihl», Zünfter z. Saffran, Bruder von 904 u. 918
       ∞ Zürich 4.2.1639
913.   KELLER (Steinbock), Anna, * Zürich ... 2.1618, † daselbst ... 1653,
       Tochter von Felix K. (1592–1629), Goldschmied, XIIer z. Schneidern,
       u. d. Regina Hess (1586–1629/36)
914.   PESTALUZ, Andreas, * Zürich 19.7.1611, † daselbst 8.7.1688, Seidenherr,
       Sohn des Andreas P. (1581–1646), Handelsherr, u. d. Anna Heidegger (1588–1655)
       ∞ Zürich 4.11.1639
915.   HARTMANN, Anna, * Zürich ... 1.1619, † ... 23.9.1686, Tochter des Rudolf H.
       (1571– vor 1621) Kfm. i. d. «Schipfi», Zünfter z. Saffran u. d. Esther Gossweiler
916.   LAVATER, Hans Heinrich, Dr. med., * Zürich 21.2.1611, † daselbst 9.6.1691,
       Professor und Stadtarzt, Zünfter z. Gerwe, Sohn des Heinrich L., Dr. med.,
       (1560–1623), Professor, Chorherr und Stiftsverwalter u. d. Dorothea v. Schännis
       (1566–1630), Tochter des Zunftmeisters Johannes v. S.
       ∞ Zürich 4.10.1647
917.   HOLZHALB, Dorothea, * Zürich 10.3.1629, † daselbst 26.1.1696,
       Tochter des Hans Heinrich H. (1591–1662), XIIer z. Kämbel, Seckelmeister,
       u. d. Magdalena Heidegger (1601–1633)
918.   ESCHER (Glas), Hans Jakob, * Zürich 30.10.1634, † daselbst 7.5.1698, Seidenherr,
       XIIer z. Meisen, Spitalpfleger, des Rats von freier Wahl, Sohn v. 904/905
       ∞ Zürich 1657
919.   RAHN, Regula, * Zürich 11.7.1627, † daselbst 5.11.1702 (1708?),
       Tochter des Hans Jakob R. (1601–1661), XVIIIer z. Constaffel, Oberst i. franz.
       Diensten, z. «roten Adler» u. Schlössli Susenberg, (Sohn von Bürgermeister Hans
       Rudolf R. d. Ä.) u. d. Margaretha Guler v. Wineck (Tochter des Ritter u. Oberst
       Joh. G. v. W. u. d. Elisabeth v. Salis)
920.   v. MURALT, Caspar, * Zürich 26.12.1627, † daselbst 7.12.1718, Ratsherr, Gesand-
       ter a. d. Herzog v. Savoyen, Obmann gem. Klöster, «a. d. Sihl», Bruder v. 906 u. 912
       ∞ Zürich 17.3.1651
921.   WOLF, Dorothea, * Zürich 18.9.1633, † daselbst 19.6.1684,
       Tochter des Hans Rudolf W. (1603–1645), XIIer z. Saffran, Zunftmeister,
       Bauherr d. Stadt, Landvogt z. Kyburg, u. d. Anna Dürig (1608–1665) a. Herisau,
       Tochter v. Sebastian D. und Elisabetha Scheutlin, er Sohn v. Landamman
       Sebastian D. von Appenzell
922.   HARTMANN, Hans Conrad, * Zürich 13.1.1633, † daselbst 19.3.1671,
       Zünfter z. Saffran, Kaufherr i. «Baumwollhof», Sohn des Hans Conrad H.,
       Seidenherr (1609–1693) u. d. Barbara Meyer
       ∞ Zürich 14.10.1661
923.   WERDMÜLLER, Elisabeth, * Zürich 19.10.1642, † daselbst 19.3.1671,
       Tochter des Thomas W. (1618–1675), Hauptmann i. franz. Diensten,
       Zunftmeister z. Weggen, Statthalter und Pannerherr, Generalmajor, erbitterter
       Gegner d. Väter v. 908 und 909, u. d. Margreth (v.) Schneeberger (1617–1676)
924.   ESCHER (Glas), Hans Caspar, * 5.2.1625, † daselbst 12.1.1696, Bürgermeister,
       z. «Traubenberg», Herr a. Girsberg und Schwandegg, Sohn des Hans Caspar E.
       (1593–1663), XIIer z. Meisen, des Rats, Obervogt z. Bülach, Landvogt z. Baden,
       u. d. Dorothea Rahn (1590–1667), (Schwester von Hans Jakob R., s. 919)
       ∞ Zürich 16.6.1650

925. THOMANN, Ursula, * Zürich 19.7.1617, † daselbst 17.5.1665,
Tochter des Caspar Th. (1587–1652), Eisenhändler, z. «Hammerstein»,
XIIer z. Weggen, u. d. Susanna Werdmüller (1593–16277),
Tochter des Heinrich W. u. d. Ursula Kitt

926. SCHAUFELBERGER, Hans Jakob, * Zürich 16.3.1626, † daselbst 12.1.1693,
Rittmeister, Rechenherr, des. Rats, Obervogt z. Enge, Sohn des Hans Caspar S.
(1580–1655), Bleiker, Zunftmeister z. Waag, Obervogt z. Enge, z. d. Anna
(Salomé?) Müller aus Winterthur
∞ Zürich 26.11.1649

927. LANDOLT, Judith, * Zürich 26.9.1624, † daselbst 10.1.1684,
Tochter des Matthias L. (1591–1671), XIIer z. Meise, Ratsherr v. freier Wahl,
Obervogt z. Horgen, Rechenherr, u. d. Emerentiana Reutlinger (1589–1634),
(Tochter von Conrad R. und Margaretha Lochmann)

928. = 904.
929. = 905.
930. = 906.
931. = 907.
932. = 908.
933. = 909.
934. = 910.
935. = 911.
936. = 904. + 928.
937. = 905. + 929.

938. LOCHER, Hans Rudolf, * Zürich 14.3.1632, † daselbst 13.3.1675, XIIer z. Waag,
Sohn des Hans Jakob L. (1605–1672), u. d. Margaretha Meyer (1627–1654)
∞ Zürich 7.2.1659

939. HEIDEGGER, Dorothea, Zürich 12.2.1642, † daselbst 15.10.1709,
Tochter des Hans H. (1615–1650) u. d. Dorothea Escher (Glas) (1626–1689),
(Tochter von Ratsherr Hans Caspar E.)

940. HOFMEISTER, Melchior, * Zürich 24.3.1624, † daselbst 22.8.1695,
Zunftmeister z. Weggen, Obervogt, Almosenpfleger, Eherichter, Sohn des
Melchior H. (1575–1637), Zunftmeister z. Weggen, Statthalter, Kornmeister,
u. d. Anna Wolf (1591–...), Tochter des Zunftmeisters Jakob W.
∞ Zürich ... 1648

941. WOLF, Anna, * Zürich 18.1.1629, † daselbst 9.4.1682, Schwester von Nr. 921

942. HOLZHALB, Hans Jakob, * Zürich ... 1614, † daselbst 11.2.1674,
Ratsherr, Obervogt z. Küsnacht und Obmann gem. Klöster, Sohn des
Leonhard H. (1585–1656), XIIer z. Kämbel, i. «Strohhof», erstach in unruhiger
Gemüts-Disposition seine Frau und wurde im Spital interniert,
u. d. Emerentiana Werdmüller (1589–1636)
∞ Zürich 22.7.1650

943. HIRZEL, Dorothea, * Zürich 24.2.1631, † daselbst 10.6.1688, Tochter des Hans
Jakob H. (1598–1664), Tuchfabrikant, XIIer z. Saffran, Zunftmeister, Landvogt
z. Wädenswil, Schultheiss a. Stadtgericht, u. d. Dorothea Wolf (1602–1642)

944. LANDOLT, Heinrich, * Zürich 11.2.1649, † daselbst 8.12.1716,
XIIer z. Schneidern, des Rats, Obervogt z. Bülach, Sohn des Hans Heinrich L.
u. d. Elisabeth Pestaluz, Bruder v. 1011
∞ Zürich 27.2.1671

945. Hess, Elisabetha, *Zürich 27.9.1651, † daselbst 16.4.1720,
Tochter des Hans H. (1623–1679), XIIer z.Widder, des Rats, Amtmann
z. Kappel, u. d. Regula Escher (Glas) (1627–1698)

946. Hess, David, *Zürich 18.12.1653, † daselbst 17.6.1705,
Zunftmeister z. Saffran, Statthalter, Oberst, Spitalpfleger, Vorderster Examinator,
Sohn des Heinrich H. (1604–1672), XIIer z. Saffran, des Rats, Obervogt
z. Männedorf, Turmherr, u. d. Ursula Werdmüller (1622–1679)
∞ Zürich 17.9.1674

947. Locher, Margaretha, *Zürich 17.10.1652, † daselbst 1.6.1704, Tochter des Hans
Jakob L. (1630–1691), XIIer z.Waag, des Rats, Obervogt z.Wollishofen, 1682
Zeugherr, erbaute den «Feldhof», gründete die «Feuerwerkergesellschaft»,
u. d. Dorothea Rahn (1632–1658), (Tochter von Bürgermeister Hans Heinrich R.)

948. Werdmüller, Hans Conrad, *Zürich 30.10.1651, † daselbst 22.7.1711,
Zunftmeister z.Weggen, Obervogt z.Weinfelden, Stallherr, Sohn des Hans
Conrad W. (1606–1674), XIIer z.Weggen, des Rats, Landeshauptmann z.Wil,
Major d. Kav., Stallherr, Seckelmeister, u. d. Anna Wiser (...–1675),
(Tochter von Hans W. in Uhwiesen)
∞ Zürich 23.3.1680

949. Spöndli, Anna, *Zürich 19.11.1650, † daselbst 17.5.1718,
Tochter des Hans S. (1618–1681), Goldschmied, des Rats ab Zimmerleuten,
Amtmann z.Töss, Almosenpfleger, des Rats n. freier Wahl, u. d. Anna Werdmüller (1613–1690), (Tochter von Beat W. u. d. Anna Magd. Hogg von Konstanz)

950. Meyer (Weggen), Hans Caspar, *Zürich 17.6.1657, † daselbst 16.9.1724,
des Rats, Seckelmeister, Kav. Major, Oberzeugherr, Sohn des Andreas M.
(1615–1660), XIIer z.Waag, Rittmeister, u. d. Susanna Gessner (1614–1705)
∞ Zürich 11.11.1679

951. Hess, Dorothea, *Zürich 12.2.1657, † daselbst 24.1.1685, Tochter des Caspar H.
(1605–1685), XIIer z. Saffran, des Rats, u. d. Regula Steiner (1627–1658/9)

952. Werdmüller, Hans Georg, *Zürich ...3.1616, † daselbst 26.10.1678,
des Rats, General-Feldzeugmeister, Erbauer der Zürcher und Heidelberger
Befestigungen, Onkel v. Nr. 908, Sohn des Hans Rudolf W. (1570–1617),
Seidenherr, des Rats ab Saffran, Neuerbauer d. «Schipf» i. Herrliberg,
u. d. Barbara Wydemann (1587–1624) von Konstanz
∞ Gebistorf ... 1635

953. Werdmüller, Anna, *Zürich ...7.1619, † daselbst ...10.1706,
Tochter des Hans Georg W. (1600–1640), XIIer z. Saffran, des Rats,
u. d. Anna Meister (1596–1672), Tochter von Zunftmeister und Bauherr
Jakob M. u. d. Regula Bertschinger

954. Joham v. Mündolsheim, Philipp Conrad, *Strassburg 23.10.1595, † ...,
XVer z. Strassburg, Sohn des Johann Conrad J.v. M. u. d. Martha v. Kettenheim
∞ Strassburg 3.3.1643

955. Volmar v. Bernshoffen, Susanna Catharina, *..., † ...,
Tochter des Junkers Hans Adam V.v. B.

956. Schneeberger, Hans Georg, *Zürich 19.3.1633, † daselbst 5.6.1667,
Junker, XVIIer z. Rüden, Rittmeister, ertrank in der Limmat, Sohn des Junkers
Hans Ludwig (1594–1658), Constaffelherr, Seckelmeister, u. d. Dorothea
(v.) Grebel (1600–1683), Tochter von Jkr. Georg G. (1555–1620) u. d. Barbara
(v.) Edlibach (...–1642), ∞ Zürich 28.10.1656

957.   Meyer v. Knonau, Cleophea, * Zürich 7.10.1634, † daselbst 26.6.1709,
       Tochter des Junkers Hans M.v.K. (1606-1658), Hauptmann i. Regensberger
       Quartier, XVIIIer z. Rüden, Amtmann a. vord. A. A. Oetenbach, u. d. Anna
       Barbara Zoller (1609-1676), Tochter von Jkr. Obervogt Wilpert Z. zu Stein
958.   v. Ulm, Hans Caspar, *..., † ... 1671,
       Herr z. Hüttlingen u. Weienwil, Sohn des Friedrich Ludwig v.U. (...-1643),
       Gerichtsherr z. Hüttlingen, u. d. Catharina v. Ernau (Tochter des Hektor v. E.)
       ∞ ... 1666
959.   (v.) Meiss, Barbara, * Rorbas 5.1.1645, † ...9.8.1690,
       Tochter des Junkers Hans M. (1616-1680) zu Teufen, Freienstein u. Rorbas,
       Gerichtsherr, u. d. Barbara Schmid v. Goldenberg (1618-1673)
960.   Pestaluz, Hans Conrad, * Zürich 12.12.1616, † daselbst 2.4.1686,
       Seidenherr z. «Weissen Turm», Sohn des Andreas P. u. d. Anna Heidegger (Tochter d. Ratsherrn Hans Conrad H. z. «Weissen Turm»)
       ∞ Zürich 20.4.1646
961.   Rahn, Regula, * Zürich 4.12.1628, † daselbst 30.3.1691,
       Tochter des Hans Heinrich R. (1593-1669), Zunftmeister z. Widder, Bürgermeister, u. d. Ursula Escher (Glas) (1591-1663)
962.   Bullinger, Hans Heinrich, * Zürich 8.9.1647, † Birmensdorf ...3.1691,
       Pfarrer z. Richterswil, später z. Birmensdorf, Sohn des Jakob B. (1610-1682),
       Goldschmied, Kornhausmeister u. Wardein, Handwerksobmann 1650-1671,
       u. d. Verena Hirzel (1619-1698), (Tochter von Heinrich H. (1587-1659),
       Landvogt v. Eglisau u. d. Anna Schaufelberger)
       ∞ Thalwil 1.5.1677
963.   (v.) Edlibach, Judith, * Zürich 27.1.1642, † daselbst 9.5.1720,
       Tochter des Junkers Hans Jakob E. (1612-1691), Amtmann d. kl. St. Blasien
       i. Zürich, u. d. Judith Steiner (1623-1705), (Tochter des Junkers Ratsherr
       Jakob St.)
964.   v. Orelli, Felix, * Zürich 25.7.1663, † Baden 1.11.1712,
       Kaufherr z. «Spiegel», XIIer z. Saffran, Sohn des Hans Georg v.O. (1639-...),
       Kaufherr z. «Spiegel», u. d. Anna Barbara Keller (Steinbock) (1641-...),
       (Tochter von Statthalter Hans Balthasar K. u. d. Susanna Thormann)
       ∞ Zürich 28.7.1684
965.   Gossweiler, Anna Barbara, * Zürich 26.12.1663, † daselbst 28.4.1713,
       Tochter des Hans Conrad G. (1633-1674) u. d. Esther Hartmann (1638-1668)
966.   Ott, Salomon, * Zürich 23.1.1653, † daselbst 10.10.1711, Zunftmeister z. Saffran,
       Obervogt z. Meilen, Sohn des Hans Heinrich O. (1625-1683), Nadler, u. d.
       Dorothea Sallenbach (Tochter von Heinrich S. u. d. Dorothea Hirzel, 1606-...)
       ∞ Zürich 3.10.1682
967.   Lavater, Regula, * Zürich 5.12.1658, † daselbst 6.11.1738,
       Tochter des Hans Conrad L. (1628-1689), Apotheker und Fraumünsteramtmann, u. d. Cleophea Pestaluz (1628-1694?)
968.   Hirzel, Hans Jakob, * Zürich 24.8.1658, † daselbst 3.7.1706,
       z. «Haue», Zunftpfleger z. Saffran, Hauptmann i. Stadtquartier, Fraumünsteramtmann, Sohn des Hans Caspar H. (1617-1691), Zunftmeister z. Schaaf,
       Stadtschreiber, Landvogt i. Thurgau, Bürgermeister, u. d. Catharina v. Orelli
       (1616-1690)
       ∞ Zürich 31.3.1679

969. ESCHER (Glas), Anna Margaretha, *Zürich 4.6.1660, † daselbst 10.12.1736, Tochter von 904/905 bzw. 928/929

970. HOFMEISTER, Melchior, *Zürich 20.11.1649, † daselbst 15.6.1707, Landvogt z. Greifensee, Zunftmeister z. Weggen, Obervogt z. Höngg, Sohn von 940/41
∞ Zürich 13.11.1683

971. LANDOLT, Emerentiana, *Zürich 8.9.1661, † daselbst 2.4.1699, Tochter des Ratsherrn Hans Heinrich L.

972. HIRZEL, Hans Jakob, *Zürich 25.7.1666, † daselbst 1.1.1709, Capitän-Lieutenant, z. «Büffel», Sohn des Salomon H. (1629–1709), Eisenhändler a. d. Stüssihofstatt, Zunftpfleger z. Saffran, u. d. Anna Locher (1634–1676)
∞ Zürich 6.9.1687

973. HIRZEL, Anna Catharina, *Zürich 3.5.1667, † daselbst 8.2.1705, Tochter des Hans Caspar H. (1643–1712), XIIer z. Schneidern, Obervogt z. Weinfelden, Schultheiss, Oberst über ein Regiment d. Auszugs, Gerichtsherr z. Kefikon, u. d. Anna Margaretha Lochmann (1647–1707)

974. HOFMEISTER, Caspar, *Zürich 12.11.1655, † daselbst 21.7.1731, Professor und Chorherr, Stiftsverwalter, Bruder von Nr. 970
∞ Zürich 19.2.1689

975. HEIDEGGER, Anna, *Zürich 5.3.1665, † daselbst 26.10.1716, Tochter des Hans Jakob H. (1630–1698), XIIer z. Schmiden, Stadtleutnant, des Rats, Statthalter, Seckelmeister, u. d. Ursula Rahn (1635–1686), (Tochter des Bürgermeisters Hans Heinrich R. u. d. Ursula Escher)

976. SCHEUCHZER, Johannes, *Zürich 8.1.1622, † daselbst 29.11.1687, des Rats, Bauherr, Rechenherr, Landvogt z. Eglisau u. Baden, Obervogt z. Stäfa, Sohn des Hans S. (1582–1636), des Rats, Bauherr, Landvogt i. Rheintal, u. d. Regula Meyer (...–1648)
∞ Zürich 21.5.1649

977. HIRZEL, Anna, *Zürich 28.1.1629, † Zürich 4.5.1695, Tochter des Hans Caspar H. (1593–1661), Amtmann z. Fraumünster, des Rats, Landvogt z. Sargans, u. d. Verena Balber (1599–1639)

978. = 942.
979. = 943.
980. FRIES, Hans Caspar, *Zürich 16.8.1617, † daselbst 9.8.1686, Wirt z. Linden, XIIer z. Meisen, Rechenherr ebenda, Sohn des Hans Heinrich F. (1573–1630), Wirt z. Linden u. z. Meisen, Pfister, u. d. Regula Denzler (1583–1667), (Tochter von Christoph D. u. d. Barbara Thomann), ∞ ...

981. v. MOST, Maria, *Zürich 6.1.1628, † daselbst 9.6.1712, Tochter des Hans Heinrich? (Jakob) v. M. (1603–1629), Glasmaler, u. d. Anna Bleuler, wieder verehelichte Denzler

982. ESCHER (Luchs), Marx, *Zürich 7.1.1627, † daselbst 22.2.1719, Junker, Amtmann z. Kappel, Ratsherr, Sohn des Junkers Marx d. Ä. E. (1600–1672), Constaffelherr, Amtmann z. Rüti, Obervogt z. Dübendorf, dieser Sohn des Jkr. Marx u. d. Cleophea Schwerzenbach, und d. Magdalena v. Schönau (1610?–1642), diese Tochter von Jkr. Heinrich S. u. d. Elisabeth Schmid
∞ Zürich 5.3.1651

983. (v.) SCHMID, Küngolt, *Zürich 25.7.1630, † daselbst 27.8.1700, Tochter des Junkers Hans Jakob S. (1586–1650), Constaffelherr, des Rats, Bergherr, u. d. Catharina Meyer v. Knonau (1586–1651)

984. = 920.
985. = 921.
986. MEISS, Johann Rudolf, * 24.2.1622, † ... 1.1.1671,
Junker, Gerichtsherr z. Wülflingen, Sohn des Jkr. Hans M. (1585-1628), Gerichtsherr z. Teufen, u. d. Catharina v. Ulm (...-1658), Tochter von Heinrich v. U. von Griessenberg, Landvogt z. Stühlingen, u. d. Margaretha Escher (Luchs), diese Tochter des Jkr. Marx E. u. d. Anna Engeli v. Engelsee
∞ Wülflingen 22.3.1655
987. (v.) ESCHER, Anna Margaretha, * Zürich 10.10.1636, † ... 6.1678,
Tochter des Jkr. Hans Hartmann E. (1598-1671), Gerichtsherr z. Wülflingen, Sohn des Jkr. Hans Hartmann d. Ä. E., u. d. Anna v. Cham, diese, Tochter des Bürgermeisters v. Ch. u. d. Maria Meiss – u. d. Anna Maria Im Thurn von Schaffhausen, Tochter des Jkr. Conrad I. Th. u. d. Anna v. Effinger v. Wildegg (1572-1625), (Tochter v. Christoph Effinger v. Wildegg u. d. Sygona v. Hallwyl)
988. LANDOLT, Hans Heinrich, * Zürich 6.5.1621, † daselbst 5.9.1693,
XIIer z. Schneidern, des Rats, Sohn des Matthias L. (1591-1671) u. d. Emerentiana Reutlinger (1589-1634), Vater von 942, Bruder v. 927
∞ Zürich 30.10.1646
989. PESTALUZ, Elisabeth, * Zürich 18.9.1622, † daselbst 10.10.1699,
Tochter des Joh. Anton P. (1589-1677) u. d. Catharina Schwyzer (...-1664)
990. LOCHER, Hans Conrad, * Zürich ... 1619, † daselbst 15.5.1690,
Sohn des Conrad L. (1590-1622), Tuchhändler z. goldenen Ring, Zünfter z. Saffran, u. d. Elisabeth Lavater (1591-16..)
∞ Zürich 12.8.1653
991. HEIDEGGER, Magdalena, * Zürich 7.5.1635, † daselbst 4.4.1686,
Tochter des Conrad H. (1589-1636) Eisenherr, Zunftmeister z. Schmiden, u. d. Regula Keller v. Steinbock (1595-1661)
992. = 968.
993. = 969.
994. = 970.
995. = 971.
996. SPÖNDLI, Caspar, * Zürich 5.5.1620, † daselbst 31.3.1700,
Weissgerwer, Sohn des Hans Heinrich S., Weissgerwer, z. Krone, u. d. Margret Körner (1580-1627/36)
∞ Zürich 3.2.1645
997. WYSS, Dorothea, * Zürich 22.10.1627, † ..., Tochter des Rudolf W. (1607-...) Seckler, Zftr. z. Saffran, u. d. Elisabeth Schellenberg
998. = 942.
999 = 943.
1000. = 462.
1001. = 463.
1002. PESTALUZ, Hans Conrad, * Zürich 15.12.1651, † Zürich 15.1.1737,
Seidenherr, z. «Froschau», Zftr. z. Saffran, Sohn d. Andreas P. (1611-1688) u. d. Anna Hartmann (1618-1686)
∞ Zürich 13.10.1691
1003. SCHEUCHZER, Barbara, * Zürich 10.7.1656, † Zürich 3.5.1731,
Tochter d. Hans Sch. (1622-1687), Goldschmied, Ratsherr, Landvogt z. Baden, u. d. Anna Hirzel (1629-1696)

1004. LAVATER, Hans Ludwig, * Zürich 19.1.1662, † daselbst 21.7.1729,
Kaufherr, XIIer z. Gerwe, Sohn des Hans Heinrich L., Stadtarzt (1611-1691),
u. d. Dorothea Holzhalb (1629-1696)
∞ Zürich 23.7.1688

1005. (v.) ESCHER (Luchs), Anna Magdalena, * Zürich 23.8.1663, † daselbst 11.6.1732,
Tochter des Jkr. Hans Heinrich E. (1606-1650), Garde-Fähnrich i. frz. Diensten,
XVIIer z. Rüden, Obrist, Obervogt z. Wollishofen, u. d. Elisabetha Schmid
(1629-1661)

1006. = 452.
1007. = 453.
1008. = 966.
1009. = 967.

1010. LAVATER, Hans Caspar, * Zürich 1.4.1659, † daselbst 1.5.1726,
XIIer z. Gerwe, Amtmann z. Küsnacht, Sohn des Hans Rudolf L. u. d. Anna
Margaretha Escher
∞ Altstetten 4.2.1679

1011. LANDOLT, Esther, * Zürich 8.10.1657, † daselbst 24.3.1744,
Tochter des Ratsherrn Hans Heinrich L. (1621-1693) Ratsherr u. Landvogt
z. Bülach, u. d. Elisabeth Pestaluz (1622-1699), Schwester von 944

1012. LAVATER, Hans Rudolf, Dr. med., * Zürich 13.6.1654, † daselbst 8.5.1732,
XVIIIer z. Rüden, Bruder v. 1010
∞ Zürich 22.10.1682

1013. GOSSWEILER, Regula, * Zürich 26.12.1658, † daselbst 22.6.1733,
Tochter des Zunftmeisters Jakob G. u. d. Regula Heidegger

1014. = 974.
1015. = 975.

1016. KILCHSPERGER, Hans Rudolf, * ... 1645, † Pündten ... 1705,
Färber, Amtmann, Zunftmeister z. Widder, 1704 schuldenhalber entsetzt,
Sohn des Heinrich K. (1587-1654) Goldschmied, Münzmeister, Amtsmann
z. Embrach u. d. Anna Lochmann
∞ Zürich 22.1.1667

1017. STEINFELS, Catharina, * Zürich 11.1.1648, † daselbst 26.1.1690,
Tochter des Dr. med. Johannes Volmar, seit 1665 St. (1613-1676),
Wundarzt (Sohn d. Scharfrichters Hans Jakob V., 1589-1647), u. d. Catharina
Tanner (...-1691)

1018. HESS, Hans Rudolf, * Zürich 8.7.1668, † daselbst 8.6.1711,
z. «Wollenhof», Landvogt z. Andelfingen, Sohn d. Hans Rudolf H. (1638-1691)
u. d. Anna Maria Spöndli (164.-1733), i. «Wollenhof»
∞ Zürich 8.12.1691

1019. HIRZEL, Catharina, * Zürich 19.3.1670, † daselbst 14.5.1730,
Tochter d. Salomon H. (1641-1716) u. d. Anna Maria Hess (1644-1724), b. «Rech»

1020. ULRICH, Heinrich, * Zürich 11.8.1658, † Embrach ... 12.1733?,
Pfarrer z. Lufingen, Sohn des Hans Caspar U. (1634-1669), XIIer z. Gerwe,
seinerseits Sohn v. Hans Ulrich U. (1607-1670) d. Rats, Landvogt z. Lugano,
Generalleutnant, u. d. Verena Lockmann (1605-1676), u. d. Catharina Büeler
a. Feldbach (1633-1709), ihrerseits Tochter d. Rud. Büeler, Landwirt i. Feldbach
u. d. Elisabetha Schnorf
∞ Embrach 14.7.1685

1021. KITT, Elisabeth, * Zürich 5.10.1654, † Lufingen 14.10.1725,
Tochter des Beatus K. (1624->1667) u. d. Anna Nüscheler (1632-...)
1022. SCHNEEBERGER, Hans Ludwig, * Zürich 3.8.1657, † daselbst 20.3.1730,
Junker, Landvogt z. Andelfingen, Sohn des Jkr. Hans Jakob S. u. d. Cleophea
Meyer v. Knonau
∞ Zürich 17.11.1685
1023. MEYER V. KNONAU, Margaretha, * Zürich 2.10.1659, † daselbst 29.6.1729,
Tochter des Jkr. Hans Georg Meyer v. K., Gerichtsherr z. Weiningen (1621-1679),
u. d. Barbara Grebel (1629-1713)

Verlag, Gestaltung, Satz und Druck
Wolfau-Druck Rudolf Mühlemann,
Weinfelden 1996

Gedruckt in einer Auflage von 500 Exemplaren
auf fein weiss Zerkallbütten 110 gm^2

Bindearbeit Buchbinderei Burkhardt AG,
Mönchaltorf

ISBN 3-85809-096-4 A